MORD AM FERNSEHTURM

Klaus Barber hat Privatfernsehen und öffentlich-rechtliche Sender von innen kennengelernt. Als Reporter und Planer arbeitete er für aktuelle und journalistische Sendungen, war Redakteur von unterhaltenden Formaten und hat Seminare mit Schwerpunkt »Texten zum Film« gegeben. Davor hat er viele Jahre Kabarettprogramme geschrieben und gespielt. Zuletzt erschien ein unterhaltsames Sachbuch über Zahlen.

Dieses Buch ist ein Roman. Handlungen und Personen sind frei erfunden. Ähnlichkeiten mit lebenden oder toten Personen sind nicht gewollt und rein zufällig.

KLAUS BARBER

MORD AM FERNSEHTURM

Stuttgart Krimi

emons:

Bibliografische Information der Deutschen Nationalbibliothek
Die Deutsche Nationalbibliothek verzeichnet diese Publikation
in der Deutschen Nationalbibliografie; detaillierte bibliografische
Daten sind im Internet über http://dnb.d-nb.de abrufbar.

© Emons Verlag GmbH
Alle Rechte vorbehalten
Umschlagmotiv: Johann Oswald, www.was-fuers-auge.com
Umschlaggestaltung: Nina Schäfer, nach einem Konzept
von Leonardo Magrelli und Nina Schäfer
Umsetzung: Tobias Doetsch
Gestaltung Innenteil: César Satz & Grafik GmbH, Köln
Lektorat: Lothar Strüh
Druck und Bindung: CPI – Clausen & Bosse, Leck
Printed in Germany 2018
ISBN 978-3-7408-0291-2
Stuttgart Krimi
Originalausgabe

Unser Newsletter informiert Sie
regelmäßig über Neues von emons:
Kostenlos bestellen unter
www.emons-verlag.de

Dieser Roman wurde vermittelt durch die
Literarische Agentur Hoffman GmbH, München.

Für meine Frau Andrea,
auch weil sie Hopper so liebt

*Das Bild ist keine exakte Übertragung eines realen Ortes,
sondern eine Kombination von Skizzen und Eindrücken,
von Elementen dieser Gegend.*

Edward Hopper

*Wer auf der Mattscheibe Serien spielt,
ist wie eine Briefmarke, abgestempelt,
bis einem die Zähne ausfallen.*

Patrick Macnee

1

»Sehen Sie nicht, hier ist abgesperrt!« Der Polizist holte tief
Luft und pumpte sich auf. »Sie kommen hier nicht durch!«
Durlach hatte die letzten steilen Meter vom Auto aus im
Laufschritt zurückgelegt.

»Ich bin von TVS, vom ›Regionalmagazin‹«, stieß er hervor,
und weil der Polizist nicht gleich reagierte, legte er nach: »Fernsehen.«

»Das ist nicht mein Problem.«

Zischend ließ der Beamte den restlichen Atem entweichen.
Sein Brustkorb blieb beeindruckend gewölbt. Durlach gab
nicht auf. Das gehörte zum Spiel.

»Können Sie mir sagen, was in dem Haus genau los ist?«
Schweigen.

»Welches Stockwerk? Das zweite?«
Schweigen.

»Wer hat Sie denn alarmiert?«

»Was geht Sie das an?«

»Vielen Dank für die erschöpfende Auskunft.«

Durlach hasste pampige Polizisten – vor allem nachts. Er
verwarf den Gedanken, seinen Presseausweis vorzuzeigen.
Ohne Befehl von oben war an diesem aufgeblasenen Gockel
kein Vorbeikommen. Der stand stramm, als wolle er die Reihe
der Sandsteinpfeiler vervollständigen. Durlachs Arbeit war
schon oft an solchen Kerlen gescheitert. Doch wo man nicht
hinkam, gab es keine Bilder, und wo keine Bilder waren, gab
es kein Fernsehen.

Durlach sah sich um. Die Lessingstraße war eine ruhige Sei-
tenstraße auf dem Weg zum noblen Killesberg, doch von Halb-
höhenlage konnte man noch nicht sprechen. Es war eine für
Stuttgart nicht untypische Mischung aus Villen der Gründer-
zeit, Mehrfamilienhäusern aus den dreißiger Jahren und hässlichen Funktionsbauten der Nachkriegszeit. Auch das Bürohaus

am oberen Ende war kein wirklich gelungenes Aushängeschild für die vielen Star-Architekten in dieser Stadt. Unten erschien jetzt ein Polizeibus, um die Kreuzung zur Hölderlinstraße zu blockieren. Die Sirene verstummte. Vor dem Haus selbst stand bereits ein anderer Streifenwagen mit neongelben Streifen. Ein Polizist saß bei offener Tür hinterm Steuer und telefonierte. Lichtfetzen der rotierenden Blaulichter prallten von den Hauswänden zurück und verfingen sich im Gestrüpp der Vorgärten.

Durlachs Kameramann Tom Esswein filmte am oberen Ende der Straße, wo ein anderer Beamter die Zufahrt vom Herdweg mit einem rot-weiß gestreiften Band abriegelte, dann tauchte er unter der Absperrung hindurch, lief zu Durlach und nahm, ohne ein Wort zu sagen, Haus Nummer 9 ins Visier. Die Bleiglasfenster des Treppenhauses verdunkelten sich im Zwei-Minuten-Takt und leuchteten nach einem kurzen Moment wieder auf. Aus den Fenstern der beiden obersten Stockwerke beugten sich Leute heraus, zum Teil gefährlich weit, um ja nichts zu verpassen. In der Beletage waren die Rollläden heruntergelassen, hier residierte tagsüber ein Arzt. Dazwischen, im zweiten Stock, waren zwei der Fenster in mattes, leicht flackerndes Licht getaucht, an der Zimmerdecke bewegten sich Schatten.

Vor dem Haus wirkte der schlaksige Tom selbst wie ein Schatten. Er trug eines seiner zahlreichen schwarzen T-Shirts, heute passenderweise mit dem Aufdruck der britischen Indie-Rocker Arctic Monkeys. Durlach fröstelte bei dem Anblick umso mehr. Er hatte die Kälte der Frühlingsnacht unterschätzt und sich nur eine dünne Jacke übergezogen, als er aus dem Bett geklingelt worden war.

»Macht mal aus.« Trabold steuerte auf die beiden Fernsehleute zu und wedelte mit dem Handrücken. Tom wartete, bis die Finger des Polizisten fast das Objektiv berührten, dann erst ließ er die Kamera sinken. »Wer hat euch denn schon wieder Bescheid gegeben?«

Durlach erkannte Trabold gleich, obwohl dieser erst seit Kurzem in der Pressestelle der Polizei war. Denn quasi als erste Amtshandlung hatte er eine Kontakte-Website »Ihre Ansprechpartner bei der Landespolizeidirektion LPD 2« online gestellt, versehen mit den Durchwahlnummern und den Fotos sämtlicher Mitarbeiter der Pressestelle. Trabold mit dem dicken Schnauzbart und dem Bürstenhaarschnitt hatte in dieser Galerie als Einziger gestrahlt.

»Irgendwann seid ihr Journalisten noch mal vor uns am Tatort.«

»Und allemal vor den Öffentlich-Rechtlichen«, antwortete Durlach zufrieden, endlich einen Ansprechpartner gefunden zu haben. »Was haben Sie uns denn zu so später Stunde zu bieten, Herr Trabold?«

»Wenn ich das nur selbst wüsste.«

Schon verebbte das Informationsgespräch wieder. Die Miene des auf dem Internet-Foto so schneidigen Polizeihauptkommissars verdüsterte sich, und sein Schnurrbart schien sich noch tiefer als sonst zum Kinn hinunterzuziehen, auch wenn Durlach dies bei dem schwachen Licht der Straßenlaternen nicht genau erkennen konnte.

»Es ist irgendwie unglaublich!«, murmelte der Pressesprecher. Er starrte wie hypnotisiert in eines der Polizeilichter, sodass seine Augen blau blitzten. Schließlich ging ein Ruck durch ihn, er schüttelte heftig den Kopf und senkte zugleich die Stimme. »Ich weiß zwar nicht, ob das richtig ist. Aber kommen Sie mal mit.«

Durlach und Tom folgten Trabold bergan, bis dieser den Polizeibus an der Ecke bestieg, sich an den Tisch setzte und nach einem Kuli griff. Ohne viel nachzudenken, kritzelte er etwas auf einen Schreibblock und reichte Durlach das Papier durch die offene Schiebetür hinaus.

»Lesen und beide unterschreiben!«

»Erklärung«, stand da. »Hiermit verpflichten wir uns, die heute von uns gemachten Filmaufnahmen sofort an die Polizei auszuhändigen. Die Blu-ray-Disc geht in das Eigentum der Polizei über. Über alles, was wir während der Aufnahmen sehen oder hören, bewahren wir völliges Stillschweigen. Aussagen zu dem ganzen Tatkomplex dürfen nur mit schriftlichem

Einverständnis durch Polizeihauptkommissar Trabold gemacht werden. Datum. Unterschrift.«

»Das ist nicht Ihr Ernst«, lachte Durlach, nachdem er den Text überflogen hatte. »Haben Sie schon mal etwas von Pressefreiheit gehört? Wir können doch drehen, was wir wollen.«

»Hier unten schon«, raunte Trabold konspirativ und zeigte zu dem abgesperrten Haus, »aber nicht dort oben.«

»Ich verstehe noch nicht ganz.« Jetzt war Durlachs Neugier geweckt.

»Was ich gerade in dem Zimmer da gesehen habe«, flüsterte der Polizist noch leiser, dass Durlach unwillkürlich näher rückte, »ist so unglaublich, das muss man einfach filmisch festhalten. Und zwar besser, als es unsere Polizeifotografen gleich machen werden.« Er sah Durlach beschwörend an. »Mann, Sie haben jetzt die Chance, wirklich einmalige Aufnahmen zu machen.«

»So was hab ich noch nie erlebt«, sagte Tom.

Trabolds Schnurrbart zitterte, als Durlach nicht sofort antwortete.

»Wir müssen uns beeilen. Gleich kommt die Spurensicherung, und bis dahin müssen Sie fertig sein«, sagte der Polizist. »Ich weiß ja auch nicht, ob das funktioniert. Aber wir müssen es probieren.«

»Was haben wir denn von dem Deal, Herr Trabold?«

Der Pressesprecher zuckte nur die Schultern.

»Und was ist, wenn das juristisch nicht in Ordnung geht?«, hakte Durlach nach.

»Lassen Sie das ruhig meine Sorge sein.«

»Oder wenn die Aktion auffliegt?«

»Dann werde ich alles dementieren. Ihnen vom Privatfernsehen wird kaum einer glauben. Wenn doch, bin ich eben der Gelackmeierte. Aber das muss ich riskieren. Los, unterschreiben Sie schon! Und Sie legen eine neue Disc ein«, wies er Tom an. »Was Sie bisher gedreht haben, können Sie natürlich behalten. Irgendwie müssen Sie Ihre Sendung ja auch vollkriegen.«

»Wir haben eigentlich nichts zu verlieren.«

Durlach hatte dies mehr abwägend gesagt und dabei seinen Kameramann angesehen. Trabold jedoch wertete es als Zustimmung und nickte den beiden aufmunternd zu. Durlach schnappte sich endlich den Kuli aus dem Auto und klemmte den Zettel gegen die Schiebetür. Während er unterschrieb, ging durch Trabolds Gesicht zum ersten Mal in dieser Nacht der Schimmer eines Lächelns.

»Na los! Einsteigen!«, übernahm der Pressesprecher das Kommando. »Türen schließen und zwischen den Sitzen runterducken!«

Die beiden gehorchten, und Trabold quetschte sich hinters Steuer. Er fuhr den Bus zu dem anderen Streifenwagen und stellte ihn direkt vor das Gartentor des Hauses. Dann wies er seinen Kollegen an, die Kreuzung mit abzusichern. Durlach hörte, wie sich die Schritte des aufgeblasenen Gockels entfernten.

»Schluss jetzt, Herrschaften!«, war nun Trabolds Stimme laut zu hören. »Bitte gehen Sie sofort wieder in Ihre Wohnungen zurück! Wir werden Sie später noch vernehmen müssen, und dann sollen Sie uns sagen, was Sie wirklich gesehen haben, und nicht, was Sie jetzt zufällig aufschnappen.«

Einige Fenster klappten. Die Leute fügten sich ohne Widerrede. Jetzt profitierte Durlach von der Obrigkeitsgläubigkeit der Anwohner. Als das Licht im Treppenhaus erlosch, öffnete Trabold die Schiebetür.

»Raus jetzt und hier hinter die Mülltonnen!«

Tom schnappte sich die Kamera und huschte los, Durlach geduckt hinterher. Um die drei Plastiktonnen herum war es sauber, doch es stank leicht nach den Resten des Freitagessens. Der Fischgeruch mischte sich mit dem Duft eines Hortensienbuschs, der ihnen von hinten Deckung bot. Die beiden konnten beobachten, wie Trabold im Haus verschwand und kurze Zeit später mehrere Polizisten herauskamen und mit dem Bus davonfuhren.

»Schnell rein!«, zischte der Pressesprecher.

Im Dunkeln stiegen sie die zwei Treppen hoch und schlichen durch einen langen Flur. Als der Polizist eine Zimmertür öffnete, fiel ihnen ein warmer, rötlicher Lichtschein entgegen. Trabold winkte und zeigte auf das für ihn so Unglaubliche. Der nackte Körper lag auf dem Rücken. Auf Anhieb sah man keine Verletzung. Das Gesicht war zur Decke gerichtet, die Miene mit den geschlossenen Augen wirkte konzentriert. Die sinnlich geschwungenen Lippen berührten einander leicht. So wie der junge Mann da ausgestreckt lag, hätte er sich auch gut zum Meditieren hingelegt haben können. Doch dieser hier hatte keine spirituellen Techniken mehr nötig, um zu erfahren, wie das Jenseits aussah.

Durlach schätzte den Mann sieben, acht Jahre jünger als sich selbst, also auf Mitte zwanzig. Er war athletisch gebaut, gut trainiert und gepflegt. Der ganze Körper roch nach Seife und Parfüm. Die Haut des Toten war glatt, an Wangen und Hals noch eine Spur gerötet von der letzten Rasur, obwohl man die Reizung mit Make-up übertüncht hatte. Ansonsten war der kahl geschorene Schädel bleich, im Gegensatz zum sehr braunen Teint des Körpers, der so gut wie keine Behaarung aufwies. Vielleicht glitzerten auf Armen und Beinen noch Reste eines Flaums, die Brust- und Schamhaare hatte man entfernt, sogar die Brauen ausgerissen. Nur die Wimpern, dunkel und lang, waren dem Kopf geblieben, so als hätte sie jemand vergessen. Ein durchsichtiger Film klebte auf ihnen.

Ungewöhnlich war vor allem die Lage des Körpers. Die Beine seitlich gestreckt, die Arme sogar über Schulterhöhe ausgebreitet, die Handflächen wiesen nach oben. Die Finger waren schlank und gerade, die Nägel recht lang, sodass die Spitzen noch unter den Kuppen hervorragten. In den Handflächen lag jeweils ein Apfel, in der rechten ein roter, links ein grüner.

Der ganze Raum war mit einem riesigen weißen Tuch ausgeschlagen und der Stoff sorgfältig auf halber Wandhöhe mit Reißzwecken angepinnt. In dieser weißen Kuhle lag der Tote in einem Kreis aus weißen Teelichtern, die größtenteils noch brannten und Paraffingeruch verströmten. Sie standen in gleichem Abstand, exakt so, dass die ausgestreckten Finger und Zehen die silbernen Aluhüllen der Kerzen gerade noch berührten. Ausgefüllt war dieser Kreis mit zahllosen roten Rosenblättern, jemand hatte sie ausgerissen und flächendeckend zusammengelegt, so dicht, dass wohl ursprünglich der weiße Stoff ganz darunter verschwunden war und erst später, vielleicht durch die Bewegungen umherstapfender Polizisten, ein paar trockenere Blätter verweht worden waren.

Zwischen den gespreizten Beinen des Mannes befanden sich zwei flache Schalen. Die größere war rund, silbern und stand etwa auf Kniehöhe. Sie quoll über von abgeschnittenen schwarzen Locken, obenauf die kleineren, störrischen Schamhaare. Die andere Schale war halb so groß, golden und stand kurz unterhalb des schlaffen Glieds. Sie war dreieckig und wies mit der Spitze nach oben. Auf ihr lagen fein säuberlich zwei Augäpfel, die Pupillen schienen an die Decke zu starren.

Tom ließ die Kamera laufen. Vorsichtig und doch zügig bewegte er sich um die Leiche und dokumentierte jedes Detail. Durlach wusste, dass er dem Kameramann vertrauen konnte, daher sparte er sich jegliche Anweisung. Schweigend lehnte er an der Wand und rückte seine Brille zurecht. Er versuchte selbst, jedes Detail der mortalen Komposition im Gedächtnis zu speichern.

Der Polizeisprecher hingegen wirkte beim Anblick des Toten sofort wieder nervös und stand viel im Weg herum. Die Wärme der vielen Kerzen hatte ihn derart ins Schwitzen gebracht, dass er sich dauernd mit einem Taschentuch die Stirn wischen musste. Voller Sorge beobachtete der Polizist jede Bewegung des Kameramanns, mehrmals wollte Trabold schon zu Ermahnungen ansetzen, man solle bloß nichts verändern und keine Spuren zerstören, doch Tom gab ihm keinen Grund zum Tadel. Nach wenigen Minuten ließ er die Kamera sinken.

»Wir wären fertig«, flüsterte Durlach.

»Moment noch«, sagte der Polizist und zwirbelte unschlüssig seine Barthaare. Dann schien er einen weiteren Entschluss gefasst zu haben. Er holte sich Einweghandschuhe aus der Hosentasche, streifte sie über und sagte zu Tom: »Ich habe da so einen Verdacht. Filmen Sie noch mal nur das Gesicht.«

Der Kameramann legte erneut an. Halt suchend stellte sich Trabold breitbeinig neben den Toten, um sich aus einer sicheren Körperstellung heraus vorsichtig über den Kopf beugen zu können, ohne dabei Kerzen oder Rosen zu verschieben. Dann ergriff er die Haut oberhalb der Augen und zog langsam die Lider zur Stirn. Mit einem kleinen Ruck rissen die verklebten Wimpern auseinander. Für Sekunden waren zwei Fünf-Euro-Münzen zu sehen, die jemand dem Mann in die Augenhöhlen gesteckt haben musste, dann wurden die brandneuen Sammlermünzen von einem zähen Blutstrom herausgeschwemmt, eine fiel seitlich an der Wange herunter, die andere blieb mit einem Klumpen von geronnenem Blut an der Schläfe hängen. Anstelle der Augen starrten die drei Männer in die Schwärze des Schädels.

2

Die anwesenden Journalisten tuschelten nur leise, vielleicht weil der Versammlungsraum des Polizeipräsidiums sehr unwirtlich war: nackte, weiß getünchte Wände, Fenster- und Türrahmen aus dunkelgrauem Metall und zwei Reihen hellgrauer Deckenleuchten hinter milchigen Plexiglasverkleidungen. Die Tische mit Stahlrohrbeinen waren trapezförmig, selbstverständlich grau und bildeten zusammen ein großes Rechteck mit spitzen Enden. Der Geruch von Essigreiniger war noch das Lebhafteste.

Hinter den Journalisten in der Ecke stand ein Tageslichtprojektor. An einer Pinnwand hingen ältere Fahndungsaufrufe und ein paar Plakate, die vor Einbrechern, Taschendieben und Autoknackern warnten – Konfektionsgrafiken irgendeiner PR-Agentur, mit der noch kein einziges Verbrechen verhindert worden war.

Tom Esswein baute sein Stativ im Zentrum des Raums auf, neben der Kamera des SWR. Durlach setzte sich an einen freien Platz in der Nähe. Er legte sein Tablet ab, die Brille obenauf und rieb sich die geschlossenen Augen. Er war müde und angespannt zugleich. Als er wieder zur Tür sah, tauchte gerade ein drittes Kamerateam auf: Angermeier und Schrödel, Durlachs Kollegen von TV Schwaben.

»Was machst du denn hier?«, legte Angermeier sofort los und schüttelte sich so heftig, dass sein Man-Bun wackelte. Den lockeren Dutt am Hinterkopf hatte er sich von irgendeinem VfB-Spieler abgeguckt.

»Ja, was macht ihr denn hier?«, echote Schrödel, sein Kameramann.

»Das Gleiche kann ich euch fragen«, antwortete Durlach lapidar. Er sah Angermeier streng an. »Wir haben doch getauscht.«

»Schon, aber mir hat vor einer halben Stunde einer gesimst,

es soll hier eine fette Pressekonferenz geben. Da sind wir gleich los. Kann ich ahnen, dass du hier bist?«

»Wenn ich deine Bereitschaft übernehme, weil du ein Date hast, dann kannst du auch davon ausgehen, dass ich hier bin. Dann mache ich diesen Job nämlich richtig und ganz«, ereiferte sich Durlach. »Ich schlage mir doch nicht freiwillig die Nacht um die Ohren.«

»Denkst du, ich? Echt nicht«, nölte Angermeier zurück.

Zu gerne hätte Durlach »Doch« geantwortet, damit aber die Diskussion unnötig verlängert. Denn selbstverständlich war Angermeier erpicht darauf, alle Polizeigeschichten an sich zu reißen. Er liebte es, übermüdet in der Redaktion aufzukreuzen, Bilder von Unfällen, nächtlichen Bränden oder Fahndungen anzuschleppen. Fernsehen, das war für Angermeier Boulevard, das war Großstadt und Verbrechen, und das war vor allem Nacht.

»Wir drehen doch nicht die Bilder vom Tatort«, sagte der lange Tom nun von oben herab, »damit ihr beiden anschließend den Beitrag produziert und die Lorbeeren erntet. Also tschüss.«

Tom machte eine Handbewegung zur Tür hin, drehte sich um und ging wieder zu seiner Kamera zurück. Für ihn war die Sache damit erledigt. Angermeiers Mund blieb offen stehen, was ihn nicht sonderlich intelligent aussehen ließ. Aber die Lage war nun eindeutig. Angermeier und Schrödel blieb nichts anderes übrig, als unverrichteter Dinge abzuziehen.

Gerade als die beiden den Versammlungsraum verlassen wollten, stießen sie auf die Spitze einer langen Reihe von Ordnungshütern. Der Sprecher der Staatsanwaltschaft führte die achtköpfige Prozession an – Durlach kannte ihn von einer Recherche über illegale Mülltransporte –, das Zentrum bildeten der Polizeipräsident und der dickliche Leiter der Stuttgarter Staatsanwaltschaft höchstpersönlich. Trabold kam als Vorletzter und würdigte Durlach keines Blickes. Die anderen Journalisten setzten sich, die Fotografen ließen ihre Apparate klicken, und Tom drehte längst.

Trabold eröffnete die Pressekonferenz offiziell und erteilte dem Polizeipräsidenten das Wort, der es wiederum gleich an den ermittelnden Kripobeamten Bergmann weitergab. Bergmann war ein kleiner, verhärmter Mann mit einem weißen Haarkranz. Das Auffälligste an ihm waren große Sorgenfalten, die entstanden, wenn er die Stirn runzelte, was er oft und rhythmisch tat. Jetzt zückte er ein vorgefertigtes Blatt und begann halb vorlesend, halb frei sprechend mit einer Erklärung, wobei jeder Satz von einem Stirnrunzeln abgeschlossen wurde.

»Meine Damen und Herren. Wegen der Prominenz der Person und wegen der besonderen Umstände der Tat haben wir uns entschlossen, die Medien schnell auf diesem Weg zu unterrichten. Die Sachlage: Heute Morgen ging um zwei Uhr vierunddreißig beim Polizeirevier drei in der Gutenbergstraße ein Hinweis auf einen Vorfall mit einem Verletzten ein. Das alarmierte Einsatzfahrzeug war um zwei Uhr achtunddreißig vor Ort. Nachdem weder auf Klingel- oder Klopfzeichen noch auf Rufe in der Wohnung im zweiten Stock des Hauses Lessingstraße 9 reagiert wurde, erbrachen die beiden Beamten die Wohnungstür. Sie fanden den leblosen Körper des dort wohnhaften Nino Rotunda. Der herbeigerufene Notarzt konnte nur noch dessen Tod feststellen. Daher wurden die Kollegen der Kriminalpolizei und die Spurensicherung hinzugezogen. Herr Rotunda dürfte Ihnen vielleicht als Schauspieler einer in Stuttgart produzierten Serie bekannt sein. Wir gehen derzeit von einem Gewaltverbrechen aus, vermutlich wurde Herr Rotunda erstickt.«

»Sonst gibt er sich nicht so viel Mühe mit der Wortwahl«, flüsterte ein Zeitungsmann Durlach zu.

»Die genaue Todesursache muss die Obduktion ergeben, sie wird gerade jetzt zu diesem Zeitpunkt noch durchgeführt. Die Polizei geht davon aus, dass Herr Rotunda einem Verbrechen zum Opfer gefallen ist, Anlass dafür ist die Art und Weise, in der wir die Leiche vorfanden.«

Auf Bergmanns Stirn zeigte sich wieder eine große Sorgenfalte. »Herr Rotunda war, äh, hergerichtet, also, äh, ich würde mal sagen, in kultischer Weise hergerichtet. Äh. Genauere Details darüber können vorerst nicht veröffentlicht werden. Ob sich Herr Rotunda ganz oder zumindest teilweise selbst in diese Lage gebracht hat, muss noch untersucht werden, genauso wie die Frage, ob die Tat einen sexuellen Hintergrund hat.«

»Etwa Vergewaltigung?«, fragte der Reporter der Bild-Zeitung.

»Das wissen wir nicht«, antwortete der Ermittler sachlich.

Durlach unterdrückte den Impuls, selbst eine Frage zu stellen, obwohl ihm Dutzende zur Lage der Leiche durch den Kopf schossen. Doch seinen Informationsvorsprung vor den anderen Journalisten wollte er auf keinen Fall aufs Spiel setzen.

Stattdessen traf die Frage eine Kollegin von Radio Stuttgart ins Schwarze: »Was heißt denn ›kultisch hergerichtet‹?«

»Die Leiche war besonders aufgebahrt.«

»Was sollen wir uns darunter vorstellen?«

»Tut mir leid, mehr kann ich Ihnen im Moment dazu nicht sagen.«

»Haben wir es mit einem Serienmörder zu tun?«

»Zumindest nicht in dem herkömmlichen Sinn.« Der Anflug eines Lächelns ließ Bergmann in ein weiteres Stirnrunzeln übergleiten. »Von einer Serie kann man bei nur einem Mord wohl noch nicht sprechen.«

»Waren Sadomaso-Praktiken im Spiel?«, fragte jemand.

»Kein Kommentar.«

»Handelt es sich um eine Beziehungstat?«

»Wir stehen am Anfang der Ermittlungen und schließen nichts aus.«

»Hat der Mord etwas mit seiner Rolle in der Serie zu tun?«

»Das ist reine Spekulation.«

»Was werden Sie nun tun?«

Jetzt ergriff der Polizeipräsident in der Mitte des Podiums das Wort: »Wir haben sofort eine Sonderkommission gebildet, unter der Leitung von Kriminalhauptkommissar Bergmann.« Er blickte den ermittelnden Beamten wohlwollend an. »Bitte verstehen Sie, dass wir, um die Aufklärungsarbeit der Soko nicht zu gefährden, nun keine weiteren Fragen beantworten werden.«

»Das geht doch nicht«, empörte sich der Journalist neben Durlach, und einige andere begannen ebenfalls zu murren.

»Ich danke Ihnen für Ihre Aufmerksamkeit«, schloss der Präsident die Veranstaltung.

Er nickte nach rechts und links, damit die Vertreter der Staatsgewalt zugleich aufstehen konnten. Doch der wohlbeleibte Oberstaatsanwalt musste sich mit beiden Händen auf dem Tisch abstützen, um sich ächzend nach oben zu stemmen, und zerstörte so das Bild von Geschlossenheit und Dynamik.

»Das war ja ein gespenstischer Kurzauftritt«, höhnte der Zeitungsmann neben Durlach. »Aber der Stuttgarter Polizei glaubt doch eh keiner mehr.«

»Schon«, wandte sich Durlach ihm zu. »Aber vielleicht wissen sie wirklich noch zu wenig.«

»Ach was. Das war offensive Blockade.«

»Was meinen Sie damit?«

»Reden und nix sagen. Der Fall musste öffentlich zu einem Fall gemacht werden, ohne dass man was rauslässt. Wahrscheinlich gibt es zu viele Zeugen, um das Ding ganz unter der Decke halten zu können.«

»Sie haben recht. Rotundas Nachbarn hingen alle am Fenster.«

»Sie waren dort? Logisch. Der rasende Reporter, der den Polizeifunk abhören muss.« Er klopfte Durlach gönnerhaft auf die Schulter. »Mach dir nix draus, hab ich als Jungredakteur auch ständig gemacht. Nachts schicken die Herren Ressortleiter gerne die Anfänger raus. Sich die Sporen verdienen, heißt das dann. Und? Habt ihr wenigstens die kultische Herrichtung gesehen?«

»Nein, es war alles abgesperrt. Wir haben nur das Haus von außen gedreht, Polizei, Blaulicht, Nachbarn und so weiter.«

»Logisch«, sagte der Zeitungsmann und überlegte. »Ist eine selten dämliche Formulierung: kultische Herrichtung. Aber durchschaubar. Das klingt eindeutig nach Hinrichtung.«

»Meinen Sie, solche Formulierungen werden absichtlich benutzt?«

»Da bin ich überzeugt. Alles Absicht, alles geplant. Was meinst du denn, wozu die so eine improvisierte Pressekonferenz veranstalten und dann so geballt aufkreuzen?«

»Und das Stichwort sexueller Hintergrund?«

»Alles lanciert und aufgebauscht.«

Durlach nickte nur. Zum ersten Mal fühlte er sich einem dieser abgeklärten Kollegen überlegen. Solche alten Hasen gab es viele im Journalismus, schon ab dreißig Jahren aufwärts. Sie wussten viel über die Stadt, die Leute, die Strukturen. Dass sie Insider waren, ließen sie ihr Gegenüber gerne spüren. Sie fühlten sich als Menschwerdung des kritischen Journalismus und witterten beständig irgendwelche Machenschaften, Affären und unheilvolle Verquickungen zwischen Politik und Wirtschaft. Doch Skandale zu vermuten war leicht, sie zu belegen schwer. Entsprechend selten gab es von ihnen enthüllende Veröffentlichungen. Die alten Hasen vermuteten wiederum, dies liege an den Seilschaften, die bis in die Spitze des eigenen Verlags reichten. Daher blieb ihnen nur übrig, zu resignieren und gleichzeitig einen berufsbedingten Verfolgungswahn zu entwickeln.

Auch der Zeitungsmann hatte so ein wirres Flirren in den Augen, als er erneut ausholte: »Da passiert ein kleiner harmloser Mord in dieser langweiligen Stadt, schon blasen gewisse Herren den Fall auf und machen einen mysteriösen Skandal draus. Hinrichtung mit sexuellem Hintergrund. Das klingt toll. Logisch. Aber wir sind nicht in Chicago, nicht einmal in Frankfurt.«

»Klar, in Stuttgart klaut man höchstens mal einen Daimler.« Durlach grinste und versuchte, den Kollegen aus der Reserve zu locken. »Aber warum sollte jemand den Fall aufbauschen?«

»Vielleicht weil einer der Herren auf dem Podium als künftiger Innenminister gehandelt wird und in der eigenen Partei noch Unterstützer sucht.«

»Der Oberstaatsanwalt? Sie meinen, der braucht einen spektakulären Fall nur, um sich zu profilieren?«

»Logisch.«

»Und trotzdem könnte doch etwas dran sein an dem Kult-Killer«, hielt Durlach dagegen.

»Nein, nein. So was gibt's nicht bei uns.«

Durlach, der schon an so manchem Kneipenabend Stuttgart als Provinznest verspottet hatte, sah sich gezwungen, jetzt das Gegenteil zu erklären: »So bieder ist Stuttgart auch wieder nicht. Ich kann mir hier schon so einen Todeskult vorstellen. Wie wär es mit irgendeiner Sekte von der Schwäbischen Alb, die in der Stadt nun ihr Unwesen treibt?«

Der Zeitungsmann spitzte verächtlich die Lippen. »Oder mit radikalen Pietisten?«

»Der Pietkong? Ach was. Die halten vielleicht Mahnwachen vor Abtreibungskliniken ab, aber sonst doch nix. Da ist doch kein Platz für eine kultische Hinrichtung.«

Durlach widersprach nicht weiter, auch wenn er nur zu gern dem alten Hasen ein neues Bild von Stuttgart vermittelt und ihm von rituellen Morden im Schwäbischen erzählt hätte. Aber er konnte nicht mehr sagen, ohne gegen seine Abmachung mit Trabold zu verstoßen. Und die Disc mit den Bildern des Toten, die all das belegen konnte, besaß er nicht mehr. Durlach seufzte.

»Mach dir nix draus. Man gewöhnt sich an die Langeweile.«

Der Zeitungsmann klopfte Durlach nochmals gönnerhaft auf die Schulter und verschwand.

3

»Scheiße, Durlach!«

Der Schrei hallte durch den Gang. Durlach saß in seinem Büro vor dem Computer und sichtete die Interviews aus der vergangenen Nacht.

»Durlach! Herkommen!«

Die Stimme durchdrang den Schaumstoff des Kopfhörers. Es gab keine Möglichkeit mehr, sie zu ignorieren.

Als Durlach Heders Büro betrat, saß dieser zwar mit rotem Kopf da, aber das hatte nicht nur mit Erregung zu tun. Es war die Folge von Bewegungsmangel, ungesunder Ernährung und Alkohol, also von Bluthochdruck. Der Redaktionsleiter war gerade dabei, seine Pfeife zu stopfen. Dabei ging er nicht sehr sorgsam vor. Heder hielt den Pfeifenkopf schräg in eine große Glasschale, die immer mit seinem Lieblingstabak gefüllt auf dem Schreibtisch stand, schob mit dem Daumen einfach eine Portion hinein und klemmte die Pfeife zwischen die Zähne. Durlach war beruhigt. Wenn die Lage wirklich ernst gewesen wäre, hätte sein Redaktionsleiter nie zur Unterredung geraucht.

»Scheiße, Mensch!«, wiederholte Heder, diesmal in Zimmerlautstärke. »Warum kreuzt ihr denn auf der Pressekonferenz bei der Polizei auf?«

»Heute Morgen?«

Durlach nahm Platz, wobei er darauf achtete, möglichst aufrecht zu sitzen.

»Ja. Zwei Teams auf einem Termin, das ist doch die Höhe. Wer zahlt das denn? Scheiße, Durlach! Wenn das noch mal vorkommt, dann ziehe ich dir das vom Gehalt ab.«

Wenn Heder sich aufregte, verfiel er in ein ungeniertes Du, worüber sich Durlach insgeheim amüsierte. Die Übermüdung ließ heute sogar den Anflug eines spöttischen Lächelns um seine Mundwinkel entstehen. Durlach war nämlich stolz darauf, sich als Einziger in der Redaktion nicht mit dem Chef zu duzen, obwohl er mit seinen Anfang dreißig mittlerweile der dienstälteste Reporter bei TV Schwaben war. Und selbstverständlich hätte Heder ihm schon längst seinen »Norbert« anbieten müssen, hatte nur aus irgendeinem Grund den rechten Zeitpunkt dazu versäumt. Heder, der sein Chefsein aus jeder Pore ausdünstete, selbst wenn er einen kumpelhaften Umgangston anschlug, war dieses herausgerutschte »Du« ein Nachteil, verschaffte es Durlach in Konfliktsituationen doch eine wohltuende Distanz.

»Ich bin ganz normal informiert worden, durch einen Anruf auf dem Bereitschaftshandy. Kann ich ahnen, dass jemand dem Angermeier den Termin auf seiner Privatnummer noch mal extra mitteilt?«

»Wieso hat der Angermeier überhaupt sein Handy umgeleitet?«

»Wir haben getauscht, ich habe für ihn die Nachtbereitschaft übernommen, weil Arnd gestern Abend was vorhatte.«

»Das ist mir scheißegal. Es wird nicht einfach getauscht. Wenn hier einer bestimmt, wer nachts rausgeht, dann ich. Immer noch ist Angermeier der Polizeireporter. Warum habt ihr ihn dann nach Hause geschickt?«

Heder half sich über die Duz-Phase hinweg, indem er zum »ihr« überging und damit das Team meinte.

»Wegen der Kosten natürlich. Ich war nachts draußen und habe gedreht, dann drehe ich auch die dazugehörige Pressekonferenz und mache den Beitrag fertig. Wenn ich ein Thema anfange, bringe ich es auch zu Ende.«

»Selbst Polizeithemen?«, entfuhr es Heder samt einer großen Rauchwolke.

Der Chef wollte süffisant erscheinen, er klang aber eher beleidigt.

Als der Redaktionsleiter vor einem Dreivierteljahr jemanden suchte, der sich zum Polizeireporter »befördern« lassen sollte, hatte Durlach entschieden abgelehnt.

Durlach war gerne Reporter, aber sein Verhältnis zur Polizei war nicht ungetrübt. Nicht erst seit dem Schwarzen Donnerstag im Schlossgarten. Damals, ganz frisch in Stuttgart, hatte Durlach hautnah erlebt, wie brutal die Einsatzkräfte gegen friedliche Demonstranten vorgingen. Den Schlagstöcken und dem Pfefferspray hatte Durlach selbst noch ausweichen können und sich mit seinem Kameramann etwas zurückgezogen. Dafür hatte ihn der Strahl eines Wasserwerfers erwischt und ordentlich durchgeweicht. Das Schlimmste war für Durlach aber, dass anschließend nicht wirklich geklärt wurde, wer die Verantwortung für die vielen Verletzten trug. Er war drauf und dran, an einem funktionierenden Rechtsstaat zu zweifeln, wenn nicht irgendwann das Verwaltungsgericht die Rechtswidrigkeit des Polizeieinsatzes festgestellt hätte. Trotzdem: Mit Polizei wollte Durlach auch journalistisch nicht mehr zu tun haben als unbedingt nötig. Er blieb lieber bei seinen Umweltthemen und wollte vor allem seine kleinen Tierfilme nicht aufgeben, die bei den Zuschauern sehr beliebt waren. Das musste auch Heder akzeptieren.

So bekam Arnd Angermeier den Job des Polizeireporters, ein Praktikant, der die große journalistische Chance witterte und dafür sofort sein Studium abbrach.

»Okay, Durlach. Dann bringen Sie die Rotunda-Geschichte heute zu Ende.«

»Wie lange soll der Film werden? Ich habe einen O-Ton der Polizei und sehr gute Aussagen von den Nachbarn, die wir heute Nacht noch interviewt haben.«

»Ja, machen Sie zwei Minuten.«

Im Geist legte sich Durlach ein Konzept für seinen Film zurecht. Sofort schossen ihm die Bilder des toten Rotunda durch den Kopf. Mit diesen Aufnahmen hätte er problemlos einen wesentlich längeren Film machen dürfen, dachte er, und einen spannenderen obendrein. Doch Durlach durfte seinem Chef nichts über die kuriosen Dreharbeiten der letzten Nacht erzählen. Die Bilder waren illegal gemacht, und darüber hinaus besaß er sie nicht einmal mehr. Umso faszinierender erschien Durlach die ganze Inszenierung. Das Arrangement des Toten hatte Anmut und war zugleich erschreckend grausam. Ja, es waren wohl die Bilder seines Lebens, genau wie Trabold es gesagt hatte.

Hunderte von Discs und Kassetten waren mit den Jahren durch seine Hände gewandert, unzählige Aufnahmen von lebenden und auch von toten Menschen, doch sie alle schienen nicht so bedeutend. Das Bild des aufgebahrten Schauspielers wirkte geheimnisvoll und öffentlich zugleich. Der tote Rotunda sollte noch einmal der Welt vorgeführt werden, so wie er zuletzt dalag, auf den Rosen, inmitten der Kerzen, mit blutigen, aus dem Schädel kullernden Geldstücken.

Es war ein Kommunikationsangebot, und Durlach spürte das Verlangen, dieses Angebot aufzugreifen. Schließlich hatte er diesen Moment selbst erlebt und dokumentiert. Wenn also irgendjemand diese Bilder öffentlich zeigen durfte, dann er und niemand anders. Durlach wurde mit einem Schlag klar, dass er die Rotunda-Geschichte an sich ziehen musste – auch wenn es ein klassisches Polizeithema war.

»Und wie geht es dann weiter?«, fragte Durlach daher.

»Ich verstehe nicht.«

»In dem Thema liegt doch mehr drin, Herr Heder. Tod eines Serienstars! Der Star einer Soap, die auf unserem Sender läuft und die sogar in Stuttgart produziert wird.«

Überrascht biss Heder auf die Pfeife, so heftig, dass sich die Lippen öffneten und zwei Reihen gelblicher Zähne zum Vorschein kamen.

»Durlach, sind Sie übermüdet?«

»Nein. Ich denke nur, wir sollten für TV Schwaben eine eigene Serie daraus machen: Wie reagiert die Produktionsfirma? Wer übernimmt die Rolle? Wie trauern die Fans? Wie trauern Rotundas Eltern?«

Heder kippte mit seinem beweglichen Chefsessel ganz nach vorne und beugte sich schwer atmend Durlach entgegen. Ein süßlicher Vanillegeruch stieg dem Reporter in die Nase.

»Nicht schlecht, die Idee, Durlach. Eine Serie über den toten Serien-Star. Die Beiträge werden uns die Herren aus der Hamburger Zentrale doch unter dem Arsch wegreißen, so scharf sind die auf so was.«

»Auch die Filme müssten dann aber eine eigene Handschrift haben. Kein Alltags-Boulevard.«

»Ich dachte, die Serie macht der Angermeier. Den habe ich ja extra zum Polizeireporter gemacht. Der soll da mal ran.«

»Aber wenn man die ganze Sendung im Blick hat, gibt es eine bessere Lösung. Der Arnd ist engagiert, der hat schon gute Kontakte, und er kriegt Tipps von der Polizei.«

Ein Lächeln glitt über Heders Gesicht, und Durlach legte nach.

»Wer bekommt denn gesteckt, wenn eine Razzia läuft, und wer erfährt, wo irgendwelche Angehörigen von Opfern wohnen? Dieses Potenzial sollte TV Schwaben nicht leichtfertig vergeuden.«

Aus Sicht des Redaktionsleiters schien Durlach jetzt da, wo er ihn schon lange haben wollte. Genüsslich sog Heder an der Pfeife und ließ eine dicke Rauchwolke über dem Schreibtisch schweben.

»Stimmt. Den Polizeireporter brauchen wir für unseren Alltagsscheiß. Der Angermeier soll die Alkoholkontrollen und die Tankstellenüberfälle machen. Und ich weiß auch schon, wer die Serie an seiner Stelle macht. Scheiße, Durlach. Sie haben die ersten Bilder gemacht, Sie ziehen die Sache jetzt durch.«

Heder wartete auf Widerspruch, doch der kam nicht, also machte er weiter: »Also, Durlach, fangen Sie schon an. Besorgen Sie sich ein paar Bilder von der Serie, wo dieser Rotunda mitspielt. Erst mal die Betroffenheitsseite und dann die kriminalistische Schiene. Spuren, Verdächtige, Motive und so weiter. Der Angermeier kann Ihnen ja ein paar Kontakte zur Polizei machen.«

»Danke, die habe ich selbst.«

»Ach, woher denn?«

Durlach überging die Frage. »Ich würde heute jemanden von der Polizei live zum Interview ins Studio einladen.«

»Gute Idee. Aber ich glaube kaum, dass Sie einen kriegen.«

»Der neue Pressesprecher kommt bestimmt«, sagte Durlach überzeugt. »Lassen Sie mich nur machen.«

»Sie sind ja doch ein scharfer Hund, Durlach. – Scheiße, Mensch, die Nummer spielen wir ganz groß.«

Sendung	Regionalmagazin TV Schwaben
Serie	Kult-Killer - Folge 1
Titel	**Mord Rotunda**
Autor	E. Durlach
Datum	Montag, 18. April
Länge	2'00''

Bild + Töne	Text
Streifenwagen vor dem Haus, Schwenk auf Fassade	Es war kurz nach halb drei in der Nacht, als ein Unbekannter bei der Polizei anrief. In der Stuttgarter Lessingstraße sei ein Verletzter.
Fenster nah, Schatten an der Decke, Schwenk auf Fassade	Nur vier Minuten später war der erste Streifenwagen vor Ort. Er kam zu spät.
O-Ton Traugott Bergmann Polizei-Kommissar	*»Nachdem weder auf Klingel- oder Klopfzeichen noch auf Rufe in der Wohnung im zweiten Stock des Hauses Lessingstraße 9 reagiert wurde, erbrachen die beiden Beamten die Wohnungstür. Sie fanden den leblosen Körper des dort wohnhaften Nino Rotunda. Der herbeigerufene Notarzt konnte nur noch dessen Tod feststellen.«*
Pressekonferenz der Polizei, mehrere Einstellungen	Noch tappt die Polizei im Dunkeln. War es Selbstmord? Oder stecken seltsame Riten hinter der grausamen Tat? Die Umstände sind rätselhaft.

O-Ton Gotthilf Bergmann … leitet die Soko Weißblitz als Trenner	*»Die genaue Todesursache muss die Obduktion ergeben, sie wird gerade jetzt zu diesem Zeitpunkt durchgeführt.«* *»Anlass dafür ist die Art und Weise, in der wir die Leiche vorfanden. Herr Rotunda war in einer, ich würde mal etwas salopp sagen, kultischen Weise hergerichtet.«*
Schneller Zoom auf Rotundas Haus, dann Haus-Details, Schatten im Fenster	Ein Kult, eine dunkle Leidenschaft, der Nino Rotunda nun zum Opfer fiel. Wurde er am Ende in seiner eigenen Wohnung sexuell missbraucht?
Das Stockwerk über Rotundas, Menschen am Fenster	Die Polizei hüllt sich in Schweigen. Bei seinen Nachbarn herrscht deshalb große Angst.
O-Ton Gerda Schmelzle Nachbarin (lehnt im Fenster)	*»Ich wohne seit 43 Jahren hier in dem Haus. Da ist bisher noch nie irgendwas passiert. Es war mal richtig sicher hier in der Gegend. Und jetzt so was Schreckliches.«*
Spielszene aus der Soap: Nino küsst ein Mädchen, sie stößt ihn von sich	So kannten ihn die Fernsehzuschauer. Nino Rotunda, der junge und erfolgreiche Geschäftsmann der täglichen Serie »Leben lassen – Lieben lassen«.
O-Ton Spielszene Kein Insert	*Sie: »Bitte lass mich.«* *Er: »Ich kann dir alles bieten. Ich lege dir die Welt zu Füßen.«* *Sie: »Nein. Du machst mir Angst.«*
Weiter Spielszene	Doch hinter der Fassade des schönen Schauspielers verbirgt sich ein dunkles Geheimnis.

O-Ton Tanja Gerlach … kannte Rotunda gut (mit Kittelschürze in ihrer Eingangstür)	*»Er war nett, fand ich, hat immer 'grüßt. Richtig freundlich. ›Hallo, Herr Nino‹, hab ich immer zu ihm g'sagt. Doch dass der Herr vom Fern- sehen jetzt tot isch, des macht mir scho' Sorge.«*
Lessingstraße, halbtotal mit vielen Streifenwagen	Die Polizei muss nun bald den Mörder finden, nicht nur um die Tat aufzu- klären, sondern auch um die Stuttgar- ter zu beruhigen.

4

»Die MAZ ›Covergirl‹ liegt jetzt bereit«, verkündete Tina Welz, als sie in die Regie von TV Schwaben gelaufen kam. Sie war heute Schlussredakteurin und für den reibungslosen Ablauf der Sendung verantwortlich. »Die letzten Worte lauten: ›... beim nächsten Shooting Mitte Mai‹. Ich habe sie ins System eingegeben.«

Einige Kollegen schrieben sich die Worte dennoch auf, und Ruprecht, der Regisseur, klickte auf dem Ablaufplan in seinem Computer herum.

»Dann sind wir ja komplett«, murmelte er erleichtert.

»Heißt das, wir können heimgehen?«, feixte der Toningenieur.

»Wart's ab«, antwortete Ruprecht und rief in die Runde: »Noch zwei Minuten bis zur Sendung. Konzentration bitte.«

Hinter der aufgereiht sitzenden Regiemannschaft hockte Durlach und pendelte träge auf einem Drehstuhl hin und her. Er hatte Trabold am Eingang abgeholt, im Studio abgeliefert und wollte nun das Interview von der Regie aus mitverfolgen. Sein Blick glitt müde über die zahlreichen Bildschirme. Auf einem bekam die Moderatorin Kerstin Schneider die Haare gerichtet, während sie noch einmal das Blatt mit den Interviewfragen durchging. Ein anderer Monitor zeigte die aktuelle Folge von »Leben lassen – Lieben lassen«, die mit dem obligatorischen Cliffhanger zu Ende ging: ein letzter schicksalhafter Satz, eine dramatische Musikfanfare, ein schneller Zoom auf die aufgerissenen Augen einer Schauspielerin. Anschließend teilte sich der Bildschirm, in der rechten Hälfte lief der Abspann mit den Namen, in der linken Kosmetikwerbung.

Dann geschah etwas Ungewöhnliches. Die Musik der Daily Soap wurde abrupt leise, und in diese Stille hinein blendete der Abspann zu einer Schrifttafel über. In einem nüchternen Weiß auf schwarzem Grund stand da:

> Wir trauern um
> NINO ROTUNDA
> Du starbst einen grausamen Tod.
> Wir werden dich nie vergessen.
> Alle Mitarbeiter von
> »Leben lassen – Lieben lassen«
> und PosiTV

»Oh Gott, ist das peinlich«, zischte der Tontechniker.

»Wieso?«, entgegnete Tina. »Die können doch auch nicht einfach zur Tagesordnung übergehen.«

»Ruhe!«, rief Ruprecht, und alle verstummten. »Intro ab!«

Die Titel-Sequenz der Sendung bestand aus Bildern der Region: ein Blick von oben auf die Stadt, Arbeiter bei Daimler, die belebte Königstraße, ein mähender Traktor auf den Fildern, Kinder im Höhenpark Killesberg, der Landtag, eine Torszene des VfB.

»Es ist Montag, der 18. April. Guten Abend, meine Damen und Herren«, sagte die Moderatorin Kerstin Schneider lächelnd in die Studiokamera. »Herzlich willkommen zum ›Regionalmagazin‹ von TVS. Diese Themen haben wir für Sie vorbereitet.«

»MAZ ab«, rief Ruprecht.

Jetzt war ein Porträt von Nino Rotunda zu sehen, gefolgt von Bildern der anderen Themen. Dazu sprach Kerstin Schneider die Schlagzeilen.

»Ausgespielt: Der Soap-Star Nino Rotunda ist tot. – Ausgezogen: Die schöne Jessica macht als Covergirl Karriere – Ausgebaut: Politiker begrüßen das Projekt MediaCity – Ausgetrickst: Der VfB steckt mitten im Abstiegskampf.«

Kerstin Schneider kam wieder ins Bild und moderierte Durlachs Beitrag an.

»Ihre Fans nennen sie nur LelaLila, die tägliche Serie ›Leben lassen – Lieben lassen‹. Heute bekam der Titel ›Leben lassen‹ eine neue, grausame Bedeutung. Einer der Hauptdarsteller,

Nino Rotunda, ist tot. Er starb unter sehr mysteriösen Umständen. Ein Schock für alle Serien-Fans und ein Tod, der viele Fragen aufwirft.«

Als nun sein eigener Beitrag anlief, entspannte sich Durlach etwas. Er schloss die Augen und lauschte. Das Texten des Beitrags war ihm wie immer flott von der Hand gegangen. Er wusste genau, was Heder wollte, das Gute und Böse herausarbeiten, wobei diese Haltung von Film zu Film sich auch um hundertachtzig Grad drehen konnte, Hauptsache, der Zuschauer wurde emotional angesprochen.

Durlachs Stimme war warm und voll, was seinen Texten Seriosität verlieh. Sie half ihm aber auch, gut bei Frauen anzukommen. Zumal Durlach nicht schlecht aussah: Er war groß, schlank und im Grunde mit sich einig. Das hinderte ihn aber nicht daran, an ein paar Details herumzumäkeln: So hatten seine Haare eine uneindeutige Mischfarbe, zwischen Blond und Braun. Seine Augenfarbe war ein eindeutiges Grau-Blau-Grün. Das Kinn etwas zu spitz, seine Nase zu großporig. Trotzdem konnte Durlach morgens ohne Erschrecken in den Spiegel schauen, und er lag mit seiner Selbsteinschätzung gar nicht so falsch. Nur von der Wirkung seiner Stimme hatte er keine Ahnung, denn seine Welt war zu sehr auf das Sehen fixiert.

»Schöner Beitrag«, sagte seine Kollegin Tina zu ihm.

Durlach war zufrieden. Jetzt musste nur noch das Interview mit Trabold klappen, den er schon über einen der Monitore beobachten konnte. Der Polizist war so aufgeregt, dass die Maskenbildnerin ihm rasch noch einmal den Schweiß von der Stirn tupfen musste.

»Achtung fürs Studio, noch zehn Sekunden«, sagte Regisseur Ruprecht.

»Weitere Informationen zum Tod von Nino Rotunda hat Wolf-Dieter Trabold, Pressesprecher der Polizei.« Kerstin drehte sich zu ihrem Gast. »Herr Trabold, hat der Mord etwas mit der Soap ›Leben lassen – Lieben lassen‹ zu tun?«

»Das können wir noch nicht sagen. Unsere Ermittlungen bezogen sich zunächst auf das Opfer und den möglichen Tatort.«

»Die Wohnung Nino Rotundas?«

»Ob Nino Rotunda dort ums Leben kam, wo wir ihn fanden, ist noch nicht geklärt. Der Tatort kann auch ein anderer sein.«

»Was hat die Obduktion ergeben? Wann und wie starb er?«

»Ja, er wurde erwürgt, das ist sicher. Der Todeszeitpunkt muss noch näher eingegrenzt werden. Herr Rotunda hat gestern um circa neunzehn Uhr dreißig seinen Arbeitsplatz verlassen ...«

»Die Studios von ›Leben lassen – Lieben lassen‹.«

»Ja. Er wollte nach Hause gehen. Wo er auf seinen Mörder traf, ob auf dem Nachhauseweg oder erst in der Wohnung, wissen wir noch nicht.«

»Sprach Ihr Kollege in der Pressekonferenz nicht davon, der Tote sei kultisch hergerichtet worden?«

»Sie haben es richtig zitiert, aber ich möchte noch einmal klarstellen, dass er kultisch *her*gerichtet, nicht *hin*gerichtet wurde.«

»Was kann man sich darunter vorstellen?«

»Die Leiche wurde auf Rosen gebettet und mit Lichtern umstellt.«

»Rote Rosen?«

»Ja. In der Wohnung waren auf einer Fläche Rosenblätter ausgebreitet, und außen herum standen brennende Kerzen.«

»Das klingt nach einem Ritual, vielleicht sogar nach einem Liebesritual.«

»Schon möglich. Es ist aber fraglich, inwieweit es zu sexuellen Handlungen gekommen ist. Es gibt Zeichen, die dafürsprechen ...«

»Zum Beispiel?«

»Ästhetische Zeichen. Ich will es mal so sagen: Die ›kultische Herrichtung‹ ließ das erst vermuten, die Obduktion hat dies aber nicht bestätigen können.«

»Ist eine solche Szenerie der Polizei schon mal untergekommen?«

»Natürlich konnten wir in der Kürze der Zeit nicht alle entsprechenden Fälle prüfen, der Mord ist ja noch nicht einmal vierundzwanzig Stunden her. Also mit dieser Einschränkung kann ich sagen, dass der Polizei diese kultische Art der Aufbahrung eines Toten noch nicht begegnet ist. Uns sind keine vergleichbaren Fälle bekannt.«

»Vielen Dank für diese ersten Informationen zu dem aufsehenerregenden Mord an dem Schauspieler Nino Rotunda.«

Kerstin drehte sich zurück zur anderen Kamera. »Wir sind nach der Werbung wieder für Sie da – und dann unter anderem mit diesem Thema.«

»MAZ ab«, rief Ruprecht wieder einmal.

Nochmals erschienen Bilder der großbusigen Jessica aus Herrenberg, die das aktuelle Titelblatt eines Erotikmagazins zierte. Anschließend wurde ein Werbeblock eingespielt. Durlach erhob sich langsam, um Trabold abzuholen. Schon konnte er über die Studiokameras beobachten, wie Angermeier die Pause nutzte. Er stürzte auf Trabold zu, schüttelte ihm herzhaft die Hand und geleitete ihn persönlich zum Abschminken.

5

»Das tut gut!«

Trabold stellte das Bierglas ab und wischte sich mit dem Zeigefinger etwas Schaum aus dem Bart.

»Außerdem verdient bei jedem Schluck hiervon der Staat mit«, sagte Durlach und trommelte mit zwei Fingern gegen die Flasche Tannenzäpfle, dass sie leise klimperte. »Aber dürfen Sie, so wie Sie jetzt sind, ich meine, in Uniform, eigentlich ein Bier trinken?«

»Also, beim Trinken unterstehe ich nicht der Dienstaufsicht«, sagte Trabold übertrieben förmlich.

Der Polizist schmunzelte, schien sich aber zugleich etwas tiefer in die Ecke des Bistros zu drücken und zündete sich eine Zigarette an. Durlach füllte die Gläser wieder aus den kleinen Flaschen auf.

Nach der Sendung des »Regionalmagazins« hatte Durlach ihn beim Abschminken in der Maske abgeholt und mit dem Argument, er müsse mit dem Pressesprecher noch Details für seine neue Serie besprechen, aus den Fängen des Kollegen Angermeier befreit. Trabold schien darüber erfreut und schlug spontan vor, dies bei einem Bier zu erledigen. Weil der Polizist anschließend mit der S-Bahn nach Hause fahren wollte, waren beide hier in der Bahnhofshalle gelandet. Es war zugig und laut, doch vor einem Bistro und einer vietnamesischen Garküche hatte man ein paar Tische aufgestellt, mitten im Gewühl der Pendler. Durlach sah wehmütig, wie die Menschenmasse die langen Übergänge verstopfte, die während der Bauarbeiten zu den Bahnsteigen führten. Er war in den letzten Jahren so selten wie möglich am Hauptbahnhof gewesen. Durlach versuchte zu verdrängen, dass er den S21-Baubeginn als persönliche Niederlage empfand.

»Ich wollte Ihnen noch danken, Herr Durlach, dass Sie sich bei Ihrem Film an unsere Abmachung gehalten haben.«

»Kein Problem, zumindest wenn Sie im anschließenden Gespräch immer ein paar Ermittlungsergebnisse hören lassen. Da komme ich sehr gern drauf zurück.«

»Also, von mir aus – wenn Frau Schneider das Interview macht«

Beide tranken ihre Gläser leer. Trabold rauchte und blinzelte träge. Am Nebentisch klaubte sich eine ältere Dame eine Breuninger-Plastiktüte vom Boden und lief davon. Durch die Bahnhofshalle schallten die aktuellen Verspätungsmeldungen.

»Sind Sie denn nicht kaputt, Herr Durlach? Sie sind doch auch seit der Nacht auf den Beinen.«

»Das kann man so sagen. Ich mag gar nicht an morgen denken. – Wollen Sie noch eins, Herr Trabold?«

»Warum nicht? Zwischen Leber und Milz passt immer noch ein Pils.«

Durlach lachte freundlich über den alten Spruch, dann ging er zur Theke des Bistros und orderte zwei weitere Bier. Die Schauspielerin Christine Prayon zog ihren Rollkoffer vorbei.

Für ein Informantengespräch war dies schon ein ungewöhnlicher Ort. Aber Durlach glaubte kaum, aus Trabold noch Wissenswertes herausleiern zu können. Er setzte auf ein ungestörtes Feierabendbier und war sicher, dass hier keiner der Kollegen vorbeikam. Direkt nach der Sendung verzog sich die TVS-Redaktion allein oder grüppchenweise. Heder selbst ging meist zu seinem Stammitaliener und anschließend zum Pokern in die Spielbank im SI-Zentrum. Tina Welz war garantiert kulturell unterwegs, das Kommunale Kino zeigte zurzeit eine Jarmusch-Retrospektive. Und ein Männerquartett um Polizeireporter Angermeier lungerte bestimmt nebenan im Amici herum, hatte mit Glück noch eine der Praktikantinnen mitgeschleppt, um sie in die alkoholischen Grundlagen des Journalismus einzuführen.

»Wird es denn bei Ihnen wenigstens morgen ruhiger?«, eröffnete Durlach den Small Talk wieder, als er mit den beiden Bieren zum Tisch zurückkehrte.

»Kaum. Morgen kommen bestimmt die Anfragen Ihrer Kollegen von den überregionalen Zeitungen, eventuell schon von ein paar Korrespondenten der ausländischen Medien.«

»Klingt nach Stress.«

»Sicher. Der Fall Rotunda wird uns garantiert noch einige Zeit auf Trab halten.«

»Kriegen Sie dann personelle Unterstützung?«

»Kaum, aber die Arbeit in unserer Pressestelle wird geregelter. Wir sind dann besser vorbereitet. Es wird fertige Pressetexte mit dem jeweiligen Stand der Ermittlungen geben, das befriedigt schon die meisten Anfragen, und für viele andere gibt es vorformulierte Antworten und entsprechende Sprachregelungen.«

»Das heißt, Sie wimmeln ab.« Durlach lehnte sich zurück, stolz auf seinen pointierten Einwurf.

»Im Gegenteil, Herr Durlach. Wir wollen damit eine Gleichbehandlung erreichen. Also, für mich ist es eine Frage der Fairness gegenüber den Journalisten. Alle sollen die gleichen Informationen erhalten.«

»Und wer wählt die Infos aus?«

»Das sollte auf der täglichen Sitzung der Soko erledigt werden. Neben dem Austausch neuer Fakten und der Lageplanung sollte es immer auch darum gehen, was ich nach außen gebe. Doch die Ermittler vergessen das regelmäßig.«

Mit Trabolds Müdigkeit kam auch Resignation zum Vorschein. Er zwirbelte sich den Bart, dann schenkte er sich Bier nach.

»Gab es im aktuellen Fall schon Kommunikationspannen?«

»Leider.«

»Etwa die Formulierung ›kultisch hergerichtet‹?«, hakte Durlach nach.

»Ich hätte den Bergmann umbr…«

Trabold hielt inne. Er war so unvermittelt in Rage geraten, dass er seine Flasche auf den Tisch geknallt hatte. Der Rest Bier darin schäumte mit ihm. Als er nun Durlach lächeln sah, ließ er seinem Unmut freien Lauf.

»Ja, ich hätte den Kerl umbringen können, als er das gesagt hat. Keine Infos über die Tatumstände, hatten wir vorher extra abgesprochen, nicht in dieser Phase der Ermittlungen. Wir hatten die Liste der zu veröffentlichenden Details genau festgelegt. Das war doch gerade die Idee der schnellen Pressekonferenz: Öffentlichkeit über wenige Fakten herstellen, um gewissen Spekulationen gleich den Wind aus den Segeln zu nehmen. Aber man redet gegen eine Wand.«

»Und die Bemerkung über den sexuellen Hintergrund der Tat?«

»Der Kerl hat einfach den Rand nicht halten können. Im Stress mit den Kameras und den Journalisten ist ihm das rausgerutscht. Vielleicht wollte er auch vor dem Polizeipräsidenten den großen Max spielen. Jetzt müssen wir von der Pressestelle das wieder ausbügeln und so einordnen, dass die Medien einigermaßen was berichten können und trotzdem der Ermittlung nicht in die Quere kommen. Das ist doch wie bei einem Dompteur: Wirf den Tieren ein paar Stücke rohes Fleisch hin, dann sind sie beschäftigt und lassen einen erst mal in Ruhe.«

»Sind wir Journalisten denn wirklich so gefährlich wie Tiger?«

»Eher wie Löwen«, lachte Trabold und deutete auf das baden-württembergische Wappen an seiner Uniform. »Gefräßig, aber auch genügsam und leicht zufriedenzustellen. Doch wenn so ein reißerisches Stichwort fällt, dann wird natürlich Blut geleckt.«

Jetzt war Trabold sichtlich stolz auf seine passende Stegreif-Formulierung und würde das tierische Sprachbild bestimmt fest in sein Repertoire aufnehmen.

»Und was passiert ohne die Fleischköder?«

»Dann stürzen sich die Raubkatzen auf den Dompteur, also die Polizei. Dann ist jeder Artikel eine Anklage gegen die Ermittlungsarbeit. Es geht zu langsam, heißt es dann, oder: Es gibt Pannen. Was machen die vielen Leute in so einer Sonderkommission eigentlich, wird gefragt.«

»Und der Satz ›Auf Rosen gebettet, mit Lichtern umstellt‹? War das demnach nur ein schmackhafter Brocken, um uns Journalisten ruhig zu halten?«

»Irgendwie schon.«

»Ist das die offizielle Sprachregelung?«

»Nein, der Satz stammt von mir.«

»Sehr poetisch«, sagte Durlach anerkennend.

Trabold errötete etwas und versuchte, dies durch einen Griff nach seinem Feuerzeug zu kaschieren. Poesie hatte für ihn nichts in Presseerklärungen der Polizei verloren.

»Wenn Sie schon Ihre Pressetexte so ästhetisch gestalten, gehen Sie dann davon aus, dass der Mord irgendeinem Kult entspringt?«

»Das ist eine Richtung, in die die ›Soko Soap‹ ermittelt. Die organisierte …«

»Stammt der Name ›Soko Soap‹ auch von Ihnen?«

»Nein«, antwortete Trabold. »Die organisierte Kriminalität arbeitet ja mit solchen Symbolen, zum Beispiel die Triaden in Japan. Ich kenne ähnliche Strafaktionen auch von der italienischen Mafia: Wenn einer gesungen hat, dann schneiden sie ihm den Penis ab und stecken ihn dem Toten in den Mund.«

Durlachs Unterleib zog sich zusammen, gleichzeitig musste er unwillkürlich schlucken, weil gerade ein Mann vorüberlief, der in eine rote Wurst biss.

»Bei Rotunda war aber noch alles dran«, sagte Durlach schnell, um sich abzulenken. Dann schenkte er sich Bier nach. »Vielleicht bedeuten die ausgestochenen Augen, dass Rotunda zu viel gesehen hat.«

»Da lassen sich viele Erklärungen denken.«

»Oder zum Beispiel das Parfüm: Das könnte bedeuten, Rotunda hätte verduften sollen.«

Der fehlende Schlaf verstärkte die Wirkung der zwei kleinen Biere immens, Durlach wurde albern.

»Ach Gott. Am Ende behaupten Sie noch in einem Ihrer Filme, die nackte Leiche bedeutet, dass Rotunda seine Schulden nicht bezahlt hat. Denn einem nackten Mann kann man nicht in die Tasche greifen.« Trabold kicherte ein wenig. »Also mal im Ernst, Herr Durlach, alle diese Details des Aufbahrens bleiben auch weiterhin unter uns.«

Durlach verzog enttäuscht das Gesicht, was der Polizist ignorierte. Er zündete sich eine zweite Zigarette an. Prompt reagierte ein älterer Gast am Nebentisch, der sich einen grünen »oben bleiben«-Button gegen Stuttgart 21 ans Revers gesteckt hatte.

»Hier ist Nichtraucher!«, fuhr er den Polizisten an.

»Entschuldigung«, sagte Trabold sofort, drückte pflichtschuldig seine Zigarette in der Schachtel aus und steckte sie mit dem Feuerzeug in die Tasche.

»Unerhört«, ereiferte sich der Rentner weiter. »Aber wir müssen uns von der Polizei ja heutzutage vieles bieten lassen.«

Durlach unterdrückte ein Lachen, und auch Trabold verdrehte etwas die Augen, ehe er leise das Gespräch wieder aufgriff.

»Fanden Sie als Filmemacher nicht auch, dieses Aufbahren war in seiner Art schon sehr demonstrativ, so als wäre es nach einem Drehbuch gestaltet worden? Da wollte jemand sich und der Welt etwas zeigen. Also, es würde mich nicht wundern, wenn der oder die Täter den ganzen Mord selbst dokumentiert hätten.«

»Sie meinen, es gibt noch einmal so ähnliche Aufnahmen wie unsere?«

»Ja. Vielleicht einen Film oder nur Fotos. Vielleicht ist die ganze Zeremonie festgehalten, vielleicht sogar der Mord. Konsequent wäre es. Ich hatte das Gefühl: Wer so ein Bild erschafft, will auch, dass es andere sehen. Wahrscheinlich habe ich es deshalb spontan filmen lassen. Trotzdem bereue ich die Aktion schon wieder.«

»Werden Sie Probleme bekommen? Etwa weil Sie Rotundas Augen geöffnet haben?«

»Da kommt nichts nach. Keine Sorge. Die beiden Streifenbeamten, die den Toten gefunden haben, sind echte Stiesel. Die erinnern sich nicht mehr genau. Der eine meint, als er den Puls von Rotunda gefühlt hat, wären dessen Augen noch geschlossen gewesen. Der andere behauptet dagegen, die Augen waren bereits offen und blutverschmiert, so wie sie auch auf den Polizeifotos zu sehen sind. Es ist schon verblüffend, wie ungenau selbst Aussagen von Kollegen sind.«

Trabold schien zumindest einigermaßen erleichtert und versuchte zu lächeln. Durlach rückte etwas um den Tisch herum und vergewisserte sich mit Blicken nach rechts und links, dass sie keiner der Bistrobesucher belauschen konnte.

»Was haben Sie eigentlich mit der Disc gemacht?«

»Die ist an einem sicheren Ort. Warum?«

»Wenn ich ehrlich bin, würde ich die Aufnahmen schon gerne wiederhaben. Sie haben doch selbst gesagt, es würden die Bilder meines Lebens.«

»Das war doch nur so ein Spruch.«

»Mag sein. Trotzdem gehen mir die Aufnahmen nicht mehr aus dem Kopf.«

»Sie haben unterschrieben«, sagte Trabold kühl.

»Bilder sind dazu da, dass man sie zeigt.«

»Heute kamen Sie ganz gut ohne die Aufnahmen aus, Herr Durlach. Solche Bilder vermisst doch nur derjenige, der weiß, dass sie existieren.«

Trabold war ein korrekter Mensch und überzeugter Polizist, der versuchte, bei seiner Arbeit auch immer wieder auf seine Intuition zu hören. Und jetzt hatte er Angst. Welcher Teufel hatte ihn nur in der vergangenen Nacht geritten? Zweifelsfrei waren die Filmaufnahmen am Tatort ein Dienstvergehen. Wenn das rauskam, würden ihm die Bilder bestimmt den Kopf kosten. Das einzige Beweismittel der Aktion war die Blu-ray Disc, die einzigen Mitwisser waren Durlach und Tom, ein Journalist und sein Kameramann. Warum sollte er ihnen eigentlich vertrauen? Den Tag über hatte Trabold immer wieder überlegt, ob es nicht besser wäre, die Scheibe zu vernichten. Am Nachmittag hatte er sie schon in einen Umschlag gepackt und in der Teeküche des Polizeipräsidiums in den Müll geschmissen, nur um sie kurz darauf wieder herauszufischen, ehe dies zufällig jemand anders tat. Irgendetwas hatte Trabold daran gehindert, irgendeine Gefühlsregung, die er nicht ganz verstanden hatte.

»Lassen Sie mich mal eine Idee entwickeln, Herr Trabold.

Ich muss jetzt ja eine ganze Serie von Beiträgen zum Fall Rotunda machen. Nehmen wir mal an, ich stoße bei meinen Recherchen auf interessante Informationen.«

»Dann sind Sie verpflichtet, es der Polizei mitzuteilen«, antwortete der Polizist sachlich.

»Wir haben Informantenschutz, das wissen Sie. Außerdem müssen wir beide doch nicht über Rechte und Pflichten reden.«

Trabold nickte.

»Angenommen, ich finde irgendwas heraus, das für Ihre Ermittlungen von Bedeutung ist. Ein Fakt, der die Polizei entscheidend weiterbringt.«

»Das kann nur die Soko einschätzen.«

»Ein besonders wichtiger Hinweis.«

»Herr Durlach, bitte«, eierte der Pressesprecher herum.

»Was wäre mit dem entscheidenden Tipp, der den Mörder entlarvt?«

»Für eine Überführung braucht es immer eine ganze Reihe von Fakten.«

»Gut. Und wenn ich die komplette Auflösung des Mordes liefere, die ganze Story: ›Wer hat Rotunda ermordet, wann, wie und warum?‹«

»Also, dafür müsste ich die Disc wohl herausrücken«, lachte Trabold.

»Na also.«

Durlach hob freudig sein Glas mit dem letzten Schluck Bier.

»Aber ich halte es doch für recht unwahrscheinlich, dass es dazu kommen wird«, schob der Polizist schnell nach und griff sich ebenfalls sein Bier.

»Aber unwahrscheinlich ist nicht unmöglich, Herr Trabold.«

Die beiden Gläser stießen klirrend aneinander.

6

Das Mädchen sah durch Durlach fast hindurch, als er mit dem Mikro auf sie zutrat, doch sie antwortete.

»Ich kann es noch gar nicht glauben. Ich habe es erst heute Morgen erfahren. Um halb acht hier in der Maske. Als ich von Jeff, unserem Fahrer, abgeholt wurde, wusste ich noch von gar nichts. Er hat ja nichts gesagt.« Sie schluchzte. Ihre Sätze kamen stockend, als müssten sie mühsam dem Körper entwunden werden. »Ich hatte gestern drehfrei. Ich war gar nicht am Set. Da hat mich niemand informiert.«

Sie schüttelte verzweifelt den Kopf, dass sich ein Hauch von Desigual Fun verbreitete. Mit ihren langen weißblonden Haaren, dem ebenmäßigen Gesicht und ihren strahlend hellblauen Augen war sie sehr hübsch.

»Wie war Nino Rotunda?«

»Ich weiß nicht«, sagte sie nach einer Weile.

»Was für ein Mensch war Nino?«

Das Mädchen hob den Kopf, doch ihr Gesichtsausdruck blieb abwesend. Sie begriff nicht, wer Durlach war und was er von ihr wollte. Aber sie dachte darüber auch nicht nach. Sie schluchzte nochmals, dann sackte sie ganz in sich zusammen. Das wenige an Energie, das ihr schmaler Körper überhaupt zu besitzen schien, war verbraucht. Durlach befürchtete, dass sie auch in einer fröhlicheren Verfassung nicht mehr Emotion zeigen würde.

»Er war ein phantastischer Kollege«, sagte ein bärtiger junger Mann an Stelle der jungen Frau.

Er trat neben sie, legte ihr die Hand auf die Schulter und streichelte sie sacht. Den Rücken gegen den großen Spiegel gelehnt, saß er nun halb auf dem Ablagebrett und verdrängte mit seinem Hintern Spraydosen und Cremetiegel, dass es leise klirrte. Durlach hielt ihm das Mikrofon vor die Nase.

»Wenn man so viel aufeinanderhängt wie wir, dann muss

man miteinander auskommen. Ich bin mit Nino gut ausgekommen. Wir alle sind gut mit ihm ausgekommen.«

Er sah in die Runde. Keine Reaktion der anderen. Die Gruppe wirkte wie paralysiert. Sie saßen auf den Friseurstühlen oder auf einem im Eck stehenden Sofa, lehnten an der Wand oder hockten auf dem Boden des Raumes.

Die Maske war das Herz des Soap-Betriebes. Hier trafen die Schauspieler auf Kostüm- und Maskenbildner, hier zogen sie sich zwischen den einzelnen Szenen um und wurden neu geschminkt, hier wurden die Probleme des Drehtags diskutiert, und hier wurde der Klatsch ausgetauscht. Ganz automatisch zog es viele deshalb auch heute hierher, obwohl die Dreharbeiten ausgesetzt waren: Schauspieler und Kameramänner, Kostüm- und Maskenbildner, Tontechniker und Cutterinnen.

»Wir sind wie eine Familie«, sagte prompt der junge Bartträger vor dem Spiegel.

»Und was war Nino Rotunda für Sie?«

»Ein Bruder. Ja, für mich ist es, als wäre ein Bruder von mir gestorben. Jemand, mit dem ich viel zusammen erlebt habe. Sicher auch mal Ärger, aber meistens hatten wir Spaß miteinander.«

»Was für ein Mensch war Nino?«

»Sie fragen genauso wie die Polizisten«, zischte die Blonde an der Brust des Bärtigen.

»Das ist schon recht, Marlene«, beruhigte er sie, und zu Durlach sagte er: »Nino war gern Schauspieler, er kam gut an. Wir hatten gemeinsam Erfolg, das schweißt zusammen.«

Durlach rückte weiter, ging vor dem nächsten Stuhl in die Hocke. Der lange Tom Esswein nahm die Kamera von der Schulter und filmte aus der Hüfte weiter. Die beiden verstanden sich ohne viele Worte. Der auf dem Stuhl sitzende Mann trug ausgebleichte Jeans, eine Jeansweste und darunter ein Heavy-Metal-Shirt. Er hatte langes schütteres Haar und ein narbiges Gesicht. Durlach vermutete, dass er zur Studiotechnik gehörte.

»Wann wird wieder gedreht?«, fragte er daher.

»Keine Ahnung. Das müssen die von der Dramaturgie entscheiden.« Umständlich zückte er einen blauen Zettel aus der Brusttasche seiner Weste, dass sich ein Dunst von abgestandenem Rauch verbreitete. »Sehen Sie, von der Wochendispo her wären heute vier Bilder mit Nino dran gewesen. Da ist jetzt alles durcheinander. Wir können doch nicht einfach die anderen Szenen und Geschichten drehen, die drum herum sind. Das geht doch nicht. Ich meine, der Ablauf passt doch hinten und vorne nicht mehr.«

»Und was empfinden Sie?«, fragte Durlach platt.

Ihm war nichts Besseres eingefallen, doch im Grunde war es genau das, was er wissen wollte. Ehe sich Durlach aber richtig schämen konnte, bekam er schon reichlich Reaktionen. Er hatte Schwierigkeiten, sie alle einzufangen.

»Wut, echte Wut auf den Mörder«, antwortete der vermeintliche Studiotechniker.

»Ich bin einfach todtraurig«, sagte ein anderer.

»LelaLila ohne Nino kann ich mir nicht wirklich vorstellen. Das will ich auch gar nicht«, sagte eine Frau vom Sofa aus.

»Unfassbar«, murmelte eine junge Frau, die vor dem Fenster auf dem Boden kauerte. »›Augenstern‹ hat Nino mich immer genannt.«

Sie trug eine Art Poncho und hatte ihn über die aufgestellten Beine gezogen. Jetzt ließ sie den Kopf auf die Knie sinken und verstummte. Dafür sprach wieder die andere auf dem Sofa.

»Es ist noch nicht einmal achtundvierzig Stunden her, dass ich mit Nino zusammengearbeitet habe. Ich stand mit ihm in seinem, also in Svens Schlafzimmer, also im Studio in der entsprechenden Deko, und wir haben noch Scheiß gemacht. Er sollte mich in der Szene angrapschen, zudringlich werden, und ich musste ihn heftig zurückweisen. Bei der Stellprobe endete das Ganze in einer Kissenschlacht. Dann ist ein Kissen zerplatzt, und die Federn sind im ganzen Studio rumgeflogen. Bis alles wieder aufgekehrt war, hat es eine halbe Stunde gedauert.«

»Eine Stunde«, sagte ein junger Mann dazwischen, der seine Beanie auch hier drinnen über die Ohren gezogen hatte.

»Jedenfalls waren wir alle voll lustig drauf, das ganze Team, obwohl es den Drehplan ziemlich verzögert hat.«

»Du musstest ja nicht aufkehren.«

»Vielleicht bin ich etwas kritischer Nino gegenüber, das will ich vorausschicken«, sagte nun eine sonore Bassstimme aus dem Hintergrund.

Durlach drehte sich um, Tom schwenkte mit und nahm einen vielleicht vierzig Jahre alten Mann ins Visier, der ganz in Schwarz gekleidet war, Hose, Rolli, Jackett. Sein gebräuntes Gesicht umspielten dunkle Locken, die schon von silbrig glänzenden Strähnen durchzogen waren. Um den Hals hatte er mit lockerer Schlinge einen Schal drapiert.

»Wieso?«, fragte Durlach.

»Vielleicht sehe ich es etwas anders, weil ich nicht immer am Set bin. Sie müssen wissen, ich bin der Regisseur für die fünf Folgen der laufenden Woche. Zwischenrein mache ich aber noch anderes. – Spielfilme«, schob er hinterher und machte eine Kunstpause. »Also, wenn man seltener zu LelaLila kommt, sieht man die langsamen kontinuierlichen Entwicklungen ja deutlicher. Und, das muss ich sagen, in letzter Zeit war Nino nicht immer ganz einfach. Er hielt sich für unersetzlich.«

»Wie äußerte sich das?«

»Wissen Sie, seine Rolle des Sven ist für viele Handlungsstränge wichtig. Nur: Nino spielte eine unserer zwanzig Hauptrollen und nicht die zentrale Rolle in LelaLila. Nino hat die Rolle überschätzt, vielleicht hat er sich auch als Schauspieler überschätzt.«

»Sicher nicht«, sagte das am Boden kauernde Mädchen halblaut und sandte einen bitteren Blick in Richtung Regisseur. »Nino war cool.«

»Stimmt«, pflichtete Ninos letzte Schauspielpartnerin vom Sofa aus bei. »Nino war der Wichtigste. Das sage ich ganz ohne Neid. Von ihm war doch die Wirkung von LelaLila abhängig. Nino war unser Teenie-Schwarm. Obwohl er die Rolle des Bösen hatte.«

»Oder gerade deswegen«, flüsterte jemand.

»Aber jetzt hat ihn das Böse erwischt.«

»Ach, Susa, so kann man das nicht sagen.«

»Doch! Ich kann das so sagen.« Eine mondäne Mittvierzigerin löste sich aus der Ecke und legte los. »Wir können doch nicht so tun, als wäre nichts gewesen, und hier über Ninos Wirkung auf die Weiber diskutieren. Er ist tot. Nino ist tot! Wann kapiert ihr das endlich? Da ist jemand umgebracht worden, der mein Kollege war. Und mein Freund. Irgendein Verrückter hat ihn einfach erwürgt. Vielleicht steht der Psycho morgen vor meiner Tür und erwürgt mich. Ich habe letzte Nacht nicht allein zu Hause geschlafen, das kann ich Ihnen sagen. Ich habe nämlich wirklich Angst. Todesangst.«

»Kultisch hingerichtet«, rief jemand dazwischen.

»Quatsch! *Her*gerichtet wurde er«, antwortete ein anderer.

»Und was stand in der Bild-Zeitung?«, fragte die erste Stimme. »›Kult-Killer‹ haben sie den Mörder genannt.«

»Ich jedenfalls habe keine Lust, von einem durchgeknallten Soap-Hasser aufgeschlitzt zu werden«, sagte wieder die dunkelhaarige Susa. »Ich habe deshalb Polizeischutz beantragt. Aber die Bullen haben nur abgewinkt, sie könnten doch nicht die ganze Belegschaft von uns ständig beobachten. Wir wären viel zu viele. Außerdem wüssten sie gar nicht, ob der Mord etwas mit der Soap zu tun hat.«

»Hat er denn?«, fragte Durlach.

»Klar hat er das. Der Mörder will uns alle treffen. Irgendein schwachsinniger Kulturfanatiker, der das Abendland retten will. Ihr kennt sie doch auch, diese handgeschriebenen Briefe von diesen Leuten, in denen es heißt, Fernsehen ist kulturelle Verrohung, sie würden ihren Kindern verbieten, so einen minderwertigen Kram wie LelaLila anzusehen. Das wäre zu viel. Und ich als Darstellerin sollte mich schämen, dabei mitzumachen, wenn am frühen Abend schon Unzucht und Vergewaltigung zur Schau gestellt würden.«

»Beruhige dich, Susa.«

Der narbige Studiotechniker stand aus dem Stuhl vor ihr auf und nahm sie tröstend in die Arme. Das schien sie tatsächlich zu beruhigen. Durlach vergewisserte sich mit einem Blick nach hinten, dass Tom die Szene gefilmt hatte, dann wandte er sich an den bärtigen Mann, der auf dem Ablagebrett vor dem Spiegel saß.

»Bekommen Sie auch solche Briefe?«

»Nein. Ich bin ja Dramaturg, also hinter der Kamera. Der Fan ist ein Spezialfall von Susa. Da hat sie Pech. Im Allgemeinen bekommen die Schauspieler nur positives Feedback, Autogrammwünsche, auch mal einen pubertären Liebesbrief. Der Fan von Susa war eine Ausnahme, der hat sie mal längere Zeit belästigt und stand regelmäßig vor dem Studio herum, um sie abzupassen.«

»Er will mich aus der kulturellen Hölle erretten, hat er geschrieben. Weil ich eine Ähnlichkeit mit seiner verstorbenen Schwester habe, will er mir eine Chance geben. Ich soll umkehren und das sündige Pflaster der Soap verlassen. Der ist wahnsinnig. Der bedroht uns doch alle. Jetzt hat er schon Nino auf dem Gewissen.«

»Als die ersten Briefe kamen und Susa uns davon erzählte«, sagte der Dramaturg, »hat die Produktionsleitung sie an die Polizei weitergeleitet. Der Kerl war dort bekannt. Ein Fanatiker, der auch schon in psychiatrischer Behandlung war. Im Grunde aber sei er harmlos, sagten sie.«

»Harmlos, dass ich nicht lache!«

Susa hatte sich von der Heavy-Metal-Brust des Studiotechnikers wieder losgemacht und sah entgeistert auf ihren Kollegen. Der fuhr unbeirrt fort.

»Die Polizei hat ihn überprüft und verhört. Dann haben sie mit seinem Psychologen geredet und mit dem eine gemeinsame Strategie erarbeitet. Sie haben dem verrückten Fan verboten, noch mehr Briefe an Susa oder jemand anderen aus der Soap zu schreiben, und er darf sich dem Produktionsgelände nicht weiter als hundert Meter nähern.«

»Gilt das schon als Sicherheitsabstand?«, sagte Durlach.

»Offensichtlich. Es hat funktioniert: Die Briefe blieben aus, und er selbst tauchte auch nicht mehr auf. Susa hatte wieder

Ruhe. Letztlich war er doch harmlos«, antwortete er und fügte schmunzelnd hinzu: »Allerdings soll er inzwischen eine Tagesschausprecherin erretten wollen.«

»Das sieht man jetzt ja, wie harmlos der Kerl ist. Ein Mörder ist er. Und ich bin die Nächste. Dann werde ich kultisch hingerichtet.« Der Studiotechniker wollte sie wieder in den Arm nehmen, aber Susa schlug ihm auf die Brust und schrie weiter. »Nein, lass mich! Ich will mich nicht beruhigen. Ihr könnt leicht abwiegeln. Ihr habt ja keine Ahnung! Euch lauert keiner auf. Ihr seid nicht als Nächstes dran!«

7

»Hier wird über Leben und Tod unserer Helden entschieden«, sagte Jeanette Diers pathetisch.

Durlach konnte nicht beurteilen, ob der Satz ironisch gemeint war oder ob ihn die Frau aus der Presseabteilung von »Leben lassen – Lieben lassen« eher unbedacht salopp dahingesprochen hatte.

Der Konferenzraum, in den Diers ihn und Tom Esswein geführt hatte, war unspektakulär. Er war geprägt von einem langen Tisch, der übersät war mit Gläsern und Kaffeetassen, Laptops, Papieren und Stiften. Die Stühle waren alle unbesetzt. Die meisten Teilnehmer der Sitzung standen an der Stirnseite des Tischs und diskutierten wild durcheinander, zwei sprachen mit ihren Handys, andere rauchten vor der Tür.

»Was sind das für Leute?«, fragte Durlach halblaut.

»Unsere Dramaturgen, Storyliner und ein paar der Drehbuchautoren. Ganz große Krisensitzung«, antwortete Diers.

Mit ihren braunen Augen blinzelte sie verschwörerisch, sodass Durlach diesmal auf Ironie tippte.

Jetzt gingen ein paar der Teilnehmer Richtung Kaffeeautomat und gaben den Blick auf ein Whiteboard frei. Mit einem dicken roten Filzstift war oben »Sven« in einen Kreis geschrieben worden. Von dem Kreis gingen strahlenförmig zahlreiche Striche ab und mündeten in weiteren Namen, vermutlich die der wichtigsten Serienfiguren. Ihnen waren stichwortartig Begriffe zugeordnet: »Adoption«, »Inzest«, »Kehlkopfkrebs«, »Eifersucht von Marcel«, »gewinnt Modelcasting«, »Impotenz« – Schicksale ausreichend für Hunderte von durchschnittlichen Leben. Viele dieser dramatischen Pläne waren wieder durchgestrichen oder mit Fragezeichen versehen, andere waren durch Pfeile neuen Rollen zugeordnet, doch auch hier prangten Fragezeichen. Das Beziehungs- und Ereignisgeflecht der Soap schien aus den Fugen geraten.

»Und wer von den Herrschaften erschafft nun die Serienwelt?«, schwang sich Durlach auf den ironischen Tonfall ein. »Wer ist der Gott von LelaLila, und wer sind die helfenden Engel?«

»Das ist letztlich schon Teamwork«, lächelte Diers. »Wir haben eigentlich ein Gotteskollektiv.«

Tom hatte neben den beiden gerade begonnen zu drehen, schon stürzte einer der Männer auf sie zu. Noch ehe der aufgebrezelte Anzugträger etwas sagen konnte, bremste ihn die Pressesprecherin aus.

»Das sind Herr Durlach und sein Kameramann. Das ist Herr Kasperczak, der Chef von PosiTV und Produzent unserer Soap«, stellte Jeanette Diers vor. »Haben Sie den Film von Herrn Durlach gesehen, Herr Kasperczak? Ich hatte Ihnen ja den Link gemailt.«

»Keine Zeit, meine Liebe.«

»Sie hatten Herrn Durlach nämlich ein kurzes Pressegespräch zugesagt.«

»Hab ich das?«

»Wir können das Interview gleich hier im Stehen führen?«, schlug Durlach vor. »So bekommt der Zuschauer etwas von Ihrer Arbeitsatmosphäre mit.«

»Na ja, gut, wenn es schnell geht. Sie dürfen aber keine Details zeigen, die unsere ›Futures‹ verraten.«

»›Futures‹ sind die künftigen Entwicklungen der Figuren«, erläuterte die Pressefrau.

Kasperczak baute sich auf. Er schloss die Knöpfe seines dunkelblauen Einreihers und zupfte seine Manschetten zurecht, bis die Knöpfe hervorblitzten.

»Sitzt die Frisur?«, sagte er mehr zu sich als zu Jeanette Diers und fuhr sich mit den gespreizten Fingern durchs Haar.

»Die menschliche Seite unserer Produktion, also wie die Kollegen auf Ninos Tod reagieren, das haben Sie ja eben in der Maske mitbekommen«, legte er ungefragt los. »Ich will Ihnen daher etwas zur konzeptionellen Seite der Soap sagen. Ninos Rolle war die eines Yuppies, erfolgreich, schick, charmant. Die

Figur des Sven betreibt eine Werbeagentur, die im Grunde das Zentrum der LelaLila-Welt ist. Viele Menschen gehen dort ein und aus: Models, Fotografen, PR-Chefs einzelner Firmen und so weiter. Svens Job ist es, Menschen zusammenzuführen und daraus Kapital zu schlagen. Die Figur geht dabei moralisch nicht immer einwandfrei vor. Er baut Leute auf, wenn er will, nutzt sie aus, so gut er kann, und er lässt sie fallen, wenn es ihm passt. Wir haben Sven immer als eine Art Katalysator verstanden. Er konnte Figuren schnell in die Serie einführen, durch ein Modelcasting oder durch einen neuen Werbeauftrag und so weiter. Durch Svens skrupellose Art konnte er sie aber auch genauso schnell wieder aus LelaLila hinausbugsieren. Im Moment wissen wir einfach noch nicht, wie wir diese Position in der Konstruktion der Serie ersetzen können.«

»Vielleicht bekommt er seine Midlife-Crisis, und jemand anders übernimmt die Agentur«, spielte Durlach ein wenig den Seriengott.

Jeanette Diers unterdrückte ein Grinsen.

»Nicht schlecht, Herr Dubach. Wenn Sie noch mehr solcher Ideen haben, können Sie bei uns als Autor anfangen, falls es Ihnen bei Heder und seinem Regionalmagazin mal zu langweilig werden sollte. Rufen Sie mich einfach an. Ich kann sicher was für Sie tun.«

Er kam einen Schritt nach vorne und klopfte Durlach jovial auf die Schulter, dann nahm er wieder seine alte Position ein und fuhr sich durch die Haare.

»Problematisch ist aber etwas anderes, Herr Dubach. Nino kam als Schauspieler recht gut an, trotz der Skrupellosigkeit in seiner Rolle. Ich habe das mal von unserer Marktforschung untersuchen lassen. Unsere Media-Leute analysierten gerade diese Doppelbödigkeit als Stärke der *Figur* Sven. ›Beau und Bestie‹ ist das Schlagwort. Die Befragungen ergaben, dass die Figur in ihrer Widersprüchlichkeit vor allem von den weiblichen Zuschauern angenommen wird. Darauf verzichtet man nicht leichten Herzens.«

»Was also werden Sie tun?«

»Wissen Sie, ich habe schon ganz andere Situationen gemeistert. Ich komme ja vom Fach, ich habe die Serienproduktion von der Pike auf gelernt, öffentlich-rechtlich, privat, wöchentlich, täglich, mal gut, mal schlecht. Ich weiß noch, wie wir zum ersten Mal über diesem Projekt zusammensaßen, ich hatte finanzielle und organisatorische Konzepte entwickelt und war auf der Suche nach Investoren. Ganz schön mutig. Da habe ich Pionierarbeit leisten müssen. Leute hierhergeholt. Und ich hatte aufs richtige Pferd gesetzt, denn wenn ich mich so umsehe, das ganze Team, wirklich gute Leute, die Autoren, die Schauspieler, das Studio und die ganze Technik, beste Qualität. Das ist schon was. Das ist sogar ziemlich gut.«

Der Produzent reckte selbstzufrieden den Kopf in die Höhe und vollführte eine kleine Kreisbewegung, so als zeige sein Hinterkopf in die Runde der Mitarbeiter, von denen aber niemand das Interview verfolgte. Sie waren zu sehr in Soap-Probleme vertieft.

»Was wird sich jetzt bei ›Leben lassen – Lieben lassen‹ ändern?«

»Wir haben schon ganz andere Ausfälle verkraften müssen und die Storys umgeschrieben. Wir hatten in der Serie zwei Selbstmorde, eine Figur ist im Urlaub verstorben, einer hatte einen Autounfall, eine verunglückte mit der Yacht und so weiter. Ja, mit dem Tod haben wir schon sehr viel Erfahrung bei der Soap. Da werden wir das mit der Rolle des Sven auch noch schaukeln. Ich habe ja gute Leute. Ich habe da vollstes Vertrauen.«

»Aber es war doch ein Mord. Ich frage nach der, wie Sie es nennen, menschlichen Seite der Produktion.«

»Ach so, natürlich, gut.«

Jetzt hatte Kasperczak verstanden, dass er im Interview auch als Chef gefragt war. Ein kurzer Griff in die Haare, sie saßen noch, dann kam das Statement.

»Nino war ein toller Kollege und Freund. Es ist ein wirklich schmerzlicher Verlust für uns alle und eine große menschliche Herausforderung für das ganze Team von PosiTV, dieser Situation wieder Herr zu werden. Wir alle bei ›Leben lassen – Lieben lassen‹ sind traurig und bestürzt über diesen grausamen und feigen Mord und hoffen, dass er schnell aufgeklärt wird.«

Mit ernster Miene verharrte er kurz, damit man später gut schneiden konnte, dann fragte er: »Wie war ich?«

»Gut«, sagten Durlach und Diers wie aus einem Mund.

8

Durlach und Tom Esswein trabten Jeanette Diers hinterher. Die Pressesprecherin wollte den beiden unbedingt noch das LelaLila-Fanbüro zeigen. Jeder ihrer Schritte auf der Metalltreppe schepperte, und der Schall wurde von den Wänden ebenso metallisch zurückgeworfen. PosiTV war größtenteils in Bürocontainern untergebracht. Ein zweistöckiger gelber Turm stand neben der alten Fabrikhalle, die zur Soap-Produktion ausgebaut worden war.

»Nur die Sets, Regie und Schnitt sind in die Halle integriert«, sagte die Pressesprecherin.

»Wie lange wird hier schon produziert?«

»Seit über drei Jahren. Warum?«

»Ich finde, so Container wirken recht provisorisch.«

»Ist Fernsehen nicht von jeher ein flüchtiges Medium?«, lachte Diers. »Sie kennen doch unsere Branche, Herr Durlach. Es gibt eine große Zahl an Produktionsfirmen, aber nur wenige Programmplätze. Daraus resultiert ein starker Konkurrenzkampf, und den nutzen die Sender weidlich aus.«

»Wie?«

»Die Sender drücken die Preise, und sie lassen sich die Option offen, Sendungen zu canceln, bloß weil die Quoten sinken oder die Werbepartner meckern. Eine kleine Produktionsfirma wie PosiTV hat keine andere Wahl, als das zu akzeptieren und flüchtig zu planen.«

»Und der Ausdruck dieser medialen Flüchtigkeit sind bauliche Provisorien?«

»Ich sehe, wir verstehen uns, Herr Durlach.« Sie lachte wieder.

Das Fanbüro, das sie nun betraten, nahm nur ein Drittel der Container-Grundfläche ein. Trotzdem passten zwei Schreibtische hinein, an denen man, wenn man den Bauch einzog, sogar sitzen konnte. Zwei Frauen hatten dieses Kunststück fertiggebracht. Sie waren schlank, und sie telefonierten.

»Ich weiß nicht, ob LelaLila wirklich nur noch halb so gut ist ohne Nino«, sagte die eine gerade.

»Als wir die Nachricht von Ninos Tod bekamen, haben wir sofort eine Hotline für die Fans eingerichtet«, erklärte Jeanette Diers und wies auf die beiden Frauen. »Unsere Fanbetreuerin Stefanie Zill und unsere Psychologin Ulrike Köhnlein.«

»Sie haben eine eigene Psychologin?«, wunderte sich Durlach.

»Nicht ständig, aber sie berät uns zeitweilig. Sie ist für das psychologische Coaching der Schauspieler zuständig, wenn sie besondere Konflikte spielen sollen, etwa Krankheiten, Depressionen oder Drogensucht, und sie hilft uns vor allem beim Kontakt mit den meist jungen Fans. Sie ahnen ja gar nicht, Herr Durlach, was über die sozialen Medien da auf uns einströmt.«

»Hasskommentare?«

»Auch das genaue Gegenteil.«

Wie zum Beweis sagte die links sitzende Psychologin jetzt ins Telefon: »Du darfst gerne weinen. Wenn du über seinen Tod traurig bist, dann ist das ganz normal, dass man weinen muss.«

Ulrike Köhnlein war etwas über vierzig, hatte kurze rötliche Haare und ein gepflegtes Gesicht. Sie trug ein schwarzes Kostüm und hatte sich ein gelb-braunes Seidentuch um den Hals gelegt. Ihre Stimme war zwar kratzig, aber ihre Intonation wirkte beruhigend.

»Es wird dich sicher niemand auslachen, wenn du um Nino weinst, Nicola. Auch deine Klassenkameradinnen werden das verstehen.«

Diers legte vertraulich ihre Hand auf Durlachs Arm.

»Wenn Sie das aufnehmen, versteht man dann, was gesprochen wird? Ich denke, von unseren Fans sollte nichts Privates in die Öffentlichkeit gelangen. Könnten Sie vielleicht nur die Bilder zeigen?«

»Ungern. Für den Zuschauer ist es doch spannend, wie die Fans der Soap reagieren. Und wenn man bei diesen Aufnahmen nichts hört, sieht es hier doch aus wie in jedem x-beliebigen Büro«, warb Durlach um Verständnis. »Aber haben Sie keine

Angst. Ich wähle das schon so aus, dass sich niemand beschweren wird. Weder bei mir noch bei Ihnen.«

Diers lächelte mild und ließ Durlachs Arm wieder los. Er wiederum schob sie vorsichtig in die Ecke des Büros, um Tom Essweins Aufnahmen nicht zu stören.

»Ja, du kannst noch eine Autogrammkarte von ihm bekommen«, sagte rechts die Fanbetreuerin ins Telefon.

Stefanie Zill war um einiges jünger als ihre Kollegin, Jeans, T-Shirt, Pferdeschwanz, Typ jugendlich-sportlich. Sie langte in eine Pappkiste mit der Aufschrift »Sven unterschrieben«, steckte das Nino-Rotunda-Foto gleich in einen Umschlag und zückte einen Stift.

»Du hast Glück. Es ist die allerletzte Karte, die wir haben. Du musst mir nur deine Adresse sagen. Ja, gern. Tschü-hüss.«

»Kann ich davon einen kompletten Satz bekommen?«, flüsterte Durlach.

»Von Nino aber nicht mehr.«

»Die Karten müssen ja nicht unterschrieben sein«, sagte Durlach. »Ich will damit nur meine Interviewpartner von vorhin identifizieren.«

»Sie finden alle Schauspielerfotos auf unserer Homepage. Auch die Bilder der Ehemaligen«, sagte Jeanette Diers.

»Stimmt. Das ist noch besser. – Gehen Sie auch im Internet auf Rotundas Tod –«

Tom setzte abrupt die Kamera ab und wandte sich verärgert seinem Kollegen zu.

»Ich dachte, du willst den Ton vom Kameramikro verwenden. Oder nicht?«

»Doch, klar.«

Tom drehte ihnen wieder den Rücken zu und filmte weiter. Unwillkürlich musste Durlach den kleinen Schriftzug lesen, der am Ausschnitt des schwarzen T-Shirts prangte. Vorne schmückte den Kameramann heute die Warhol-Banane.

Durlach und Diers lächelten verlegen, aber sie schwiegen nun. Dafür klingelten die Telefone wieder. Köhnlein und Zill gingen in die nächste Runde ihrer Fan-Betreuung.

»Zwölf Jahre bist du, Lea. Und du schaust die Serie jeden Tag?«, sagte die Psychologin.

»Nein, die Aktion läuft weiter«, antwortete Zill am anderen Apparat. »Natürlich kannst du Nino auch noch zum Lieblingshelden der Soap wählen.«

»Stimmt, Lea, das ist schon sehr traurig, wenn man vom Tod eines geliebten Menschen durch eine Schrifttafel erfährt.«

»Ja, du kannst auch über Facebook abstimmen.«

»Das fände ich aber äußerst schade, Lea, wenn du LelaLila nun nie wieder ansehen willst.«

9

»So stylt sich LelaLila-Star Babette«, las Durlach.

»Nein, wir werden die Serie nicht abbrechen. Ja, da bin ich ganz sicher«, sagte Jeanette Diers am Telefon.

Durlach blätterte um: »Super-Soap-Sonderrätsel – hol dir ein original LelaLila-Kostüm.«

»Nein, die Dreharbeiten waren nur für gestern und heute ausgesetzt. Was morgen ist, wird PosiTV am Nachmittag entscheiden. Sobald ich Genaueres weiß, rufe ich Sie gerne persönlich an. Selbstverständlich. Wiederhören.«

Durlach ließ den Artikel sinken, doch gleich schrillte das Telefon wieder durch den Bürocontainer.

»Sorry«, sagte Diers rasch. »Pressestelle ›Leben lassen – Lieben lassen‹, guten Tag.«

Durlach griff sich wieder den Ordner mit den Zeitungsausschnitten, den ihm die Pressefrau in die Hand gedrückt hatte, als ihr Gespräch zum ersten Mal unterbrochen worden war. Durlach hatte jetzt Zeit. Der heutige Beitrag war im Kasten: betroffene O-Töne von Rotundas Kollegen, Telefonate mit der Hotline und das Kondolenz-Statement vom Produzenten Kasperczak. Und der durchgeknallte Fan von Susa Bachhausen war für einen der nächsten Tage einen eigenen Beitrag wert. Die Welt der bunten Daily Soap schien vor interessanten Geschichten nur so zu wimmeln. Eine Serie über den LelaLila-Toten schien also kein Problem.

Während Tom Esswein in der Kantine der Soap noch einen Espresso trank, wollte Durlach ein paar Hintergrundinformationen recherchieren. Mit Glück fand er sogar eine Spur zur Aufklärung des ominösen Aufbahrungskults. Immerhin wusste er als einziger Journalist, nach was er suchen musste.

»Ich kann Ihnen gern unsere Pressemitteilungen mailen«, sagte Jeanette Diers am Telefon.

Der Anrufer am anderen Ende schien ihr langsam lästig zu

werden. Mit einer Hand hielt sie die Sprechmuschel ihres Telefons zu und seufzte.

Durlach genoss die Gegenwart der Pressefrau. Schon als er mit Jeanette Diers in der Ecke des Fanbüros gestanden hatte, war ein Hauch ihres blumig-frischen Parfüms in seine Nase geflogen. Ungeniert hatte er sie im Profil betrachtet, lange und eingehend, wie ihre wilden schwarzen Locken auf ihre Schultern herabfielen und ihr schmales Gesicht einfassten, wie ihre gerade Nase und ein entschlossenes Kinn etwas hervorragten, wie unter der zarten Linie einer dunklen Augenbraue eine blaue Iris strahlte. Sie ist klug und witzig, dachte er jetzt, sie ist schön und nicht so durchgestylt wie die Schauspielerinnen in der Maske. Doch etwas verunsicherte Durlach an ihr, ein Detail, er wusste nur nicht, was es war.

Energisch wirbelte Jeanette Diers gerade herum – der Anrufer musste sie geärgert haben. Sie schüttelte vehement den Kopf und riss wütend die Augen auf. Das ist es, dachte Durlach und platzte beinahe laut heraus. Er sah ihr in die Augen, lange. Tatsächlich! Das linke Auge war strahlend blau, das rechte aber braun. Durlach war fasziniert. Immer wieder wechselte sein Blick zwischen dem Blau und dem Braun hin und her, um herauszufinden, welche Farbe besser zu ihrem Gesicht passte. Am liebsten hätte er endlos weitergeglotzt.

»Selbstverständlich hat die Polizei mit einigen Kollegen gesprochen. Aber über Einzelheiten der Ermittlungen wissen wir hier nichts«, sagte Jeanette Diers zu dem penetranten Anrufer.

Sie rollte die Augen, das blaue und das braune, und drehte sich zum Fenster. Notgedrungen musste sich Durlach wieder den Presseausschnitten widmen. Er blätterte schneller, konzentrierte sich auf die Rotunda-Artikel.

»Weihnachten mit Nino« – eine belanglose Homestory aus einem Mädchenmagazin. Auf den Fotos hätte Durlach den Raum der kultischen Aufbahrung niemals wiedererkannt. »Ninos größter Traum« – war angeblich ein alter Porsche, an dem der Soap-Star in seiner Freizeit herumschraubte. »Serien-Aus für Rotunda? Nimmt er bei ›Leben lassen – Lieben lassen‹ seinen Abschied?« – Gebannt las Durlach weiter. Der Artikel war gerade mal ein halbes Jahr alt. Doch die einspaltige Notiz von der Medienseite der »Stuttgarter Zeitung« enttäuschte. Wenig Infos, viel Spekulation. Ninos Vertragsverhandlungen stünden an, hieß es da, und er sei sich mit der Produktionsfirma PosiTV noch nicht über die Höhe der Gage und über die Laufzeit des Engagements einig. Das war alles. Durlach überflog die nächsten Presseausschnitte. Doch zu diesem Thema fand er weder einen zweiten Artikel noch eine Vollzugsmeldung über die Vertragsunterzeichnung. Er wollte Diers danach befragen und ließ daher den Ordner aufgeschlagen auf dem Schreibtisch liegen.

Durlach sah sich im Büro um. Die Fläche: ein halber Container. Zwei Schreibtische, überhäuft mit Papieren. Ein Computer, dessen Bildschirmschoner den Schriftzug von »Leben lassen – Lieben lassen« herumwirbelte. An der Wand neben dem aktuellen LelaLila-Jahreskalender ein Diagramm mit der Einschaltquote, die Kurve wies deutlich nach unten.

»Nein, die Telefonnummer der Polizei habe ich nicht parat. Die müssen Sie schon anderweitig rauskriegen. Bitte schön. Wiederhören.«

»Ich wusste gar nicht, dass so viel über LelaLila veröffentlicht wird«, sagte Durlach, als Jeanette Diers endlich aufgelegt hatte und es nicht sofort wieder klingelte.

»Das ist mein Job.«

»Aber das da sieht ja nicht gerade gut aus.« Durlach deutete auf die Statistik. »Sind die Zahlen öffentlich?«

»Die Quoten sind kein Geheimnis. Aber die Einzigen, die sich wirklich darum kümmern, sind die Redakteure des Senders. Und unser Sponsor.«

»Wer ist das?«

»›Softenia‹, die Kosmetikfirma.« Sie grinste. »Ja, eine Seifenfirma sponsert eine Seifenoper. Wir fanden das ungeheuer komisch, als die den Vertrag abschlossen.«

»Und wie erklären Sie sich selbst die fallende Quote?«

»Stuttgart.«

»Ja«, sagte Durlach nachdenklich. »Stuttgart hat schon viele Nachteile, aber –«

»Welche denn?«, fragte Diers gleich.

»Der Lärm und Dreck von der Stuttgart-21-Baustelle.«

»Ich kenne keine Stadt, in der die Rolltreppen so langsam fahren.«

»U-Bahnen mit Oberleitungen.«

»Schmeckt Ihnen Trollinger, Herr Durlach? Mir nicht.«

Jeanette Diers lachte.

»Und dieser Dialekt! Ehrlich, Herr Durlach, ich habe die Stuttgarter anfangs oft nicht verstanden.«

»Was hat Sie denn hierher verschlagen?«

»Zufall, beruflicher Zufall. Ich war hier in der Pressestelle erst nur als Schwangerschaftsvertretung. Und dann bin ich hängen geblieben. – Und wie war es bei ihnen? Auch der Job?«

»Gibt es denn einen anderen Grund, nach Stuttgart zu ziehen?«

»Also auch ein *Neigschmeggder*.«

Diers traf das schwäbische Idiom mehr schlecht als recht. Durlach ging lieber nicht darauf ein.

»Deswegen müssen die Schwaben ihn auch selbst trinken«, ergänzte er gespielt lehrmeisterlich, dann wurde er wieder ernst.

»Aber was macht diese Stadt für eine Fernsehserie so schwierig?«

»An und für sich ist die Fernsehlandschaft mit normalen Dailys ja gesättigt«, erzählte Jeanette Diers freimütig. »Deshalb konnte Kasperczak mit seiner ursprünglichen Idee einer Dialekt-Soap nicht landen. Der SWR wollte kein schwäbisches Pendant zu den badischen ›Fallers‹, und bei anderen Sendern kam PosiTV mit dem Konzept nicht an. Schwäbisch sei bundesweit nicht zu verkaufen, hieß es.«

»Was ist das Problem?«

»Was verbinden die Leute denn mit Schwaben? Spätzle, Wein, Daimler. Alles Themen, die fürchterlich schlecht in die Storys einer Soap passen. Kasperczak versuchte es daraufhin

mit einem Konzept auf Hochdeutsch und tat eine nicht un-
erhebliche Förderung durch die Landesmedienanstalt auf.
Wichtigste Bedingung der Subvention: eine Ansiedlung der
Produktion in Stuttgart. Trotzdem ein riesiger Fehler. Es gibt
hier nämlich keine Infrastruktur für Schauspieler.«

»Sind die denn nicht fest engagiert? Es gibt doch Jahresver-
träge.«

»Die Hauptdarsteller schon, aber wir haben Dutzende von
Gastrollen. Und alle wollen zusätzlich mit Nebenjobs Geld
verdienen, Werbespots, Synchronaufnahmen oder andere
TV-Produktionen. Die aber sind in Stuttgart rar. Die Folge:
Einen Walter Sittler bekommt PosiTV nicht. Wir müssen uns
mit der zweiten Garde an Darstellern begnügen.«

»Zu dem Thema Verträge wollte ich Sie sowieso noch befragen. Schauen Sie mal das hier.«

Er schob ihr den Ordner mit den Zeitungsausschnitten zu.

»Ach, diese Geschichte. Das war eine Übertreibung. Das
hat Nino lancieren lassen, um ein paar aufgeschreckte Mails
seiner Fans auszulösen. Er hat gehofft, auf diese Weise seine
Verhandlungsposition zu verbessern. Ich glaube, das hat er sich
aus der Fußball-Bundesliga abgeguckt.«

»Hat's genutzt?«

»Vertragsgeheimnis. – Sie entschuldigen.« Das Telefon hatte
wieder geklingelt. »Pressestelle ›Leben lassen – Lieben lassen‹,
Diers, guten Tag.«

Durlach stand auf. Jeanette Diers winkte ihm zum Abschied.
Doch ehe er ging, schnappte er sich noch einen gelben Klebezettel von ihrem Schreibtisch und heftete ihn mitten auf ihren
Computerbildschirm. Durlach hatte nur ein einziges Wort
darauf geschrieben: »Kehrwoche«.

Sendung	Regionalmagazin TV Schwaben
Serie	Kult-Killer – Folge 2
Titel	**Reaktion Soap**
Autor	E. Durlach
Datum	Dienstag, 19. April
Länge	2'00''

Bild + Töne	Text
Leere Deko im Studio, dann Details	Die Studios in Stuttgart-Wangen stehen leer. Kein Mensch denkt hier an Dreharbeiten.
Unbesetzte Kamera, Drehplan, Blumenstrauß	Niemand in den Dekorationen. Die Kameras sind verwaist. Ein Drehbuch für diese Situation hat keiner geschrieben. Zu groß ist der Schmerz.
O-Ton Babette Neumann ... spielt »Tessi« in LelaLila	*»Es ist so schrecklich, so unvorstellbar. Dass er tot ist, kann ich überhaupt nicht glauben.«*
Babette läuft zu einem leeren Bett	Doch die letzten Szenen mit Nino Rotunda, dem beliebten Schauspieler, bleiben den Kollegen unvergessen.
O-Ton Babette Neumann Kein Insert	*»Vorgestern haben wir noch zusammen gedreht. Hier im Bett habe ich mich mit Nino rumgebalgt, wir haben herumgeblödelt. Er war so lebendig.«*
Zufahrt auf Ninos Autogrammkarte	Nino Rotunda war der beliebteste Schauspieler der täglichen Serie »Leben lassen – Lieben lassen«. Keiner musste so viele Autogramme geben. Seine grausame Ermordung reißt eine große Lücke.

Mitarbeiter in der Maske, mehrere Einstellungen Susa Bachhausen wird umarmt	Obwohl sie drehfrei haben, sind viele Kollegen in die Studios gekommen, um sich gegenseitig zu trösten. Die Trauer ist unvorstellbar groß.
O-Ton Elena van Geert ... spielt »Sonja« kauert am Boden, weint am Ende	*»›Augenstern‹ hat Nino mich immer genannt. So ein schöner Name. Nino war voller Gefühl. Nie wieder ... (schluchzend), nie wieder wird mich jemand ›Augenstern‹ nennen.«*
O-Ton Jurek Braun Dramaturg	*»Für mich ist es, als wäre ein Bruder von mir gestorben.«*
Totale Fanbüro, dann Psychologin nah	Sehr lebendig geht es dagegen im Fanbüro der Soap zu. Für die trauernden LelaLila-Zuschauer wurde eigens eine Hotline eingerichtet. Die Fans werden professionell betreut.
O-Ton Stefanie Zill Fanbetreuerin bei LelaLila telefonierend	*»Ich glaube dir, dass du sehr traurig bist. Und Weinen ist gar nicht schlimm. Im Gegenteil, Eva-Kristin. Ich bin ja selbst todtraurig, das kannst du mir glauben. Ja, ich habe auch weinen müssen.«*
Totale Sitzungsraum	Die Produktionsfirma der Serie steht vor einer großen Bewährungsprobe.
O-Ton Roland Kasperczak Produzent der Serie	*»Wir alle bei ›Leben lassen – Lieben lassen‹ sind traurig und bestürzt über diesen grausamen und feigen Mord und hoffen, dass er schnell aufgeklärt wird.«*
Zufahrt auf Autogrammkarte Nino Leeres Studio	Denn erst wenn der Mörder Nino Rotundas gefasst ist, wird bei der Produktion der Serie wieder in Ruhe gearbeitet werden können.

10

»Scheiße!«

Wieder einmal hallte ein Schrei durch die Redaktion. Durlach und die Cutterin Sabine zuckten synchron zusammen. Erst der nächste Ruf entschied, wer gemeint war.

»Scheiße! Tina! Herkommen!«

Sofort flitzte Durlachs Kollegin Tina Welz an der Tür vorbei. Nur wenige Augenblicke später erschien Angermeier in der Tür des Schnittplatzes. Er grinste.

»Der Chef hat schlechte Laune«, sagte der Polizeireporter.

»Danke für die Information«, antwortete Durlach.

»Wie lange braucht ihr noch?«, fragte Angermeier und tippte demonstrativ auf seine Armbanduhr.

»Länger«, antwortete Sabine schnell.

»Ich komm grad vom Dreh, Tankstellenüberfall, wir haben den Mitschnitt der Überwachungskamera, geile Bilder. Ich muss noch eine Minute schneiden.«

»Wenn du uns weiter störst, dauert's umso länger«, sagte die Cutterin, obwohl Durlachs Beitrag so gut wie fertig war.

»Bei den Badenern dauert ja alles länger«, maulte Angermeier.

»Wie oft soll ich dir noch sagen, dass ich nicht aus Durlach stamme, sondern nur so heiße«, ereiferte er sich. »Und, Arnd, ich versichere dir hiermit zum letzten Mal, dass keiner meiner Verwandten aus Karlsruhe, aus Durlach oder überhaupt aus Baden stammt.«

»Und mein Film?«, maulte Angermeier.

»Geh doch erst mal sichten«, sagte Durlach.

»Probier's lieber in den anderen Schnitträumen«, sagte Sabine.

»Die sind besetzt.«

»Hier auch!«, antwortete die Cutterin barsch, worauf Angermeier wortlos verschwand.

Noch ehe Durlach und Sabine weiterarbeiten konnten, stand Tina Welz in der Tür des Schnittraumes. Sie war wütend.

»Heder hat meinen Film auseinandergenommen«, sagte sie. »Ein ausgewogener Scheißdreck wär es, hat er gesagt. Mit so einem Zeug könnte ich vielleicht bei den Öffentlich-Rechtlichen landen, aber nicht bei TV Schwaben.«

Tina nahm sich die Kritik des Redaktionsleiters immer sehr zu Herzen, aber Heder hackte auch besonders gerne auf Tinas Filmen herum.

»Worum geht's denn?«, fragte Durlach.

»MediaCity.«

»Dein vierter Beitrag?«

»Mein dritter!«, sagte Tina trotzig.

Tina Welz begleitete die Entwicklungen von Stuttgart 21 hartnäckig. Während viele andere Journalisten nach dem Volksentscheid zum Tagesgeschäft übergegangen waren, recherchierte Tina weiter und schlug beharrlich Filme zum Bau des neuen Tiefbahnhofs vor, zum Brandschutzkonzept, zum umstrittenen Grundwassermanagement oder zur fragwürdigen Finanzierung. Dass sie Heder tatsächlich den einen oder anderen Sendeplatz im Regionalmagazin abringen konnte, wunderte Durlach immer wieder.

Zuletzt hatte Tina ein Unterprojekt von Stuttgart 21 im Visier: MediaCity. Dem Plan zufolge sollte auf einer großen Fläche, an der bislang noch die Eisenbahnen vorbeidonnerten, ein riesiges Medienzentrum entstehen für alles, was sich in der Branche tummelte. Um ein Multiplex-Kino und ein Theater herum war reichlich Platz für Telekommunikations- und Computerfirmen vorgesehen, aber auch für Werber, PR-Agenturen und für Verlage. Sogar die sanierungsbedürftige Stuttgarter Oper sollte hier ein neues Domizil finden. Abgerundet wurde der Komplex laut Plan durch ein Museum, über das man dies und jenes munkelte.

»Also gut. MediaCity, Folge drei. Diesmal zu welchem Thema?«

»So ein junges Architektenbüro hat ein Modell für das Zentrum präsentiert. Es soll auf dem brachliegenden Fabrikgelände entstehen, das du noch aus Folge zwei kennen müsstest.«

Durlach rückte verlegen seine Brille zurecht. Tina merkte, dass er die Einzelheiten vergessen hatte.

»Okay«, sagte sie. »Was bisher geschah: Der Standort ist eigentlich nicht schlecht gewählt, zugegeben, er liegt verkehrsgünstig. Das Areal steht leer, bis auf zwei denkmalgeschützte Hallen am Rand, und es gehört fifty-fifty der Stadt und der Landesbank.«

»Haben die Interesse an dem Projekt?«

»Im Grunde schon. Die wirtschaftliche Idee von MediaCity ist es doch, der Region Stuttgart einen Modernisierungsschub zu geben«, begann Tina zu dozieren, »damit sie nicht hinter den großen Medienstandorten zurücksteht. Köln, Berlin, Hamburg –«

»Schon klar«, unterbrach sie Durlach. »Aber was ist genau das Problem?«

»Die Finanzierung von MediaCity liegt immer noch völlig im Dunkeln. Erst recht seit das Musical-Theater sich verabschiedet hat und nun doch in Möhringen bleiben will. Das war Folge zwei.«

»Und was ist heute neu?«

»Vor allem das Modell des Museums«, sagte Tina.

»Das ist nicht viel.«

»Du redest schon wie Heder!« Tina zog eine Schnute.

»Soll ich mir deinen Bericht mal anschauen?«, fragte Durlach sanft.

»*Yes, please*«, flüsterte Tina kaum hörbar.

»Ich habe den Film schon vom Server geladen«, schaltete sich die Cutterin Sabine ein. »So kriege ich hier im Schnitt wenigstens keinen ungebetenen Besuch.«

»Lass laufen«, sagte Durlach.

Unter den ersten Bildern lag eine sphärische Musik mit leichten Anklängen einer Fanfare. Nach der zweiten Einstellung stoppte Tina den Film.

»Was hast du erkannt?«, fragte sie.

»Ehrlich gesagt, es sah aus wie Eierkartons, die von der Kamera umkreist werden«, antwortete Durlach.

»Das ist es doch gerade. Das Modell von diesen Architekten wirkt völlig beliebig, es sieht nach nichts aus. Die Fanfare konterkariert das und –«

»Aber, Tina, das ist doch viel zu subtil für Heder«, unterbrach Durlach sie wieder. »Du weißt doch, was der Chef in jedem Film sofort wissen will.«

»Wer ist der *good guy*, wer ist der *bad guy*«, ergänzte sie. »*I know*. Am liebsten würde er unser Programm ausschließlich mit Sex-and-Crime-Themen bestücken.«

»Was hatte Heder denn zu meckern?«

»Ich soll nicht so überheblich sein, hat er gesagt. Das Projekt würde doch allen nützen, der Stadt, der Wirtschaft und den Medien, also letztlich auch uns von TV Schwaben. Vielleicht würden wir auch bald im MediaCity-Gebäude sitzen, meinte er. Ich soll gefälligst das Fortschrittliche des Projekts darstellen.«

»Reg dich nicht wieder auf, Tina.«

»Doch, ich rege mich auf. Weil ich nämlich recht habe. MediaCity ist doch *drüber*. So wie das ganze Stuttgart 21 *drüber* ist. – Obwohl es ja eigentlich drunter ist.«

Tina grinste kurz über den ungeplanten Witz, und die anderen taten es ihr nach.

»Mag sein«, sagte Durlach dann. »Aber wenn dein Film kurzfristig aus der Sendung fliegt, hast du auch nichts davon. Dann kriegt nämlich gar niemand etwas mit.«

»Du hast ja recht«, murmelte Tina zerknirscht.

»Was ist konkret an dem neuen Vorschlag so aufgeblasen?« Durlach wollte ihr gern auf die Sprünge helfen.

»Diese Jungarchitekten spielen sich zu Stadtplanern auf«, kam Tina wieder in Fahrt. »Nur um Publicity zu kriegen, präsentieren sie ein paar Pappschachteln als MediaCity-Komplex.«

»Das ist doch ein Ansatz«, konstatierte Durlach. »Die PR-geilen Architekten sind die Bösen. Sie gefährden als Trittbrettfahrer das ganze Projekt.«

»Und die unsichere Finanzierungslage?«

»Die jubeln wir Heder schon irgendwie unter.«

Tina nickte und machte sich auf, den Film umzutexten. Sie wirkte kämpferischer denn je.

11

»Also, interessant«, sagte Trabold und ließ den Blick durch die Bar schweifen. »Wieso haben Sie das Lokal für unser Treffen ausgewählt?«

»Erstens darf man hier rauchen«, sagte Durlach grinsend und zog demonstrativ die Luft ein. »Und zweitens ist das Marshall Matt eine von Nino Rotundas Lieblingsbars. Oder besser: Sie war es.«

»Sie sind auch immer auf Recherche«, schmunzelte der Polizist.

Das Lokal prägte ein in den Raum gesetzter Barschrank mit vielen Schnitzereien: Girlanden, Rosetten, Bögen, dazu bleiverglaste Türen. Hier wirkten die aufgereihten Spirituosenflaschen wie Kulturgüter. Ein Hirschkopf, ein Trapper-Gemälde und ein riesiger Kronleuchter aus Chromstreben und Glühbirnen produzierten einen hippen Stilmix. Die Wand war bis Schulterhöhe holzvertäfelt, darüber erstreckte sich eine sepia-vergilbte Fotografie der Tafelberge in Monument Valley.

»Die Felsen hab ich in ›Spiel mir das Lied vom Tod‹ schon gesehen«, sagte Trabold.

Sie setzten sich an einen kleinen Tisch unter das »Marlboro«-Panorama, dazu sang Norah Jones »Until The End«.

»Sie haben heute Nachmittag am Telefon so seltsame Andeutungen gemacht«, eröffnete Durlach.

Statt zu antworten, griff Trabold in die Innentasche seiner schwarzen Lederjacke, die er über ein Poloshirt von Trigema angezogen hatte, vermutlich um jugendlicher zu wirken. Er holte einen braunen Umschlag heraus. Ein rechteckiges Gebilde zeichnete sich darin ab. Ungeöffnet legte Trabold das Couvert auf den Tisch neben den »Lucky Strike«-Aschenbecher.

»Das ist der Preis für Ihr Schweigen.« Er zündete sich eine Zigarette an und sah dabei Durlach fest in die Augen, als wolle er dahinter die eigentlichen Motive des Journalisten erkunden. »Sie wissen, was da drin ist?«

Durlach nickte mit Pokerface. Er gab sich Mühe, seine Freude über die Blu-ray nicht zu deutlich zu zeigen.

»Was soll ich dafür tun?«, fragte er.

»Nichts. Sie sollen genau das nicht tun, was Sie als Journalist normalerweise tun: recherchieren und berichten.«

Trabold strich sich verlegen über den Schnurrbart und wartete eine Weile, ehe er ausholte. »Also, das ist so: Als Sie sich heute nach dieser Schauspielerin Susa Bachhausen erkundigten, musste ich mich selbst erst schlaumachen. Als ich dann jemanden erreicht hab, der auch zuständig war, ist der fast in die Luft gegangen. Von dieser Geschichte dürfe keiner etwas erfahren. Die Presse weiß es aber schon, habe ich gesagt. Das kann nicht sein, sagte er, es sei doch mit dieser Schauspielerin Stillschweigen vereinbart worden. Susa Bachhausen hat es dem Journalisten aber selbst erzählt, habe ich geantwortet. Stimmt doch, Herr Durlach?«

»Ja, aber hat die Bachhausen es nicht vielleicht auch Kollegen von mir erzählt?«, fragte Durlach listig, um sich der Exklusivität seiner Story zu versichern.

»Also, das hat sie nicht, das haben wir geprüft.«

»Was ist denn so geheim an der Geschichte?«

»Der Mann – der Name spielt für Sie keine Rolle –, der Kerl jedenfalls glaubt, die Welt vor kulturellem Schmutz erretten zu müssen. Anfangs hat er nur Leserbriefe an Zeitungen geschrieben, dann hat er sich bei den Zuschauertelefonen vom Fernsehen ausgelassen. Er hat angeblich sogar auch Ihre Kerstin Schneider versucht anzurufen. Verständlich ist das ja. Eine schöne Frau. Doch bitte, Herr Durlach, erzählen Sie ihr das nicht. Ich möchte nicht, dass auch Ihre Moderatorin verunsichert wird.« Ein schüchternes Lächeln glitt über das Gesicht des Polizisten. »Also, dieser Mann hatte aber noch persönliches Pech. Er hat seine Familie bei einem Flugzeugabsturz verloren. Über den Unfall wurde viel berichtet, Zeitungen, Radio, Fernsehen. Der Mann hat von dem Unglück aus den Medien erfahren, und das hat ihn aus der Bahn geworfen, darum gab er den Berichterstattern die Schuld. Das kennen Sie doch: Der Überbringer der schlechten Nachricht wird abgestraft anstelle des Urhebers.«

Durlach nickte nur.

»Glücklicherweise kam der Mann rasch in therapeutische Behandlung. Sein Psychologe ist davon überzeugt, dass er harmlos ist. Mit den Briefen an Susa Bachhausen wollte er nur etwas Aufmerksamkeit erhaschen. Der Psychologe sprach daher die Empfehlung aus, alle Beteiligten sollten den Mann ignorieren, die Polizei, die Soap-Produktion und die Bachhausen selbst. Und es hat funktioniert. Bisher.«

»Ach, und deshalb erzählen Sie mir das alles? Oder hat das etwas mit dem Mord an Nino zu tun?«

»Sicher nicht. Der Mann wohnt inzwischen in einer betreuten Wohngruppe am Bodensee, ohne Fernseher, ohne Internet. Dort war er zur Tatzeit, und dort wäre auch den Sozialarbeitern etwas aufgefallen, wenn er für diesen Kult-Mord irgendwelche Vorbereitungen getroffen hätte.«

Durlach sah auf den Umschlag und überlegte. War es ein Bestechungsversuch? Sollte er die Stalker-Geschichte einfach vergessen, wenn er dafür die Disc zurückbekäme? Eigentlich wollte er keine Kumpanei mit den Bullen, aber er wollte möglichste viele Informationen für seine Rotunda-Serie. Und Trabold war heute Abend offenbar sehr gesprächig.

»Haben Sie schon etwas über den Ursprung des Rituals herausgefunden?«, fragte Durlach.

»Ich will auch hier ganz offen sein«, antwortete Trabold, als hätte er Durlachs Gedanken durchschaut. »Die Ermittlungsergebnisse bleiben aber so lange unter uns, bis ich Ihnen Bescheid gebe.«

»Klar.«

Der Kellner brachte zwei Bier. Durlach behielt den Umschlag im Blick, während Trabold vor dem ersten Schluck noch einmal an seiner Zigarette zog.

»Also: Zu dem Mordritual haben wir noch keine heiße Spur.

Nirgendwo taucht eine Gruppe auf, die einen solchen Kult pflegt oder gar Morde begeht. Anfragen beim Bundes- und Landeskriminalamt blieben ergebnislos. Der Verfassungsschutz weiß auch nichts. Daher konzentriert die Soko Soap ihre Ermittlungen zunächst auf die Gegenstände, die verwendet wurden.«

»Was ist zum Beispiel mit den Kerzen?«

»Teelichter von IKEA, Packungen mit hundert Stück. Die wurden millionenfach in Deutschland verkauft.«

»Und die weißen Laken, die im Raum gespannt waren?«

»Billigprodukte aus Bangladesch, die vom Metro-Konzern in großem Stil vertrieben werden, bei Galeria Kaufhof, bei Kaufhalle und in den Real-Märkten auf den Wühltischen. Also: Massenware.«

»Die Rosen?«

»Die sind voller Pestizide.«

»Ist Nino denn vergiftet worden?«, unterbrach Durlach.

»Nein, nein. Also, die stammen ziemlich wahrscheinlich aus Lateinamerika. Von dort beziehen nämlich die ganzen Blumengrossisten ihre Ware. Die beliefern dann Tankstellen, Supermärkte und so weiter.«

»Kommen die Blumen nicht aus Holland?«

»Nein, dort sitzen hauptsächlich Händler. Das habe ich auch jetzt so nebenbei gelernt. Die Rosen kommen mit dem Flugzeug via Amsterdam zu uns, weil man in Lateinamerika das Spritzen nicht so streng sieht. Deswegen sind die Rosen so billig und schon beim Kauf voller Gift. Wir haben noch nicht geklärt, ob und wie das verdampft, wenn man solche Blumen lange aufbewahrt. Das jedenfalls muss der Mörder gemacht haben. Er hat die Rosen sicherlich in kleinen Mengen gekauft, damit es nicht auffällt, und sie einzeln, Strauß für Strauß, getrocknet. Im Labor haben die Chemiker bei den Blättern nämlich unterschiedliche Altersstadien ausmachen können. Was wir noch klären, ist, ob irgendwelche Partikel des Trockenraums hängen geblieben sind.«

»Das heißt, Ihre Chemiker legen jetzt jedes Blatt einzeln unters Mikroskop?«

»Ich vermute, die werden Stichproben machen, wenn Sie die große Zahl an Rosenblättern überschlagen, die wir um den Toten gefunden haben.«

»Was ist mit den Fünf-Euro-Münzen?«

»Die blauen Planeten? Die sind ja erst vor fünf Tagen offiziell ausgegeben worden. Da gingen Zigtausende an Händler und Sammler.«

»Hat denn der blaue Ring irgendeine Bedeutung?«

»Also, nicht dass ich wüsste. Die Münzen sollen fälschungssicherer sein.«

»Fingerabdrücke?«

»Der Täter –«

»Sind Sie sicher, dass es ein Mann ist?«, unterbrach Durlach wieder.

»Nein, es kann genauso eine Frau gewesen sein, ein Paar oder eine Gruppe«, sagte Trabold. »Jedenfalls wurden Handschuhe benutzt. Beim Rasieren, beim Parfümieren und erst recht beim Ausstechen der Augen.«

»Braucht man dazu besondere chirurgische Kenntnisse?«

»Nicht unbedingt. Unser Pathologe meint, so wie die Augen aussähen, hätten der oder die Mörder den Eingriff wohl kaum geübt.«

»Wie auch?«

»Das wäre schon möglich, vielleicht in einer Metzgerei oder auf dem Schlachthof.« Trabold drückte seine Zigarette aus und stocherte mit der Kippe im Aschenbecher herum. »Jedenfalls sind die Augen erst gegen Ende des Aufbahrens entfernt worden, also einige Zeit nach Eintritt des Todes, der eher am frühen Abend lag. Der Täter hat sich unserer Berechnung nach die halbe Nacht Zeit gelassen für sein Arrangement. Er ist dabei sehr geplant vorgegangen, wie nach einem Drehbuch.«

»Hat der Mörder lange beim Sterben zugesehen?«

»Nein, der Tod ist wohl sehr schnell eingetreten. Die grausamen und normalerweise schmerzhaften Handlungen hat man erst anschließend vorgenommen, am leblosen Körper. Der Mörder war kein Sadist.«

Trabold trank einen Schluck. »Mehr kann ich Ihnen zum Ablauf der Tat nicht sagen, ich erfahre auch nicht alles von unserer Soko. Ich glaube, wenn ich nicht selbst zufällig am Tatort gewesen wäre, die hätten mir bis heute noch nicht mitgeteilt, dass da einer umgebracht wurde.«

»Ich hätte es Ihnen erzählt«, sagte Durlach und nahm genüsslich einen Schluck Bier. »Was wissen Sie denn über den Menschen Nino Rotunda?«

»Also, da kann ich Ihnen nicht viel erzählen. Und dass der Rotunda einen bewegten Lebenswandel pflegte, haben Sie ja selbst schon rausgekriegt, wenn ich die Andeutungen in Ihrem Film richtig interpretiere.« Trabold deutete eine Drehung an, als wolle er sich nochmals im Lokal umsehen. »Da scheint es sehr viele Kontaktpersonen zu geben: Kollegen, Frauen, Fans …«

»Hat auch Nino Rotunda irgendwelche Stalker-Briefe erhalten?«

»Nein, nicht dass ich wüsste. – Das können Sie aber so nicht verwenden.«

»Schon klar.«

»Was ist nun, Herr Durlach? Ich war jetzt wirklich sehr offen. Bleibt nun im Gegenzug der Fall des Bachhausen-Psychopathen unter uns? Ich kann Ihnen ja nicht verbieten, die Geschichte zu bringen. Aber ich appelliere an Ihr Verständnis.«

Wie beiläufig schob der Polizist den braunen Umschlag ein wenig zu Durlach, als wäre der ein Einsatz am Pokertisch.

»Bekomme ich in der nächsten Zeit regelmäßig ein Interview von Ihnen, Herr Trabold, über all das, was ich offiziell wissen darf?«

»So telegen bin ich auch wieder nicht. Aber wenn Sie wollen.« Trabold schmunzelte und zündete sich eine neue Zigarette an. Durchdringend fixierte er den Journalisten.

»Und Sie informieren mich als Ersten über neue Entwicklungen in dem Fall?«

»Also, wem ich etwas sage und wann, das bestimme nicht nur ich. Aber ich kann Sie etwas beruhigen, die wenigsten Ihrer Kollegen stellen die richtigen Fragen.«

Jetzt musste Durlach sich entscheiden. Die Verlockung war groß. Es ging um nicht weniger als um die Bilder seines Lebens. Durlach trank wieder einen Schluck Bier, um etwas Zeit zu gewinnen.

»Ja, ich werde über die Geschichte mit den Drohbriefen nicht berichten. Aber nicht, weil Sie mir die Disc zurückgeben, sondern weil ich Susa Bachhausen nicht gefährden möchte. Die Frau hat Todesangst. Damit will ich nicht spielen.«

»Das ist vernünftig«, sagte der Polizist und legte zugleich eine Hand auf den Umschlag. »Es gibt allerdings eine zusätzliche Bedingung, Herr Durlach. Ich möchte nicht, dass Sie den Inhalt dieses Kuverts verwenden, ehe der Fall Rotunda gelöst ist. Versprechen Sie mir das?«

»Ja«, sagte Durlach, ohne lange darüber nachzudenken, was ihm die Bilder dann noch nützen würden. Hauptsache, er hatte die Disc wieder. »Ein weiteres Mal kann ich Ihnen aber nicht mehr so entgegenkommen, Herr Trabold.«

»Nicht nötig. Sie erweisen mir so schon einen Gefallen«, sagte der Polizist. »Darauf muss ich jetzt einen Schluck trinken.«

Er hob seine Linke wieder an und schob den Umschlag wie einen Spielgewinn ganz auf die Tischseite des Journalisten. Durlach wollte den Umschlag gleich in seiner Jackentasche verschwinden lassen, hielt aber inne. Was war wirklich darin? Kurz entschlossen riss er die braune Lasche hoch und spähte in den Umschlag hinein. Es war eine Blu-ray, und es war tatsächlich das Material aus der Wohnung Rotunda. Durlach erkannte Toms Beschriftung auf dem Aufkleber sofort. Er sah aber auch, dass Trabold die Kanten der Disc mit weiteren Aufklebern versehen hatte: mit polizeilichen Siegeln.

12

Rotundas Eltern saßen auf dem geblümten Dreisitzer. Die Mutter hatte die Beine schräg gestellt und die Knie damenhaft mit den Händen umfasst, der Vater war nach hinten gesunken und verschränkte die Arme vor der Brust. Durlach war sich sicher, dass sie sonst nie so dicht beieinandersaßen wie jetzt für das Interview.

»Ich habe es erst gar nicht verstanden, was uns der Kommissar da erzählt hat. Es war am Vormittag, nachdem sie ihn gefunden haben. Wir haben gerade zu Ende gefrühstückt und noch kein Radio gehört. Da haben sie es ja auch gemeldet.«

Obwohl sich in den Augen der Mutter keine Träne zeigte, zupfte sie kurz an ihren Wimpern, dann zog sie mit fast der gleichen Bewegung ihr schwarzes Kleid an der Hüfte zurecht. Sie straffte den Oberkörper, um trotz der schlechten Sitzposition im Sofa eine gute Figur abzugeben. Tom Esswein filmte ungerührt.

»Und dann?«, fragte Durlach.

»Da hat es geklingelt, und der Kommissar und sein Assistent sind reingekommen, und er hat gesagt, er hätte eine schlechte Nachricht für uns. Für mich war das unfassbar. Ich habe meinen Sohn doch jeden Tag im Fernsehen gesehen, immer die aktuelle Folge seiner Serie, und er hat geredet und gelacht. Und auf einmal sollte er tot sein.«

»Die Polizisten wollten uns nicht mal sagen, wie er genau gestorben ist«, beschwerte sich der Vater.

»Das konnte der Kommissar ja nicht, Gottfried, wegen der laufenden Ermittlungen«, sagte sie.

»Es ist mein Sohn. Da hab ich doch ein Recht, zu erfahren, wie er gestorben ist.«

»Jetzt, wo er tot ist, ist es wieder dein Sohn?«

»Es war immer mein Sohn«, brummte er.

»Da hast du aber mal ganz anders geredet.«

»Was wissen Sie denn über die Todesumstände, Frau Rotunda?«, fragte Durlach, um das streitende Ehepaar zu unterbrechen.

Der Vater fuhr schnaubend herum: »Brühl!«

»Oh, Verzeihung«, murmelte Durlach.

Er ärgerte sich über seine Nachlässigkeit, die Eltern gerade in so einem Moment falsch anzureden. Das war unprofessionell. Das verdarb die Stimmung. Verschämt sah er auf sein Tablet mit den Interviewfragen. Doch den Namen hatte er sich nicht notiert. Gestern Abend hatte ihm sein Redaktionsleiter einen Zettel in die Hand gedrückt, auf dem nur eine Adresse in Backnang notiert war.

»Fahr hin«, hatte Heder bestimmt, »da wohnen Rotundas Eltern. Ich will eine große Homestory, aber richtig traurig. Wenn die Eltern weinen, kriegst du drei Minuten.«

Durlach hatte Glück. Zumindest die Mutter nahm ihm den falschen Namen nicht übel, im Gegenteil, sie schien das Interview zu genießen, als stünde ihr Nino am Beginn einer großen Karriere und nicht an deren Ende.

»Sei nicht so grob, Gottfried«, sagte sie. »Das mit dem Namen ist uns schon öfters passiert. Einmal hat uns schon unser Pfarrer mit Rotunda angesprochen. Da habe ich gemerkt, dass sogar er sich die Soap anschaut.«

»Ach, der Stiftler!« Der Vater warf verächtlich den Kopf in den Nacken. »Der soll anständig predigen und nicht so fremdländische Fürz veranstalten.«

»Bloß weil er einen Gospelchor gegründet hat.«

»Das ist nicht sei Sach.«

Trotzig sank er noch tiefer in die Sofakissen und schlug die Beine übereinander. Er hatte weder sein flächiges Gesicht an seinen Sohn vererbt noch seine glatten Haare, die größtenteils schon ausgefallen waren. Er trug einen dunkelblauen Pullover und schwarze Cordhosen, die am Saum der Hosenbeine braune längliche Lehmspritzer aufwiesen. Am liebsten wäre er wohl sofort wieder hinaus in seinen Garten gelaufen, um ein Beet umzugraben.

»Wie kam Nino denn auf seinen Künstlernamen?«

»Ich fand's unnötig. Was ist denn an dem Namen Brühl falsch? Auch als Christian Brühl kann man Schauspieler sein. Ich habe als Brühl auch gut gelebt.«

»Die Zeiten sind eben andere heute, Gottfried.« Mit Schwung drehte sich die Mutter wieder zur Kamera. »Damit keine Verwechslung mit dem Schauspieler Daniel Brühl passiert. Den kennen Sie doch, der spielt ja sogar in Hollywood. Von dem wollte sich Christian eben unterscheiden. ›Das Showbiz ist eng‹, hat Christian immer gesagt, ›da muss man drum kämpfen, dass man als Individuum erkannt wird.‹ – ›Brühl‹ war einfach zu gewöhnlich.«

»Der Hans Moser, der Heinz Rühmann, der Hans Albers, die haben noch viel dümmere Namen gehabt. Die sind auch berühmte Schauspieler gewesen.«

Durlach nickte ihm zu.

»Aber Gottfried, das war im Krieg, da durfte man gar keine ausländischen Namen haben.«

»Wie kam Ihr Sohn gerade auf das Italienische?«

»Das hat die Polizei auch schon gefragt«, sagte der Vater.

Die Mutter atmete tief ein, Durlach starrte beinah zwangsläufig auf ihr erstaunliches Dekolleté.

»Da habe ich ihn beraten«, sagte sie bedeutungsvoll. »Wir saßen hier im Wohnzimmer, und Christian hat erzählt, dass er die Rolle in der Serie bekommen hätte, aber er sollte sich einen Künstlernamen ausdenken. ›Irgendwas Italienisches‹, habe ich sofort gesagt, wegen seiner schönen schwarzen Locken.«

Strahlend wiegte sie den Kopf, dass ihre eigenen Locken in Schwingung gerieten. »Er hat gesagt: ›Ich habe auch schon an Nino gedacht, Mami.‹ Und zufällig hatten wir gerade einen Prospekt von unserem Garten-Baumarkt auf dem Tisch liegen mit Hütten. Da gab es Angebote für runde Gartenhütten. So kamen wir irgendwie auf Rotunde. ›Nino Rotunda, das ist es, Mami‹, hat Christian gesagt und ist mir um den Hals gefallen. ›Das wird dem Gottfried sicher auch gefallen‹, hab ich gesagt. Und dann haben wir zur Namenstaufe eine Flasche Sekt aufgemacht.«

»Sie standen Ihrem Sohn sehr nahe, Frau Brühl?«

»Ja. Er war immer ein liebenswertes Kind, immer brav. ›Du bist der Sonnenschein deiner Mutter‹, habe ich manchmal zu ihm gesagt. Er war so charmant. Schon als Vier- oder Fünfjähriger hat er anderen Müttern kleine Blumensträuße geschenkt. Die waren alle begeistert.«

»Ich nicht«, meldete sich der Vater. »Die Blumen hat er zuvor nämlich aus meinen Beeten gerissen. Heut würd ich vielleicht lachen, aber damals …«

»Du warst immer zu streng mit dem Jungen«, sagte sie.

»Und du hast ihn verwöhnt.«

»Ich habe meinen Sohn eben geliebt, Gottfried. Und Kinder brauchen Liebe.«

»Kinder brauchen auch eine Linie, wenn sie wachsen, die brauchen auch Orientierung. Die wollte ich ihm geben.«

»Du hast nie akzeptiert, wie er war. Du hast ihn auch rausgeworfen. Das Künstlerische in Christian ist dir immer fremd geblieben.«

»Ich hab seine Qualitäten schon gesehen«, brummte der Vater. »Der Christian hat auf andere Menschen gewirkt. Drum hab ich auch zu ihm gesagt, er soll in den Verkauf gehen. Ich konnte ihn mir gut als Filialleiter der Sparkasse vorstellen.«

»Zu mehr reicht deine Phantasie eben nicht«, sagte sie und drehte sich nach rechts weg.

Der Vater drehte seinen Kopf nach links, und beide schwiegen.

Dieser Streit war für Durlach sinnlos. Er brauchte für seinen Beitrag jetzt eine gemeinsam trauernde Familie – auch wenn sie nicht weinte. Er musste sich etwas einfallen lassen.

13

»Hier hat Christian gewohnt.« Die Mutter drehte sich einmal im Kreis. »Und damit fing alles an.«

Eine elegante Handbewegung führte Durlachs Blick zu einer Schärpe, die an der Wand hing. Tom Esswein nahm sie groß ins Bild. Auf dem Rot der Deutschlandfahne stand da »Mister Unterland 2010«, auf dem Schwarz und dem Gelb prangten die Logos der Sponsoren.

»Wie kam es denn zu dem Titel?«

»Ich hatte die Plakate von der Veranstaltung entdeckt und ihm gleich zugeraten, bei dem Wettbewerb mitzumachen. ›Christian‹, habe ich gesagt, ›du siehst gut aus, das weißt du, sonst würden dir nicht die ganzen Mädchen hinterherlaufen, und deshalb kannst du nur gewinnen.‹ – ›Gut, ich probier's, Mami‹, hat er gesagt.«

Wieder straffte sich ihr Körper, als stünde sie selbst auf dem Podium. »Er ist ja dann wirklich gewählt worden und hat gleich das erste Engagement bei einer Model-Agentur bekommen. Gottfried hat sich geschämt. Unterwäsche, hat er gesagt. Das sei anstößig. Dabei waren das sehr schicke Herren-Bodys.«

»Und sicher überaus ästhetische Fotos«, sagte Durlach.

»Oh ja!«, strahlte die Mutter.

Durlach war zufrieden mit seiner Entscheidung, das Ehepaar getrennt zu befragen. Normalerweise erzählten ihm die Leute gerne und ausführlich ihre Geschichten, aber das Ehepaar Brühl hatte sich gegenseitig blockiert. Zu oft waren sie einander ins Wort gefallen. Doch die Streitgespräche mit ihrem Mann waren für Frau Brühl offensichtlich zur normalen Kommunikationsform geworden, sodass sie bereitwillig dessen Part mit übernahm.

Charlotte Brühl war für eine Fünfzigjährige äußerst attraktiv. Ihr Sohn war ihr wie aus dem Gesicht geschnitten: die gleichen schwarzen Locken, die gleichen hervortretenden Wangenknochen und die gleichen sinnlichen Lippen, nur waren diese hier grell rot geschminkt, ein lasziver Kontrast zu ihrer Trauerkleidung. Das weit geschnittene Dekolleté des Trägerkleids zeigte zu viel Haut, um noch als anständig durchgehen zu können. Am meisten aber beschäftigte Durlach, dass die Mutter auch ihre strahlend blauen Augen an Nino vererbt hatte. Diese Augen, die Durlach schon völlig isoliert gesehen hatte, herausgeschnitten aus den schwarzen, blutverschmierten Löchern des Schädels. Voller Bestürzung betrachtete Durlach nun die lebende Version.

»Das gehört eigentlich nicht hier rein«, sagte Frau Brühl nun und zerrte ein wenig am Lenker eines Hometrainers, ohne das schwere Ding wirklich von der Stelle zu bewegen. »Ansonsten haben wir das Zimmer, als Christian auszog, so gelassen. Immerhin kam er ja übers Wochenende öfters nach Hause. Zumindest am Anfang.«

Mutter Brühl herrschte nun unumschränkt über die möblierte Erinnerung an den Sohn. Demonstrativ wischte sie mit der bloßen Hand auf einem Regal entlang. Schreibtisch, Kleiderschrank, Bücherregal und Bett des Jugendzimmers waren aus weißem Holzfurnier, vor den Büchern und CDs standen ein kleines Segelboot samt Fernsteuerung und alte Matchboxautos, obenauf lag ein alter Auspuff. Eine Wand war schwarz-weiß kariert gestrichen wie die Zielflagge eines Autorennens, eine andere bestückt mit gerahmten Fotos aus Ninos Model-Karriere. Über dem Bett eine Kappe von Bayern München, auf dem Nachttisch eine Lampe in Form eines Silberpfeils.

»Wie kam Ihr Sohn schließlich zu ›Leben lassen – Lieben lassen‹?«, fragte Durlach.

»Die Fotoaufträge begannen ja genau zu dem Zeitpunkt, als Christian von der Bundeswehr zurückkam und erst nicht wusste, was er beruflich machen sollte. Da war doch das Modeln für den Übergang nicht schlecht. Doch Christian hat es sofort gefallen. Im Rampenlicht stehen, das passte zu ihm. ›Ich könnte das ja ausbauen, Mami‹, hat er gesagt. Er wollte nämlich noch Schauspieler werden. Gottfried war natürlich dagegen, sein Sohn sollte etwas Ordentliches lernen. ›Das ist ein ordentlicher Beruf‹, habe ich zu Gottfried gesagt, ›da gibt es sogar staatliche Schulen.‹«

»Hat er die Aufnahmeprüfung bestanden?«, fragte Durlach.

Er wusste, wie gering die Chancen waren. Das Verhältnis zwischen Bewerbern und Studienplätzen an staatlichen Schauspielschulen war noch schlechter als an den deutschen Journalistenschulen.

»Das hätte zu lange gedauert. Die hatten ungünstige Bewerbungsfristen, hat Christian gesagt. Er hat dann lieber gleich privat Schauspielunterricht genommen, und er hat sogar Gesang studiert.«

»Das ist nicht billig.«

»Das hat Gottfried auch gesagt. Deshalb habe ich das bezahlt. Es war immerhin eine Ausbildung. Und sogar eine erfolgreiche.«

Während des Gesprächs war Durlach an das Bücherregal herangetreten und hatte ein Album erspäht.

»Sind das Fotos?«, fragte er nicht ohne Hintergedanken.

»Ja, das sind Kinderbilder von Christian.«

»Da habe ich spontan eine Idee, Frau Brühl. Können wir die Fotos zusammen ansehen? Sie erzählen dazu, und wir filmen das?«

Sie stimmte selbstverständlich zu.

»Das ist mein Christian, da ist er einen Tag alt, dreitausendeinhundertvierzig Gramm, fünfzig Zentimeter, Sternzeichen Jungfrau. Mein Mann sagte damals, ganz die Mutter. Ich finde das Künstlerische und Leidenschaftliche, das sieht man schon auf den ersten Blick. Es hat über fünf Stunden gedauert, bis ich meinen kleinen Prinzen in den Armen halten konnte, da dachte ich, der ist einmalig. … Erstes Weihnachten mit meinem ganzen Stolz. Er ist ja auch mein Einziger geblieben. Gestern habe ich noch zu Gottfried gesagt: ›Warum haben wir nie ein zweites Kind bekommen, dann wäre es jetzt vielleicht einfacher …«

Charlotte Brühl redete ohne Punkt und Komma. Durlach wusste, dass er sie jetzt nicht bremsen durfte. Glücklicherweise beherrschte er die Technik, ein verbindliches Lächeln aufzusetzen und innerlich zurückzuschalten. Auch wenn er später mehr Zeit beim Sichten des Interviews verbringen würde, in diesem Moment drangen nur noch wenige Gesprächsfetzen in sein Bewusstsein vor.

Die Mutter erzählte von Ferien am Mummelsee, von Christians Einschulung und von seinen ersten selbst geschossenen Fotos in der Wilhelma. Nur bei wenigen Stichworten hörte Durlach genauer hin:

»Hier erfüllen wir Christian den wohl größten Wunsch seines Lebens. Er bekommt zum Geburtstag einen Kettcar. – Das ist eines meiner Lieblingsbilder, Christian hilft seinem Papa im Garten. Sie gießen den Apfelbaum. Die beiden sehen richtig glücklich aus, finde ich. Später hat sich mein Mann noch öfters gewünscht, dass Christian mit anpackt, aber Christian hatte dafür nicht so viel Sinn. – Und das da bin ich, ach Gott, was hatte ich damals für eine Frisur. Ich bin ja so selten auf den Fotos, weil ich meist selbst geknipst habe …«

»Vielen Dank, Frau Brühl. Das war wirklich großartig«, sagte Durlach, als sie das Album zuklappte.

14

»Sehen Sie, da drüben hat der Christian die Blumen abgebrochen, die er verschenkt hat. Und grad da bei der Natursteinmauer hat er einen Swimmingpool hinhaben wollen. Er hat sich als Bub immer vorgestellt, wie er mit den Nachbarsbuben um die Wette schwimmt.«

Gottfried Brühl wies auf eine Ecke des Gartens neben der Terrasse. Er kippte zwei Gartenstühle gegen den Tisch, damit die Sitze nach dem nächsten Regen nicht nass sein würden.

»Meine Frau hat den Christian unterstützt. Mir wär ein Pool zu viel Arbeit gewesen. Ich hätte ja all die Bäume und Büsche wieder rausreißen müssen. Außerdem ist der Unterhalt für so 'n Ding saumäßig teuer.«

Vater Brühl drehte sich um und schritt auf eingelegten Platten am Rande der Rasenfläche entlang. Durlach folgte. Das satte Grün war auf zwei Seiten von Hügelbeeten eingefasst. Dort standen kräftige Rhododendren, die Stiefmütterchen dufteten leicht, und auch die Tulpen blühten bald, dahinter schützten dichte Hecken vor den Blicken der Nachbarn. Irgendwo rief ein Kuckuck.

»Ist das ein Schneeball?«, fragte Durlach und zeigte auf einen Strauch.

»Ja.« Brühl nickte anerkennend. »Und Holunder.«

»Marmelade?«

»Und Saft.«

Durlach hatte sich entschlossen, mit dem Vater erst einmal ohne Kamera zu reden, und zwar dort, wo er sich offensichtlich am wohlsten fühlte. Der Plan schien aufzugehen. Brühl wirkte im Garten wie befreit.

»Haben Sie alles ganz allein angelegt?«, fragte Durlach. »Das ist doch eine ungeheure Arbeit.«

Der Vater brummte zur Antwort nur, dann lief er weiter und winkte Durlach, ihm zu folgen. »Ich zeig Ihnen was.«

Die dritte Seite des Rasens öffnete sich zu einem tiefer gelegenen Nutzgarten mit Gemüsebeeten und verschiedenen Obstbäumen. Brühl stapfte quer durch ein Beet, wo keine Steine mehr die Trittlänge vorgaben. Er zupfte hier etwas Unkraut weg, sammelte dort einen herabgefallenen Zweig auf, Durlach hielt sich dicht hinter ihm, um auch ja keine in der Erde versteckt schlummernde Nutzpflanze zu zerquetschen.

»Dahinten will ich im nächsten Frühjahr einen Teich anlegen. Vielleicht sogar mit einem künstlichen Bachlauf. Ich mag's, wenn ein Garten lebt.«

Der Vater blieb an einem unscheinbaren Apfelbaum stehen, der hinter den Gemüsebeeten stand.

»Den wollte ich Ihnen noch zeigen. Boskop. Der steht jetzt genau vierundzwanzig Jahre und hundertvier Tage.«

Durlach mühte sich zwar, aber es war nichts Besonderes an dem Baum zu entdecken.

»Mochte Ihr Sohn Äpfel, Herr Brühl?«

»Wie kommen Sie denn darauf? Die Polizei hat auch schon nach den Äpfeln gefragt.« Nachdenklich kratzte der Vater ein wenig an der Rinde herum. »Eigentlich nicht. Der Christian hat nur Schnitze gegessen, wenn meine Frau die Äpfel geschält hat.«

»Wie alt wurde Christian?«

Brühl brummte zustimmend, jetzt fühlte er sich verstanden.

»Ja. Das ist es. Vor fast fünfundzwanzig Jahren, als mir meine Frau gesagt hat, dass sie schwanger ist, da bin ich noch am selben Tag geschwind zu einer Baumschule gefahren, habe einen Setzling gekauft und das Apfelbäumle da gepflanzt. Steht doch auch in der Bibel, dass man als Mann in seinem Leben mindestens einen Sohn zeugen, ein Haus bauen und einen Apfelbaum pflanzen soll.«

Durlach überlegte, ob das Zitat nicht protestantischer war. Luther? Bonhoeffer? Käßmann? Doch er schwieg. Vorsichtig berührte er einen Ast des Baumes. Brühl registrierte es wohlwollend.

»Es ist Ihr einziger Apfelbaum geblieben.«

»Ja, schon.« Auch der Vater tätschelte den Stamm, dann glitt etwas Verschmitztes über sein Gesicht. »Wissen Sie, als ich den großen Ärger mit Christian hatte, da hab ich tatsächlich den Eindruck gehabt, der Baum wächst nicht mehr. Und jetzt, wo Christian tot ist, kommt's mir so vor, als ob er neu austreiben würde.«

»Darf ich Sie fragen, was denn der Anlass des Streits war?«

»Fragen dürfen Sie. Ich muss ja nicht antworten.«

»Stimmt. Müssen Sie nicht«, antwortete Durlach ernst.

Der Vater steckte die Hände in die Hosentaschen, sah vor sich auf den Boden und trat ein Grasbüschel nieder, während seine Lider in einem fort blinzelten. Durlach hätte zu gerne gewusst, welche Bilder ihm gerade durch das Gehirn rasten, sie mussten beunruhigend sein. Der Vater schien hin- und hergerissen, schwankte zwischen Offenbarung und Scham.

»Ach. Einmal muss es doch heraus«, sagte er, dann sah er Durlach freimütig an. »Wissen Sie, ich hatte schon länger keinen guten Draht zum Christian mehr. Ab der Pubertät war Funkstille. Ganz im Gegenteil zu meiner Frau, die hat sich immer gut mit ihm verstanden. Und in den letzten Jahren wurde mir der Christian noch fremder.«

»Bis zum Rauswurf?«

Durlach spürte, dass er jetzt nachfragen durfte. Vater Brühl schien die Geschichte loswerden zu wollen.

»Da hatte er an einem Wochenende so eine Tussi mitgebracht. Die haben sich unmöglich aufgeführt.«

»Wer war das?«

»Corrie hat er sie genannt. Corrie Obst oder so. Sie war einiges älter als er. Sicher, sie war eine schöne Frau und reich, das hat man gleich gemerkt, aber das rechtfertigt noch lange nicht, dass man uns behandelt wie Hinterwäldler.«

»Was ist passiert?«

»Die sind freitagnachts um viertel drei oder so gekommen, ziemlich betrunken. Der Christian wollte angeblich dieser Corrie seine alte Bude zeigen. ›Geh mal weg, Pa‹, hat er gesagt. Er hat mich einfach zur Seite geschoben, und die beiden sind rauf. Er hat mir die Zimmertür vor der Nase zugeschlagen. Das wär ja wohl sein Zimmer, hat er rausgerufen und dann abgeschlossen. Die Frau hat ständig gekichert. Nach einer halbe Stunde sind sie wieder runtergekommen, haben sich, so zerknautscht, wie sie waren, ins Wohnzimmer gesetzt. ›Das ist ja geil‹, hat die Frau gelacht, als sie sich umgesehen hat, ›so richtig spießig.‹ – ›Richtig spritzig‹, hat der Christian sie noch schnell verbessert. Das war ein letzter Rest von Scham bei ihm. Da hat sie geschrien vor Lachen: ›Spritzig, ja geil.‹«

»Und Ihre Frau?«

»Meine Frau ist in der Zwischenzeit auch aufgestanden und hat noch belegte Weckle geschmiert. Die haben sie dann gegessen. Diese Corrie hat dann nach Schampus verlangt. Da hab ich meine Frau in den Keller geschickt, den guten Lemberger raufholen. Doch der Wein wurde runtergeschüttet, als wär's Wasser. Meine Frau wollte noch ein normales Gespräch führen. Wie es beim Fernsehen läuft, ob er seine Wohnung fertig eingerichtet hat, wo er jetzt seine Wäsche waschen lassen tät. Glauben Sie, sie hätte eine ordentliche Antwort gekriegt? ›Wie spritzig‹, hat diese Corrie nur gekichert. Und immerzu wurde weitergelacht. Ich bin mir vorgekommen wie ein Aff' in der Wilhelma.«

Durlach war völlig verblüfft von der Offenheit des Mannes. Brühl nahm die Hände wieder aus den Taschen, als wollte er sich gestisch für den Rest der Geschichte wappnen, aber in dieser Bewegung lag auch Verzweiflung.

»Was wir uns dann anhören mussten, mag man gar nicht wiederholen.«

»Gemein?«, fragte Durlach leise.

»Schmutzig.«

»Ich musste mir bei meinen Drehs schon viel Ordinäres anhören.«

Durlach blickte den Vater mit echtem Mitgefühl an, ein Gesichtsausdruck, der die Leute häufig zum Reden brachte. Auch jetzt nickte der Vater nach einer kurzen Weile leicht.

»Meine Frau hat noch mal versucht, diese Corrie ins Gespräch einzubeziehen und hat sie gefragt, wo sie denn unseren

Christian kennengelernt hat. ›Beim Ficken‹, hat die geantwortet, ›richtig kennenlernen, das geht doch nur beim Ficken.‹ Meine Frau war sprachlos. ›Ich glaube nicht, dass das hier Thema am Tisch sein sollte‹, habe ich gesagt. – ›Warum denn nicht?‹, hat der Christian grinsend gesagt. ›Was ist denn daran unnatürlich?‹ – ›So nicht‹, habe ich streng zu ihm gesagt. – ›Was hast du gegen das Ficken, Pa?‹, hat der Christian saudumm gefragt. – ›Nicht in diesem Ton!‹, habe ich ihn angeschrien. – ›Ficken, ficken, ficken‹, hat diese Corrie geschrien und ist hysterisch aufgesprungen. Der Christian hat nur gelacht. Meine Frau ist aus dem Zimmer raus, ins Schlafzimmer gelaufen und hat geheult. Da hat sich der Christian vor mir aufgestellt und gesagt: ›Du würdest doch auch gerne mal so ’ne tolle Frau ficken wie die Corrie.‹ Dann hat er die Frau gepackt, sie zu mir hingedreht und ihr über die Brüste getatscht. ›Na, Pa‹, hat er dazu gesagt, ›ist die Corrie nicht toll?‹ – ›Spritzig‹, hat sie wieder saudumm gelacht. – Er soll das lassen, habe ich gesagt. Aber der Christian ist der Frau mit der Hand in den Ausschnitt rein. ›Gefällt dir das denn nicht, Pa? Du bist doch auch so ein geiler Bock. Du schaust doch auch nachts Fickfilme an.‹ – ›Ich werd das nicht mit ansehen‹, hab ich ihm gedroht. Aber der Christian hat einfach weitergemacht. Er hat der Frau das Kleid raufgeschoben. ›Na, Pa‹, hat er dabei gesagt, ›willst du auch mal? Die Corrie ist nämlich naturgeil.‹ Das war zu viel. Da bin ich ausgerastet. Ich hab ihn am Kragen gepackt und ihm eine gelangt. Mit der Faust ins Gesicht. Der Christian ist umgefallen, sein Mund hat ein bissle geblutet. ›Das wirst du bereuen, mein Gesicht zu zerstören‹, hat er gesagt. ›Wenn du nicht gleich hier verschwindest, wirst du es noch bereuen, dass du mein Sohn bist!‹, habe ich zu ihm gesagt. ›Lass dich hier nie wieder blicken.‹ Dann bin ich rauf zu meiner Frau, um sie zu trösten. Irgendwann hab ich dann gehört, wie die Haustür zugeschlagen wurde. Endlich war Ruhe.«

Vater Brühl sackte wieder in sich zusammen. Sichtlich erleichtert stützte er sich am Stamm des Apfelbaums ab.

»Ich konnte das nicht mit ansehen. Meiner Frau hab ich nur

gesagt, wir hätten uns noch mehr gestritten, der Christian und ich, weil er so betrunken war. Meine Frau meint, dass das doch kein Grund zum Rausschmeißen wär. Aber ich konnte ihr die Wahrheit nicht erzählen. Sie hätte es mir auch nicht geglaubt, weil sie's nicht mit eigenen Augen gesehen hat.«

»Hat Christian sich später entschuldigt?«

»Ach was. Wir haben keinen Kontakt mehr gehabt. Meine Frau auch nicht.«

»Weiß die Polizei davon?«

»Nein.«

»Warum haben Sie es dann mir erzählt?«

»Ich weiß nicht. Es musste halt mal raus. Werden Sie jetzt einen Film daraus machen?«

Durlach schüttelte einfach den Kopf.

»Oder wollen Sie, dass ich das bringe, Herr Brühl?«

»Nein, um Gottes willen. Es würde doch sicher das Bild vom Christian in der Öffentlichkeit zerstören. Das will ich nicht. Und ich weiß auch nicht, ob meine Frau das aushalten könnte.«

15

Als sie von Rotundas Eltern wegfuhren, hätte Durlach nicht gedacht, dass er an diesem Tag noch so viel Zeit im Auto verbringen würde. Er schaltete sein Handy ein. Es waren vier Anrufe auf der Mailbox:

»Hier ist Heder. Rufen Sie mich bitte gleich an.« – »Heder noch mal. Wo stecken Sie denn, Durlach? Ich will einen Rückruf. Der Mord. Es ist dringend.« – »Ey, Durlach. Ich bin's, Arnd. Hier in der Redaktion ist superviel los. Wenn ich dir was wegen deinem Kult-Killer abnehmen kann, melde dich.« – »Scheiße, Durlach! Ich warte immer noch auf Ihren Rückruf. Und schalten Sie gefälligst Ihr Handy nicht immer ab!«

»Schickt Heder uns wieder los, um ein paar Wetterbilder zu drehen?«, fragte Tom.

»Weiß nicht. Angermeier ist mit im Spiel.«

»Oh, dann handelt es sich mindestens um einen Auffahrunfall.«

»Wir können unterwegs noch einen Kaffee trinken«, sagte Durlach und schaltete sein Handy wieder aus.

»Gut«, sagte der Kameramann und drückte kräftig aufs Gaspedal. »Ich weiß ein nettes Café in Marbach.«

Tom Esswein war eigentlich ein stiller und eher zurückhaltender Mensch. »Das lange Elend« – wie er sich selbst nannte – hatte sich während des Studiums an der Stuttgarter Kunstakademie auf Videoinstallationen spezialisiert. Zum Geldverdienen heuerte er bei einer freien Kamerafirma an, bei der er anschließend hängen blieb. So bildete er mit Durlach mittlerweile ein festes und harmonisches Gespann; nie hatten sie am Drehort Diskussionen über die Vorgehensweise oder über bestimmte Einstellungen. Nur wenn der Kameramann hinter dem Steuer seines BMW saß, wurde aus ihm ein anderer, ein Lebensmüder, dann kannte er keine Geschwindigkeitsbeschränkung, fuhr dicht auf und schreckte selbst vor dem Einsatz der Lichthupe nicht zurück. Durlach wurde es manches Mal mulmig, doch zeitlich kam ihm Toms Fahrstil meist gelegen, denn die Sendezeit des Regionalmagazins war früh, sodass bei fast allen aktuellen Beiträgen ein ungeheurer Zeitdruck entstand.

»Du kannst ruhig langsamer fahren.«

Tom gehorchte und drosselte das Tempo auf siebzig. Sie fuhren durch kleinere Dörfer Richtung Westen. Von der Seite fiel die Sonne in den Wagen. Durlach kurbelte sein Fenster herunter, lehnte den Kopf zurück und schloss die Augen.

»Denkst du auch noch manchmal an die Bilder dieser Nacht?«, murmelte er.

»Die werde ich mein Leben lang nicht vergessen«, antwortete Tom.

»Die Bilder deines Lebens?«

»Quatsch. Nein. Da ist etwas anderes.«

»Was?«

»Für mich hat Nino Rotunda nie gelebt. In meiner Erinnerung bleibt dieser Körper seltsam tot«, sagte Tom. »Ich habe ja schon einige Tote gesehen in meinem Leben. Mein Großvater ist zu Hause einfach im Sessel eingeschlafen. Ich war noch klein und dachte, der wacht gleich wieder auf. Und als ich Zivi im Altersheim war, hat man die Toten in so einen Abstellraum geschoben, bevor sie für den Sarg hergerichtet wurden. Die lagen da nackt, nur mit einem Laken abgedeckt, als müsste nur die Narkose nach einer kleinen Operation abklingen.

»Und bei Nino Rotunda?«

»Ganz anders, so künstlich. So wie Schaufensterpuppen, wenn umdekoriert wird. Die stehen so hilflos herum, ohne Kleidung, ohne Perücke und auch sonst ohne Haare. Nackte Schaufensterpuppen haben keine Seele.«

»Ja, die Seele von diesem Christian oder Nino oder Sven oder wie auch immer der heißt«, ereiferte sich Durlach.

»Das ist eben eine multiple Persönlichkeit«, sagte Tom.

»Dann ergeben die drei Namen ja einen Sinn«, lachte Durlach. »Jedenfalls ist mir der Kerl noch völlig fremd. Jeder, den wir bisher gefragt haben, erzählt uns was anderes. Jeder hat ein anderes Bild.«

»Ist das nicht immer so? Ich mache mir ein Bild von ihm und sehe zu, dass es ihm ähnlich wird.«

»Mag sein. Aber bei ihm kommt mir die Spannweite schon extrem vor«, resümierte Durlach ernst. »Für einige der Soap-Leute ist er *der* Star von LelaLila gewesen, und die Kolleg*innen* fanden ihn wohl vor allem hübsch und charmant. Nino, der Womanizer. Andere versuchen sich schon einen Tag nach seinem Tod in einer kritischen Würdigung seiner Psyche, so wie der Regisseur, der Rotunda für maßlos überschätzt hält. Schauspielerisch und menschlich, hat er gesagt. Demnach war er nur ein unreifes Jüngelchen. Und für Kasperczak wird Nino zur Funktion innerhalb der Produktion. Rotunda, die Soap-Marionette.«

»Dann liege ich mit meinem Bild von der toten Schaufensterpuppe gar nicht so falsch«, freute sich Tom.

Sie fuhren hinter Burgstall kurz an der Murr entlang. Dann ging es links bergan durch den Wald und schließlich Richtung Lemberg.

»Was hat dir eigentlich Mutter Brühl mitgegeben, als du vom Kaffeetrinken rauskamst?«, fragte er. »Gsälz?«

»Sieh selbst nach. Es liegt auf der Rückbank.«

Durlach drehte sich um, zückte eine hinten liegende Plastiktüte und zog statt einem Glas Marmelade drei Fotoalben heraus.

»Genial!«

»Die Mutter hat sie mir geradezu aufgedrängt, als ich meinte, wir müssten im Studio noch Repros machen«, sagte Tom. »Und außerdem kriegt auf diese Weise kein anderer die Bilder in die Finger.«

»Nicht mal die Polizei«, sagte Durlach, der gleich das Hochzeitsfoto der Brühls entdeckt hatte, das auf der ersten Seite klebte. »Das sind die Bilder seines Lebens!«

Doch er kam nicht dazu, länger in dem Album zu blättern.

»Langsam!«, schrie Durlach, als sie durch Affalterbach fuhren.

»Was ist denn?«

»Halt mal an, nein, dreh um und fahr zurück, da, schnell!«

Tom machte einen plötzlichen U-Turn, dass die Reifen quietschten, und hielt vor dem Rathaus.

»Meinst du das Wappen?«, fragte er. »Da ist nämlich ein Apfelbaum drauf.«

»Nein, da!«

Durlach zeigte auf einen Zeitungskiosk, ein unscheinbares Ladenlokal, dessen Scheibe mit Zigarettenreklame und Illustrierten-Covern zugepflastert war. Tom brauchte nicht lang, bis er den Ständer mit den Tageszeitungen entdeckt hatte. Ganz oben steckte die Bild-Zeitung. Neben ihrem roten Kastenlogo war ein Porträt von Nino abgedruckt. Die Schlagzeile darunter füllte fast das halbe Titelblatt: »Soap-Star Nino Rotunda: Mord bei Schwarzer Messe?«

Nun wurde der Nachmittag doch noch hektisch. An Kaffeetrinken war nicht mehr zu denken. Während Tom die Zeitung kaufen ging, führte Durlach mehrere Telefonate, um herauszufinden, was hinter der Geschichte steckte. Als er schließlich Trabold erreichte, hatte Durlach schon einen Plan.

Erst als Tom, so schnell es ging, zurück in die Redaktion fuhr, kam Durlach zum Lesen. Der Artikel der Bild war eigentlich dürftig, nur wenige Zeilen direkt unter der Überschrift, etwas mehr stand auf Seite zwei, wobei auch hier ein weiteres Pressefoto Ninos den meisten Platz einnahm. In dem Text behauptete ein Insider der Satanistenszene, dessen Name nicht genannt wurde, Nino Rotunda habe mehrfach an Schwarzen Messen in Stuttgart teilgenommen. Er sei auf dem Weg gewesen, sich ganz zu Satan zu bekennen. Alle Schlussfolgerungen jedoch, ob sie den gewaltsamen Tod des Schauspielers oder das kultische Aufbahren betrafen, wurden in rhetorische Fragen gekleidet.

Dass Heder trotz des großen Anteils an Spekulation auf so eine Geschichte ansprang, war Durlach klar. Umso wichtiger war es, dem Chef vorerst nicht zu begegnen. Tom fuhr deshalb nicht in die Tiefgarage, sondern parkte zwei Straßen entfernt. Durlach lief los. Die Redaktion war glücklicherweise um die

Mittagszeit wie ausgestorben, kein Heder, kein Angermeier. Ohne sich irgendwo aufzuhalten, holte Durlach das Objekt der Begierde aus seiner Schreibtischschublade und lief schnell zurück.

»Hast du eine Kopie gemacht?«, fragte Tom.

»Wann denn? Außerdem sind da Polizeisiegel drauf.«

»Die kann man vielleicht vorsichtig abziehen.«

»Dazu ist jetzt wirklich keine Zeit«, sagte Durlach. »Komm, fahr los.«

Tom war sichtlich enttäuscht, doch er gab Gas, und sie fuhren schweigend wieder zurück Richtung Pragsattel. Das dauerte. Wie immer. Auf der Heilbronner Straße gab es den obligatorischen Stau, Tom schien fast wahnsinnig zu werden. Zwar hatten sich die Stuttgarter Verkehrsplaner in den siebziger Jahren viel Mühe gegeben, das Straßennetz autogerecht umzumodeln, sie hatten kreuzungsfreie Schneisen durch die Innenstadt geschlagen, Straßen verbreitert und zahlreiche Tunnels graben oder ausbauen lassen, trotzdem war der Verkehr fast ganztägig dem Kollaps nahe. Und nur weil sich Stuttgart gerne »die Autostadt« nannte, hieß das eben noch lange nicht, dass Autos in der Stadt immer fahren konnten.

Durlachs Handy klingelte.

»Ja, also ich bin's«, meldete sich Trabold.

»Das ging ja schnell«, sagte Durlach aufgeregt. »Klappt denn alles von Ihrer Seite?«

»Sicher. Ihr Angebot konnte ich kaum ausschlagen, Herr Durlach.«

»Wenn wir nicht im Stau stecken würden, könnten wir in zehn Minuten bei Ihnen sein.«

»Warten Sie auf dem Parkplatz auf mich.«

»Wir fahren übrigens einen schwarzen BMW.«

»Ich weiß«, sagte Trabold.

Es dauerte dann doch fast eine halbe Stunde, bis sie ankamen. Trabold lehnte an einem Laternenmast neben einer freien Parkbucht und winkte sie hinein. Tom kurbelte das Fenster auf der Fahrerseite herunter.

»Am besten steigen Sie gar nicht aus«, sagte der Pressesprecher über ihn hinweg. »Kann ich mal sehen?«

Durlach zog den braunen Umschlag aus der Jackentasche und gab ihn an Tom weiter, der ihn nach draußen reichen wollte.

»Nein, noch nicht!«, kommandierte Trabold. »Öffnen Sie ihn.«

Tom riss mit dem kleinen Finger die Lasche des Umschlags weg und zog die Blu-ray hervor. Die Polizeisiegel klebten noch um die Kanten der Hülle.

»Also gut. Sie ist unversehrt.« Trabold atmete erleichtert auf. »Vertrauen ist gut, Kontrolle ist besser. So, jetzt können Sie mir das Kuvert geben.«

Folgsam schob der Kameramann die Disc wieder in den zerknitterten Umschlag, reichte ihn durchs Fenster hinaus, und er verschwand in Trabolds Uniformjacke. Durlach sah die Bilder seines Lebens dahinschwinden. Gerade mal einen Tag hatte er sie besessen. Er schickte einen bedauernden Blick zu Tom, worauf der Kameramann verständig nickte.

»Und was ist mit Ihrem Geschenk an uns?«, fragte Durlach.

Kommentarlos langte Trabold in eine der Außentaschen und händigte ihnen ein schlichtes Stück Papier aus.

Für heute war die Geheimaktion beendet.

16

Durlach sah auf die Uhr. Es war kurz nach vier. Wenn ihn Heder nicht allzu lange aufhielt, hatte er sogar noch eine halbe Stunde gegenüber seiner Zeitplanung gewonnen. Auf dem Gang der Redaktion nickte er einer Praktikantin zu, die mit wichtigem Blick zum Schnittraum eilte, weil sie heute eine Straßenumfrage gemacht hatte. Durlach grüßte einen Techniker, winkte Tina Welz zu, die in ihrem Büro telefonierte, und vereinbarte mit Sabine, dass sie ihren Schnitt für ihn frei halten sollte. Jetzt durfte ihn ja jeder sehen.

Ohne anzuklopfen, lief er direkt in Heders Büro. Er wollte den Schreien des Redaktionsleiters zuvorkommen. Als Heder ihn bemerkte, drückte er hektisch auf die Tasten seines Laptops. Durlach sah noch, wie das Bild eines Pokertischs verschwand, statt grünem Filz und zahlreichen Spielkarten tauchte nun irgendeine Tabelle auf.

»Da sind Sie ja«, sagte Heder nur.

Weil der Redaktionsleiter nicht sofort seinen üblichen Polterton anschlug, legte Durlach ihm kommentarlos den Notizzettel auf den Schreibtisch.

»Was soll das, Durlach?«

»Die Nummer dürfte Sie sehr interessieren.«

Heder griff sich seine Pfeife, die er wohl für das Computerspiel beiseitegelegt hatte, und erlangte damit wieder seine alten Chefqualitäten.

»Scheiße, Durlach, ich will von Ihnen keine Telefonnummern, ich will eine Rotunda-Serie, und zwar über die Schwarzen Messen. Ich habe nämlich die Bild-Zeitung gelesen, während Sie sich weiß ich wo rumgetrieben haben. Was denken Sie sich eigentlich, einfach Ihr Handy auszuschalten? Ich muss Sie erreichen können. Ständig. Haben Sie eigentlich eine Ahnung, was hier los war? Die Hölle war hier los wegen diesem Scheiß-Kult-Killer und seinen Schwarzen Messen.«

»Ich hab's gelesen.«

»Nicht lesen, recherchieren sollen Sie. Verdammte Scheiße. Weil Sie nicht da waren, habe ich den Angermeier darauf angesetzt. Der hat die ganze Zeit rumtelefoniert. Leider ohne Erfolg. Schwarze Messen mit dem Soap-Star, das ist doch die Story, Mensch. Ich will diesen Kult-Heini haben.«

»Ja, eben«, sagte Durlach und tippte auf den Zettel.

Heder verstand blitzartig. Um sich zu sammeln, langte er aber mit der Pfeife in die Glasschale auf seinem Schreibtisch und quetschte wie üblich mit dem Daumen Tabak in den Pfeifenkopf. Umständlich hantierte er mit dem Feuerzeug. Durlach dauerte das zu lang.

»Ich hatte vom Auto aus schon SMS-Kontakt mit ihm. Es ist derselbe Informant, den auch die Bild-Zeitung hat. Wir sind uns schon einig geworden. Noch heute Nacht will er mir seine Version des Mordes erzählen. Es kostet aber etwas.«

»Wie viel?«, fragte Heder sofort, dann schob er schnell nach: »Für die Geschichte lass ich schon was springen. Auf die Story werden die Hamburger extrascharf sein, da können wir ganz schön was verdienen. Aber versuch trotzdem, ihn runterzuhandeln.«

Möglichst unauffällig zog Durlach den Zettel wieder an sich und steckte ihn ein. Der Kontakt war einfach zu wertvoll. Durlach war sicher, dass sich Heder die Handynummer nicht gemerkt hatte. Der schwebte nämlich in anderen Sphären und malte sich seinen bevorstehenden Erfolg in glühenden Farben aus.

»Wir müssen aus der Kiste rausholen, was nur möglich ist. Wir sind bei der Schwarzen Messe dabei. Wir zeigen, wie die Satanisten sich gemeinsam LelaLila anschauen. Der Kult-Killer gesteht uns seinen Hass auf Nino Rotunda. Der Kult-Killer beschreibt seine okkulten Riten. Satanskult und Soap. Ein Fernseher, umgeben von Kerzen, Kreuzen und Runen. Am Ende tötet der Kult-Killer live vor unserer Kamera, wenigstens eine schwarze Katze. Das wären doch Bilder.« Mit der Pfeife als Taktstock dirigierte Heder seine Ideen in schwindelerregende Höhen. »Damit kommt TV Schwaben ganz groß raus, Durlach, da werden die Herren in der Zentrale staunen. Aber wir dürfen auch den anderen Teil der Serie nicht vergessen. Was steht noch an?«

»Wir müssen natürlich immer darauf achten, ob die Polizei irgendwelche Ermittlungsergebnisse vorlegt. Die bekomme ich dann als Erster.«

»Super.«

»Ansonsten steht übermorgen der erste Drehtag bei ›Leben lassen – Lieben lassen‹ nach dem Mord an.«

»Gut.«

»Dann dachte ich an ein Porträt über Kasperczak, den Produzenten der Soap. Das ist immerhin der Mann, der Nino Rotunda zum Star gemacht hat.«

»Sehr gut.«

»Vielleicht mal die Schwierigkeiten der Autoren und Storyliner, die Geschichten von LelaLila neu zu stricken.«

»Was soll das denn, Durlach? Das ist doch scheiße. Nein, das machen wir nicht. Was ist denn mit der Beerdigung von dem Rotunda? Ich will sehen, wie sein Arsch in die Grube fährt. Und was ist mit den trauernden Fans? Ich will weinende, verzweifelte Kids kurz vor dem Selbstmord. Das sind Geschichten. Das ist Boulevard. Kriegen wir so was?«

»Sicher. In welcher Reihenfolge?«

»Scheiße, Durlach, wenn Sie so weitermachen, wird noch was aus Ihnen«, sagte Heder, paffte und fügte im Überschwang hinzu: »Vielleicht können wir auch mal eine Sondersendung zu dem Fall machen.«

»Ja, wie wäre es mit einem Filmporträt ›Das war Nino Rotunda‹? Ich habe nämlich die Fotoalben mit den ganzen Kinderbildern. Wenn man unsere aktuellen Bilder dazunimmt ...«

»Mensch, warum nicht? Super. Machen wir irgendwann.«

»Und wie lang soll mein Film heute werden, Herr Heder?«

»Haben die Eltern denn geweint?«

»Nein.«

»Dann nur eins fünfundvierzig.«

Sendung	Regionalmagazin TV Schwaben
Serie	Kult-Killer – Folge 3
Titel	**Reaktion Eltern**
Autor	E. Durlach
Datum	Mittwoch, 20. April
Länge	1'45''

Bild + Töne	Text
Eltern sitzen zusammen auf Sofa, dann Köpfe nah	Die Eltern des Schauspielers Nino Rotunda. Den Mord an ihrem Sohn haben sie noch längst nicht verarbeitet. Auch weil die Todesumstände weiterhin völlig unklar sind.
O-Ton Charlotte Brühl Ninos Mutter Weißblitz als Trenner	*»Ich habe es erst gar nicht verstanden, was uns der Kommissar da erzählt hat.«* *»Er war immer ein liebenswertes Kind, immer brav. ›Du bist der Sonnenschein deiner Mutter‹, habe ich manchmal zu ihm gesagt.«*
Mutter geht durch Ninos Zimmer	Die grausame Tat nahm der Mutter das Wichtigste und Schönste in ihrem Leben.
Mutter blättert in Album. Erstes Bild über Schulter	Nino Rotunda aus Backnang verlebt eine unbeschwerte Kindheit in der Familie.
Repro Einschulung	Er ist ein erfolgreicher Schüler …
Repro Urlaub	… sportlich, intelligent.
Repro Nino am Klavier	Sein musisches Talent fällt sofort auf, die Mutter fördert ihn.

Repro Schultheater	Einen ersten Bühnenerfolg hat er in der Rolle des Don Juan, einer Schulinszenierung des Max-Frisch-Stücks.
Repro Mr. Unterland, Siegerpose mit Schärpe	Vor 4 Jahren, der Sieg bei einer Schönheitskonkurrenz in einem Club. Nino wird Mister Unterland.
Repro Wäsche-Werbung	Der Lohn für den Titel: ein erstes Fotoshooting. Anschließend startet er eine Karriere als Model.
Szene aus LelaLila	Doch Nino Rotunda will mehr, nimmt Schauspielunterricht, bekommt prompt eine Rolle in der erfolgreichen Serie »Leben lassen – Lieben lassen«. Die Rolle des Sven ist ihm wie auf den Leib geschrieben. Und er hatte noch viel vor.
O-Ton Charlotte Brühl … vermisst Nino	*»Er war so charmant … Das spürten alle seine Fans. Deswegen wollte er auch noch größere Rollen spielen. ›Vielleicht geh ich nach Hollywood‹, hat er gesagt.«*
Vater geht im Garten umher, dann Apfelbaum, verschiedene Einstellungen	Vor rund 25 Jahren hat Nino Rotundas Vater im eigenen Garten einen Baum gepflanzt. Zur Geburt seines Sohnes. Ein Apfelbaum, ganz nach dem Martin Luther zugeschriebenen Motto.
Vater zupft ein welkes Blatt vom Apfelbaum	Jetzt ist Nino Rotunda tot. Dem Vater bleibt nur noch der Baum.

17

Das Eisentor des Seiteneingangs war nur angelehnt. Ein Schild am Torpfosten verkündete, dass der Friedhof in den Sommermonaten ab zwanzig Uhr geschlossen sei. Durlach sah auf die Uhr. Es war schon Viertel nach elf. Würde er gleich dem Mörder von Nino Rotunda gegenübertreten?

»PRAGFRIEDHOF, KREMATORIUM, 23.30 UHR!«, hatte die SMS des Informanten gelautet.

Bepackt mit Kamera, Stativ und Rucksäcken liefen Durlach und Tom Esswein los. Links erstreckten sich lange Reihen mit Steinen und Kreuzen, rechts war eine Grabstätte unlängst frisch belegt worden und noch mit Kränzen bedeckt. Es duftete nach Rosen und Lilien. Eine Engelsfigur lugte über die Gräber hinweg, wachte über die Friedhofsruhe.

Das Handypiepen kam pünktlich, als sie gerade das Equipment abstellten.

»NUTZT DEN UNRAT!«, las Durlach laut vor. »Was soll denn das?«

»Keine Ahnung«, sagte Tom.

»Vielleicht entdecke ich ja was von oben.«

Durlach stieg die Treppe zum Vorplatz des Krematoriums hoch. Er ließ den Blick suchend über den Friedhof streichen. Vereinzelt flackerten ewige Lichter auf den Gräbern. Sonst nichts außer Steinen und Kreuzen, schwarzen Bäumen und Büschen. Ihn fröstelte, trotz Lederjacke.

»Hier ist was!«

Tom hatte die nähere Umgebung inspiziert und deutete eifrig in einen Müllbehälter. Durlach lief schnell dazu. Auf vertrockneten Erdballen, Blumenpapier und Plastikschalen von Pflanzen lag ein gerolltes Stück Papier, zusammengebunden mit einer schwarzen Schleife. Tom griff die Rolle und schob hastig das schwarze Band herunter, ohne die Schleife zu öffnen. Es war eine Skizze. Das Krematorium war eingezeichnet und ein paar

Friedhofswege. Eine Linie zeigte, wie sie gehen sollten, am Ende war ein kleiner Kreis gemalt. »Hier warten«, stand daneben.

»Also los«, sagte Tom.

Sie folgten der Skizze, kamen zu einer großen Familiengruft unweit des jüdischen Friedhofteils. Der Kreis symbolisierte ein kleines Türmchen mit Tür und Fenstern, umgrenzt von einer Mauer mit einer Eisentür. Großbürgerliche Repräsentation über den Tod hinaus, wie sie die aktuelle Friedhofsordnung wohl nicht mehr gestatten würde.

Wieder piepte Durlachs Handy.

»VERHÜLLT EUCH!«

»Reicht das?«

Tom zog sich rasch die Kapuze seines schwarzen Sweatshirts über den Kopf und feixte. Doch Durlach hatte zu ihren Füßen schon etwas entdeckt, flach und undefinierbar. Es waren zwei Jutebeutel, selbstverständlich auch schwarz.

»Wahrscheinlich sollen wir uns die überstreifen«, sagte Durlach.

»Und wie soll ich dann drehen?«

»Wird schon irgendwie«, antwortete Durlach. »Mach.«

Fast gleichzeitig zogen sie die beiden Beutel über ihre Köpfe. Die entstehende Dunkelheit roch nach Orangen, Räucherstäbchen und muffigem Keller. Der Stoff war blickdicht und reichte fast bis zur Brust. Nur wenn sich Durlach in der Kapuze nach unten neigte, konnte er noch die Spitze seiner Füße erkennen. Der Friedhof blieb verschwunden.

Sie standen eine Zeit lang still. Durlach lauschte angestrengt.

»Wenn ihr die Kapuze abnehmt, seid ihr verloren!«, sagte plötzlich eine Stimme von hinten.

Schlagartig fuhr Durlach die Angst in die Magengrube. Er wagte kaum noch, zu atmen.

»Wenigstens seid ihr pünktlich«, flüsterte die Stimme. Sie klang recht hell, also jung, doch der gepresste Flüsterton verlieh ihr Autorität. »Habt ihr das Geld?«

Durlach hatte einen Kloß im Hals. Er nickte nur und hoffte, dass man es trotz Kapuze erkennen konnte. Dann holte er aus der Innentasche seiner Jacke einen Umschlag, den ihm Heder am Abend noch gegeben hatte. Deutlich streckte Durlach die Hand zur Seite, so wie er es in zahlreichen Krimis gesehen hatte, wenn ein Polizist einem Geiselnehmer das Lösegeld überbrachte. Wie in Zeitlupe ging er in die Knie und legte den Umschlag ab.

»Gut«, flüsterte die Stimme. Sie schien jetzt mehr von rechts zu kommen. »Wartet!«

Waren das nun leise Schritte auf dem Weg?, fragte sich Durlach. Holte der Mann sich gerade das Geld? War er allein? Oder standen willfährige Satansjünger bereit? Langsam gewöhnte sich Durlach an seine Angst, zugleich stieg ein Widerwillen in ihm hoch, von einem jungen Kerl gegängelt zu werden. Er fand wieder Worte: »Wer bist du?«

»Ich bin das Licht. Ich bin die Flamme des Predigers«, flüsterte es wieder, aber mehr auf der linken Seite. »Ihr werdet jetzt geführt.«

Durlach bekam einen Schlag gegen die Hand und erschrak heftig. Irgendetwas Metallisches hatte ihn getroffen. Was war das? Vorsichtig langte Durlach nach dem Ding. Es war das Stativ, das sich sachte bewegte. Durlach umklammerte es und offensichtlich der vor ihm stehende Tom ebenfalls. Sollten sie so durch den Friedhof geführt werden? Tatsächlich. Mit einem heftigen Ruck ging es los. Durlach trat dem Kameramann mehrfach auf die Hacken, bis sie einen gemeinsamen Rhythmus gefunden hatten.

Wenn uns jemand so beobachtet, landen wir in der Klapsmühle, dachte Durlach, wie drei der Sieben Schwaben schleichen wir zwischen den Gräbern umher, nur dass wir keinen Hasen aufspießen wollen, sondern keinen Geringeren als den Satan höchstpersönlich.

Mehrfach bogen sie ab, rechts, zweimal links, rechts, wieder zweimal links. Dann hatte Durlach die Orientierung verloren. Ein neuer Geruch stieg ihm in die Nase. Ihr Führer roch nach einer Creme oder einem Aftershave. Endlich ließ der Zug am Stativ nach.

»Wartet auf ein Zeichen!«, zischte die Stimme nah und bedrohlich. »Wenn ihr aber den heiligen Kreis verlasst, dann seid ihr verloren.«

Wieder standen Durlach und Tom herum, wie lange, hätte keiner später sagen können. Irgendwann meldete sich Durlachs Handy. Langsam nahmen beide die Kapuzen vom Kopf. Durlach checkte gleich die SMS. Sie war leer.

Sie waren in einem noch dunkleren Teil des Friedhofes gelandet, wo sich alte und neue Grabsteine mischten. Zwischen den Grabreihen standen große Bäume mit dichtem Blattwerk. Um sie herum waren schmale Furchen in den Kies geritzt. Der Kreis bestand aus zwei Linien, in deren Zwischenraum griechische Buchstaben geschrieben waren. Zum ersten Mal in seinem Leben bedauerte Durlach, nicht auf einem humanistischen Gymnasium gewesen zu sein. Er konnte die hier geschriebenen Worte nicht lesen.

»Drehen?«, fragte Tom flüsternd.

»Weißabgleich?«, fragte Durlach zurück.

»Nicht nötig. Hier ist eh alles schwarz.«

Durlach half Tom, die Kamera einzurichten. Die gewohnten Handgriffe wirkten beruhigend – sogar jetzt in der Nacht, irgendwo auf einem verlassenen Friedhof, mitten in einem satanistischen Bannkreis.

»Es geht los!«, raunte Tom plötzlich.

Durlach sah auf die Uhr. Es war Mitternacht. Vielleicht dreißig Meter von ihnen entfernt war ein wallender Schatten aufgetaucht, der zwischen den Grabsteinen hindurchhuschte. Behände steuerte er auf ein Grab zu, das deutlich heller war als die umliegenden, weil es von einer nahe stehenden Laterne angestrahlt wurde. Hier wurde aus dem Schatten eine Person, die in eine lange Kutte gehüllt war. Der Kapuzenumhang war selbstverständlich schwarz und ohne jegliche Verzierung. In dieser Hülle verschwand der Körper fast völlig. Was vom Gesicht noch zu sehen war, war mit weißer Schminke bedeckt, schwarze Ränder um Mund und Augen. In einem Gothic-Video oder auf einer Halloween-Party hätte sich Durlach über den Kerl köstlich amüsiert. Hier nicht.

Das Grab war kahl, ganz ohne Blumenschmuck und hatte nur ein schlichtes Holzkreuz. Das griff sich der Satanist und zog es mit einem Ruck aus der Erde. Mit großer Geste drehte er das Kreuz in der Luft um und rammte es umgekehrt wieder in den Boden. Dann nestelte er an seinem Umhang und kauerte eine Zeit lang vor dem Kreuz. Es schien fast, als ob er meditierte.

Durlach zitterte, mehr vor Kälte denn aus Angst, und steckte die Hände in die Jackentaschen. Tom blieb über den Sucher der Kamera gebeugt, nur sein Adamsapfel hüpfte nervös auf und nieder.

Der Satanist hatte nun ein sehr großes schwarzes Tuch in Händen und breitete es sorgfältig so über dem Grab aus, dass das Kreuz frei blieb. Das Tuch war mit einem Muster bemalt oder bestickt. Für einen kurzen Augenblick erschien es Durlach, als sei das Ornament auf dem Tuch der gleiche Kreis, der auch um sie herum auf den Boden gekratzt war, nur in der Mitte zusätzlich mit einem Stern versehen. An den Ecken des Tuches platzierte der Satanist vier schwarze Kerzen und zündete sie an. Seine Bewegungen waren ruhig und bestimmt, als hätte er diese Handlungen schon hundertmal vollzogen. Halblaut begann er irgendwelche Beschwörungsformeln zu murmeln. Durlach verstand nichts davon, vielleicht tauchte ab und zu das Wort »Satan« auf, aber ansonsten schien es eine ihm fremde Sprache zu sein. Vielleicht Griechisch? Die Stimme des Satanisten blieb dabei monoton und ausdruckslos, wie zuvor schon bei den geflüsterten Befehlen.

Zu den magischen Worten kamen nun rituelle Bewegungen. Der Satanist schlug ein Kreuz, aber in umgekehrter Reihenfolge, von unten nach oben, dann streckte er die Arme weit aus, drehte die Handflächen nach außen und schickte einen leisen Ruf gen Himmel. Siebenmal kniete er nieder, bekreuzigte sich und erhob sich wieder, stets begleitet von Rezitation. So gleichförmig Worte und Gesten auch daherkamen, alles schien mit magischer Symbolkraft aufgeladen.

Tom bewegte lautlos die Taste für den Zoom. Die nächste

Bekreuzigung filmte er mit engerem Bildausschnitt. Zugleich legte er den Finger auf die Lippen, damit Durlach still blieb.

Der Satanist saß nun neben dem umgekehrten Kreuz, vor ihm auf dem Tuch stand eine flache Schale. Sie war offensichtlich mit einer Flüssigkeit gefüllt, zusätzlich wurde noch etwas hineingebröckelt, ein paar Krümel schwammen auf der Oberfläche. Sorgsam schob er die Kapuze zurück und führte die Schale voll Würde an seine schwarzen Lippen. Er trank. Langsam, mit kleinen, zeremoniellen Schlucken, bis das Gefäß leer war. So schnell, wie sie aufgetaucht war, verschwand die silberne Schale auch wieder. Nochmals wurden ein paar Verse gesprochen, nochmals wiesen die Hände weit ausgebreitet zum Himmel, dann erhob sich der Satanist und trat seitlich ab. Sein Schatten schwebte noch kurze Zeit zwischen den Gräbern, dann war er verschwunden.

Durlach und Tom waren wie gelähmt. Vielleicht eine Minute lang standen sie da und schwiegen. Ein kalter Wind ließ Durlach wieder frösteln. Dann schulterte Tom die Kamera.

»Ich will den Kreis auf dem Boden abschwenken«, sagte er. »Leuchte du mit der Handlampe.«

Doch so weit kam es nicht. Das Handy piepte wieder.

»VERHÜLLT EUCH UND ZÄHLT LAUT BIS 666«, lautete die SMS.

Gehorsam streiften sie die schwarzen Beutel über, und Durlach begann zu zählen. Bei vier fiel Tom mit ein. Tapfer stießen sie Zahl um Zahl hinaus in die Stille des Friedhofs, ohne zu wissen, was um sie herum geschah. Zwischen zweihundert und dreihundert war ein deutliches Schaben und Kratzen zu hören, sehr dicht um sie herum. Gegen vierhundert gab es nochmals ein leises Knistern. Dann hörte Durlach nur noch Zahlen, seine eigenen und die seines Kameramanns.

Durlach nahm sofort die Kapuze vom Kopf, als er fertig war, und sah sich um. Es dauerte ein paar Momente, bis er und Tom die Situation erfasst hatten. Der Teufelszirkel am Boden war weggewischt. Vom Satanspriester keine Spur. Hatten sie das alles wirklich erlebt? Eine Schwarze Messe mitten in Stuttgart?

Tom sah auf die Disc in seiner Kamera und nickte befriedigt. Tatsächlich. Sie hatten nicht geträumt.

Schweigend gingen sie zu dem Grab hinüber, das gerade noch Ort satanischer Riten gewesen war. Das Holzkreuz steckte umgekehrt in der Erde. Doch alle anderen Utensilien waren verschwunden. Kerzen, Tuch, Opferschale, alles hatte sich scheinbar in Luft aufgelöst. Sie suchten das geschändete Grab ab. Da war nichts. Nichts außer einem Haufen Scheiße.

Sendung	Regionalmagazin TV Schwaben
Serie	Kult-Killer – Folge 4
Titel	**Schwarze Messe**
Autor	E. Durlach
Datum	Donnerstag, 21. April
Länge	2'00''

Bild + Töne	Text
Grab, mehrere Einstellungen, Name auf Grabstein unkenntlich gemacht	Ein unscheinbares Grab auf dem Stutt- garter Pragfriedhof. Eine ehemalige Lehrerin ist hier bestattet. 86 Jahre lang hat die Frau aus Botnang ein bescheidenes Leben geführt, streng nach protestantischem Glauben.
Totale Schwarze Messe	Nun wurde ihre letzte Ruhestätte zum Ort einer unchristlichen Zeremonie.
Schwarze Messe, verschiedene Einstel- lungen Zwischenschnitte Gräber	Satanisten feierten hier in der letzten Nacht eine Schwarze Messe. Es sind bislang einzigartige Bil- der, die TV Schwaben exklusiv drehen konnte. Die Teufelsanbeter verwan- delten das Grab in eine Kultstätte für das Böse. »Ich bin das Licht. Ich bin die Flamme des Predigers«, sagt der Zeremonienmeister von sich.
Satanist schlägt Kreuz	Anflehung Satans, Grabschändungen und Gotteslästerung bei Kerzenlicht.
Satanist trinkt aus Schale	Sogar Blut wird bei der Schwarzen Messe getrunken. Alles begleitet von unverständlichem rituellen Gemurmel.

Ton Satanist 8 Sek. offen stehen lassen kein Insert	»…«
Friedhof, Totale	Bei solchen oder ähnlichen Zeremo- nien soll auch Nino Rotunda mitge- macht haben. Wie schuldig wurde der Schauspieler selbst?
Haus Lessingstraße außen	Anfang der Woche wurde er ermordet und die Leiche in seiner Wohnung kul- tisch hergerichtet.
Porträt Nino, Zufahrt	Doch nach welchem Ritual musste der Schauspieler sterben?
Schwarze Messe	Niemand will dazu ein Interview ge- ben. Weder seine Kollegen noch die Polizei. Doch die Bilder belegen: Stuttgart hat eine aktive Satanis- tenszene. Hier werden Schwarze Mes- sen gefeiert. Und Insider behaupten, Nino Rotunda war darin verstrickt.
Hochzeitsszene aus LelaLila	Schon als Darsteller in der täglichen Serie »Leben lassen - Lieben las- sen« spielte er in einer Kirche. Doch welches religiöse Geheimnis trug der nach außen stets lebensfrohe Schau- spieler dabei in sich?
Wieder Schwarze Messe	Hatte sich Nino Rotunda in der Sa- tanistenszene unbeliebt gemacht? Wollte er aussteigen und wurde des- halb bedroht? Wer nahm teuflische Rache?
Kerze auf Friedhof, nah, Bild wird unscharf	Fest steht nur eines: Seit vier Tagen ist Nino Rotunda tot.

18

Die Inszenierung war perfekt: Kasperczak, der rasende Medienmanager, der Hansdampf in allen Studiogassen. Kasperczak telefonierend, Kasperczak im wichtigen Gespräch mit einem Storyliner, Kasperczak belobigt eine Schauspielerin, Kasperczak bei der Kontrolle in der Bildregie.

Als Durlach vorgestern angerufen hatte, um zu fragen, ob er den Wiederbeginn der Dreharbeiten von »Leben lassen – Lieben lassen« dokumentieren dürfe, war der Produzent sehr entgegenkommend gewesen. Bei der Begrüßung heute war Kasperczaks Laune allerdings erheblich getrübt.

»Eines sage ich Ihnen im Voraus«, eröffnete er das Gespräch. »Über Ihre Schwarze Messe werden Sie bei uns nichts erfahren.«

»Wie meinen Sie das?«

»Das Thema ist am Set tabu.«

»Warum?«, fragte Durlach.

»Mir langt schon, dass die Polizei mit ihren Fragen nervt. Nino und Satanismus, das ist doch aus der Luft gegriffener Unsinn. Die Bild bringt die Story nur, um meine Soap zu diskreditieren. Und Sie beten den Unsinn auch noch nach.«

»Wollen Sie mir etwa unterstellen, meine Bilder der Schwarzen Messe seien nicht echt?«

»Nein, so meine ich das nicht«, ruderte Kasperczak etwas zurück. »Aber unter Umständen muss ich juristisch dagegen vorgehen. Deshalb habe ich allen meinen Mitarbeitern verboten, sich dazu zu äußern.«

»Aber ich brauche doch ein paar O-Töne für den heutigen Film.«

»Dafür stehe ich Ihnen selbst zur Verfügung.«

Durlach freute sich, dass der Film über die Schwarze Messe für so viel Wirbel sorgte, dabei war er selbst mit seinem Beitrag gar nicht zufrieden. Es waren zwar phänomenale Bilder vom

Pragfriedhof, aber kein Interview mit dem Satanisten, schon gar nicht zum Fall Rotunda. So war Durlach nichts anderes übrig geblieben, als die Geschichte aus der Bild-Zeitung nachzuerzählen und noch mehr rhetorische Fragen aufzuwerfen. Eine anständige journalistische Recherche sah für Durlach anders aus.

Heder dagegen war hochzufrieden, fast euphorisch gewesen, hatte er das Thema doch zusätzlich an das nationale Mittagsmagazin, an die Nachrichten und an eine Lifestyle-Sendung verkauft. Für Durlach hieß das, vier verschiedene Filme schneiden und viermal texten. Am Abend war er schließlich erschöpft in sein Bett gefallen und hatte zwölf Stunden am Stück geschlafen, nur um schweißgebadet wieder aufzuwachen, hochgeschreckt von einem Alptraum, in dem Teufel, Blut, ausgestochene Augen und tote Schauspieler nur so durcheinanderwirbelten.

Jetzt konnten Durlach und Tom mit Kasperczak kaum Schritt halten, so zackig durchquerte er das Studio. Man kam sich vor wie in einem Möbelhaus, lauter halb offene, aber fertig eingerichtete Räume im postmodernen Stilgemisch, traditionelle Möbel und Design-Klassiker, schrill-bunte Accessoires und die Gediegenheit von Kieferfurnier. Kaum trat man durch die Tür eines stylischen Badezimmers, schon stand man in der altdeutsch eingerichteten Diele der nächsten Wohnung. Von der WG-Küche ging es direkt in ein Schickimicki-Loft. Und schon ging es durch eine schwere schwarze Eisentür wieder aus dem Studio hinaus.

»Hier ist es, Herr, äh, Dubach, das sollten Sie den Leuten zeigen.«

Sie standen in einem langen Gang mit unverputzten Backsteinmauern und einem fleckigen PVC-Boden, dessen Stoßkanten sich nach oben wölbten. Auf der linken Seite gingen zahlreiche Türen ab, rechts an der Wand hingen Szenenbilder und Porträts aus der Serie. Durlach wusste zunächst nicht, worauf der Produzent hinauswollte.

»Das ist die, äh, nein, das war die Garderobe von Nino«, sagte Kasperczak vor einer Tür, an der ein paar Siegel klebten. »Die Polizei hat sie immer noch nicht freigegeben, aber ich habe darauf hingewiesen, dass ich den Raum brauche, eigentlich jetzt, wenn wir wieder drehen. Ich werde denen wohl ein Ultimatum stellen müssen. Von mir aus können sie ja den ganzen persönlichen Krempel von Nino abholen und unters Mikroskop legen, aber meine Schauspieler müssen sich doch umziehen können.«

»Wir können das Interview gleich hier machen«, schlug Tom Esswein vor. »Dann nehmen wir das Rotunda-Foto in den Bildhintergrund.«

»Soll ich nicht vorher in die Maske gehen?«, fragte Kasperczak und fuhr sich affektiert durch die Haare.

»Nein, es ist wirklich gut so«, sagte Durlach.

»Ich wäre bereit«, sagte Tom.

Der Produzent beendete das Zupfen an seinen Manschetten und stellte sich in Positur.

»Herr Kasperczak, wie war Ihr Verhältnis zu Nino Rotunda?«, eröffnete Durlach.

»Mal gut, mal schlecht, nicht immer ganz ungetrübt.«

»Sie hatten unterschiedliche Vorstellungen über die Gage?«

»Ja, aber ich habe das wieder hingebogen«, antwortete Kasperczak selbstsicher, besann sich jedoch gleich wieder. »Die Antwort dürfen Sie aber nicht verwenden, Herr Dubach.«

»Klar. Trotzdem klingt die Vertragsgeschichte sehr spannend. Die bleibt natürlich unter uns.«

Tom Esswein reagierte sofort und schaltete demonstrativ die Kamera aus.

»Gut. Als es um den neuen Vertrag ging, wollte Nino mehr Geld und eine längere Laufzeit des Engagements. Er hat gesagt, er sei gut und nicht mehr der Schauspielanfänger, sondern schon fast ein alter Soap-Hase. Außerdem sei sein Lebensstandard gestiegen.«

»Was hat Sie daran gehindert, die Rolle aus der Serie rausschreiben zu lassen?«

»Ja, gut, das wäre möglich gewesen. Wir haben bei LelaLila ja reichlich Erfahrungen mit dem Tod. Einer unserer Serienhelden starb an Aids, zwei haben Suizid begangen, und einer fiel aus dem Auto –«

»Machen die Zuschauer das große Rollensterben mit?«, unterbrach ihn Durlach, und Tom schaltete die Kamera wieder ein.

»Wissen Sie, die Umbesetzung einer Rolle ist noch viel problematischer. Vor allem die Mädchen hängen an ihrem Star. Sie verstehen, was ich meine. Das ist doch wie beim Entjungfern. Der Erste bleibt der Erste. Es kann immer nur einen geben. Da können die Nächsten noch so gut sein und die Mädchen noch so viele Orgasmen kriegen. Genauso war die Rolle des Sven durch Nino entjungfert. Deswegen hatten wir Befürchtungen, dass uns weibliche Fans abspringen. Und Nino wollte die Situation ausnutzen. So leicht lasse ich mich doch nicht über den Tisch ziehen.«

Der Produzent war sichtlich stolz. »Sicherheitshalber ließ ich bei verschiedenen Besetzungsbüros und Agenten schon mal wegen einer Sven-Zweitbesetzung vorfühlen. Als Nino das spitzkriegte, hat er seine Forderung sogar noch höhergeschraubt. Da habe ich zu einer Finte gegriffen. Ich habe ihm ein Foto der angeblichen Umbesetzung auf den Tisch geknallt. ›Du hast die Wahl‹, habe ich gesagt. ›Entweder der hier – oder der hier!‹ Dann habe ich seinen neuen Arbeitsvertrag neben das Foto gelegt. Ein Vertrag zu meinen Bedingungen. Nino war so verblüfft, dass er sofort unterschrieben hat.«

»Wovon hatten Sie sonst noch unterschiedliche Vorstellungen?«

»Frauen.«

Der Produzent feixte. Etwas verkniffen deutete Durlach ein Grinsen unter Männern an.

»Was ich Ihnen jetzt erzähle, ist aber auch nicht für die Öffentlichkeit bestimmt.« Mit einer Hand deutete er ein Durchschneiden der Kehle an, und Tom schaltete die Kamera wieder ab. »Wissen Sie, Herr ... äh ... ich habe Nino zum Star gemacht, und er hat nichts anbrennen lassen: Kolleginnen, Statistinnen, Fans. Am besten müssen Sie dazu den Peter Hufeland fragen, den Chef unseres Szenenbilds. Die beiden sind oft zusammen rumgezogen. Natürlich müssen sich die jungen Kerle auch die Hörner abstoßen, nicht wahr. Aber ich habe das trotzdem eher kritisch gesehen. Wenn so ein Darsteller Oberwasser kriegt, dann wird er schnell undiszipliniert, reagiert überzogen. Einmal ausflippen, und der Drehplan eines Tages kommt durcheinander, da leiden dann alle Mitarbeiter drunter. Das kann ich mir nicht leisten. Genauso wenn jemand Liebeskummer hat. Stellen Sie sich das mal vor! Der große Weltschmerz am Set, depressive Darsteller. Das ist ganz schlecht. Nein, ein ausgewogenes Liebes- und Sexualleben ist doch für alle das Beste. Sie verstehen, was ich meine. – Zum Glück war Nino zuletzt ja nicht mehr so vielseitig aktiv.«

»Er hat sich auf diese Corrie konzentriert«, ließ Durlach einfach mal den Namen fallen, den er von Vater Brühl hatte.

Der Produzent zupfte erneut an seinen Haaren. Dieses Mal war es eindeutig Verlegenheit, aber nur kurz.

»Ja, Corrie Most, also gut, ich sage das jetzt wieder *off records*. Sie werden selbst wissen, wie Sie damit umgehen werden.«

Tom wandte sich Durlach zu, verdrehte die Augen und schaltete erneut die Kamera ab.

»Es war nämlich so: Nino hat diese Corrie Most bei mir auf einer Party aufgerissen. Ich hatte sie und ihren Mann eingeladen, weil man in der Szene munkelte, dass Gerhard Most sein Geld künftig in Medienprojekte investieren will. Da dachte ich, so ein Kontakt kann nicht schaden. Irgendwann im Lauf des Abends waren dann Nino und die Frau auf der Tanzfläche, und das wurde immer heißer. Das ging ab, sag ich Ihnen. Erst hatte ich Angst, dass es mit Gerhard Most zum Eklat kommt, denn von der sanften Sorte ist der Most ja bekanntlich nicht. Außerdem wollte ich mir eine Geschäftsbeziehung nicht von der Geilheit eines Schauspielers verderben lassen. Aber der Most hat dem Treiben, das die beiden da veranstaltet haben, einfach zugesehen und selbst nichts gesagt. Erst später gab es dann Probleme.«

»Welcher Art?«

»Ich hatte einen Fotografen engagiert, und ein paar dieser Fotos sind dann in der Stuttgarter Bild-Ausgabe erschienen, in so einer Klatschspalte. Mit abgedruckt war auch ein Foto von Nino und dieser Corrie Most, eng umschlungen auf der Tanzfläche.« Kasperczak grinste vielsagend. »Daraufhin hat mein Fotograf ein Schreiben von Müller-Wölbert bekommen –«

»Dem Medienanwalt?«, fragte Durlach erstaunt.

»Den kennen Sie doch.«

»Klar, wer kennt den in unserer Branche nicht?«

Als Rechtsanwalt, der sich auf Medienfälle spezialisiert hatte, war Cornelius Müller-Wölbert ein Robin Hood der medial Geschundenen. Kaum eine Diskussionssendung nach dem Tod von Lady Diana, in der er nicht für die schützenswerte Privatsphäre der Adligen und Reichen plädierte. Immer wieder vertrat Müller-Wölbert Prominente, die sich von der Regenbogenpresse falsch behandelt fühlten, wobei es sich im Grunde meist um gekränkte Eitelkeiten und medialen Liebesentzug handelte. Der Anwalt erstritt Gegendarstellungen auf den Titelseiten von Illustrierten, Rügen durch den Presserat oder öffentliche Entschuldigungen von Chefredakteuren. Die Höhe der Schmerzensgelder war weniger wichtig. Seiner Klientel ging es ohnehin nicht ums Geld, davon hatten sie genug, es ging ihnen um die Wiederherstellung ihrer Ehre oder dessen, was sie dafür hielten.

»Müller-Wölbert schrieb jedenfalls meinem Fotografen«, fuhr Kasperczak fort, »dass dieses Foto mit Corrie Most nicht mehr veröffentlicht werden dürfe, weil es angeblich auf einer privaten Feier entstanden war und Frau Most dachte, sie wird für rein private Zwecke abgelichtet. Mein Fotograf hat daraufhin eine Unterlassungserklärung unterzeichnen müssen. Na gut.«

»Und die Bild?«

»Die hat, soviel ich weiß, sogar bezahlt. Cash.« Der Produzent sah auf die Uhr. »Entschuldigung, Herr Dubach, aber ich habe noch einen Termin wegen der Umbesetzung. Gezwungenermaßen plane ich sie nämlich jetzt wirklich. Ich muss gleich los.«

»Eine Frage noch«, sagte Durlach. »Hat diese Corrie Most so um ihren Ruf zu fürchten?«

»Eigentlich nicht. Die ist zwar aktiv bei einem karitativen Komitee, ich glaube, sogar Vorsitzende. Aber bevor sie geheiratet hat, war sie alles andere als prüde. Sie verstehen, was ich damit meine. Und nach der Hochzeit ging es wohl so weiter.« Kasperczak zwinkerte Durlach vielsagend zu. »Das ist wie bei dem Witz: Was haben Corrie Most und Mallorca gemeinsam?« Der Produzent wartete nicht lange, bis er die Antwort selbst gab: »Da war schon jeder drauf.« Kasperczak lachte schallend.

»Und Sie?«, fragte Durlach.

Der Produzent schien kurz irritiert, dann hellte sich seine Miene mit einem Mal wieder auf.

»Nee. Aber ich war ja auch noch nicht auf Mallorca.« Jetzt wieherte er vor Lachen, dass sein ganzer Körper bebte.

19

»Nacktaufnahmen?«

»Warum nicht? Sie ist doch ein lecker Mädchen?«

»Ayse hat streng religiöse Eltern. Die werden ihr solche Fotos nicht erlauben.«

»Die Kleine wird mitspielen. Vertrag ist Vertrag.«

»Ich weiß genau, wer dahintersteckt. Sascha, ich habe dich gesehen, wie du in der ›Languste‹ mit diesem Porno-Produzenten verhandelt hast.«

»Na und?«

»Ich könnte es Ayse einfach erzählen.«

»Du wirst dein hübsches Mündchen halten, und sie wird ihren Vertrag erfüllen. Dafür werde ich schon sorgen!«

»Du redest wie Sven!«

»Vielen Dank«, rief die sonore Stimme des Regisseurs aus dem Halbdunkel des Studios.

»Wir sehen uns das an«, hörte man den Aufnahmeleiter über Lautsprecher.

Durlach stand allein am Rand des Sets und beobachtete. Tom Esswein filmte irgendwo allein, das reichte aus. Kasperczak hatte nämlich kurzfristig doch zwei, drei Interviews gestattet, dafür durften sie von den Dreharbeiten nur sehr wenige Einstellungen verwenden, damit den Zuschauern die Geschichten von »Leben lassen – Lieben lassen« nicht vorab verraten würden. Durlach war das recht, vielleicht konnte er in dieser Zeit das eine oder andere über das Verhältnis der Soap-Mitarbeiter zu Nino erfahren. Immerhin musste er nun doch wieder den Mord aufklären, wenn er die Rotunda-Disc jemals zurückwollte. Doch im Moment schien hier niemand Zeit für ihn zu haben.

Mit dem Ende der Aufnahme hatte im Studio ein großes Gewusel eingesetzt. Techniker, Kostümbildner und Kameramänner liefen scheinbar planlos durcheinander. Die beiden Schauspieler, die eben noch über Sexfotos diskutiert hatten, stürmten zum Regiepult und warteten auf irgendetwas. Der hellblonde »Sascha«, den Durlach noch nicht kannte, bohrte sich gelangweilt in der Nase.

»Wahrscheinlich ist das Mikrofon im Bild«, sagte er nur.

»Das hätten wir längst gemerkt!«, antwortete ein Bildtechniker.

»Dann ist eben wieder ein Drop-out auf der MAZ«, sagte die Schauspielerin in künstlicher Demut.

Es war Elena van Geert, der Nino Rotunda den Kosenamen Augenstern gegeben hatte, wahrscheinlich weil sie fast gelbgrüne Pupillen und extrem lange Wimpern hatte. Der Bildtechniker sah sie böse an und klappte nur den Mund auf und zu, ohne etwas zu sagen. Das tat der Regisseur für ihn.

»In diesem Fall würdet ihr die Szene einfach noch einmal spielen«, sagte er mit ruhiger Stimme.

»Wenn Elena bis dahin nicht wieder ihren Text vergessen hat«, legte der Hellblonde nach und schnippte etwas zur Seite.

»Was soll das denn jetzt?« Elena van Geerts Stimme wurde bedrohlich schrill. »Wann hätte ich das Zeug denn lernen sollen?«

»Vielleicht gestern«, sagte er.

»Wenn ich erst am Morgen erfahre, was ich heute wirklich drehe?«

»Dann eben vorhin«, sagte der weißblonde Sascha. »Als du offensichtlich genug Zeit hattest, um im Kasino rumzutratschen.«

»Ihr seid doch alle verrückt!«, rief Elena und schien kurz davor, aus dem Studio zu laufen.

»Was ist denn los?«, fragte der Regisseur und legte beruhigend die Hand auf van Geerts Schulter. »Seid doch bitte etwas professioneller.«

»Ja, stimmt«, hatte der Bildtechniker seine Sprache wiedergefunden.

In diesem Moment wurde das Bild der Szene eingespielt, die sie gerade aufgenommen hatten. Schweigend sahen alle auf den Monitor, bis der Regisseur sie erlöste.

»Alles okay. Vielen Dank«, sagte er.

»Dekowechsel. Nächstes Bild ist Nummer 673/2«, rief der Aufnahmeleiter sofort. »Küche Wohngemeinschaft. Probe in zehn Minuten.«

Mit seinem Headset und dem ständigen Blick auf das Skript wirkte der Aufnahmeleiter wie ein Zeremonienmeister. Deshalb trat Durlach gleich zu ihm hin.

»Wo kann ich denn Peter Hufeland finden?«

»Dahinten.«

Der Aufnahmeleiter zeigte unbestimmt in die Richtung einer Küchendekoration, ohne dass dabei auszumachen war, welchen der Männer er eigentlich meinte.

»Ich bin richtig froh, dass es wieder losgeht«, sprach eine tiefe Stimme Durlach von hinten an.

Es war der Regisseur, der sich vorsichtig an eine der Sperrholzwände lehnte, die die verschiedenen Dekorationen voneinander trennten. Er trug wieder einen schwarzen Anzug, eine schwarze Weste und darunter ein offenes schwarzes Hemd.

»Wissen Sie, das ganze Team hätte diese Situation nicht länger ausgehalten. Innerlich atmen alle wieder befreit auf.«

»So harmonisch klang das aber nicht gerade«, entgegnete Durlach.

»Neckereien am Set. Normale Anspannung. Die Dreharbeiten sind bei einer Daily Soap immer knapp kalkuliert.«

»Zeitdruck schafft aber bekanntermaßen Stress.«

»Ich würde es erhöhte Konzentration mit Nebenwirkungen nennen. Trauer hin, Trauer her.«

»Das klingt etwas pietätlos?«, warf Durlach ein.

»Das ist doch überall auf der Welt so«, holte der Regisseur etwas weiter aus. »Sehen Sie sich doch die Naturvölker an. Bei denen werden die nicht alltäglichen Ereignisse, die existenziellen Gefühle in rituelle Handlungen überführt und so verarbeitet. Und im Grunde ist das in unserer eigenen Kultur nicht anders. Nur haben wir modernen Menschen in Westeuropa diese Fähigkeit zur Ritualisierung von Gefühl verloren.«

Durlach überlegte, ob ihm der Regisseur indirekt etwas zum

Thema Schwarze Messe sagen wollte, ohne ein Wort wie Satanismus auszusprechen, weil auch ihm ein solches Interview von Kasperczak verboten war.

»Für uns muss es einfach weitergehen, *the show must go on*, sonst sind wir auf uns selbst zurückgeworfen, und das halten die wenigsten aus«, fuhr der Regisseur fort. »Schauen Sie sich hier doch mal um: all diese jungen Schauspieler. Wer von denen ist denn in sich gereift? Wer hat sich wirklich schon mit dem Tod auseinandergesetzt?«

Durlach suchte weiter nach der wahren Bedeutung dieser Worte. War die seelische Unreife der Schauspieler ein Grund für satanistische Exzesse? War die Schwarze Messe die Show, die weitergehen musste, nachdem die Menschen hier abends das Studio verlassen hatten?

»Die Hälfte unserer Hauptdarsteller sind unter fünfundzwanzig, manchmal spreche ich spaßeshalber von Kinderarbeit am Set«, gab der Regisseur weitere Rätsel auf. »Viele kommen von der Schule und dem Elternhaus direkt zu ›Leben lassen – Lieben lassen‹. Manche wohnen sogar noch bei Muttern. Ich frage Sie: Wo soll denn da die Lebenserfahrung herkommen? Gerade für diese jungen Menschen ist es jetzt überlebenswichtig, dass wir wieder drehen. Wenn wir also weitermachen, leisten wir in gewisser Weise Trauerarbeit. Ganz anders als im Mitscherlich'schen Sinne. Aber doch Trauerarbeit.«

Der Regisseur genoss seinen philosophischen Gedanken, das war ihm deutlich anzusehen. Doch Geheimnisse über die dunkle Seite der Soap hatte er wohl nicht preisgegeben. Schon wollte er wieder zu seiner eigenen Trauerarbeit zurückkehren.

»Wer von denen ist eigentlich Peter Hufeland?«, fragte Durlach ihn im Weggehen.

»Der kleine Glatzkopf da am Esstisch.«

Der Besagte wirbelte gerade durch die Küchendekoration und hantierte mit Geschirr. Er war Anfang dreißig und hatte sich zum dichten Vollbart eine Glatze geschoren. Vermutlich eher Hipster-Look als Salafisten-Äußeres, vermutete Durlach.

Dafür sprachen die dicke Hornbrille und der Schal, dessen Enden störend vor seiner Brust baumelten.

»Herr Hufeland?«, sprach ihn Durlach an. »Kann ich Sie mal sprechen?«

»Warum?«

»Muss der Blumenstrauß nicht da drüben in der Vase stehen?«, wurde Hufeland nun von einem Mädchen gefragt.

»Ist doch Bullshit«, maulte Hufeland und knallte einen Teller auf den Tisch.

»Die Blumen wurden Tessi doch in der vorherigen Szene überreicht.«

»Wann?«, fragte Hufeland und zu Durlach gewandt: »Texte mich nicht voll. Wir arbeiten hier nämlich.«

»Die Szene, die wir letzte Woche schon gedreht haben«, antwortete die andere Szenenbildnerin.

»Es ist mega das Chaos hier«, meckerte Hufeland weiter. »Man kann die Folgen nicht so durcheinander drehen. Das hab ich dem Kaspi gesagt.«

»Trotzdem müssen wir klären, wo die Blumen standen«, sagte das Mädchen. »Ich geh mal zur MAZ und schau nach dem Voranschluss. Warte bitte so lange.«

Sie lief davon. Hufeland ließ sich auf einen der Küchenstühle fallen. Nervös klopfte er mit den Fingern auf der Tischplatte herum. Durlach nahm einen zweiten Anlauf.

»Dicke Luft?«

»Ja«, knurrte Hufeland.

»Woran liegt's?«

»Die Belüftung ist schlecht.«

»Ich dachte, es wäre der Produktionsdruck.«

»Ach was.« Hufeland sah Durlach verächtlich an. »Und wenn schon. Würd's dich was angehen?«

Eigentlich nicht, hätte Durlach ehrlicherweise antworten müssen. Doch so leicht wollte er bei Rotundas bestem Freund nicht aufgeben.

»Nerven die anderen immer so?«, fragte er kumpelhaft und setzte sich neben Hufeland.

»Nee, aber heute. Hast du ja grad mitgekriegt. Alle stressen rum, weil wir fünfzehn Folgen gleichzeitig produzieren, nur um die Szenen zu umschiffen, in denen Sven auftaucht.«

Hufeland stellte das Klopfen ein und begann stattdessen, das Geschirr auf dem Tisch anzuordnen.

»Die Szenen mit Nino?«, fragte Durlach.

»Ja.«

»Wird das wieder, wenn die Rolle neu besetzt ist?«

»Glaub ich kaum«, sagte Hufeland. »Es wäre zu krass, die Figur so weiterlaufen zu lassen.«

»Kasperczak hat mir aber erzählt, dass er schon einmal einen Ersatz für Nino gesucht hat, weil der zu viel Geld wollte.«

»Ach das, ja, weiß ich. Hat er erzählt.«

»Kasperczak?«

»Nein, natürlich Nino«, sagte Hufeland mit einem fast mitleidigen Lächeln.

»Sie kannten Nino Rotunda besser?«

»Besser? Ey, wir waren befreundet.«

»Schon lange?«

»Seit Beginn von LelaLila. Nino war ein Macher. Mit ihm ging's immer ab.«

Hufeland stellte das Geschirrgeschiebe ein und schaute gedankenvoll vor sich hin.

»Party?«

»Klar.«

»Frauen?«

»Klar, ey. Da ging einiges. Am Wochenende ist Nino in Clubs gebucht worden, in ganz Deutschland, nur damit er als Promi dort aufkreuzt.«

»Und Sie sind mit?«

»Oft, ja. Wenn wir in einem Club waren, war sofort Schneck-attack. Da war anfangs immer was los.«

»Und zuletzt?«

»Weniger. Ey, das ist stressig. Wir haben hier ja einen Full-time-Job. Und Nino musste noch ins Fitnessstudio, zur Kosmetik und so.«

»Was noch?«

»Wenn du jetzt denkst, ich sag was zu dem Satanistenzeugs – vergiss es. Ich will keinen Einlauf von Kasperczak. Und überhaupt: meine Freundschaften, die sind privat, ja.«

Grußlos stand Hufeland auf und verschwand zwischen den Kulissen des Studios. Dafür machten sich mehrere Darsteller in der WG-Küche bereit.

»Achtung! Wir kommen zur Stellprobe. Ruhe bitte!«, rief kurz darauf der Aufnahmeleiter per Lautsprecher.

Die Zeremonie begann von Neuem.

20

»Ich habe mir das noch einmal überlegt. In München sind die Rolltreppen noch langsamer als hier«, sagte sie.

»Spricht das denn für Stuttgart?«, fragte er und dachte dabei, dass sie eine tolle Frau war.

»Vielleicht.«

»Ich glaube, das Treppentempo entspricht exakt der Mentalität der hier lebenden Menschen: behäbig, kleinkariert, konservativ«, dozierte er.

»Unsere Psychologin hätte jetzt sicher gesagt: Man kann das auch positiv formulieren«, konterte sie. »Der Schwabe ist bodenständig, solide und genügsam.«

»Genügsam? Warum steht denn auf jedem Ortsschild ›Landeshauptstadt Stuttgart‹? Das ist doch völlig unbescheiden«, trieb Durlach das Stuttgart-Bashing weiter. »Ich sage immer: Stuttgart wäre gar nicht mal so schlecht, wenn dort nicht lauter Schwaben wohnen würden.«

Jeanette Diers schüttelte energisch ihre schwarzen Locken. Sie hörte ihm offenbar gern zu, selbst wenn er Unsinn redete. Es könnte der Beginn einer wunderbaren Routine sein, dachte wiederum Durlach, immer am Ende eines Drehs bei ihr zu sitzen und über Gott und die Welt zu plaudern. In der Nähe dieser Frau waren alle Kult-Killer und Schwarzen Messen verflogen. Selbst sein Gespräch mit Peter Hufeland war vergessen, das er als Fiasko wertete. Doch die entscheidenden Fragen konnte man als Journalist nicht so einfach stellen. Etwa nach Drogen. Oder nach Eifersuchtsdramen. Da beneidete er die Polizei um ihre Verhörmethoden.

»Stimmt das, Jeanette, dass das Facebook-Voting abgesagt ist?«

Babette Neumann war in die Pressestelle gestürmt. Sie verkörperte im Ensemble von »Leben lassen – Lieben lassen« den quirligen Wirbelwind, frech und selbstbewusst, ein echtes »Girlie« mit roten Locken und einer Tätowierung auf dem Arm, dessen Motiv Durlach aber nicht erkennen konnte.

»Wer sagt das?«

Jeanette Diers lehnte sich in ihrem Schreibtischstuhl weit zurück, um den Energieschwall, der von der jungen Schauspielerin ausging, an sich abprallen zu lassen.

»Andreas hat es mir gerade erzählt.«

»Nein, das stimmt nicht. Die Wahl ist nur verschoben.«

»Wer hat denn gewonnen?«, fragte Babette.

»Wir haben die Stimmen zwar ausgewertet, aber Kasperczak meinte, wir sollten das Ergebnis nicht veröffentlichen.«

»Mir kannst du es doch verraten.«

»Nein.«

»Dann muss ich mal mit dem Chef reden.«

Babette Neumann rauschte wieder hinaus.

»Wir müssen noch den Termin der Kochsendung klären«, rief die Pressefrau ihr hinterher, schien aber nicht mehr gehört zu werden.

Durlach war während dieses Schlagabtauschs aufgestanden und sah sich das Diagramm mit den Einschaltquoten an. Die Kurve hatte jetzt einen sehr deutlichen Knick nach oben.

»Anscheinend wollen sehr viele Zuschauer die letzten Folgen mit ihrem heiß geliebten Star Nino sehen«, sagte er.

»Purer Voyeurismus«, sagte Diers. »Genau davon lebt die Daily Soap doch. Unser Chefdramaturg predigt immer: Der tägliche Blick in fremde Welten soll den Zuschauern vertraut werden, so als wären es Nachbarn oder Freunde. Bei denen muss man auch immer wieder vorbeischauen.«

»Ist das dann Suchtverhalten?«

»Klar, so sind die Storys ja konstruiert, dass die Zuschauer immer dranbleiben.« Diers hielt einen Stapel Drehbücher hoch. »Unser Chefdramaturg nennt das die Baumkuchen-Konstruktion. Es gibt in jeder Folge immer drei Schichten, drei Ge-Schichten, an denen der Zuschauer naschen darf. Die älteste Geschichte, die oberste Schicht, ist schon fast abgegessen, die Story steht kurz vor der Auflösung. Die mittlere hat noch allerhand zu bieten. Und die unterste Schicht ist fast unberührt, da will man reinbeißen. Sobald ein Spannungsbogen ausgereizt ist, wird von unten eine neue Kuchenschicht nachgeschoben, ein neuer Konflikt, eine neue Figur, eine neue Story …«

»Bis in alle Ewigkeit. Amen«, schloss er.

»Sie lästern, Herr Durlach, aber es stimmt. Es wachsen zurzeit Zuschauer auf, die ›Leben lassen – Lieben lassen‹ von der Wiege bis zur Bahre begleitet.«

»Die Generation Soap?«

»Ja, und wir beuten diese Sucht aus. Wenn Sie so wollen, sind wir Dealer in Sachen TV und Merchandise. Schauen Sie mal hier.«

Jeanette Diers ging um ihn herum, und Durlach war gleich wieder von ihrem Rosenparfüm benebelt. Sie beugte sich über den zweiten Schreibtisch, auf dem eine Menge Fotos ausgebreitet waren. Ihre Haare fielen nach vorne und legten einen zarten Flaum in ihrem Nacken frei.

»Das werden dann die Bilder seines Lebens«, sagte sie. Durlach hielt den Atem an. »Für das Buch. Welche würden Sie denn auswählen?«

Sie winkte ihn zu sich. Verlegen beugte er sich neben ihr über die Fotos.

»Stellen Sie sich vor, es soll eine Biografie in Bildern werden, ›The Best of Nino‹, das ultimative Kult-Buch für alle LelaLila-Fans. Was halten Sie von dieser Auswahl?«

Durlach sah Nino im Anzug, Nino in Jeans und T-Shirt, Nino in Badehose, stehend und sitzend, vor weißem und vor blauem Hintergrund. Die Bilder ließen ihn kalt.

»Das sind ja ausschließlich Studioaufnahmen«, sagte er. »Etwas steril. Und wenn ich ehrlich bin, die Posen sind mir zu künstlich.«

»Es kommen natürlich noch ein paar Szenen aus den Lela-Lila-Folgen dazu, anhand deren die Geschichte des Sven erzählt wird.«

»Trotzdem. Da fehlt etwas«, beharrte Durlach, dem die Bilder der Todesnacht durchs Gehirn fuhren. »Es gibt ja auch noch andere Seiten des Menschen Nino Rotunda, ich meine, etwa private Seiten.«

»Kommen Sie mir jetzt nicht mit Ihrer Schwarzen Messe. Ich habe Ihren Film natürlich gesehen. Beeindruckende Bilder. Aber, das wissen Sie, für uns tabu.«

»Ich meinte etwas anderes. Zum Beispiel den Blick hinter die Kulissen einer Soap. Nino bei der Probe mit dem Regisseur oder Nino in der Garderobe oder bei Autogrammstunden.«

»Genau«, pflichtete sie ihm bei.

Das spornte ihn an. »Und was ist mit den Aktivitäten außerhalb der Soap? Nino tanzt auf Partys, Auftritte in Talkshows oder Fußballspiele von Prominentenmannschaften, bei denen er mitgekickt hat.«

Durlach musste ins Schwarze getroffen haben.

»Ich könnte Sie küssen«, sagte Jeanette Diers, was sie zu Durlachs Bedauern aber nicht tat. »Genau das habe ich Kasperczak auch gesagt. Die Bilder von Ninos Leben sind vielfältiger. Ich dachte auch an Jugendbilder. Doch Kasperczak will sich auf Fotos von unserem Fotografen beschränken, Fremdbilder sind ihm zu teuer.«

»Und der private Nino Rotunda? Wie war der denn so?«, fragte er nach.

»Wenn ich mal ehrlich bin, Herr Durlach«, sagte sie und fasste ihn wieder vertraulich am Unterarm, »ich hatte manchmal das Gefühl, da war nicht viel. Nino war ein oberflächlicher Junge, dem der Erfolg zu früh in den Schoß gefallen ist.«

Wieder wurde die Tür zur Pressestelle aufgestoßen, dieses Mal so heftig, dass die Türklinke gegen die Containerwand knallte. Automatisch trat Durlach einen Schritt zurück, als wäre er Jeanette Diers zu nahe gekommen.

»Unterschreibst du auch?«, sagte Susa Bachhausen, stürmte wie eine Furie auf die Pressefrau zu und legte ihr ein Blatt vor. »Die Spy-Cam muss weg!«

»Wir haben eine Kamera in unserer Kantine«, erklärte Jeanette Durlach, der verständnislos dreinsah. »Die schickt ein Live-Bild auf die LelaLila-Website im Internet. Die liefert unseren Fans so beeindruckende Ereignisse wie zum Beispiel: Schauspieler, die in den Drehpausen ihren Kaffee trinken.«

»Wir werden ständig beobachtet. Wir wollen aber unsere Privatsphäre wiederhaben«, ereiferte sich Susa Bachhausen gespreizt. »Gerade jetzt, wo dieser Psycho von Kult-Killer unterwegs ist.«

»Was hat denn der Mord mit der Webcam zu tun?«, fragte Durlach interessiert.

»Nichts«, antwortete Diers.

»Doch. Kasperczak will sogar weitere Kameras installieren.«

»Weil unsere Homepage in den letzten Tagen häufiger geklickt wurde«, sagte Diers.

»Da kann er ja gleich eine Kamera aufs Klo hängen. Dann kann mir jeder beim Pissen zusehen.«

»Schrei doch nicht so«, sagte Jeanette. »Ich bin mit dir ja einer Meinung.«

Die Pressesprecherin setzte ihre Unterschrift auf die Liste. Durch den Lärm waren inzwischen einige Mitarbeiter der Soap im Büro aufgetaucht.

»Ist was passiert?«, fragte jemand.

»Ihr müsst alle hier unterschreiben!«, rief Susa Bachhausen.

Einige der Gruppe begannen zu lesen, andere, die die Unterschriftenliste schon kannten, diskutieren los. Die Vibration der Metallwände verstärkte den Tumult in der Pressestelle so sehr, als müsse der Container gleich platzen. Jeanette Diers löste sich aus dem Pulk und drängte sich zu Durlach herüber.

»Ich kann nur hoffen, dass das in den neuen Räumen anders wird.«

»Welche neuen Räume?«

»PosiTV denkt daran, falls MediaCity überhaupt gebaut wird, sich dort einzumieten. Bisher sieht es so aus, dass dort genügend Platz wäre. Jedenfalls hat Kasperczak uns schon von funkelnagelneuen Büros vorgeschwärmt.«

»Wir kommen demnächst zu Bild Nummer 668/5«, ertönte die Stimme des Aufnahmeleiters über Lautsprecher. »Dekoration ›Languste‹. Beteiligt sind …« Es knackte über den Lautsprecher. »Nein, das ist mir jetzt zu blöd, die alle aufzuzählen. Beteiligt sind ziemlich viele. Schaut selbst auf dem Plan nach. Stellprobe in zehn Minuten.«

Der Zeremonienmeister hatte noch nicht wieder alles unter Kontrolle, doch trotzdem kam die Soap-Liturgie nicht ins Wanken. Das Büro leerte sich schlagartig. Übrig blieben nur Babette Neumann und die Fanbetreuerin Stefanie Zill.

»Ich hab es jetzt rausgekriegt«, hob die Schauspielerin mit Elan an. »Ich weiß jetzt alles.«

»Ach. Und was, Babette?«, stichelte Jeanette Diers.

»Ihr veröffentlicht das Ergebnis nur nicht, weil ich gewonnen hätte.«

»Das ist doch Unsinn, Babette.«

»Doch, da bin ich ganz sicher. Wenn Marlene das Online-Voting gewonnen hätte, dann hätte Kasperczak das sicher hinausposaunt.«

»Nein.«

»Doch, bestimmt. Das wäre riesig groß gefeiert worden. Dummerweise aber habe ich gewonnen.«

»Babette …«

»Doch, ich bin die beliebteste Soap-Darstellerin. Aber das passt wieder niemandem, weil ich nicht brav und nicht lieb genug bin.«

»Babette, nein.« Die Pressesprecherin sprach plötzlich so energisch, dass die Schauspielerin verstummte. »Wir können uns zurzeit vom Image her so eine Wahl nicht leisten. Da hat Kasperczak ganz recht. Und du weißt, dass ich ihm nicht immer recht gebe. Aber so kurz nach Ninos Tod können unsere Schauspieler doch nicht zueinander in Konkurrenz treten. LelaLila muss jetzt als Team dastehen. Ganz egal, für wen am meisten geklickt wurde.«

»Die allermeisten Stimmen hat übrigens jemand ganz anders bekommen«, schaltete sich die Fanbetreuerin ein. »Nämlich Nino selbst.«

»Und das wirst auch du einsehen, dass wir nicht einen Toten zum Lieblings-Soap-Helden der Nation machen können.«

Babette Neumann blickte betreten auf ihre Schuhe, hielt diese demutsvolle Pose aber nicht lange durch. Trotzig sah sie in die Runde, dann untersuchte sie das Tattoo auf ihrem Unterarm. Durlach meinte, zwischen den Fingern eine Rose zu erkennen.

»Wenn du schon da bist«, sagte Jeanette Diers. »Wir müssen heute noch klären, ob du am 17. Mai an dieser Kochsendung teilnimmst. Es ist ein Dienstag, und du hast drehfrei, das hab ich mit der Dispo schon geklärt.«

»Ich dachte, da kommt dieser Polit-Heini zu uns?«, sagte Neumann.

»Nein, der Minister kommt Montag.«

»Minister?«, schaltete sich Durlach ein.

»Ja, der Wirtschaftsminister von Baden-Württemberg besucht die Studios, erkundigt sich nach der Medienpolitik«, sagte Jeanette ironisch, dann fügte sie fast beiläufig hinzu: »Und er wird in einer kleinen Szene mitspielen.«

Sendung	Regionalmagazin TV Schwaben
Serie	Kult-Killer - Folge 5
Titel	**Soap dreht wieder**
Autor	E. Durlach
Datum	Freitag, 22. April
Länge	2'00''

Bild + Töne	Text
Dreharbeiten Szene mit Elena van Geert und Nils Römer	Auf dem Drehplan steht Szene Nummer 5 der 673. Folge. Eine Geschichte im Lokal Languste. »Leben lassen - Lieben lassen« hat die Arbeit wieder aufgenommen.
Szene kurz frei stehen lassen, Dialog rudimentär	*Er: »Weißt du etwas darüber?«* *Sie: »Nein, sicher nicht.«*
Szene weiter	Es fällt allen nicht leicht, sich auf die schauspielerische Aufgabe zu konzentrieren.
O-Ton **Tassilo Schmidt-Mendez** **Regisseur**	*»Selbstverständlich können wir nicht weiterspielen, als sei nichts gewesen.«*
Namensschild an Garderobe, Polizeisiegel nah, dann Aufzieher	Denn einer fehlt weiterhin: Nino Rotunda. Seine Garderobe bleibt leer. Die Polizei sucht hier noch nach Spuren.

Zufahrt auf Autogramm-karte Nino	Vor fünf Tagen wurde Nino Rotunda umgebracht, er wurde Opfer eines Kult-Killers.
Haus Lessingstraße außen, Zufahrt auf Fenster	Am Tatort wurden zahlreiche Spuren hinterlassen. Noch hat keine zu dem Täter geführt.
Regisseur sitzt an Regiepult, Schauspieler und Helfer im Studio	Der Schmerz über den Tod sitzt bei allen Soap-Mitarbeitern tief. Doch die Serie muss weitergehen. Das ist man den vielen Fans schuldig. Und auch den Kollegen vor und hinter der Kamera.
O-Ton Tassilo Schmidt-Mendez Regisseur	*»Viele unserer Darsteller sind noch jung, für die ist es überlebenswichtig, dass wir wieder drehen. Wenn wir also weitermachen, leisten wir in gewisser Weise Trauerarbeit.«*
O-Ton Elena van Geert … spielt wieder »Sonja«	*»Sicher sind wir alle etwas ernster, wir arbeiten konzentrierter, trotzdem ist die Stimmung untereinander gut und sehr kollegial.«*
O-Ton Nils Römer »Sascha« bei LelaLila	*»Das ganze Team ist irgendwie zusammengerückt. Jeder steht jedem bei. Wir wissen, dass wir uns bei LelaLila alle aufeinander verlassen können.«*
Wieder Studio, verschiedene Einstellungen	Aber müssen die LelaLila-Geschichten nun umgeschrieben werden? Wird auch Nino Rotundas Soap-Rolle »Sven Krämer« sterben? Es gibt Hunderte Schauspieler, die eine der 20 Hauptrollen sofort übernehmen würden.

135

O-Ton Roland Kasperczak Produzent der Serie Weißblitz	*»Die Umbesetzung einer Rolle ist noch viel problematischer. Vor allem die Mädchen hängen an ihrem Star … Es kann immer nur einen geben. Da können die Nächsten noch so gut sein.«*
Deko-Umbau im Studio	Veränderungen sind schon jetzt zu spüren.
LelaLila-Szene Wohnge-meinschaft	Als Erstes wurde eine Umfrage auf Facebook gestoppt, wer denn der beliebteste Schauspieler der Serie ist. Die Antwort wäre sowieso eindeutig ausgefallen: Nino Rotunda.

21

»Dahinten muss es sein«, sagte Durlach und lief die letzten Meter durch Gras und Gestrüpp voran.

Eine satanistische Schnitzeljagd über fünf Stationen hatte sie zu einem Grillplatz im Remstal geführt. Die Schutzhütte war nach einer Seite hin offen, davor ein fest installierter Rastplatz mit einem langen Holztisch. Als Sitze hatte man rechts und links zwei Bretter auf Baumstümpfe genagelt. Die Wald-Version einer Bierbank.

»Da sind Kreidestriche auf der Sitzfläche!«, sagte Tom.

»Ich glaube, der Satanist hat unsere Plätze fürs Interview eingezeichnet. »Zumindest steht hier ›Ihr‹ und auf der anderen Tischseite ›Ich‹.«

»Setz dich mal auf seinen Platz, dann richte ich Kamera und Licht ein.«

»Wir werden sicher beobachtet.«

»Na und?«

Tom begann herumzuwerkeln. Er baute zwei kleine Akku-Scheinwerfer so auf, dass der Satanist sich als Schattenriss von den Bäumen im Hintergrund abheben konnte, und legte ein Ansteckmikrofon bereit. Als der Kameramann fertig war, nahmen sie die ihnen zugedachten Plätze ein und warteten. Um sich zu beruhigen, ging Durlach nochmals die Fragen in seinem Tablet durch. Wie tief war Nino Rotunda in die Satanistenszene eingetaucht? Und was hatte den Schauspieler zum Opfer werden lassen? War sein Tod eine rituelle Gabe, oder waren es irdische Gründe wie Rache oder Verrat, die dahintersteckten? So oder so, er, Durlach, würde gleich einem Zeugen gegenübersitzen. Oder war es sogar der Täter? Doch den Beweis dafür würde er schuldig bleiben. Für tausend Euro war wohl kein Geständnis zu erwarten.

Lautlos tauchte der Satanist auf. Ein wehender Schatten zwischen den Bäumen. Er trug wieder den schwarzen Umhang und lief in gebückter Haltung auf den Tisch zu. Ohne zu grüßen, setzte er sich an den von ihm selbst reservierten Platz und kehrte ihnen den Rücken zu.

»Kann ich das Licht etwas korrigieren?«, fragte Tom.

»Sie müssen sich das Mikro selbst anstecken«, sagte Durlach.

»Zeigt mir, was ich sehen will«, flüsterte der Satanist.

Durlach holte den Umschlag aus der Tasche und ließ ihn zum Beweis rascheln. Doch das Finanzielle war ein Problem. Als er Heder erzählt hatte, dass er sich ein zweites Mal mit dem Satanisten treffen wolle, hatte der Redaktionsleiter vor Erregung so fest auf seine Pfeife gebissen, dass sie fast zerbrochen wäre. Heder hatte mit der Schwarzen Messe ja gut Kasse gemacht. Doch dass ein Interview mit dem Satanisten wieder Geld kosten würde, fand er weniger gut. Widerwillig hatte er dem Reporter schließlich einen Umschlag überreicht. Durlach hatte nachgezählt. Läppische zehn Hunderterscheine für ein brisantes und einmaliges Interview.

»Woher weiß ich, dass ich für das Geld gute Antworten erhalte?«, fragte er daher.

»Gute?«, flüsterte der Satanist nur.

»Ich meine: verwertbare, also welche, die ich senden kann.«

»Ihr werdet kriegen, was ihr braucht.«

»Wie kann ich sicher sein, dass Sie nicht wieder plötzlich verschwinden wie beim letzten Mal? Ich kann Ihnen nicht das ganze Geld auf einmal geben.«

Der Satanist schien kurz nachzudenken.

»Jede Frage hundert Euro«, sagte er unmissverständlich.

Es war mehr ein Befehl denn ein Vorschlag.

»Einverstanden«, sagte Durlach.

Anschließend blickte er enttäuscht auf seinen Fragenkatalog im Tablet. Nach der nun ausgehandelten Regelung würde ihn ein solches Interview gut fünftausend Euro kosten, mit Nachfragen sogar sieben. Jetzt musste er eben haushalten und auf den Selbstdarstellungstrieb des Satanisten setzen.

»Wer bist du?«

»Ich bin das Licht. Ich bin die Flamme des Predigers.«

Den Satz kannte Durlach schon. Er schwieg. Schweigen war eine der wichtigsten Interviewtechniken, eine einfach Art, Menschen zum Reden zu bringen, denn die wenigsten hielten die Stille sonderlich lange aus.

»Man nennt mich Aleister II.«

Die Antwort fiel immer noch zu knapp aus. Durlach schwieg weiter.

»Ich bin das neue Tier«, hob der Vermummte nun an. Durlachs Taktik schien aufzugehen. »Ich bin die personifizierte Blasphemie, ich bin das Böse und das Gute. Ich bin Lust und Qual. Ich bin Mord, und ich bin Vergewaltigung.«

Aleister II. sprach flüsternd, mit viel Luft. Die Tonlage verstärkte den apodiktischen Inhalt seiner Worte. »Ein Dämon sagte zu mir: Mache mir alle untertan, auf dass mir gehorche jeder Geist des Firmaments und des Äthers, des Sturmwindes und der Feuersbrunst, auf dass mir untertan seien Gelübde und Geißeln Gottes. Er sagte: Sei wie ich, sei Aleister, egal ob gut, ob schlecht, sei nur stark.«

Die Sätze wirkten vorformuliert, so als hätte sich der Satanist die Worte in Dutzenden von Rezitationen zurechtgelegt. Die Frage war erschöpfend beantwortet, auch wenn Durlach im Grunde nichts verstanden hatte.

Durlach schob den zweiten Hunderter über den Tisch. Das Papier knisterte auf dem rauen, verwitterten Holz. Ohne den Oberkörper umzudrehen, tastete der Satanist nach dem Geld. Der Schein verschwand im Ärmel der schwarzen Kutte. Aleister II. war zur nächsten Antwort bereit.

»Du bist nicht allein. Welcher Gruppe gehörst du an?«

»Wir sind die Gilde der 666.«

»So viele?«, rutschte es Durlach heraus.

Der Satanist antwortete nicht, lediglich seine Hand schälte sich aus dem Umhang und blieb fordernd auf der Tischplatte liegen. Tom unterdrückte ein Lachen. Und Durlach ärgerte sich, dass er eine Frage vergeudet hatte.

»Noch nicht«, antwortete der Satanist auf die schon gestellte Frage. »Aber seine Gilde wächst täglich. Wer zu ihm kommen will, muss sich bewähren. Nicht jeder hat eine schwarze Seele. Doch das Jahrtausend des Satans ist gekommen. Gemeinsam werden wir die Schwelle zwischen Licht und Dunkelheit überschreiten.«

»Beschreibe mir das, woran ihr glaubt.«

»Glaube«, zischte Aleister höhnisch. »Wir sind eine Wissensloge. Wir wissen, dass das Licht aus der Finsternis entstanden ist. Die Finsternis ist mächtiger als das Licht. Saturn ist der dunkle Planet. Der Planet des Todes. Saturn offenbart uns die Geheimnisse des Göttlichen. Er hat uns das Wissen vermittelt, jeder Mensch ist ein Stern. Wir sind entschlossen, den Weg des Saturns zu gehen. Ihm ordnen wir den Satz zu: Tu, was du willst, sei das ganze Gesetz.«

Aleister II. hielt inne, als wollte er dem zuletzt Gesagten besondere Bedeutung verleihen. Durlach konnte dieses Gesetz nicht zuordnen. Wahrscheinlich berief sich der Satanist auf den ersten Aleister. Doch wer war das Original? Oder wurde ihm am Ende hier eine Schmierenkomödie präsentiert?

»Was war das für eine Zeremonie vorletzte Nacht?«, stellte Durlach nun seine fünfte Hundert-Euro-Frage.

»Ich habe euch meine Stärke demonstriert. Jedes Mitglied arbeitet an seiner eigenen magisch-mystischen Ausrichtung, bis ihm offenbar wird, dass er selbst Gott ist.«

Durlach schwieg, weil die Frage nicht erschöpfend beantwortet war. Das begriff auch Aleister II.

»Wir vollführen monatlich das Saturn-Ritual, bei dem wir uns mit den kosmischen Kräften in Verbindung setzen.«

Durlach fröstelte, doch er wartete weiter.

»Er sagte: Die Leute wollen Zeremonien, denn sie sind der hypothetischen Götter überdrüssig. So schuf er neue Zeremonien. Er sagte: Die Hostien meiner Messen seien aus Exkrement. Er sagte: Da, wo ich bin, herrscht der Hass. Und seine Gilde hatte Freude. Denn der Hass ist die Freude. Das Böse ist das Gute. Die Dunkelheit ist das Licht.«

Der Satanist stockte. Die Antwort hatte ihn etwas mitgerissen, das war an den Bewegungen seines Oberkörpers deutlich zu sehen gewesen. Waren Aleisters letzte Worte nicht ein Aufruf zur Gewalt? Zugleich hatte er einen leiernden Unterton angeschlagen, als spräche er ein längst bekanntes Gebet. Langsam ging der Kerl Durlach auf die Nerven, weil er nicht konkret wurde.

»Wie kam Nino zu euch?«

»Nino wollte es. Er wusste von uns. Nino sagte, er sei voller Hass. Er habe es als Kind geliebt, im Garten Käfer zu sezieren. Er habe den Ratten die Haut abgezogen, weil er wissen wollte, was die Wesen zusammenhält. Doch Nino wusste nichts von Saturn. Ich sagte, er müsse sich magisch und mystisch vervollkommnen. Nino sagte, er wolle sich an der Zeugung des neuen Menschen beteiligen. Nino sagte, er besitze die sexuelle Energie Satans.«

»Hat das etwas mit der Soap zu tun?«, fragte Durlach, bemerkte aber sofort seinen nächsten Fehler und eierte hinterher: »Ich meine, mit PosiTV und mit der Produktion von LelaLila, also mit ›Leben lassen – Lieben lassen‹ oder überhaupt mit Ninos Arbeit als Schauspieler?«

»Nein.«

Die Antwort fiel präzise wie ein Hammer. Warum stellte er auch eine geschlossene Frage, ärgerte sich Durlach und ließ den nächsten Geldschein über den Tisch gleiten.

»Erkläre mir«, begann er nun einen Satz, der zwangsläufig eine längere Antwort heraufbeschwor, »warum Nino Rotunda sterben musste.«

»Nino fehlte die bedingungslose Hingabe. Nino war ohne Hass und schwarze Seele. Saturn sagt: Tue deinen eigenen göttlichen Willen, denn jeder trägt den Funken des Göttlichen in sich. Dieses zu erkennen erfordert viel Arbeit an sich selbst. Doch Nino war von seiner eigenen Kraft bereits überzeugt. Nino sollte ein Jahr Adept sein. Doch er selbst wollte gleich zum Magus geweiht werden. Wir mussten ein Zeichen setzen.«

Im satanistischen Wertesystem war dies offensichtlich ein schwerwiegender Vorwurf. Doch wie infam war es, gleich den Titel Magus für sich zu beanspruchen? Aleisters Flüsterton der

Anklage wich einer hellen, aber überzeugten Stimme des Urteils.

»Saturn sagt: Verdammt seien die Mitleidvollen. Töte und foltere! Keine Nachsicht übe. Die Gilde der 666 weiß von Saturn. Sie hat die Macht über Lebens- und Todeskräfte erreicht. Der Schwache muss zertreten werden wie ein Käfer im Garten. Nino war einer dieser Schmarotzer, die sich an Satans Magie laben wollen. Solch parasitärer Menschengeist muss ausgelöscht werden.«

Jetzt wurde es Durlach doch unheimlich. Die Bilder vom Garten passten zu Nino, auch dessen Selbstüberschätzung. Aber wie weit gingen die Satanisten in ihrem Darwinismus? War er selbst nicht gerade dabei, zu weit in den Kreis der Gilde vorzudringen? Würde er am Ende auch seine Neugier mit dem Leben bezahlen müssen? Durlach atmete durch und schob die Ängste beiseite. Jetzt wollte er Klarheit.

»Wenn du selbst bei dem Ritual anwesend warst, dann beschreibe es mir«, forderte er den Satanisten auf.

»Ich musste die Zeremonie überwachen. Die Zerstörung der erdverhafteten Seele muss nach den Regeln der Gilde ablaufen. Es wurde angeordnet. Er sagte: Gib mir einen Zungenkuss, doch nicht mit der Zunge eines Menschen, sondern einer Schlange, auf dass sie ihn durchzucke und sein Gehirn und seinen Schädel leuchten lasse. Das flammende Lichtschwert musste in ihn fahren. Nino wurde durchsichtig und phosphoreszierend.«

Durlach versuchte die Bilder mit denen der Nacht abzugleichen. Er sah den toten Rotunda vor sich, kahl rasiert, glatt wie eine Schlange. Waren die Augen ausgestochen worden, um den Schädel zum Leuchten zu bringen? Hatte jemand eine Stablampe in Rotundas Mund eingeführt, um das Licht zu allen Öffnungen des Kopfes hinaustreten zu lassen, dass die Augen ein letztes Mal wie ein Stern strahlten?

Durlach erschrak vor seiner eigenen visuellen Vorstellungskraft und rief sich innerlich zur Ordnung. Was wusste er von der Mordnacht? Ziemlich viel. Das mit dem Lichtschwert war ausgemachter Blödsinn. Oder hatte Aleister II. nur eines seiner ominösen Sprachbilder gebraucht? Der Satanist hatte ihn mit einem Schwall von Worten und Bildern überhäuft. Nun war genau zu prüfen, was davon der Wahrheit entsprach. Aber er hatte nur noch eine Frage.

»Der tote Rotunda wurde aufgebahrt. Beschreibe mir genau, wie er aussah!«

Durlach hatte seinen Mut zusammengenommen und einen festeren Ton angeschlagen. Geräuschvoll hatte er den Hundert-Euro-Schein auf die Tischplatte geknallt, hielt ihn aber weiter fest. Das blieb nicht ohne Wirkung. Sehr lange fingerte der Satanist nutzlos auf dem Schein herum, um Zeit zu schinden.

»Es war eine Zeremonie der Magie und der Mystik. Es war ein Akt des wahren Willens.«

Aleister II. machte zwischen seinen Sätzen nun längere Pausen. Wollte er die Bedeutung seiner Worte untermauern? Oder musste er nachdenken?

»Wir haben an Ninos äußerer Vervollkommnung gearbeitet. Für Nino wurde Satan zum Erlöser. Nino sollte nicht länger verhaftet sein im Irdischen, in den Polaritäten von Licht und Dunkelheit, von Gut und Böse. Ich war seine Fackel. Ich wurde sein Prediger ...«

»Das war nicht meine Frage«, sagte Durlach bestimmt. »Beschreibe mir den Raum und den Körper bei der kultischen Herrichtung.«

»Die Zeremonie beruhte auf einer traditionellen Form. Er hat oft okkulte Messen an fremden Orten abgehalten, drinnen wie draußen, unter freiem Himmel und in Räumen. Diese Messe war in einem Haus.«

Jetzt wartete Durlach wieder. Die Erzählung von Aleister, so krude sie auch erschien, war immerhin quasi im Totenzimmer in der Lessingstraße angelangt. Der Satanist würde unweigerlich seine Geschichte erzählen, wenn man ihn nur ließ. Und die Geschichte kam, wenn auch stockend.

»Nino starb im magischen Kreis.«

Jetzt sah Durlach den Ring aus Kerzen vor sich, gelblich weiße Teelichter flackerten wieder vor seinem inneren Auge.

»Die magischen Gefäße waren ringsum platziert.«

Meinte er die beiden Schalen? Die standen doch innerhalb des Kreises, zwischen Ninos gespreizten Beinen. Aber die Kerzen steckten in kleinen silbernen Alutöpfchen. Gefäße, die das Licht bargen, Licht und Finsternis, Sternenschwert, Saturn. Ja, das ging auf.

»Die magischen Gefäße standen in den vier Himmelsrichtungen. Im Norden das Schwert der Macht, das Lichtschwert, das den magischen Kreis durchtrennt.«

Soweit sich Durlach erinnerte, standen die Kerzen in einer gleichmäßigen Reihe. An dieser Anordnung war keine Wirkungsweise eines magischen Schwerts zu sehen gewesen.

»Im Westen lag die Feder des Wissens, auf dass die Gilde bewahre ihre Geheimnisse. Im Osten stand die Kerze, die Flamme des Saturn.«

Wieso eigentlich nur eine Kerze?, dachte Durlach. Es waren doch Hunderte. Und die Schalen? Die sah er noch deutlich vor sich, die runde silberne und die eckige goldene.

»Im Süden stand der heilige Kelch. Der Kelch des Hasses, gefüllt mit dem Blut des Opfers.«

Durlach sah wieder den toten Körper vor sich, der ruhig dahingestreckt lag wie bei einer Meditation. Da war keine Wunde gewesen. Da war kein Blut. Und die Obduktion hatte auch ergeben, dass Nino erwürgt wurde. Kein Schwert hatte ihn bluten lassen. Wie also sollte Ninos Blut in einen Kelch gekommen sein? Und hatten die Satanisten die anderen Gegenstände nach vollbrachter Zeremonie wieder mitgenommen?

»Nino lag auf Tüchern«, flüsterte Aleister II. »Nino war auf Rosen gebettet und von Kerzen umstellt.«

Jetzt stutzte Durlach endgültig. Dieser Satz stammte nicht von diesem Satanisten. Das war Trabolds Polizeipoesie. Hatte Aleister II. schlicht und einfach ein paar Artikel über den Fall gelesen? Oder hatte er am Ende Durlachs eigene Beiträge gesehen und hielt ihn hier zum Narren? Durlach musste den Satanisten auf eindeutige Aussagen festnageln.

»Tücher?«, hakte Durlach deshalb nach.

Aleisters Hand wanderte auf seinen Rücken, seine Finger tasteten auf der Tischplatte entlang. Aber da war kein Geld mehr. Durlachs Budget war aufgebraucht.

»Das war keine Frage«, sagte er stattdessen. »Ich habe nur ein Wort wiederholt, das du selbst gebraucht hast. Tücher?«

»Ja, Tücher«, zischte der Satanist.

»Welche Farbe?«

»Schwarz«, antwortete Aleister II. gereizt.

»Schwarz?«

»Natürlich schwarz. Was denn sonst?«

»Dann weiß ich Bescheid.«

Durlach war im Ton deutlich geworden. Auch Aleister II. verstand sofort, dass das Interview beendet war. Trotzdem drehte er sich kurz um. Im Bruchteil einer Sekunde hatte Durlach das Gesicht des Satanisten gespeichert, um es nie mehr zu vergessen. Die weiße Theaterschminke war so dick aufgetragen, dass man genau hinsehen musste, um die wahren Gesichtszüge herauszufiltern. Er war jung, höchstens in den Zwanzigern, doch er wirkte zugleich steinalt, was nicht nur an den schwarzen Rändern lag, die er um Mund und Augen gemalt hatte. Er hatte volle Wangen und eine platte, fleischige Nase. Auch die Lippen waren lange nicht so schmal, wie es das gekalkte Gesicht vorspiegeln sollte.

Ehe der Satanist wortlos zwischen den Bäumen verschwand, sandte er Durlach einen letzten Blick zu, kalt und voller Hass.

22

Der Blick auf das Klingelschild verunsicherte Durlach, es stand kein Name darauf. Doch die Adresse am Killesberg stimmte. Ein paar Vögel zwitscherten majestätisch, als seien selbst sie stolz darauf, sich den erhabenen Blick auf den Stuttgarter Kessel leisten zu können. Die umstehenden Villen schirmten sich zur Straße durch hohe Sandstein- oder Betonmauern ab, lediglich unterbrochen von den metallisch blinkenden Rechtecken der Eingangstüren und Doppelgaragen. Nur einer hatte sich mit einer dicht stehenden Hecke begnügt, die aber war akkurat gestutzt, bildete an den Ecken erhöhte Türmchen, und sicher war in das Blattgestrüpp ein elektronischer Bewegungsmelder eingearbeitet.

»Hen Sie koi Gschäft?«, rief es vom Nachbarhaus herunter.

Dort auf dem Balkon saß eine Dame im Bikini und genoss schamlos, nachgerade unschwäbisch, die Sonne. Sie hatte aber nicht Durlach gemeint, sondern einen alten Mann auf der anderen Straßenseite. Der stützte sich auf einen Besen, um zu verschnaufen, und hatte die Pause genutzt, ein paar verstohlene Blicke hinauf zum Balkon zu werfen. Grunzend fuhr er mit der obligatorischen Wochenendtätigkeit des Schwaben fort: Er kehrte die Straße.

Durlach wunderte sich über die noble Kleidung des Alten, weißes Hemd, braune Weste, dunkle Stoffhose, doch alles hing so schlotternd an seinem Körper, dass es sich um die abgelegten Klamotten des eigentlichen Hausbesitzers handeln musste. Bloß weil sich die Mode änderte, ließ man doch kein Kleidungsstück verkommen. So fanden Sparsamkeit und soziales Handeln zueinander. Pietismus 21, dachte Durlach.

Er klingelte und trat einen halben Schritt zurück, denn neben der schmiedeeisernen Hausnummer prangte ein ebensolches Gitter, das die Linse einer Überwachungskamera schützte.

»Bittä!«, ertönte es von dort.

Durlach trug sein Anliegen vor, doch statt einer Antwort ertönte nur ein elektronischer Summer. Die Eisentür schwang geräuschlos nach innen, und Durlach stieg die Treppe durch den Vorgarten zum Haus empor. Ziersträucher, Fliederduft, gestochene Rasenkanten, dazwischen ein Teich mit Koikarpfen und eine liegende Skulptur von Henry Moore, gekennzeichnet mit einem Schild.

Die Hausangestellte trug ein hellblaues Kleid, das vorne geknöpft wurde, und um die Hüften eine weiße Schürze mit Spitzen vorne und Schleife hinten. Durlach hätte gedacht, dass Bedienstete nur in alten Filmen so herumliefen. Modern hingegen schien, dass sie die obersten Knöpfe offen gelassen hatte und so einen tiefen Einblick gewährte. Durlach mühte sich, nicht zu sehr nach den Brüsten zu schielen – vergeblich. Das Mädchen zeigte keine Regung, als sei es solche Blicke gewöhnt.

»Kommen Sie mit, bittä.«

Durlach überlegte, welchen Akzent die Hausangestellte hatte, während er ihr durch mehrere Salons folgte, die mit Designermöbeln, Antiquitäten und Kunstgegenständen ausgestattet waren, zu überladen, um wirklich geschmackvoll zu sein. Darüber hinaus hatte er das Gefühl, dass das Mädchen demonstrativ viele Räume durchschritt, als solle ihm nebenbei die Weitläufigkeit der Villa vorgeführt werden.

Corrie Most reagierte nicht sofort, als Durlach eintrat. Sie hatte sich einen Ledersessel schräg zur Terrassentür gedreht, die Beine übereinandergeschlagen und mit beiden Händen ein Buch umfasst. Durlach trat näher, worauf sie die Lektüre auf einem Glastisch ablegte und dabei einen Hauch von Carolina Herreras Parfüm 212 verbreitete. Corrie Mosts Händedruck blieb flüchtig, schnell wies sie auf einen zweiten Sessel, den das Mädchen zurechtgerückt hatte, ehe es wieder verschwand.

»Danke«, sagte Durlach und mit Blick nach draußen: »An die Aussicht kann man sich gewöhnen. Familienbesitz?«

»Nein, nein, wir hatten Glück. In der Halbhöhe wird ja selten etwas frei«, sagte sie. »Das Haus hat ursprünglich einem Unternehmer gehört, der Kabeltrommeln oder so was verkauft hat. Als mein Mann gehört hat, dass sein Geschäftspartner völlig überschuldet war, hat er ihm sofort ein Angebot für das Haus gemacht.«

»Ein großes Glück.«

Durlachs Antwort sollte ironisch klingen, doch ob Corrie Most darauf reagierte, konnte er im Gegenlicht der Terrassentür nicht erkennen. Deutlich erkannte er dagegen, dass sie sehr schön war. Sie hatte hellgrüne, von langen Wimpern umrahmte Augen, volle, blassrot geschminkte Lippen und eine gerade, etwas spitze Nase. Das Licht fiel auf ihre schulterlangen Haare und hinterließ dort einen goldenen Glanz, doch der Reflex war eine Spur zu metallisch, als dass das Rotblond als echt durchgehen würde. Das lachsfarbene Kleid saß eng genug, um ihre Figur voll zur Geltung zu bringen. Der kleine V-Ausschnitt öffnete sich zu üppigen Brüsten, die keinen Rand eines BHs zeigten. Durlachs Blick wanderte nach unten. Die Füße steckten in rötlichen Segeltuchschuhen, passend zum Kleid, darüber schlanke Fesseln und wohlgeformte, gebräunte Waden, auf denen ein sanfter blonder Flaum schimmerte.

Leise war ein Gong zu hören. Durlach unterdrückte den Impuls, das Gespräch zu eröffnen. Es schien ihm eine Frage der Höflichkeit wie der Taktik, abzuwarten, schließlich hatte nicht er um ein Interview nachgefragt, sondern er war hierhergebeten worden.

Durlach hatte nach dem Gespräch mit Kasperczak lediglich ein wenig herumtelefoniert, um sich Material zu dem von Corrie Most geleiteten Hilfsprojekt zu besorgen. Das Internet gab dazu wenig her. Schon kurze Zeit später war er zu Heder zitiert worden. Die Öffentlichkeitsabteilung der Firma Most habe einen Gesprächstermin vorgeschlagen, hatte der Redaktionsleiter verkündet. Woher Most von seiner Recherche wisse, hatte Durlach gefragt, und warum man nicht bei ihm, sondern direkt bei Heder angerufen habe? Sein Chef überging die Einwürfe. Es sei ein Termin zur »allgemeinen Aussprache« vereinbart, und Durlach müsse ihn »unbedingt allein wahrnehmen«, aber er solle bloß nicht auf die Idee kommen, den Samstag abrechnen zu wollen.

Wieder erschien das Hausmädchen.

»Där Härr Doktor kommt.«

»Führ ihn gleich rein, Olga«, wies Corrie sie an, und zu Durlach gewandt sagte sie: »Ich habe unseren Anwalt, Herrn Dr. Müller-Wölbert gebeten, bei dem Gespräch anwesend zu sein. Sie haben doch nichts dagegen?«

Durlach nickte nur. Er hatte nicht das Gefühl, hier die Bedingungen diktieren zu können.

Schon betrat der Anwalt das Zimmer mit raumgreifenden Schritten. Müller-Wölbert war offensichtlich nicht zum ersten Mal hier. Dunkelblauer Dreiteiler, randlose Brille, seitlich gescheiteltes, dunkelblondes Haar, das auch bei seinen schwungvollen Bewegungen noch korrekt saß. Durlach kam kaum rechtzeitig aus dem Sessel, um seine ausgestreckte Hand zu ergreifen.

»Herr Durlach, schön dass Sie so rasch gekommen sind. – Frau Most, Sie verzeihen meinen Fauxpas, Sie nicht zuerst begrüßt zu haben.«

»Ach Gott«, sagte Corrie Most geziert und nahm huldvoll einen Handkuss entgegen.

Müller-Wölbert nahm auf dem Ledersofa Platz, zückte aus der Tasche eine schmale grüne Akte und legte sie geöffnet auf den Glastisch. Auf dem obersten Blatt sah Durlach ein paar handschriftlich notierte Stichpunkte. Das also sollte er jetzt erfahren. Er war gespannt. Würde er irgendetwas als Gegenleistung anbieten müssen?

»Herr Durlach«, hob Müller-Wölbert an, »wir möchten uns herzlich bei Ihnen bedanken, dass Sie unserer Aufforderung Folge geleistet haben, ohne Ihr Kamerateam zu kommen. Wir, das heißt das Ehepaar Most, die ich in allen Medienfragen vertrete, wir wollen mit offenen Karten spielen, und das Gleiche unterstelle ich Ihnen. Ich gehe selbstverständlich davon aus, dass Sie weder eine versteckte Kamera noch ein anderes Aufnahmegerät bei sich tragen. Das will ich gar nicht kontrollieren, ich verlasse mich da ganz auf die Seriosität Ihres Senders. Aber Sie werden verstehen, dass es uns ein Anliegen ist, dass nichts von dem, was hier gesprochen und erörtert wird, an die Öffentlichkeit dringt.«

»Und deshalb laden Sie einen Journalisten ein?«

»Netter Zwischenruf«, wischte der Anwalt die Bemerkung beiseite. »Sie recherchieren über den Tod von Nino Rotunda, Herr Durlach. Richtig? Sehen Sie, und wir wollen, dass Sie in diesem Punkt richtig recherchieren, dass Sie sich auf die wesentlichen Fakten konzentrieren und Ihre kostbare Zeit nicht mit unwichtigen Randthemen vertun, die Sie am Ende doch nicht weiterbringen. Schließlich geht es um einen bedauerlichen Todesfall, der es nicht verdient, aufgebläht zu werden. Ich persönlich finde, auch ein tragisch zu Tode gekommener Mensch hat das Recht, nicht unnötig mit miesen Skandalgeschichten besudelt zu werden.«

»Ich verstehe immer noch nicht ganz.«

»Sehen Sie, Informationen sind heutzutage ein sehr hohes Gut, Informationen prägen das Bild von Menschen, ihre Geschichte, ihre Wirkung auf andere, ihr Image und letztlich ihren persönlichen wie beruflichen Erfolg. Leider sind Informationen mittlerweile auch zu einer Ware geworden, die teuer bezahlt wird, ganz egal, ob die Ware der Wahrheit entspricht oder nicht. Aber wem erzähle ich das, Sie sind ja selbst aus der Branche.«

Durlach meinte, genau diese Worte schon mehrfach in Talkshows gehört zu haben, in die Müller-Wölbert immer dann eingeladen wurde, wenn es um Prominente und Privatsphäre ging.

»Also, Herr Durlach, es gibt, das haben Sie bei Ihren Recherchen sicher schon mitbekommen, Gerüchte, die – ich nenne es mal – eine Verbindungslinie zwischen meiner Mandantin Frau Most und dem verstorbenen Nino Rotunda ziehen. Wir wollen Ihnen erläutern, was da wirklich dran ist, einfach um keine falschen Geschichten aufkommen zu lassen.«

»Kann das auch Frau Most selbst erzählen?«

»Selbstverständlich«, rief Müller-Wölbert lachend und hob abwehrend beide Arme. Er schien sich ertappt zu fühlen und reagierte mit erhöhter Offenheit. »Wir haben ja nichts zu verbergen. Das ist es doch gerade. Bitte, Frau Most.«

Mit einer dirigierenden Bewegung ließ er sich in das Sofa zurückfallen, dass eine Strähne aus dem exakt gezogenen Scheitel rutschte. Sorgsam legte er sie wieder zurecht. Die Aufmerksamkeit lag nun bei Corrie Most, die unruhig im Ledersessel hin- und herrückte. Sie war bestimmt keine schüchterne Frau, eher im Gegenteil, doch in dieser Situation hatte sie sich offensichtlich darauf eingestellt, die Geschichte von anderen klären zu lassen.

»Erzählen Sie mir doch, wie Sie Nino Rotunda kennengelernt haben.« Durlach genoss es, wieder selbst die Gesprächsführung innezuhaben. »Ganz einfach, in Ihren eigenen Worten.«

»Ja, gut. Ich habe ihn auf einer Party von R.K. kennengelernt ...«

Sie sprach die Initialen betont amerikanisch aus.

»Bei Kasperczak?«

»Ach Gott, ja. Also Roland hat ihn mir als ein großes schauspielerisches Talent vorgestellt. Dann habe ich Nino bei einer Ausstellungseröffnung wiedergetroffen. Wir sind ins Gespräch gekommen, und ich habe von meinen Aktivitäten für das Deutsch-Amerikanisch-Russische-Freundschaftskomitee erzählt und dass wir hin und wieder Prominente für Wohltätigkeitsaktivitäten suchen. ›Wenn ich Ihnen prominent genug bin, können Sie gern auf mich zurückgreifen‹, hat er geantwortet. Und das habe ich dann ein-, zweimal gemacht.«

Mir der Andeutung eines Nickens zeigte sie ihre Selbstvergewisserung. Die Geschichte war vorbereitet und entsprechend geschönt, aber Durlach wollte die Version trotzdem zu Ende hören.

»Zweimal?«

»Zweimal, dreimal. Ach Gott, ja. Spielt das denn eine Rolle?«

»Ich meine, Sie haben Nino Rotunda nur diese wenigen Male gesehen?«

»Ja, wir haben die Veranstaltungen vorbereitet. Mehr nicht.«

Sie schüttelte trotzig den Kopf, wobei ihr Blick kurz zu Müller-Wölbert hinüberglitt. Dann schniefte Corrie Most ein wenig, ob künstlich oder echt, wollte Durlach noch nicht entscheiden.

»Immer in einem offiziellen Rahmen?«, fragte er weiter.

»Wie meinen Sie das?«

»Haben Sie sich hier in der Villa getroffen?«

»Ja, schon. Warum nicht?«

»Hat Ihr Freundschaftskomitee kein eigenes Büro?«

»Doch. Ich weiß aber nicht, was das soll?«

»Also, was diese Frage bedeutet, wüsste ich jetzt auch gerne«, schaltete sich Müller-Wölbert vom Sofa aus ein, ohne seine zurückgelehnte Position zu verändern.

»Frau Most«, hielt sich Durlach standhaft an die Unternehmergattin, »wenn ich keine falsche Verbindungslinie zwischen Ihnen und dem Toten ziehen soll, dann muss ich doch wissen, welcher Art die Verbindung wirklich war. – Nino Rotunda kann ich dazu ja nicht mehr befragen.«

Durlach ließ die letzten Worte vielsagend in der Luft hängen. Ihn ärgerte die Unverfrorenheit, mit der ihm gerade ein Bär aufgebunden werden sollte. Vor seinem innerem Auge erschien das Brühl'sche Wohnzimmer in Backnang, er sah den Affront gegen den Vater, hörte das überdrehte Kichern der Frau, die »Ficken«-Rufe, das Getatsche und Getue, den eskalierenden Streit, sei es im besoffenen Zustand, unter anderen Drogen oder auch im Liebesrausch. Doch die Bilder in Durlachs Kopf blieben seltsam unscharf, er brachte die Sex-Geschichte nicht mit der Frau zusammen, die gerade ganz real vor ihm saß. Vielleicht war das der Grund, warum er Corrie Most nun aus der Reserve locken wollte.

»Ach Gott, ja. Nino Rotunda hat mich ein paarmal besucht«, sagte sie.

»Waren diese Besuche von Herrn Rotunda freundschaftlicher Natur?«, fragte er bewusst arglos.

»Ich würde es eine Bekanntschaft nennen«, gab Müller-Wölbert einen Definitionsvorschlag und hob lehrerhaft seinen Füller in die Höhe.

Durlach wandte sich wieder an Corrie Most. »Worüber haben Sie denn miteinander geredet?«

»Über das Komitee und über die Veranstaltungen.«

»Bei privaten Besuchen?«

»Er hat auch von ›Leben lassen – Lieben lassen‹ erzählt, von den Dreharbeiten.«

»Über seine Rolle oder über Kollegen?«

»Ja, über beides. Wie man eben ins Plaudern kommt.«

»Verstehe ich das richtig? Man redet über Gott und die Welt«, plauderte Durlach selbst drauflos. »Man spricht über dies und das, über Autos, über die Wohnung und neue Möbel ...«

»Ja, genau«, stimmte Corrie Most zu.

»Man lernt sich etwas besser kennen, geht mal schick essen, erzählt ein paar Geschichten aus der eigenen Kindheit ...«

»Ja, schon«, wurde Corrie Most langsam ungeduldig.

»Dann plant man gemeinsame Unternehmungen, mal einen Tagesausflug, mal einen nächtlichen Abstecher nach Backnang, mal zu den Eltern ...«

Durlachs Stimme hatte die Provokation mit nichts angedeutet, umso heftiger war dagegen die Reaktion. Corrie Most erstarrte, ihre Augen versprühten blankes Entsetzen. Müller-Wölbert verstand offensichtlich nicht, was gerade passiert war, doch sicherheitshalber kam er wieder aus seiner Sofaecke nach vorne. Kurz taxierte er seine Mandantin, dann fand der Anwalt als Erster die Sprache wieder.

»Herr Durlach, ich bitte Sie!«

»Wir wollten doch mit offenen Karten spielen«, sagte Durlach.

»Sicher.«

»Und es gibt doch Fotos von Ihnen, Frau Most, die Sie tanzend mit Nino Rotunda zeigen.«

»Bilder, die nicht zur Veröffentlichung freigegeben sind«, wandte Müller-Wölbert ein und blätterte in seiner Akte, »weil sie ausschließlich zur privaten Nutzung entstanden.«

»Das ändert nichts an dem Motiv der Fotos. Andere Gäste

haben es als eng umschlungen beschrieben«, legte Durlach nach und benutzte dabei Kasperczaks Formulierung. »Eine intime Pose.«

»Das Wort ›intim‹ möchte ich ausdrücklich zurückweisen«, sagte Müller-Wölbert. »Das ist eine Unterstellung, die Sie öffentlich nicht wiederholen sollten.«

»Wie intim war denn die Verbindung zwischen Nino und Ihnen, Frau Most?«

Corrie schüttelte nur leicht den Kopf, doch es war klar, dass sie zu der Beziehungsfrage nichts mehr erzählen würde.

»Bitte, Herr Durlach«, gab der Anwalt weiter den Entrüsteten, dann wechselte er schlagartig auf plump vertraulich. »Waren Sie denn selbst mit allen Frauen intim, mit denen Sie irgendwann einmal eng getanzt haben? Und wollen Sie mit denen allen weiter in Verbindung gebracht werden?«

Der Konter saß. Durlach fielen spontan Situationen aus der Tanzstunde, von Uni-Feten und von einem Urlaub ein. Er meinte, die eigene Schamesröte zu spüren.

»Sehen Sie!«, sagte der Anwalt triumphierend. Mit Schwung zog er aus seiner Akte ein zweites handgeschriebenes Blatt hervor und legte es obenauf. »Kommen wir nun zu der Barlow-Geschichte. Sie wissen ja Bescheid.«

Durlach war von dem abrupten Themenwechsel so überrumpelt, dass er zustimmend nickte, obwohl er im Moment keine Ahnung hatte, worum es ging. Hatte nicht Angermeier irgendwann über diesen Barlow berichtet? Wenn ja, war es höchstens ein Dreivierteljahr her. Und war da nicht etwas mit einem Auto? Durlach wusste es nicht mehr genau. Er spürte nur, dass er bei Corrie Most einen sensiblen Punkt getroffen hatte und Müller-Wölbert mit neuen Informationen ablenken wollte. Vielleicht war das eine Chance. Jedenfalls wollte sich Durlach jetzt keine Blöße geben.

»Selbstverständlich«, antwortete er daher.

»Ich will auch hier ganz offen sein«, holte Müller-Wölbert wieder aus. »Es ist uns seinerzeit gelungen, die fehlerhaften Veröffentlichungen zu minimieren. Warum? Weil wir den entsprechenden Journalisten entgegenkamen und ihnen alles erzählten, damit sie merkten, dass man in eine ganz andere Richtung recherchieren muss. Selbstverständlich wurden im Zusammenhang mit den polizeilichen Ermittlungen auch Herr und Frau Most befragt. Dabei handelte es sich jedoch um eine reine Routineangelegenheit.«

»Aber in der Presse tauchte der Name Most dennoch auf.« Durlach hatte aufs Geratewohl geraten. Der Bluff gelang.

»Sie haben die Artikel gelesen? Ja, das ist selbstverständlich. So eng, wie der Kontakt meiner Mandanten zu Barlow war, waren Veröffentlichungen nicht ganz zu vermeiden.«

»Machen wir es doch wie eben«, hielt sich Durlach wieder an Corrie Most. »Erzählen Sie mir einfach Ihre Geschichte von Anfang an. Das ist, glaube ich, der beste Weg, damit keine Missverständnisse entstehen.«

Corrie sah fragend zu Müller-Wölbert, der schürzte nur wohlwollend die Lippen.

»Ach Gott. Vom Kennenlernen an?«

»Ja, bitte. Ich würde schon gerne die ganze Geschichte hören.«

Durlach lächelte. Müller-Wölbert gab den Entspannten, lehnte sich wieder zurück und spielte lässig am Schraubverschluss seines Füllers. Er kannte die Version, die nun kam.

»Ich habe Barlow entdeckt«, sagte Corrie Most, und ihre grünen Augen blitzten wieder, diesmal aber vor Stolz. »Er war damals so was wie ein Schnellzeichner. Er saß in der Königstraße vor dem Pavillon am Schlossplatz, mitten in einem Pulk von russischen Kunststudenten. Die hatten alle ihre Staffeleien nebeneinanderstehen und dazwischen so kleine Stühlchen aufgestellt für die Kunden. Ich saß mit meinem Mann im Straßencafé des Schlossbaus und habe das beobachtet. Eine ganze Zeit lang hat sich niemand porträtieren lassen. Das war schon ziemlich traurig. Da hatte ich eine verrückte Idee und habe zu meinem Mann gesagt: ›Jetzt lasse ich mich malen, und zwar von allen diesen Künstlern nacheinander. Und bei unserer nächsten Einladung machen wir dann eine kleine Ausstellung und versteigern anschließend die Bilder für einen guten Zweck.«

Huldvoll legte Corrie Most den Kopf schräg, als erwartete sie noch jetzt Applaus für ihren Einfall. Als Durlach ihr freundlich zunickte, erzählte sie weiter.

»Also saß ich der Reihe nach auf all den kleinen Stühlchen, und es sind von mir zehn verschiedene Porträts entstanden. Und das beste Bild hat Barlow gemalt. Schon als ich vor ihm saß, habe ich gespürt, dass er etwas Besonderes an sich hatte. Wie er mich angesehen hat, so durchdringend, aber dabei auch so feinfühlig.«

Auf Corrie Mosts Oberarmen bildete sich eine leichte Gänsehaut, was im Gegenlicht gut zu sehen war. Müller-Wölbert machte einen Haken auf seinem Stichwortzettel.

»Barlows Bild war so ausdrucksstark, da wollte ich mehr über ihn wissen und habe ihn für den nächsten Tag zu uns nach Hause eingeladen«, erzählte sie weiter. »Erst hatte er Angst um seinen Verdienst, doch mein Mann hat das geregelt. Er kann sich ja auf Russisch verständigen. So saß Barlow dann hier, und ich habe ihm von meiner Idee erzählt, eine Auktion zu veranstalten. Und Barlow erzählte mir, wo es in Russland am Nötigsten fehle. Es war faszinierend, wie schnell wir uns einig waren.«

»Sie sprechen auch Russisch?«

»Englisch. Barlow sprach sehr gut Englisch. Ach Gott, er schwärmte ja so für Amerika. Er erzählte mir, dass es sein größter Traum ist, in die USA zu reisen und dort zu malen. Dann haben wir unsere Ideen zusammengeworfen, und heraus kam das Projekt eines Deutsch-Amerikanisch-Russischen-Freundschaftskomitees.«

»Ziel von DARF ist es laut Satzung, über die Probleme, die Russland seit dem Auseinanderfallen der Sowjetunion hat, zu informieren«, schaltete sich Müller-Wölbert vom Sofa aus ein. »Dazu wirbt der Verein in Deutschland und Amerika für Verständnis und sammelt Spenden für Projekte in Russland.«

»Ach Gott, mir war ja bis zu diesem Zeitpunkt nicht klar,

welche Probleme es in Russland gibt, an was es den Menschen da teilweise mangelt«, ergänzte Corrie Most.

»Ist in Russland nicht genug Geld im Umlauf?«, wandte Durlach ein.

»Sie sprechen den offenkundigen Luxus an, den manche in der russischen Gesellschaft zur Schau stellen?«, sagte Müller Wölbert.

»Ja. Ich würde es jedoch die Schamlosigkeit der Oligarchen nennen«, sagte Durlach und wandte sich wieder Corrie Most zu. »Wie ging es weiter?«

»Diese erste kleine Auktion war nur der Grundstein. Wissen Sie, wenn ich eine Aufgabe übernehme, nehme ich sie sehr ernst, dann setze ich mich mit allem ein, mit Körper und Geist, mit allem, was mir zur Verfügung steht.« Sie nestelte ein wenig an ihrem Kleid. »Mein Mann hat das Projekt sehr gefördert. Es geht ja um Völkerverständigung.«

»Ich meinte, wie ging es mit Barlow weiter?«

»Michail wurde Sekretär des Komitees. Er hat mich auf meinen zahlreichen Reisen in die USA begleitet, er hat mich unterstützt, dort Spenden zu akquirieren und Informationsveranstaltungen abzuhalten. Und in seiner Freizeit hat Barlow gemalt. Er hat sich an den großen amerikanischen Künstlern geschult.«

»Warhol? Lichtenstein?«, ging Durlach dazwischen, nur um den Fluss der vorformulierten Sätze zu unterbrechen.

»Dann hätte es auch gelangt, an einem Kiosk ein paar Comic-Hefte zu kaufen«, lachte Müller-Wölbert gekünstelt.

»Barlow war nun mal fasziniert von Amerika«, fuhr Corrie Most ernsthaft fort. »Und zwar von beiden Seiten Amerikas. Von den Möglichkeiten, ganz schnell reich zu werden, und von der Gesellschaftskritik. Es gibt ja viele Künstler, die sich sehr kritisch mit dem American Way of Life auseinandersetzen, die dessen Scheitern entlarven. Und genau diese Erfahrung hat Barlow dann auch gemacht, als er drüben war. Amerika ist mehr als Cola-Werbung und Wolkenkratzer. Das musste auch ein sensibler Mensch wie er schnell erkennen.«

157

»Was hat er denn da gemalt?«

Corrie Most schien kurz nach der passenden Formulierung zu suchen.

»Die Auseinandersetzung mit Amerika hat sich in zahlreichen Bildern niedergeschlagen. Mein Mann hat die meisten davon erstanden. Eines seiner frühen russischen Werke hängt zum Beispiel in unserem Schlafzimmer. Sie können es sich gerne ansehen.«

Durlach witterte einen zweiten repräsentativen Rundgang durch das Most'sche Anwesen und lehnte freundlich ab.

»Wie war es, als dann die Polizei kam?«, fragte er.

»Vonseiten der Polizei war die Lage eindeutig«, übernahm Müller-Wölbert wieder die Interpretation der Geschichte. »Wenn ein enger Bekannter und Mitarbeiter von Herrn und Frau Most getötet wird, wirft das Fragen auf.«

»Sicher«, sagte Durlach, um etwas Zeit zu gewinnen.

Wurde ihm hier gerade eine zweite Leiche präsentiert? Und hingen die beiden Toten zusammen? War Barlow ein zweites Opfer des Kult-Killers? Corrie Most kannte offensichtlich beide Männer gut. Hatte sie die Finger im Spiel?

»Es stellt sich die Frage: Mord oder nicht Mord«, sagte Durlach zu Müller-Wölbert.

»Auf jeden Fall ein Tötungsdelikt«, antwortete der Anwalt. »Die Umstände sind Ihnen ja aus der Presselektüre bekannt. Selbstverständlich. Trotzdem will ich die Lage noch einmal kurz aus Sicht meiner Mandanten darlegen. Erstens: Das Ehepaar Most hatte selbstverständlich kein Interesse an dem Tod Barlows. Warum auch? Er war ein enger Mitarbeiter von Frau Most, er war für die laufende Arbeit des Deutsch-Amerikanisch-Russischen-Freundschaftskomitees sehr wichtig. Er wurde von Herrn Most als Künstler geschätzt und sehr gefördert. Also beiderseits kein Motiv. Zweitens: Selbstverständlich wurde von der Polizei nach dem Alibi gefragt, routinegemäß. Frau Most war auf einer kleinen Festveranstaltung mit rund fünfzig Teilnehmern. Also Zeugen zuhauf. Herr Most wiederum befand sich auf einer Geschäftsreise im Ausland. Also keine Gelegenheit. Drittens – und da spricht jetzt der mit kriminalistischen Dingen erfahrene Anwalt: Wenn man seit einigen Jahren viel, zum Teil fast täglich mit Herrn Barlow zusammen ist, dann findet man sicher eine elegantere Möglichkeit, ihn loszuwerden, als ihn in einem dunklen Park über den Haufen zu knallen.«

Der Anwalt hielt seinen Füller wie eine Pistole auf Durlach gerichtet. Dreimal drückte er ab. Corrie Most musste schlucken.

Durlach sah sie intensiv an.

»Haben Sie schon einmal Knall auf Fall jemanden verloren, der Ihnen nahestand?« Ihre Stimme flüsterte nur noch. »Die ganzen Gefühle, die machen sich diese Menschen immer nie klar, wenn sie einen über die Details befragen, als ob es um einen technischen Ablauf ginge.«

»Die Polizei hat nur ihre Pflicht getan, Frau Most«, griff Müller-Wölbert zur Beschwichtigung tief in die Plattitüdenkiste. Dann wandte er sich wieder an Durlach. »Der Tod Barlows spielt Gott sei Dank keine Rolle mehr, die Geschichte ist in den Medien durch, und wir werden es zu verhindern wissen, dass sie wieder hochgekocht wird oder dass gar falsche Zusammenhänge hergestellt werden. Damit wäre doch letztlich niemandem gedient. Sie merken, dass es auch eine Frage der Moral ist, wie lange und in welcher Weise man an solchen Geschichten herumbohrt. Denn immer stecken Menschen hinter den Skandalgeschichten, Menschen, die diese Geschichten erlebt und durchlebt haben. Das wird von einigen Ihrer Kollegen gerne vergessen. Ich will Sie da gar nicht mit denen in einen Topf werfen, Herr Durlach. Ganz im Gegenteil. Aber Sie sollten immer auch die andere Seite bedenken, überhaupt sollten Journalisten immer die Seite der Betroffenen mit im Auge haben, wenn Sie berichten.«

Durlach hatte bei dieser Unterredung vieles für möglich gehalten. Er hatte im Vorfeld damit gerechnet, dass er mit einer ordentlichen Summe Geld bestochen werden sollte. Auch dass die Mosts ihm ein verlockendes Karriere-Angebot machen

würden, hatte er sich ausgemalt, Unternehmenssprecher oder
gar Redaktionsleiter. Selbst dass er schnöde bedroht werden
würde, hatte Durlach erwogen und sich schon zusammenge-
schlagen in einer dunklen Gasse liegen sehen. Aber dass sich der
ganze Aufwand darin erschöpfen würde, ihn auf seine journalistische Sorgfaltspflicht einzuschwören, das überraschte Durlach doch sehr. Zumal er auch jetzt noch nicht wusste, über
welche Insiderinformationen er eigentlich verfügte. Es gab also
einen zweiten Toten aus dem Umfeld der Mosts, wieder ein
junger Mann. Auch wenn nicht ersichtlich war, wie die beiden
Todesfälle zusammenhingen, sollte er als Journalist wohl daran
gehindert werden, darüber öffentlich zu spekulieren. Aber es
würde ihn niemand hindern, weiter Fakten über die Fälle zu-
sammenzutragen. Vielleicht musste er ja nun zwei Fälle lösen,
um die Bilder seines Lebens von Trabold zurückzuerhalten.

Doch heute war offensichtlich nichts mehr zu holen. Müller-
Wölbert machte ein letztes Häkchen auf seinem Stichwortzettel
und schraubte den Füller zu. Alle Punkte waren abgehandelt.
Das Gespräch war beendet. Selbst wenn Durlach zusammen
mit einer Frage einen Hundert-Euro-Schein über den Tisch
geschoben hätte, es wäre keine weitere Antwort mehr gekommen.

23

Für einen Sonntagsspaziergang im Frühling hatte Tina Welz den wohl ungewöhnlichsten Treffpunkt gewählt, den man finden konnte: die Arnulf-Klett-Passage. Die einstmalige Vorzeigeunterführung unter dem Stuttgarter Bahnhofsvorplatz war für Geschäfte kaum noch attraktiv. Für U- und S-Bahn-Passagiere war sie ein Umsteigeplatz, den man eilig durchquerte, für Wohnsitzlose, Punks und Alkoholiker dagegen dauerhafter Haltepunkt. Und heute war die Tiefebene zum Startplatz für eine »Promenade mit beruflichem Hintergrund« geworden, wie Tina es nannte.

»GIER FRISST HIRN«, las Durlach, bald nachdem sie Richtung Schlossgarten ins Freie getreten waren. Irgendjemand hatte die Worte in riesigen schwarzen Lettern auf eine Bretterwand gemalt. Dahinter ragte eine Handvoll Platanen in die Höhe, die man als Sichtschutz zum Hindenburgbau hatte stehen lassen. Ein Bündel blauer Wasserrohre, die wie Krakenarme das Baustellenareal durchzogen, strebte neben den Bäumen in die Höhe, überquerte den Parkweg und senkte sich hinter einem Gitterzaun wieder zur Baugrube.

»Und du warst wirklich seit der Volksabstimmung nicht mehr hier?«, fragte Tina.

Durlach zuckte nur die Schultern. Was hätte er auch sagen sollen? Dass es seine Art der Trauerarbeit sei, Augen zu und alles wird wieder gut? Er schämte sich ein wenig für das kindliche Fluchtverhalten.

»S21 – MAFIÖSES DRECKSPROJEKT«, las Durlach das Graffiti an der nächsten Bretterwand.

»*Nice*«, kommentierte Tina.

»Ich bin unheimlich froh, dass wenigstens du an dem Thema dranbleibst«, sagte er. »Ganz ehrlich.«

»Für dich zieh ich gern in den Stellvertreterkrieg.«

Eine Ente kreuzte ihren Weg. Laut quakend folgte der Erpel,

als wolle er seiner Angebeteten klarmachen, dass sie sich verirrt hatte.

Tatsächlich war Durlach in den letzten Jahren Stuttgart 21 aus dem Weg gegangen. Es war eine Art innerer Emigration. Sein Arbeitsweg führte nicht über den Bahnhof, und für die Fernseharbeit war man vor allem mit dem Auto unterwegs. So hatte er S21 nicht als Baufortschritt, sondern als eine nicht endend wollende Stauerzeugung in der Innenstadt erlebt. Und das entsprach auch seinem emotionalen Verhältnis zu dem Projekt: Nachdem die Bürgerbewegung Hunderttausende auf die Straße gebracht hatte und sich Millionärsgattinnen vom Killesberg und christliche Gruppen gemeinsam mit Punks und Autonomen in zivilem Ungehorsam hatten schulen lassen, nachdem der greise ehemalige Bahnhofsvorsteher mit zitternder Stimme auf einer Kundgebung verkündet hatte, dass er zum ersten Mal in seinem Leben nicht CDU wählen könne, nach der Offenlegung der ganzen Fakten in der Schlichtung und nach der Niederlage bei der Volksabstimmung, kurz: nachdem diese Zeit des Aufbruchs und die Ahnung einer offenen Bürgergesellschaft verflogen war, hatte Stuttgart wieder zu seiner schwäbischen Kerntätigkeit zurückgefunden: Es wurde gebaut.

»ICH LIEBE DICH, KATZ. DEIN MAUSI!«, stand nun am Bauzaun.

Durlach dachte daran, dass Tina Welz für ihn als stuttgartkundige Gesprächspartnerin zwar erste Wahl war, als heutige Begleiterin aber nur zweite, was er ihr natürlich nicht gestand. Gegen Mittag wollte Durlach Jeanette Diers anrufen.

Er hatte sich einen schönen Spruch zurechtgelegt, ob es denn angesichts des guten Wetters nicht ganz nett wäre, spontan zu erkunden, ob Stuttgart nicht auch schöne Seiten habe, er jedenfalls habe davon gehört und wolle es nun mit eigenen Augen sehen. Ob sie ihm nicht helfen wolle, vier Augen sähen doch mehr als zwei. Beim Eintippen der Nummer hatte Durlachs Herz heftig gepocht. Nach drei Klingelzeichen war die Mailbox angesprungen. Durlach hatte gerade noch Zeit, vor dem Piep aufzulegen. Nein, einen derartigen Antrag wollte er nicht auf Band hinterlassen. So etwas Persönliches musste live vorgetragen werden.

Er hatte stattdessen seine Kollegin angerufen, die das Angenehme mit dem Nützlichen verbinden wollte: einen Spaziergang mit journalistischer Ortsbesichtigung.

»Willst du darüber reden?«, fragte Tina jetzt.

»Wie meinst du das?«

»So wie du aussiehst, kommst du von deinem Kult-Killer überhaupt nicht los.«

»Stimmt«, sagte Durlach aufrichtig, dann aber schwindelte er etwas: »Ich habe eigentlich über Stuttgart 21 und MediaCity nachgedacht.«

»Könnte es nicht sein«, fragte Tina, »dass alles irgendwie zusammenhängt, dein Rotunda-Mord, die Geschäfte von Most, die Schwarze Messe und am Ende sogar S21 und MediaCity?«

»Meinst du?«

»Könnte doch sein.« Tina grinste und schob Durlach weiter den Fußgängersteg entlang. »Ich liebe Verschwörungstheorien.«

Durlach kam sich hier wie in einem Tierkäfig vor. Die Brücke über das künftige unterirdische Gleisbett war beidseitig vergittert. Spazierende Familien schauten durch die kleinen Metallecken nach unten, die Männer nach dem Fortschritt in der Baugrube, die kleinen Jungs nach Kränen und Baggern, und die Mütter fragten sich, ob in den Signalwesten nicht muskulöse Bauarbeiterkörper steckten. Durlach sah nur eine riesige, klaffende Wunde.

»Jetzt sprich schon!«, sagte Tina und stieß Durlach mit dem Ellenbogen leicht in die Seite.

»Seit einer Woche sitze ich jetzt an dieser Rotunda-Geschichte, und sie wird immer komplizierter. Ich weiß nur noch nicht, was ich mit alldem anfangen soll.«

»Okay. Der Reihe nach. Wie war denn dein Treffen gestern?«

Durlach erzählte ausführlich von Corrie Most und dem Rechtsanwalt Müller-Wölbert, von dem merkwürdigen Freundschaftskomitee und dem Maler Barlow. Tina hörte aufmerksam zu.

»Angermeier hat doch damals über den Mord an diesem Barlow berichtet«, schloss Durlach seine Schilderung.

»Klar. Einen Beitrag.«

»Hat er dabei das Ehepaar Most erwähnt?«

»Sicher nicht. Das wüsste ich.«

»Meinst du, Arnd ist auch von Müller-Wölbert in die Mangel genommen worden?«

»Schon möglich. Most ist in der Region ein großer Strippenzieher.«

»Und kannst du mir was über diese Kässpätzle-Connection erzählen?«

»Gerhard Most ist ein windiger Unternehmer«, ließ sie sich nicht lange bitten. Es sprudelte nur so aus ihr heraus. »Ursprünglich war er Dreher bei einer mittelständischen Maschinenbaufirma. Dort hat er sich dann hochgearbeitet, Abendgymnasium, den Ingenieur gemacht, war schnell eine Art Kronprinz des Seniorchefs. Als der alte Firmeninhaber starb, soll es zum Krach zwischen Most und dem Juniorchef gekommen sein, angeblich wegen Geschäften mit der damaligen Sowjetunion. Das war kurz nach Gorbatschow. Der Junior traute der Entwicklung nicht, hielt sie für instabil, Most dagegen sah im Osten den Markt der Zukunft. Mit dem Geld einer Abfindung hat er dann eine Consultingfirma für Exporte nach Osteuropa aufgezogen. Dabei hat er genau aufs richtige Pferd gesetzt, denn je mehr sich die ehemals kommunistischen Staaten öffneten, desto mehr Beratungs- und Vermittlungsbedarf gab es. Der neue Laden brummte. Most soll einen großen Deal nach dem nächsten vermittelt haben, nicht nur Maschinenbau. Mittlerweile gilt er als schwerreich und ist ein Duzfreund von so manchem russischen Oligarchen. Seit einiger Zeit ist es allerdings etwas stiller um ihn geworden. Überhaupt lässt er sich nicht sehr gerne in die Karten blicken. Von moderner PR hat seine Firma noch nichts gehört.«

»Woher weißt du das dann alles?«

»Recherche«, sagte Tina nur.

Tina Welz war schon einige Jahre in Stuttgart, sie hatte an der Uni Hohenheim studiert, bevor sie zu TV Schwaben kam, und anders als Durlach fühlte sie sich hier nach eigenem Bekunden nicht fehl am Platz. Tina glaubte an die Entwicklungsfähigkeit der Region Mittlerer Neckar. Folgerichtig handelten ihre Filme von zukunftsweisenden Technologien und von innovationsfähiger Wirtschaft. Tina sah es als ihren journalistischen Auftrag an, über gesellschaftliche Veränderungen zu berichten und diese kritisch zu hinterfragen. Bei solchen Themen war sie gewissenhaft und ausdauernd. Woher sie diese Energie und den unerschütterlichen Glauben an eine bessere Gesellschaft schöpfte, wusste Durlach nicht, vielleicht aus einem intakten Elternhaus im Hessischen, vielleicht aus regelmäßigen Urlauben in Kalifornien. Trotzdem war es überraschend, dass sie die detaillierte Biografie eines schwäbischen Unternehmers einfach aus dem Ärmel schüttelte, wie es nicht einmal ein Wirtschaftsredakteur der Stuttgarter Zeitung könnte.

»Und wie weiter?«

»Als die Zeit des ›Go East‹ zu Ende schien, hat sich Most nach neuen Investitionsmöglichkeiten umgesehen ...«

»... und da kam das Gerücht auf, dass er bei den Medien einsteigen will«, vollendete Durlach.

»Woher weißt du das?«, fragte Tina.

»Das hat mir Kasperczak erzählt, der Produzent von ›Leben lassen – Lieben lassen‹. Ist da was dran?«

»Ja. Man munkelte sogar, Gerhard Most würde eine unverfängliche Branche suchen, weil es sich um Schwarzgelder handelt. Wie auch immer. Auf jeden Fall fiel sein Name irgendwann mal als potenzieller Sponsor von MediaCity. Aber das heißt nicht so viel. Im Rahmen dieser Planung sind mittlerweile schon so viele Namen gehandelt worden, sei es als angebliche Finanziers oder als Mietinteressierte.«

»Welches finanzielle Interesse könnte der Most denn an MediaCity haben?«

»Schwer zu sagen. Der wird vor allem als Mäzen des Museumsprojekts gehandelt, das dort angesiedelt werden soll. Deswegen gehen wir ja nachher noch zu dem Gelände, das einer von Mosts Firmen gehört.«

Über eine Rampe waren Tina und Durlach zum Biergarten im Schlossgarten gelangt. Rot-weiß geringelte Masten mit Kränzen und bunten Bändchen versprachen gute Laune, obwohl die Baustelle gerade mal einen Steinwurf entfernt war. »Herzlich willkommen«-Schilder, Sonnenschirme, Blumengirlanden. Eine Trutzburg der Gemütlichkeit, in die sich auch einige VfB-Fans geflüchtet hatten, um die gestrige Niederlage zu ertränken.

»Und was weißt du über Mosts Frau?«, fragte Durlach.

»Corrie Most spielt High Society. Sie ist Stuttgarts ungekrönte Partykönigin. Ein wirklich heißer Feger!«

»Woher stammt sie?«

»Keine Ahnung, aber nicht von hier. Sie soll mit einem VfB-Spieler zusammen gewesen sein und hat bald darauf Gerhard Most geheiratet.«

»Es muss eine recht freie Ehe sein.«

»Das kann man wohl sagen. Bei größeren gesellschaftlichen Anlässen wie dem Landespresseball oder in der Oper, da treten die beiden brav zusammen auf. Aber sonst ist Corrie Most viel allein unterwegs, bei Vernissagen, bei Boutique-Eröffnungen. Oder sie gibt in Schickimicki-Discos die Dancing Queen.«

Tina vollführte mitten auf dem Parkweg eine graziöse Pirouette, woraufhin einige Biergartenbesucher ihr verwundert nachblickten. Mit großer Geste kam sie vor Durlach wieder zu stehen und strahlte ihn an. »Ihre Auftritte hatten Erfolg. Meist soll sie am Ende nicht mehr allein abgezogen sein.«

»Und dann hat sie auch Nino Rotunda abgeschleppt.«

»Was frau verstehen kann. Schnuckeliger Typ«, sagte Tina.

Sie verdrehte die Augen, dass Durlach nicht wusste, wie viel davon gespielt war.

»Bei dem kommst du aber zu spät, Tina.«

»Ich weiß«, seufzte sie. »Aber schon länger. Dein Nino war für Corrie Most nämlich mehr als ein One-Night-Stand. Die sind quasi offiziell zusammen aufgetreten.«

»Meinst du, Gerhard Most hat seine Frau bewusst auf den Rotunda angesetzt?«

»Aus welchem Grund?«

»Vielleicht wollte er sich ein Zugpferd für seine Medienpläne einkaufen.«

»Nonsens. Die Most hat den Kleinen von ganz allein aufgerissen. – Wird nicht jeder Mann schwach, wenn so eine Tussi vor einem herstolziert? Du findest sie doch auch scharf. Gestehe!«

Tina sah ihren Kollegen herausfordernd an. Durlach zog es vor, sein Recht auf Aussageverweigerung wahrzunehmen, und sah einer Mutter hinterher, die sich abmühte, ihren Doppelkinderwagen auf die Brücke zur Hirschquelle zu schieben. Durch das lichte Frühlingsgrün der Büsche konnte man gerade noch auf den nicht enden wollenden Autostrom am Neckartor sehen, wo Durlach schon mehrfach gedreht hatte.

»So oder so. Von der Beziehung hat doch Rotundas Image profitiert, nicht umgekehrt. Bis er die Most kennengelernt hat, mag er vielleicht etwas Erfolg als Schauspieler gehabt haben, aber im Grunde war er doch ein kleiner, süßer Provinzbubi. Du hast in deinem Film über die Eltern selbst gezeigt, aus welch spießigem Milieu er stammt.«

»Na ja, eher kleinbürgerlich«, versuchte Durlach es positiv klingen zu lassen. »Vater Brühl war eigentlich sehr offen. Er hat mir erzählt, wie er mit seinem Sohn einen heftigen Streit hatte und ihn schließlich aus dem Haus geworfen hat.«

»Das war in deinem Beitrag gar nicht drin.«

»Hat in die Trauerstory nicht reingepasst. Eigentlich ein klassischer Vater-Sohn-Konflikt, auch wenn er etwas drastischer verlaufen ist. Es ist nur so: Die Mutter weiß den wahren Grund des Rauswurfs nicht. Und wenn es nach mir geht, soll sie die Wahrheit irgendwann in einer aufrichtigen Stunde von ihrem Mann erfahren und nicht übers ›Regionalmagazin‹.«

»Sehr nobel. Heder würde dich dafür rausschmeißen.« Tina fixierte Durlach mit aufgerissenen Augen, wie es der Redaktionsleiter stets tat, und schlug seine polternde Stimme an. »Wir sind nicht ›Report‹, wir sind nicht ›Monitor‹. Scheiße, Durlach. Wir sind ein regionales Boulevardmagazin.«

So gut Tina Heder auch nachäffte, Durlach brachte kaum mehr als ein gequältes Lächeln zustande.

»Heder hat mir versprochen, wenn die Serie gut läuft, könnte ich aus dem Material ein Special über den Fall machen und ein Starporträt über Nino Rotunda, jeweils fünfundvierzig Minuten. Zwei längere Filme würden mich schon reizen. Einmal dramaturgisch in größeren Dimensionen denken. Aber dazu müssen die Beiträge erst einschlagen.«

»Tun sie doch«, sagte Tina selbstverständlich. »Die Quoten haben schon deutlich zugelegt.«

»Ja, bei LelaLila.«

»Bei uns doch auch. Das ist doch logisch. Wenn die Soap, die direkt vor uns läuft, mehr Zuschauer mitbringt und wenn wir jeden Tag mit einem Rotunda-Beitrag aufmachen, was die LelaLila-Stammzuschauer doch brennend interessiert, dann muss das auch unsere Quote hochziehen. Wir hatten letzte Woche sechs Prozent mehr Marktanteil. Hat Heder dir nichts davon gesagt?«

Durlach schüttelte den Kopf. Zwei Jogger keuchten von hinten heran, sie überholten die beiden und brachten dann einen entgegenkommenden Skater ins Trudeln, der sich nicht entscheiden konnte, auf welcher Seite er passieren sollte.

»Das ist typisch«, fluchte Tina nach dem kurzen Tumult. »Wenn Angermeier nur einen x-beliebigen Dachstuhlbrand anschleppt, dann wird der überschüttet mit Lobeshymnen, als wäre er Mister Boulevard persönlich. Einfach ungerecht!«

Schweigend liefen sie eine Weile nebeneinander her bis zum Café Flora & Fauna, wo sie den letzten freien Tisch ergatterten. Vom Inselsee schnarrte der Ruf eines Schwans herüber, und ein Schwarm Spatzen inspizierte einen Abfalleimer. Daneben saßen eine Reihe älterer Leute auf Liegestühlen. Die Körper ausgerichtet wie die Blätter einer Pflanze, dämmerten sie der Sonne entgegen. Gleich legte auch Tina den Kopf in den Nacken und schloss die Augen.

»Weißt du, Tina, ich komme mir vor wie die schlechte Kopie eines Journalisten. Ich renne aufgestachelt herum, mache täglich einen Film, aber die wirklich interessanten Themen zu dem Mord, die rinnen mir durch die Finger.«

»Was denn genau?«, fragte sie, ohne dabei auch nur ein Lid zu heben.

Durlach hielt inne. Was konnte er Tina nun erzählen? Die Rauswurfgeschichte bei Brühls wollte er nicht genauer schildern, Details über den Kult-Mord durfte er nicht erzählen, erst recht nicht von der Disc mit den Rotunda-Bildern und über seinen Kontrakt mit Trabold schon gar nicht.

Durlach schob die Brille etwas hoch und rieb sich die Augen. Er fühlte sich unversehens schlecht. Da erzählte ihm Tina freimütig, was sie alles über die Mosts wusste, und er hockte auf seinen Geschichten wie auf frisch gelegten Eiern, die er allein ausbrüten wollte. Dabei hätte er es so dringend nötig, zu schnattern wie die Enten um ihn herum. Durlach spürte, dass er ohne Tinas Rat kaum weiterkam. Er brauchte eine andere Einschätzung zu all den Themen, wenn er diesen Kult-Mord lösen wollte. Und das wollte er auf jeden Fall, nicht nur wegen der Blu-ray.

Vielleicht ist einfach noch nicht der richtige Zeitpunkt gekommen, meine Geschichten loszuwerden, tröstete sich Durlach, vielleicht muss ich erst das Ende kennen und alle Details richtig einordnen können. Doch was durfte er jetzt schon erzählen?

»Zum Beispiel weiß ich, dass die Soap-Schauspielerin Susa Bachhausen von einem psychopathischen Fan bedroht wird. Das wäre ein Knaller. Aber die Polizei hat mir von der Story abgeraten, und ich will mir den Kontakt zu den Bullen nicht verscherzen. Der Stalker ist angeblich in der Therapie ruhiggestellt und sollte durch Fernsehbeiträge nicht wieder an seine Leidenschaft erinnert werden.«

»Du hast eben Verantwortungsgefühl. Womit du fürs Boulevardfernsehen eigentlich ungeeignet bist.«

Anerkennend hob Tina die linke Braue und musste gleich

mit den Wimpern zwinkern, um gegen die blendende Sonne anzukämpfen.

»Oder zum Beispiel dieser Satanist. Ich bin mir nach dem Interview so gut wie sicher, dass er lügt. Es kann sogar sein, dass Nino nie Kontakt zu dieser Gilde der 666 gehabt hatte, worüber die Bild-Geschichte ja spekuliert hat. Das mit dem rituellen Mord stimmt hinten und vorne nicht. Wenn ich die richtigen Bilder hätte, könnte ich es vielleicht beweisen. Aber noch stehen Aleisters Aussagen wie eine Behauptung im Raum. Und Heder ist ganz scharf darauf, die Nummer weiterzuspielen.«

»Wenn es Ungereimtheiten in der Satanistenstory gibt, dann kannst du sie als Journalist auch aufdecken. Dann musst du das sogar.«

»Und wenn ich aufdecken will, wie Mord, Most und Media-City zusammenhängen?«

»Alle Achtung!«, sagte Tina, ohne spöttisch zu klingen. »Dann musst du noch tiefer graben, um die Wahrheit herauszufinden.«

»Ich glaube, dazu bin ich als Journalist nicht gut genug.«

»Nonsens.«

Das Gespräch erstarb. Hinter ihnen ragten erloschene Vulkane in die Luft. Wo früher die Berger Sprudler ihr Mineralwasser in die Luft schossen, war jetzt schon die nächste Baustelle.

24

Das Tor war verschlossen. Hinter das Netz von dicken Metall-streben hatte man zusätzlich eine mehr als zwei Meter hohe Platte geschweißt. Über diese hinaus ragten aber noch die senk-rechten Gitterstäbe, die zugespitzt und teilweise rostrot waren und dadurch nicht weniger gefährlich wirkten. Das einzig Neue an dem Tor war sein silbern blinkendes Sicherheitsschloss.

Durlach spähte durch den Spalt zwischen Tor und Mauer, sah aber nur einen schmalen Streifen alten Kopfsteinpflasters. Tina Welz lief ein paar Meter die mit Graffiti verzierte Mauer entlang. Dann sah sie hoch. Auf der Mauerkrone quer verlief ein gewundener Stacheldraht, alt und brüchig. Tina versuchte, in den Fugen zwischen den Backsteinen mit den Fingern Halt zu finden, um sich nach oben zu ziehen, glitt aber ab.

»Soll ich eine Baumleiter machen?«, fragte Durlach.

»Lass mal. Ich glaube, ich habe was gehört. Ein Sägen oder Quietschen oder so.«

Durlach hörte nichts, weil gerade ein schwerer Laster vor-beiratterte. Zischend schleuderte der eine braune Wolke aus seinem Auspuff und quälte sich weiter die Straße zum Prag-sattel hinauf. Es war eine jener vierspurigen Ausfallstraßen, auf denen an Werktagen eine schier endlose Lawine aus Blech und Gestank quer durch Stuttgart rollte und die jetzt durch den Bau des Rosensteintunnels auch noch stellenweise verengt war. Weiter unten bei Mahle schaltete gerade eine Ampel auf Grün, und sofort starteten die Autos wie eine Meute losgelassener Treibhunde, um den Lkw zu hetzen. Bevor ihnen die ganzen Abgase entgegenschwappten, drückten sich Tina und Durlach um die Ecke und liefen schnell bis zur nächsten Querstraße. Hier klebte eine Reihe alter Konzertplakate. Die Fantastischen Vier wirkten bei ihrer Jubiläumstour schon recht blass.

»Was willst du eigentlich hier?«, fragte Durlach schnaufend.

»Mir MediaCity ansehen.«

»Aber das existiert doch noch gar nicht.«

»Erstens gibt es das Gelände, das schließt sich hier direkt an. Und zweitens gehört dieses so gut gesicherte Grundstück unserem superreichen Spezi Gerhard Most. Die beiden Fabrikhallen soll er schon saniert haben.«

»Was kommt da rein?«

»Ein Museum«, antwortete Tina. »Ich habe nur noch nicht rausgekriegt, was da ausgestellt werden soll.«

»Vielleicht Bilder von dem erschossenen Maler Barlow.«

»Möglich.«

Jetzt fand auch Durlach das Gelände hochinteressant. Auf der Rückfront war statt der Mauer ein Maschendrahtzaun, ebenfalls leicht angerostet. Eine schwere Kette mit Vorhängeschloss sicherte ein Gittertor, doch die Wehrhaftigkeit war verflogen. Vor langer Zeit hatte jemand ein Blechschild festgeschraubt, das verkündete: »Privatgrundstück – Betreten des Firmengeländes verboten«, aber mittlerweile war durch die Maschen nichts mehr zu sehen, was eine Firma hätte sein können. Die Asphalt- und Schuttfläche war größer als zwei Fußballfelder. Es roch etwas staubig. Rechts in der Ecke wuchsen ein paar Büsche, dazwischen schoss Unkraut in die Höhe. Vor dem Minibiotop hatten drei Wohnwagen ihren Winterstellplatz.

»Komm, hier«, rief Tina.

Jemand hatte zwischen dem Unkraut den Zaun so weit nach innen gebogen, dass man mühelos darunter hindurchkriechen konnte. Durlach hob die Maschen noch ein wenig an.

»Darf ich bitten?«, sagte er.

Sie schoben sich durchs Gestrüpp. Zwischen zwei dickere Büsche war ein großer Karton geklemmt worden, eine zweite Pappe und viel Plastikfolie lagen am Boden. Das windgeschützte Nachtlager eines Penners. Sie umkreisten die abgestellten Fahrzeuge. Ein Caravan hatte eine kleine Satellitenschüssel auf dem Dach.

»Ist das MediaCity?«, fragte Durlach.

»Du wirst dich schon noch wundern.«

Tina schnappte sich einen herumliegenden Ast, lief mitten auf das Gelände und kratzte mit dem Stock Linien auf den Boden. Als Durlach wieder neben ihr stand, hatte sie zwischen Schotter und Erde ein großes Rechteck gemalt.

»Hier wird mein Büro sein«, sagte sie, dann fügte sie mühsam ein zweites Rechteck an. »Und hier kannst du sitzen, wenn du bis dahin noch beim ›Regionalmagazin‹ bist.«

»Die Redaktion zieht um?«

»Ja, vorausgesetzt, der Vertrag mit den Nationalen wird verlängert. Heder hat neulich so Andeutungen gemacht: Wenn MediaCity gebaut würde, hieße das größere Büros, ein größeres Studio und zusätzliche Schnitträume. Deshalb ist Heder doch so scharf auf dieses Projekt und duldet keine Kritik daran.«

»Und wer soll das bezahlen?«

»Es gibt vom Land verschiedene Subventionstöpfe. Die Ausweitung von TV Schwaben passt besonders gut auf das Förderprogramm ›Medi@ L@nd‹, das eigentlich auf die IT-Branche zugeschnitten ist.«

Was Tina sagte, war nicht unwahrscheinlich. Die Geschäftsleitung von TVS pflegte bekanntermaßen gute Kontakte zur Landesregierung. Nur deshalb war der Fernsehzwerg überhaupt an eine eigene Sendelizenz gelangt. Damit könnte TV Schwaben sogar als Vollprogramm auf Sendung gehen und so einen anderen Sender aus dem regionalen Kabelnetz werfen. Um aber die zwei Komma fünf Millionen Menschen in der Region nicht als potenzielle Zuschauer und Werbekunden zu verlieren, musste einer der großen Privatsender mit den Schwaben verhandeln. Seither sendete TVS täglich eine halbe Stunde als sogenanntes regionales Fenster am Vorabend und vertrat zudem den Hamburger Sender als Regionalstudio.

»Unter den Kameramännern kursiert das Gerücht, dass noch eine holländische Firma mit einsteigt. Die könnte Gameshow-Formate und Ähnliches zuliefern«, sagte Tina. »Heder ist jedenfalls gestern mit so einem seltsamen Typ dorthin gefahren. Oh Gott, das war vielleicht ein Angeber. Der hatte tatsächlich einen goldenen Mercedes SLK.«

»Kennzeichen S–LK 666?«

»Könnte sein.«

»Den Wagen habe ich vorgestern nämlich gesehen, und einen goldenen SLK fahren bestimmt nicht viele.« Durlach bewegte mit den Füßen ein kleineres Steinchen hin und her. »Das war dann Kasperczak, der Produzent von ›Leben lassen – Lieben lassen‹. Da hatte der also eine gemeinsame Strategiebesprechung mit Heder.«

»Das passt doch zusammen. Da sind zwei TV-Produktionsfirmen, die beide in Stuttgart sitzen. Sie senden für ein und dasselbe Programm, auch noch direkt hintereinander, beide standen etwas unter Quotendruck …«

»… und beiden hat der Tod von Nino Rotunda geholfen«, ergänzte Durlach Tinas Theorie ironisch, was bei dieser aber nicht so ankam.

»Braver Junge. Er denkt mit«, sagte sie und fügte triumphierend hinzu: »Es hängt eben doch alles mit allem zusammen.«

Nachdenklich kickte Durlach das Steinchen über den Platz.

»Lass uns doch mal überlegen, wer noch alles von Ninos Tod profitiert hat. Okay?«

Tina hatte lehrmeisterlich ihr Stöckchen erhoben und gab gleich selbst die Antwort. »Zuerst einmal nutzt es unserem ›Regionalmagazin‹. Heder liegt ja schon länger im Clinch mit der Zentrale in Hamburg, und angeblich stehen die Verhandlungen über die Fortsetzung des Vertrags an. Wenn Hamburg ›Nein danke‹ sagt, wackelt Heders Stuhl erheblich. Da kam ihm die Kult-Killer-Serie gerade recht. Das stärkt Heders Position ungemein.«

»Das scheint mir etwas übertrieben, Tina. Das ist für Heder doch kein Motiv für einen Kult-Mord«, sagte Durlach. »Und quotenmäßig profitiert eher PosiTV. Aber ich weiß nicht, ob die Soap in ihrer Existenz gefährdet war. Stellt man eine so große Produktion einfach ein? Da hängen doch viele Existenzen dran: Schauspieler, Autoren, Technik …«

»*Hire and fire.* Einstellen und wieder feuern, das ist das Prinzip«, beschied Tina kühl

Durlach nickte wissend und bereute die Naivität seiner letzten Bemerkung. Die Menschen waren letztlich egal, das war beim nationalen Sender so wie bei TV Schwaben. Kaum geduzt, schon geschasst.

»Die Mitarbeiter sind ausschließlich ein Problem der Produktionsfirma und dem Sender doch völlig egal«, sagte Tina wie zur Bestätigung. »Weißt du, was PosiTV für einen Vertrag hat?«

»Keine Ahnung. Ich kann ja mal vorsichtig bei der Pressesprecherin nachfragen.«

Durlachs Gedanken schweiften sofort ab. Er malte sich aus, wie der Spaziergang mit Jeanette Diers ausgegangen wäre. Sicher hätte man nicht über Strategien der ortsansässigen Medien diskutiert. Hoffentlich nicht.

»Was ist mit diesem Kasperczak?«, holte ihn Tina wieder zurück. »Hat der vielleicht persönlich profitiert?«

»Rotunda hatte wohl Ärger mit ihm, der hat deutlich mehr Geld verlangt und sich sehr wichtig genommen. Ich glaube, Nino wurde für Kasperczak zu groß, nach außen hin zu wichtig.«

»Dann hat die Soap einen Unruhestifter verloren«, schloss Tina.

»Aber man hat auch einen Hauptdarsteller weniger und damit zurzeit ein großes Problem. Angeblich suchen sie ja Ersatz für die Rolle.«

»Wenn der Neue genügsamer und billiger ist, dann profitiert auch Kasperczak von Ninos Tod. Jetzt haben wir schon zwei Nutznießer.« Tina ritzte zwei Linien in den Boden und fügte gleich noch eine weitere hinzu. »Ja, sind es nicht eigentlich drei?«

»Moment. Wenn du Heder als Profiteur rechnest, dann musst du konsequenterweise auch uns zu den Verdächtigen rechnen, Tina. Unser Job ist genauso bedroht, wenn Heders Vertragsverhandlungen mit der Zentrale scheitern.«

»Yeah. Dann hat Angermeier diesen Nino umgebracht, um Polizeireporter zu bleiben.«

»Logisch. Deshalb konnte er in der Nacht auch keinen Bereitschaftsdienst übernehmen. Angermeier hat kein Alibi, und um den Verdacht auf mich zu lenken, hat er mich die Kult-Killer-Beiträge machen lassen.«

»Ich werde dich im Knast besuchen«, sagte Tina großzügig.

»Du bist eine echte Freundin.«

»Okay. Was ist nun mit MediaCity?« Tina wurde wieder ernst. Sie kratzte erneut mit dem Ast auf dem Boden und schrieb mühsam die Buchstaben M und C. »Das ganze Projekt profitiert, wenn sich in der Medienregion Stuttgart viel ereignet. Es klingt brutal, aber durch den Mord an Rotunda ist die Chance der Realisierung von MediaCity größer als je zuvor.«

Tina zog um MediaCity einen Kreis, der die Striche der bisherigen Nutznießer berührte, Durlach runzelte skeptisch die Stirn.

»Davon profitiert das Planungs- und das Architektenbüro.« Tina brachte zwei neue Striche an, diesmal zur anderen Seite. »Man findet leichter zusätzliche Investoren.« Weitere Strahlen. »Es wird hier mehr Firmen geben, die sich in den Komplex einmieten wollen. Das freut die Makler.« Noch ein Strich. »Das Projekt wird zum Selbstläufer, und alle, die MediaCity bisher politisch getragen haben, können es sich als Verdienst anrechnen. Politischer Profit.«

Drei weitere Striche machten die Zeichnung perfekt. Sie sah aus wie eine Sonne. Schöner hätte kein Anlageberater das MediaCity-Projekt zum Strahlen bringen können. Durlach lachte. Tinas Konspirationstheorien gingen ihm zu weit, aber er wollte sich jetzt nicht mit ihr darüber streiten.

»Es könnte ja auch sein, dass nicht Geld das Motiv für den Rotunda-Mord ist«, sagte er stattdessen. »Es kann auch schlicht und einfach Eifersucht sein. Vielleicht wollte sich eine der Frauen, mit denen Nino etwas hatte, an ihm rächen.«

»Hörst du das?«

»Nein, von den Soap-Leuten hört man nichts Negatives über ihn«, sagte er. »Oder es war wirklich ein durchgeknallter Fan. Oder vielleicht ein pubertierendes Grufti-Mädchen, das ihren

Helden für sich allein haben wollte. Für immer und ewig.« Erst dann merkte Durlach, dass er Tinas Frage missverstanden hatte.

»Da ist wieder dieses Sägegeräusch. Es kommt von dort hinten.«

Der Stock in Tinas Hand wies quer über das Areal und über die Krähen hinweg, die pickend zwischen den Schottersteinen herumstolzierten, als gehörte der Platz ihnen. Am anderen Ende des Geländes standen zwei Gebäude.

»Kommt da das Museum rein, Tina?«

»Ja, die beiden Fabrikhallen stehen unter Denkmalschutz.«

Das größere Gebäude zeigte mit der Schmalseite zur großen Straße. Es war grau verputzt und hatte an der Seite drei Reihen gleichartiger Fenster, die alle von innen mit Holzbrettern vernagelt waren. Darüber konnte man gerade noch einen Schriftzug entziffern, der in geschwungenen Lettern von der besseren Vergangenheit der Halle zeugte. Außer einer schmuckvollen Rosette im Giebel schien nichts an dem Bau schützenswert zu sein. Das kleinere Gebäude aus roten Ziegeln war dagegen nachgerade hübsch. Fast die ganze Seite nahmen drei riesige Bogenfenster ein, die durch senkrechte und waagerechte Streben unterteilt waren. Hinter dem milchigen Glas zeigte sich, dass nachträglich ein Boden eingezogen worden war, auf dem sich irgendwelche Schatten bewegten.

»Da ist das Sägen wieder«, rief Tina.

Jetzt hörte auch Durlach das Geräusch, nicht sehr laut, aber durchdringend. Es klang, als würde Metall geschliffen oder zerschnitten.

»In den Bogenfenstern!« Tina packte Durlach ruckartig am Ellenbogen. »Da zucken so bläuliche Blitze. Siehst du das?«

»In der Halle arbeitet jemand mit der Flex.«

»Aber wer? – Los, komm.«

Sie überquerten den Platz. Als sie vor dem Gebäude standen, verstummte der schneidende Ton. Dafür waren andere undefinierbaren Geräusche zu hören. Durlach streckte sich, aber das Fenstersims war zu hoch, als dass er in die Halle hätte spähen können, deshalb lehnte er sich mit dem Rücken gegen

177

die Mauer und faltete die Hände vor dem Bauch. Ohne auf eine Aufforderung zu warten, kletterte Tina auf seine Baumleiter und dann im Klimmzug bis zur Fensterbank.

»Da werkeln ein paar Leute herum. Aber die Scheiben sind zu dreckig, um Genaueres zu erkennen.«

Tina versuchte sich auf das schmale Fenstersims zu ziehen, und Durlach unterstützte sie, indem er ihren Fuß nach oben drückte. Als Tina ganz nach oben wollte, stieß sie mit einem Knie gegen die Fensterscheibe. Es schepperte. Sofort begann drinnen ein Hund zu bellen, und die Arbeitsgeräusche verstummten. Tina und Durlach hielten inne und sahen zu einer nahe gelegenen Holztür. Schon erschien in deren vergittertem Sichtfenster für wenige Sekunden ein Gesicht. Die Tür wurde aufgerissen, und ein Mann tauchte auf.

»Ey, Klitschko!«, schrie der nach hinten.

Krachend stieß er die Tür hinter sich ins Schloss und stürmte auf die beiden zu. Vor Schreck ließ Durlach Tinas Fuß los, den er die ganze Zeit hochgehalten hatte. Tina rutschte ab, glitt an ihm herunter und stürzte unsanft in den Staub, direkt vor die Füße des anderen Mannes. Der packte Tina am Kragen und zog sie wieder auf die Beine.

»Was soll das?«, schnaubte er.

»Wir haben Licht gesehen«, sagte Tina.

»Lassen Sie sofort die Frau los«, kommandierte Durlach.

»Was soll das, ey?«, sagte der Kerl wieder, gehorchte aber und gab Tina frei.

Gleich stellte sie sich neben Durlach, mit dem Rücken zur Wand. Sie rieb sich den Hals und funkelte den Mann böse an. Der Kerl wirkte nicht ungefährlich. Seine Haare waren an den Seiten rasiert und oben kurz geschoren, dass sie senkrecht standen. Der ganze Schädel wirkte sehr eckig, dazu ein massiger Stiernacken mit mehreren Tattoos. Jeans und Sweatshirt waren staubverschmiert. Seinen muskulösen Oberkörper beugte er nach vorne, als ob er sich jeden Moment auf die beiden stürzen wollte. Dazu bellte im Hintergrund permanent der Hund.

»Hier soll doch MediaCity entstehen«, sagte Tina. »Wissen Sie was davon?«

Der Kerl blickte finster, antwortete aber nicht.

»Arbeiten Sie hier?«, fragte Tina unbeirrt.

»Geht disch nix an!«

»Die beiden Gebäude stehen doch unter Denkmalschutz.«

»Na und?«, knurrte er.

Zu dem Bellen des Hundes kam jetzt ein hohles, polterndes Geräusch, das Durlach nicht entschlüsseln konnte. Doch er wagte nicht, sich danach umzudrehen.

Der Muskelmann stemmte die Arme in die Hüften und hielt ihn und Tina weiter in Schach, wusste aber offensichtlich nicht, was er mit ihnen anfangen sollte. Alle drei starrten sich eine Zeit lang an. Glücklicherweise stellte Tina keine weiteren impertinenten Fragen. Durlach überlegte. Der Mann vor ihm war kein Deutscher, er hatte irgendeinen osteuropäischen Akzent. Vielleicht war es ein polnischer Bauarbeiter, der sich schwarz was dazuverdiente. Das wäre die harmloseste Variante.

»Denkmalschutz wird in Deutschland ja sehr groß geschrieben«, begann Durlach einfach zu reden, um die Situation zu entspannen. »Deshalb sind die Auflagen bei Umbauten sehr streng. Es muss da allerhand beachtet werden.«

Die Augenbrauen des Arbeiters zogen sich zusammen, das Gesicht bekam einen fragenden Ausdruck.

»Industriebauten wie dieser hier sind sehr problematisch«, redete Durlach weiter. »Kunstgeschichtlich sind noch viele Fragen offen. Oder wissen Sie etwa die genaue Entstehungszeit der Halle?«

Der andere reagierte nicht.

»Auch bezüglich der Baumaterialien waren wir bisher unsicher. Wo sind die verwendeten Ziegel gebrannt worden? Waren es heimische Materialien aus Württemberg? Oder waren es Importe aus dem Ausland? Entsprechende Materialanalysen stehen ja noch aus. Die hat das Amt für Denkmalschutz in Auftrag gegeben. Haben Sie schon irgendwelche Erkenntnisse?«

Es war purer Unsinn, aber es zeigte Wirkung. Als das Wort

»Amt« gefallen war, hatten die Augen des Bauarbeiters kurz aufgeblitzt. Durlach beschloss, bürokratisch weiterzusalbadern.

»Sehen Sie, von behördlicher Seite muss sehr genau kontrolliert werden, vor allem wenn an denkmalgeschützten Objekten die Arbeiten nicht sachgerecht durchgeführt werden. Das kann weitreichende Konsequenzen haben. Das Baurecht ist sehr streng.«

Durlach löste sich ein wenig von der Hauswand und blickte sich um. Der Hund schien immer wütender zu werden, er jaulte und knurrte abwechselnd. Schon das Geräusch ging durch Mark und Bein. Dazu donnerte das Tier mit ganzer Kraft gegen die Tür, die aber standhielt.

»Ich hatte mal einen Fall«, fuhr Durlach schnell fort, »da ist eine Villa so verstümmelt worden, bloß weil wir nicht rechtzeitig nachgesehen haben. Weil damals keine amtliche Genehmigung vorlag, musste dann auf Schadensersatz geklagt werden.«

Der Bauarbeiter musste schlucken, was Durlach in seiner Strategie bestärkte.

»Es kam dann leider zum Prozess gegen den Besitzer, gegen die Bauleitung und sogar gegen die ausführenden Arbeiter. Das Gericht hat nicht nur eine Geldbuße, sondern sogar eine Gefängnisstrafe verhängt. – Aber Sie arbeiten ja nicht an der Außenfassade. Und für die Innenarbeiten liegt ja bekanntermaßen eine Genehmigung des Hochbauamtes vor. Haben Sie die gerade mal da?«

Jetzt sah Durlach den Kerl an. Der Bauarbeiter war von der Amtsmasche wirklich verunsichert. Er schüttelte den Kopf. Tina dagegen hatte die Augen weit aufgerissen und fixierte einen Punkt über dessen Stiernacken hinweg. Dort schien der Hund inzwischen fast wahnsinnig vor Wut geworden zu sein. Er sprang auf und ab, sein dicker Schädel tauchte immer wieder hinter dem Gitter des Sichtfensters auf.

»Macht nichts«, sagte Durlach zu dem Bauarbeiter. »Die Genehmigung hat sicher Ihr Chef. Wie war noch gleich der Name?«

»Igor Tretjakow.«

»Das ist sicher Ihr Name. Ich meinte den Namen Ihres Auftraggebers. Wie war der noch mal? Most?«

Der andere nickte.

»Genau. Gerhard Most.« Jetzt war der Kerl endgültig von
der offiziellen Mission Durlachs überzeugt. Der gab sich nun
kumpelhaft. »Dann kennen Sie sicher auch seine Frau, Corrie
Most. Hübsch, nicht wahr?«

Wieder nickte der Bauarbeiter.

»Alles klar, Herr Tretjakow. Machen Sie einfach weiter. Wir
setzen uns noch mal selbst mit dem Herrn Most in Verbindung
und regeln das. Nehmen Sie es uns nicht übel, dass wir einfach
hier nachgesehen haben. Aber es ist ja unsere Pflicht. Und ich
rate Ihnen: Keine Veränderungen an denkmalgeschützten Fas-
saden. Das kann böse enden. Nicht wahr? Und sagen Sie das
auch Ihren Kollegen da drin. Schönen Tag noch.«

»Wiedersehn«, sagte Tretjakow.

»Ade«, sagte Tina.

Möglichst ruhig gingen die beiden über den Platz, so wie sie
gekommen waren. Das Gebell aber wurde noch stärker, dann
auf einmal gab es ein lautes Geräusch, und im nächsten Moment kam der schwarz-weiße Pitbull nach draußen gestürmt,
schneller als sein Herrchen zuvor.

»Klitschko!«, schrie der, aber der Hund hörte nicht auf die
Stimme seines Herrn.

Mit angelegten Ohren rannte er an Tretjakow vorbei und auf
die beiden zu. Wie eine schwarz-weiße Rakete flog er über den
Platz hinweg. Dann stürzte er sich von hinten auf Tina, sprang
an ihr hoch und riss sie zu Boden. Noch ehe Durlach kapierte,
was los war, hatte der Pitbull gezielt ihr Gesicht angegriffen.
Tina schrie sofort auf. Eine Schrecksekunde lang reagierte Durlach nicht, dann schlug er nach dem Pitbull, doch der ließ sich
davon nicht beeindrucken.

Tina lag jetzt auf dem Bauch, zappelte hilflos mit den Armen,
Bewegungen, die keinerlei Abwehrkraft besaßen. Dabei schrie
sie vor Schmerzen. Der Hund hieb seine Zähne immer wieder

in das Gewusel von Körperteilen, bis er einen Arm zu fassen bekam, den er festhielt und heftig schüttelte. Durlach schlug mit den Fäusten gegen alles, was nach Pitbull aussah. Als es ihm gelang, einen Treffer direkt auf dem Kopf des Hundes zu landen, schien dieser kurz beeindruckt. Der Köter ließ Tinas Arm aus dem Maul fahren und wich ein, zwei Schritte zurück.

»Hau ab!«, schrie Durlach. »Aus!«

Der Pitbull fletschte die Zähne. In den Zahnzwischenräumen baumelten kleine, blutige Fleischfetzen. Tina krümmte sich und hielt die Hände schützend vors Gesicht. Durlach wollte sich zwischen sie und den Hund werfen, stolperte dabei aber über Tinas Füße. Während Durlach fiel, attackierte der Pitbull sie von Neuem. Diesmal bekam er Tinas Wade zu fassen.

»Klitschko!«, schrie der Bauarbeiter.

Er rannte nun herbei und versuchte einzugreifen. Aber der Hund war völlig außer Rand und Band, die Bestie gehorchte niemandem mehr.

Durlach war auf die Hüfte gefallen. Auf der Seite liegend trat er nach dem Pitbull. Doch dieser ließ von seiner Beute nicht ab. Er zerrte an Tinas Bein, riss mit heftigen Seitwärtsbewegungen seinen dicken Schädel hin und her. Tretjakow langte nach seinem Hund. Vergeblich. Ein starker Tritt Durlachs traf dumpf auf den Bauch des Tieres. Die Hinterbeine des Hundes wurden ausgehoben und ein Stück zur Seite geschleudert. Doch das Maul des Pitbulls blieb in Tinas Wade festgebissen. Mit schier unglaublicher Kraft quetschte die Bestie ihren Kiefer zusammen. Ein deutliches Knacken war zu hören.

»Klitschko!«

Endlich bekam Tretjakow das Stachelhalsband zu fassen, und er zog fest daran. Die Kehle des Tiers schnürte sich enger und enger, doch der Hund ließ Tinas Bein nicht los. Er hatte eine tiefe Wunde in das Fleisch gerissen, eine Wulst aus menschlichem Gewebe und Jeansstoff quoll ihm um die Schnauze.

»Lass!«, schrie Durlach.

Er hatte sich aufgerappelt und trommelte auf den Pitbull ein. Mehrfach platzierte er seine Fäuste auf den blutunterlaufenen

Augen und erntete nur ein sabberndes, hechelndes Knurren. Tretjakow stemmte sich nun mit aller Kraft gegen den Hund, und er hatte wahrlich Muskeln. Der Hundehals wurde gespannt wie ein Bogen, doch das Tier schien sich lieber die Wirbelsäule brechen zu lassen als nachzugeben.

Dann gelang Durlach der entscheidende Schlag. Er knallte eine Faust von unten gegen die Kehle. Der Pitbull röchelte und nahm seinen Kiefer um ein paar Millimeter auseinander. Das genügte. Tinas Bein war frei. Tretjakow riss im selben Moment das jaulende Tier am Halsband weiter zurück. Bellend bäumte der Hund sich gegen den Zug des Herrn auf, ging hoch auf die Hinterbeine, aber im freien Spiel der Körperkräfte kam er gegen den Muskelmann nicht an. Die Bestie wurde kurz auf die Seite geschleudert, damit war der Widerstand gebrochen.

»Klitschko!«, schrie der Bauarbeiter noch einmal.

Der Hund sprang schnell wieder auf alle viere und bellte weiter wie wild. Doch der Kampf war zu Ende. Meter für Meter musste sich der Pitbull über den Platz zerren lassen und gab erst kurz vor der Tür auf. Ohne ein Wort zu sagen, verschwand Tretjakow mit dem Tier im Gebäude.

Durlach kümmerte sich sofort um Tina. Sie lag zusammengekrümmt auf der Erde, ihr Körper schien regungslos, nur ihre Brust hob und senkte sich etwas. Durlach war erleichtert, sie atmen zu sehen. Unwillkürlich hatte sich Tina nach der Attacke in die Embryonalstellung gedreht. Die Arme waren übersät mit Biss- und Schürfwunden, am Ellenbogen blutete es aus einem tiefen Loch. Das Gesicht hielt sie hinter den Händen verschanzt. Die Knie waren angezogen, doch das eine Bein blieb seltsam abgeknickt. An der Stelle, wo der Hund ihre Wade zermalmt hatte, hingen Haut- und Fleischfetzen aus der zerrissenen Hose.

»Alles vorbei, Tina«, flüsterte Durlach.

Er strich ihr vorsichtig über den Kopf. Seine Finger waren gleich blutverschmiert. Die Bestie hatte Tina auch am Hinterkopf erwischt.

»Tina!«, sagte Durlach. »Kriegst du Luft?«

In das Schluchzen mischte sich ein leises Brummen, das er als Antwort wertete. Durlach tastete rasch ihren Körper ab, spürte aber keine weiteren Verletzungen. Sie zu bewegen, wagte er nicht.

»Ich rufe einen Arzt«, sagte er schnell, zog das Handy aus der Tasche und wählte die Notrufnummer.

Alles klappte, nur Durlachs Ortsangabe verstand der Mann in der Leitzentrale nicht gleich, mit MediaCity konnte er nichts anfangen. Verzweifelt sah sich Durlach um, und sein Blick fiel auf den alten Schriftzug an der Fabrik. Ja, diesen Namen kannte der Telefonist. Gleich schickte er die Ambulanz und einen Streifenwagen auf den Weg.

Durlach hockte sich neben Tina in den Sand. Sie zitterte. Zärtlich sprach er auf sie ein. Es werde alles gut, es komme gleich Hilfe, er sei bei ihr. Tina drehte sich ein klein wenig auf den Rücken, dann nahm sie langsam die Hände vom Gesicht. Durlach war entsetzt. Der Pitbull hatte Tina in die Wange gebissen. Links unterhalb der Nase klaffte eine einzige Wunde. Die Haut war zerrissen und hing blutend wie ein dreckverschmierter Lappen bis aufs Kinn herab. Mitten aus der Wunde schillerten die Zähne hervor, zwei Reihen weißer Backenzähne. Sie verliehen dem Gesicht etwas hämisch Grinsendes.

25

»Ich mache eigentlich ganz normale Gemeindearbeit, Trauungen, Taufen, Beerdigungen. Dann haben wir bei uns eine Jungschar, Konfirmandenunterricht, Krankenbesuche. Es ist eine schöne, ja auch eine befriedigende Arbeit mit den Menschen hier. Höhepunkt unserer Altennachmittage ist übrigens mein Querflötenspiel.«

Bei dem Wort »Krankenbesuch« waren Durlachs Gedanken abgeschweift. Er hatte an Tina gedacht. Doch er nahm sich zusammen. Die Recherche war wichtig.

»Aber Sie sind doch der Sektenbeauftragte?«, fragte er.

»Ja, ja, ich bin bei uns im Kirchenkreis der Verantwortliche für Weltanschauungsfragen.« In der Nennung des Titels schwang ein unverhohlener Stolz mit. Jeder Satz, den der Mann am Telefon sprach, ließ Durlachs Bild von dem anderen deutlicher werden: Mitte dreißig, schütteres, aschblondes Haar und bleicher Teint.

»Es werden ja immer mehr Anfragen diesbezüglich an die Kirche gestellt, von besorgten Eltern oder Erziehern, aber auch von Journalisten, die sich auf dem Gebiet wenig auskennen. So wie Sie.«

Durlach überging die kleine Spitze. Dafür bekam der andere einen ausrasierten Jürgen-von-der-Lippe-Bart und eine runde, randlose Brille.

»Zu welchen Themen erhalten Sie Anfragen?«

»Zeugen Jehovas, Scientology, Buddhismus …«

»Auch zu Satanismus?«

»Okkultismus, Aberglaube, ja, ja, alles. Mein Bischof ist der festen Überzeugung, dass die diesbezügliche Gefahr bei uns noch zunehmen wird.«

»Gibt es konkrete Anzeichen für Gefahr?«

»Ja. Es gab vor einigen Jahren dazu eine Befragung von Schülern des Oberschulamtsbezirks Stuttgart, die habe ich

gerade hier liegen. Warten Sie mal.« Es raschelte nur kurz in
der Leitung, er war schnell wieder am Hörer. Sein Schreibtisch
schien aufgeräumt zu sein. »Hier ist es. Da sagen eins Komma
vier Prozent, dass sie Okkultismus kennen, drei Komma fünf
Prozent interessieren sich für Esoterik und Spiritismus, und
fünf Komma sechs Prozent der Schüler haben Gefallen an der
Grufti-Kultur. Gruftis, das sind diese Jugendlichen mit den
weißen Gesichtern und den langen schwarzen Klamotten, die
in Särgen schlafen.«

»Und was interessiert die anderen?«

»Moment mal.« Der Sektenbeauftragte hatte die Studie offensichtlich wieder zugeschlagen und musste erneut nach der
Statistik suchen. »Zum Beispiel interessieren sich vierundfünf-
zig Komma zwei Prozent für die Fitnessbewegung.«

»Dann muss uns ja nicht bange sein. *Mens sana in corpore
sano.*«

Durlach war beseelt davon, etwas humanistisches Bildungs-
gut ins Gespräch einfließen lassen zu können, nachdem er auf
dem Friedhof mit Griechisch so versagt hatte. Den Pfarrer mit
seinem Graecum steckte er im Gegenzug in Bundfaltenjeans
und ein verwaschenes Baumwollhemd von C&A.

»Ja, schon, das heißt, nein«, stammelte der Sektenbeauftragte. »Wir müssen uns doch um jede einzelne Seele kümmern,
auch die versprengten. Das ist ja unsere Pflicht.«

»Und was machen Sie als Sektenbeauftragter dafür?«

»Ich kläre ganz allgemein über Sekten auf, zum Beispiel halte
ich dementsprechende Vorträge vor Schulklassen, denen ich
aufzeige, wie man in solche Gruppen hineinstolpern kann –
nämlich über die weichen Techniken, zum Beispiel Horoskope,
Kartenlegen oder Gläserrücken – und welche Veränderungen
mit einem Menschen da ablaufen. Gehirnwäsche!«

Der Sektenbeauftragte sprach das letzte Wort mit großer
Abscheu aus. Gehirnwäsche war wohl das Schlimmste, was sich
der Pfarrer vorstellen konnte, oder noch schlimmer: Er konnte
sich überhaupt nichts darunter vorstellen, es war für ihn pure
Negation.

»Das Wichtigste ist, offen darüber zu reden. Im Grunde ist das ja auch normale seelsorgerische Arbeit«, fuhr er fort. »Von Satanismus und Schwarzen Messen fühlen sich wohl Menschen angezogen, die sonst sexuell nichts erleben. Wissen Sie, das Lesen über dieses Okkulte und den Aberglauben, das ich seit zwei Monaten mache, das ist für mich ein interessantes theoretisches Thema ...«

»Zwei Monate? Wie lange sind Sie denn schon für Weltanschauungsfragen verantwortlich?«

»Die Stelle ist vor einem Vierteljahr im Kirchenkreis frei geworden. Da habe ich mich beworben. Es muss sich ja jemand von den Pfarrern damit beschäftigen.«

»Dann sind ihre konkreten Erfahrungen mit Satanismus noch gar nicht so reichlich.«

»Ja, wenn Sie mich so fragen, mit einem echten Satanisten zum Beispiel hatte ich eigentlich noch nie etwas zu tun.«

Jetzt sah Durlach es ganz deutlich vor sich: Birkenstocksandalen. Unter dem Schreibtisch schlummerten zwei Wollsocken in Bequemschuhen mit Korkbett.

Durlach bedankte sich und legte rasch auf.

Dass er am Morgen nicht zum Drehen rausfahren, sondern einen Recherchetag einlegen würde, das hatte Durlach schon gewusst, als er gestern allein auf dem Gang des Krankenhauses saß, während Tina im OP wieder zusammengeflickt wurde.

Der Rettungswagen war schnell erschienen, kurz darauf hatte auch ein Notarzt vor dem Zaun gehalten.

»Wo ist der Hund?«, hatte der Arzt schon von außerhalb gerufen.

»Kümmern Sie sich doch erst mal um die Frau«, hatte Durlach zurückgeschrien.

»Wo ist er genau?«, hatte der Arzt wieder gerufen und fragend in der Gegend herumgefuchtelt.

Erst da hatte Durlach verstanden, dass es dem Mediziner um die eigene Sicherheit ging.

»Der Pitbull ist im Haus. Sein Besitzer hat ihn weggesperrt!«

Dann hatten sich die Helfer – wie zuvor Durlach und Tina – unter dem Zaun hindurchgezwängt und den weiten Weg über den Platz von MediaCity laufen müssen. Durlach war das Gelände über die Maßen riesig vorgekommen. Zum Glück hatten die Sanitäter gleich eine Trage mitgeschleppt. Doch statt Tina sofort darauf zu legen, tastete der Arzt sie erst einmal ab und inspizierte die Wunden.

»Sie ist transportfähig«, hatte er daraufhin entschieden.

Tinas schlaffer Körper war von den beiden Sanitätern vorsichtig auf die Trage gelupft, doch dann immer noch nicht in den rettenden Wagen geschafft worden. Der Arzt hatte sich ihren Arm vorgenommen, ihn gesäubert und ihr eine Infusionsnadel in die Armbeuge gesetzt. Durlach hatte hilflos herumgestanden und war dann im Laufschritt nebenhergerannt, als es endlich losging. Die Trage konnte auf dem holprigen Untergrund nicht gerollt werden, die Räder waren zu klein. Der Arzt war auf Tinas anderer Seite gelaufen und hatte die Infusionsflasche hochgehalten. Wenigstens den Maschendrahtzaun hatte Durlach dann anheben dürfen, als Tina darunter durchgeschleust werden musste.

Während Tina im Krankenhaus operiert wurde, wäre Durlach fast wahnsinnig geworden vor Sorge, hätte er nicht etwas Ablenkung gehabt. Bei der Aufnahme hatte Durlach zunächst noch Tinas Personalien genannt, die von einer Krankenschwester in den Computer getippt wurden. Durlach war dabei flau im Magen. Würde das Tinas letzter Tag sein? Es war so endgültig, als die Schwester gesagt hatte: »So, das war's.« Tina war zu einem Datensatz geworden, ein paar Zahlen und Buchstaben, die irgendwo im System abgelegt wurden. Hundebisse hatten Tina auf ein paar Bits oder Bytes reduziert, dachte Durlach, und wenn genug Zeit verstrichen war, würde irgendjemand auf die Delete-Taste drücken – dann war alles vorbei.

In der Ambulanz war Durlachs Schürfwunde versorgt worden. Dass er während des Kampfs selbst etwas abbekommen hatte, womöglich als er gestürzt und auf den Arm gefallen war, hatte Durlach erst im Krankenhaus registriert. Ein junger Assistenzarzt hatte die Wunde desinfiziert und ihm anschließend einen Verband angelegt.

Irgendwann waren zwei Polizisten erschienen, die sehr freundlich waren. Sie hatten ihre Mütze unter den Arm geklemmt, sich zu ihm gesetzt, um ebenfalls den Vorfall aufzunehmen. Durlach hatte nur kurz überlegt, ob er als Journalist Informationen oder Namen für sich behalten müsse, hatte dann aber alles erzählt, was er wusste, von Tretjakow, dem Pitbull Klitschko, den Bauarbeiten für Gerhard Most und ansatzweise auch von den Recherchen um MediaCity, was die Beamten jedoch nicht interessierte. Sie hatten aber versprochen, schnell nach Hund und Herrchen zu fahnden.

Schließlich war auch Angermeier mit seinem Kameramann Schrödel aufgetaucht, die hatten wieder mal von irgendeiner Polizeiwache einen Tipp bekommen. Durlach hatte zum ersten Mal in seinem Leben ein Interview gegeben. Es war seltsam. Er wusste genau, was handwerklich mit ihm geschah, dass er bewusst vor das Schild »Operationssaal« platziert wurde, dass er beim Interview auf Angermeier und nicht in die Kamera sehen durfte und dass er kurze, knackige Statements abliefern sollte.

Aber als der Polizeireporter ihm die erste Frage gestellt hatte, war das alles vergessen. Durlach war heiß geworden vor Aufregung, und er war völlig aufgewühlt. Seine Sprache hatte sich schier überschlagen. Der Schock und die Sorge um Tina ließen ihn die Erlebnisse in einem Tempo und einem Durcheinander erzählen, dass er anschließend glaubte, es sei noch nicht einmal ein einziger O-Ton brauchbar.

Dann hatte Durlach wieder warten müssen. Mehrfach hatte eine Schwester ihn aufgefordert, er solle doch nach Hause gehen, man werde ihn anrufen, doch er war geblieben. Weitere eineinhalb Stunden war Tina noch operiert worden, während Durlach von einem zweiten Schwall aus Angst und Sorge überfallen wurde. In Krankenhäusern brachen existenzielle Gedanken wie von selbst aus.

Durlach war klar geworden, dass es ganz andere Gefahren

gab als esoterische Spinnereien und okkulte Zirkel, die vielleicht gar nicht existierten. Aleister II. war nicht das Maß aller Dinge. Es gab genügend Menschen, die über Leichen gingen, die sich keinen Deut um das Schicksal anderer Leute scherten, Menschen, die ihre Hunde zu gefährlichen Kampfmaschinen ausbildeten und nach den Attacken einfach ihr Mordwerkzeug wieder anleinten und verschwanden. Und es gab Menschen, die ihre Projekte von solchen Kampfhunden und ihren nicht minder gefährlichen Herrchen schützen ließen, als ob sie etwas zu verbergen hatten. Das waren reale Bedrohungen. Denen wollte sich Durlach als Journalist stellen. Das war ihm beim Grübeln auf dem Krankenhausflur klar geworden.

Wahrscheinlich konnte er nicht gleich die große Konspiration rund um MediaCity aufdecken, aber Durlach hatte sich vorgenommen, seine Arbeit wieder als eine gesellschaftspolitische zu begreifen. Er musste wegkommen von boulevardesken Skandalgeschichten, die letztlich nur Einzelschicksale kannten, so wie sie Angermeier produzierte. Weg mit all jenen Storys, die nur den privaten Voyeurismus des Zuschauers bedienten! Das war in einer Redaktion wie TVS schwer genug.

Als Erstes wollte Durlach nun der Geschichte mit der Schwarzen Messe auf den Grund gehen und die Story nicht länger am Köcheln halten, bloß weil man bei TV Schwaben auf die Einschaltquote schielte. Seit dem zweiten Zusammentreffen mit Aleister war sich Durlach sicher: Der Satanist log. Er war beim Mord an Nino gar nicht anwesend gewesen. All die Details, die Aleister II. dazu erwähnt hatte, stimmten nicht mit dem überein, was er selbst in der Todesnacht gesehen hatte. Es wäre ein Leichtes, Aleister öffentlich als Lügner zu entlarven, Durlach müsste nur die Aussagen aus dem Interview den Bildern aus Rotundas Wohnung gegenüberstellen. Aber er besaß die Blu-ray nicht mehr, ganz abgesehen davon, dass er sie nicht hätte verwenden dürfen.

Verbissen hatte Durlach sich deshalb vorgenommen, den Satanisten auf andere Weise zu erledigen – durch seriöse Informationen über die Sekten- und Okkultismusszene.

War diese satanistische Gilde nicht ein Hirngespinst? Warum hatte sich Aleister beim Interview so weit nach vorne gewagt? Aus Geldgier? Aus Wichtigtuerei? Konnte man das nachweisen?

Durlach war geradezu überzeugt davon, dass Rotunda und Aleister überhaupt nichts miteinander zu tun hatten. Es war eine boulevardjournalistische Seifenblase, die er zerplatzen lassen wollte. Tinas Satz, er müsse die Ungereimtheiten an der Satanistenstory aufdecken, war für ihn zu einem Auftrag, fast zu einer Mission geworden.

Durlach stützte den Kopf auf die Hände und betrachtete nachdenklich die leere Seite auf seinem Tablet. Mit seinem ersten Telefongespräch war er offensichtlich gescheitert. Er drehte sich zum Fenster, schloss die Augen und ließ sich das Gesicht von der Frühlingssonne bescheinen. Die Wärme half unmittelbar. Gleich krempelte Durlach die Ärmel hoch, um sich selbst Tatkraft zu signalisieren, und wählte die Nummer der Polizei-Pressestelle. Nach kurzem Geplauder sicherte Trabold ihm einen Rückruf des Satanismus-Experten zu, er solle im Gegenzug nur der Moderatorin Kerstin Schneider einen herzlichen Gruß bestellen. Durlach versprach es. Er war zufrieden. Schon nach wenigen Minuten klingelte das Telefon.

»Brandt, Jugenddezernat Stuttgart.«

»Schön, dass Sie so schnell anrufen. Es geht um Satanismus …«

»Die Schwarze Messe vom Freitag? Ich habe Ihren Bericht im Fernsehen gesehen. Coole Bilder.«

Brandts Stimme war tief, aber sie klang scharf. Durlach kam gleich zur Sache.

»Gab es denn in der letzten Zeit sonst noch Auffälligkeiten, die irgendwie auf Satanismus hindeuten?«

»Da wären Sie bei mir schon richtig, bei uns laufen nämlich alle diesbezüglichen Meldungen zusammen. Aber in den letzten paar Jahren sind uns kaum Vorfälle in dieser Richtung gemeldet worden. Sorry.«

»Seit wann kennen Sie solche Phänomene?«

»Satansjünger gibt es in Stuttgart schon seit den Siebzigern. Aber es war immer schwer, einen Einblick in die Szene zu bekommen. Wenig Fälle, kaum Aussteiger, die sich bei uns ausheulen. Letztlich bleiben die Satanisten auch für die Polizei ein Mysterium. Man könnte auch sagen: ein schwarzes Loch.«

Brandt lachte dumpf. Durlach war sich nicht ganz sicher, ob in dem Ton auch Verbitterung mitschwang – Berufszynismus war bei Polizisten mindestens ebenso häufig anzutreffen wie bei Journalisten.

»Wie hat sich die Szene, soweit Sie das einschätzen können, denn entwickelt?«

»Das ist um den Jahrtausendwechsel etwas aufgeblüht, dann wieder abgeflaut. Aber das Einstiegsalter in die Grufti-Szene ist deutlich gesunken, die Kids sind teilweise erst elf, zwölf Jahre alt.«

»Ist das nicht bedenklich?«

»Wir dürfen das nicht dramatisieren, wie das leider einige Ihrer Kollegen machen, Herr Durlach. Die spielen einzelne Phänomene hoch, bauschen sie auf, was auch an der Materie liegt, das ist schon klar. Eine Szene, die sich selbst mit Geheimnissen umgibt, ist ein gefundenes Fressen für den Kolportage-Journalismus.«

Brandt brummte etwas vor sich hin, vielleicht um sich wieder abzureagieren, dann fuhr er fort: »Letztlich ist Satanismus die Mode einer kleinen Gruppe. Geiler Look, weiße Schminke, schwarze Roben, ein paar Gothic-Schmuckstücke, dazu Black Metal hören – und irgendwann ist wieder Schluss damit. Es ist doch eine tolle Art, seine Andersartigkeit zu demonstrieren. Ich konnte meine Eltern noch mit langen Haaren und den Beatles schocken. Und den Stones natürlich. Es reichte ›Sympathy for the Devil‹ zu hören, selbst mit dem Teufel sympathisieren musste ich nicht.« Er lachte über seine geistreiche Bemerkung und sagte dann: »Heute ist doch fast alles erlaubt, da braucht es schon ein etwas größeres Kaliber, um sich abzuheben.«

»Gibt es denn in Stuttgart regelmäßig Schwarze Messen?«

»Der Pragfriedhof ist wohl so eine satanistische Kultstätte.

Aber wirklich häufig kommt das nicht vor. Da müssen wir die Kirche schon im Dorf lassen.«

Brandt machte eine Kunstpause, um die Bemerkung, die er sicher nicht zum ersten Mal machte, wirken zu lassen.

»Können Sie Beispiele nennen?«

»Aus dem letzten Jahr sind uns lediglich fünf Vorfälle bekannt, bei denen Satanismus nicht auszuschließen ist. Eher Kleinigkeiten. Hier und da taucht ein Graffiti auf: ›Satan‹ oder ›Gott ist tot‹. Mal stehen ein paar schwarze Kerzenstummel auf einem Grab. Aber man muss sehr vorsichtig sein: Es ist nämlich nicht alles Satanismus, was auf Friedhöfen merkwürdig wirkt. Ein alter Grabstein kann mal umfallen, weil sich der Untergrund bewegt hat. Und nicht jedes tote Tier, das auf einem Grab liegt, ist eines rituellen Todes gestorben. Friedhöfe sind wichtige innerstädtische Biotope, da verendet schon mal eine Maus oder Ratte oder Katze.«

»Und Aleister?«

»Sie meinen Aleister Crowley?«

»Nein, Aleister II. aus Stuttgart.«

»Sorry, den kenne ich nicht. Wer soll das sein, Herr Durlach?«

»Es ist der Grufti, den ich filmen konnte.«

»Nein, leider nicht.«

»Und dessen Gilde der 666?«

»Ist mir noch nicht untergekommen.«

»Aber das ist wohl der Informant der Bild. Und er behauptet, etwas mit Nino Rotundas Tod zu tun zu haben.«

»Selbstverständlich habe ich den Artikel gelesen. Aber den Namen Aleister II. höre ich von Ihnen zum ersten Mal.«

Durlach wollte einwenden, dass das nicht stimmen könne, schließlich hatte er Aleisters Handynummer von Trabold, Brandts Kollegen, bekommen. Und wenn wirklich alle Informationen über Satanismus im Jugenddezernat zusammenliefen, dann müsste Brandt auch Aleister längst kennen. Doch Durlach schwieg, denn die Telefonnummer war ihm ja nicht ganz offiziell zugeschanzt worden.

193

Außerdem hatte Brandts Bassstimme bei den letzten Antworten einen unwirschen Unterton angenommen. Er erklärte, man werde der Spur jetzt verstärkt nachgehen, er müsse darüber die Soko Soap unterrichten. Dann begann er sich zu entschuldigen, viel mehr könne er ihm nicht sagen, er habe noch einen Termin, nein, einen O-Ton könne er nicht geben, für ihn habe das Telefonat rein informellen Charakter gehabt, vielleicht könne Durlach ja die Religionswissenschaftlerin Spornberger-Klemm als Studiogast gewinnen, regte er noch an, die kenne sich aus. Dann war das Gespräch beendet.

Sendung	Regionalmagazin TV Schwaben
Serie	Kult-Killer – Folge 6
Titel	**Satanismus/Aleister**
Autor	E. Durlach
Datum	Dienstag, 26. April
Länge	1'30''

Bild + Töne	Text
Aleister II. am Grab, das Kreuz nah Aleister betet murmelnd, schlägt das Kreuz von unten, trinkt Blut Bedrohliche Musik	Eine Schwarze Messe auf dem Pragfriedhof in Stuttgart. Ein geheimes Ritual. Gräber werden geschändet und mit schwarzen Tüchern bedeckt. Ein Kruzifix wird herausgerissen und verkehrt herum in die Erde gesteckt. Dann trinkt der Satanist echtes Blut. War bei solchen Zeremonien auch der Schauspieler Nino Rotunda dabei?
Aleister taucht zum Interview auf, setzt sich an den Tisch	Verantwortlich dafür soll eine Gruppe von Teufels-Anbetern sein. Ihr Anführer nennt sich Aleister II. Er hat TV Schwaben ein exklusives Interview gegeben.
O-Ton **Aleister II.** Satanist	*»Wir sind die Gilde der 666.«* *»Der Planet des Todes, Saturn, offenbart uns die Geheimnisse des Göttlichen.«* *»Das Jahrtausend des Satans ist gekommen.«*
Autogrammkarte Nino, langsame Zufahrt Bedrohliche Musik	Nino Rotunda war Mitglied der Gilde, behauptet der Satanistenchef. Und der Schauspieler soll in Ungnade gefallen sein.

O-Ton Aleister II. Satanistenchef	*»Nino fehlte die bedingungslose Hingabe. Nino war ohne Hass und schwarze Seele.«*
Schwarze Messe, weitere Einstellungen	Wie Nino Rotunda in ihren Augen schuldig wurde, wollen die Satanisten nicht sagen. Die rituelle Strafe aber war grausam und letztlich tödlich.
O-Ton Aleister II. … ist er ein Mörder?	*»Verdammt seien die Mitleidvollen. Töte und foltere! … Ich musste die Zeremonie überwachen … Das flammende Lichtschwert musste in ihn fahren. Nino wurde durchsichtig und phosphoreszierend.«*
Grabkreuz bei Schwarzer Messe, langsame Zufahrt	Starb Nino Rotunda vor dem umgekehrten Kreuz? Hatten die Satanisten wirklich Macht über Leben und Tod? Oder ist ihr Mordbekenntnis nur Hochstapelei?

26

»Wir müssen schon die drei Spielarten des heutigen Satanismus unterscheiden. Das ist mir sehr, sehr wichtig. Nur wenn wir sauber definieren, sind wir überhaupt in der Lage, die einzelnen Phänomene zu unterscheiden, und das wiederum ist Grundvoraussetzung dafür, sie begreifen zu können.«

Durlach fühlte sich bei diesen Worten in ein Proseminar zurückversetzt. Er wusste, dass es nicht einfach würde.

»Gerade in den Medien wird so viel durcheinandergewirbelt«, fuhr Spornberger-Klemm fort.

Die Religionswissenschaftlerin mochte eine Koryphäe auf ihrem Gebiet sein, aber Fernseherfahrung hatte sie wenig. Durlach war schon nach dem gestrigen Recherchegespräch klar gewesen, dass er die Professorin dazu bringen musste, kurz und möglichst umgangssprachlich zu antworten. Dann könnte das Live-Interview ein Knüller werden. Zumindest die Optik stimmte. Als er Spornberger-Klemm nämlich an der Pforte abholte, war er von ihrem Äußeren mehr als überrascht gewesen. Sie war eine drahtige Vierzigjährige, die offenbar viel Zeit im Fitnessstudio verbrachte. Ihr Gang war so dynamisch, dass ihr Durlach auf dem Weg zur Maske kaum folgen konnte. Sie trug einen glatt-schwarzen Boss-Woman-Anzug und ein anthrazitfarbenes T-Shirt darunter. Die Haare waren schwarz, wohl gefärbt, und zu einem kurzen asymmetrischen Bob geschnitten. Links am Ohr blitzte eine silberne Kreole mit einem angehängten Kreuz auf.

»Weil wir so wenig Zeit im Studio haben«, sagte Durlach, als Spornberger-Klemm auf dem Stuhl der Maskenbildnerin saß, »sollten wir die Fragen, die die Moderatorin Frau Schneider stellen wird, sehr genau absprechen.«

»Selbstverständlich.«

»Ich habe Ihnen ja von der Schwarzen Messe auf dem Pragfriedhof erzählt. Davon werden wir zunächst noch einmal

Bilder einspielen. Sie, Frau Spornberger-Klemm, sollen anschließend im Interview aufschlüsseln, um welche satanistische Spielart es sich handelt.«

Durlach fasste kurz zusammen, was auf seinem Einspielfilm zu sehen sein würde.

»Da fällt mir selbstverständlich eine ganze Menge dazu ein«, legte Spornberger-Klemm los, während ihr die Augen geschminkt wurden. »Sie wissen ja, dass die Schwarze Messe eine Umkehrung des christlichen Ritus ist. Teilweise wird jede einzelne Phase der christlichen Liturgie verkehrt. Dafür spricht das auf den Kopf gestellte Kruzifix. Manche Satanisten haben sogar Messbücher und Messpulte, andere verlangen, dass die Zeremonie auf dem Körper einer nackten Frau abgehalten wird.«

»Und auf einem Grab?«

»Auch eine Polemik gegen das Christentum. Genauso wie das viele Schwarz: Tuch, Kerzen, Kapuzen. Und der Kot. Exkremente sind unter Satanisten eine gebräuchliche Form der Entweihung christlicher Stätten.«

»Das wollten wir im Film auslassen.«

»Verständlich. Ist ja auch Abendessenszeit«, sagte Spornberger-Klemm spöttisch.

Sie verzog dabei keine Miene, was auch daran lag, dass ihr gerade Make-up aufgetragen wurde. Dafür grinste Durlach. Die Professorin schien nicht so steif zu sein, wie er gedacht hatte.

»Was ist mit dem fünfzackigen Stern?«, fragte er weiter.

»Das Pentagramm versinnbildlicht das Antlitz Satans, mit dem Ziegenbart unten und den zwei Hörnern oben. Überhaupt scheint der Ablauf sehr rituell, festgelegt bis ins Kleinste, das Schlagen des satanistischen Kreuzes vor der Brust von unten nach oben, das Niederknien, das pervertierte Abendmahl mit dem Trinken von Blut sowie die Gebete und Anrufungen.«

»Die Gebete sind bei unseren Aufnahmen leider kaum zu verstehen«, räumte Durlach ein. »Das Kameramikrofon war zu weit entfernt.«

»Selbst wenn Sie es akustisch verstanden hätten, würde ich

bezweifeln, dass Sie es hätten dechiffrieren können, Herr Durlach. Die Sprache der satanistischen Gemeinschaften besteht aus einer Menge von fremdsprachlichen Formeln, Kunstwörtern und Symbolbegriffen. Es ist eine Fachsprache, in die sich selbst Okkultismus-Aspiranten erst einarbeiten müssen.«

»Ist so eine Schwarze Messe nicht sehr berechenbar, immer gleich?«

»Richtig, Herr Durlach. Die Ästhetik des konventionell-reaktiven Satanismus ist die Einlösung ihres eigenen Klischees.«

Durlach befürchtete, das Gespräch könne ins allzu Theoretische abgleiten. Er musste die Religionswissenschaftlerin zurück zum Gegenständlichen führen.

»Und was spricht ganz konkret dagegen, dass wir es hier mit einer Schwarzen Messe zu tun haben?«

»Dass nur eine Person daran teilgenommen hat.«

»Aber es gibt doch auch katholische Messen, die Pfarrer oder Mönche nur für sich allein zelebrieren.«

»Stimmt«, beschied Spornberger-Klemm anerkennend. »Doch bei der satanistischen Messe kommt einiges zusammen, sinnliche Wahrnehmung, kognitive Prozesse, Emotionen, das alles verbindet sich zur Manifestation einer satanistischen Wirklichkeit. Und dazu gehört unbedingt auch die soziale Komponente. Oder einfach gesagt: das Gruppenerlebnis im Ritus. Gemeinsam sind wir Satanisten stark.« Sie machte eine kleine Pause, damit sich der Merksatz setzen konnte. »Dieser gruppendynamische Prozess fehlte ja bei Ihrem Beispiel.«

»Kennen Sie die Gilde der 666?«

»Nein. Die kenne ich noch nicht. Aber das ist kein Wunder. Bei uns in Deutschland gibt es keine offiziell arbeitenden satanistischen Kirchen wie etwa in den USA. Hier bleiben die Gruppen geheim, und das kommt auch der allgemeinen Privatisierungstendenz von Religionsformen entgegen.«

»Ihr Führer heißt Aleister II.«

»Der nennt sich nach Aleister Crowley. Den können wir mit Fug und Recht als Urvater des Neosatanismus bezeichnen. Er hat sich als ›das Tier 666‹ nach der Apokalypse des

Johannes bezeichnet. Crowleys religionsfeindliche Schriften sind ein Muss für alle Satanisten. Sein Motto lautete: ›Tu, was du willst‹, das bedeutet: reiner Wille als Prinzip, um die eigene Göttlichkeit zu erfahren. Und so hat er auch gelebt: Orgien, alle Arten von Rauschgift und Blutzeremonien. Wenn Sie so wollen: Sex and Drugs and Rock 'n' Roll in satanistischem Moll.«

»Und die Inhalte von Aleister II.?«, fragte Durlach.

So gut es ging, referierte er einige Passagen des Interviews.

»Ich merke, Herr Durlach, dass Sie vieles von dem, was dieser Satanist gesagt hat, nicht verstanden haben. Aber ich kann Sie beruhigen. Ich habe es im Grunde auch nicht kapiert, obwohl ich selbstverständlich fast alle Ingredienzen dieses Religionscocktails kenne. Fangen wir bei Saturn an. Es ist der Planet mit der längsten Umlaufbahn um die Sonne, rund neunundzwanzig Jahre, er galt lange als die sichtbare Grenze des Sonnensystems. Deswegen symbolisiert er die Schwelle zwischen innen und außen, zwischen Diesseits und Jenseits. – Aber das wird jetzt wohl fürs Fernsehen zu grundsätzlich.«

Die Professorin zwinkerte belustigt der Maskenbildnerin zu, die gerade die Brauen mit einem kleinen Pinsel nachzog.

»Schon«, antwortete Durlach erleichtert. »Halten Sie es für möglich, dass ein Schauspieler in so einer Gruppe landet?«

»Sie meinen diese Kult-Killer-Geschichte aus der Bild. Viele Satanisten leben ganz normal in bürgerlichen Milieus, die sind Metzger, Elektriker oder Angestellte. Warum sollte nicht auch ein Schauspieler darunter sein.«

»Und könnte jemand wie Nino Rotunda in der Gilde der 666 hängen geblieben sein?«

»Das kann ich kaum beurteilen, weil ich diesen Schauspieler nicht kenne. Aber solche Sekten sind recht trickreich, Leute an sich zu binden. Die potenziellen Mitglieder werden erpressbar gemacht, indem sie gleich zu Beginn als Loyalitätsbeweis strafbare Handlungen begehen müssen: Grab- oder Kirchenschändungen oder die Beschaffung von Opfertieren etwa durch Einbrüche in Schlachtereien. Sehr beliebt ist bei Satanisten auch ein Ekeltraining. Sie müssen rohes Fleisch essen oder rohe Innereien, manchmal sogar von lebenden Tieren.«

»Wie im ›Dschungelcamp‹«, warf die Maskenbildnerin ein.

»So ähnlich«, antwortete ihr Spornberger-Klemm direkt.

»Sie müssen auch Blut und Urin trinken oder Scheiße fressen.«

»Können wir diese Beispiele auch weglassen?«, sagte Durlach rasch.

»Selbstverständlich.«

Wieder ein ironisches Zwinkern der Professorin, die Maskenbildnerin zwinkerte zurück.

»Kann ein Satanist so in Ungnade fallen, dass er wie Nino Rotunda von den anderen umgebracht wird?«

»Es gab schon Morde, ja. Denken Sie an den Ritualmord an diesem Sandro in Sangerhausen. Man darf die Szene auf gar keinen Fall verharmlosen.«

»Dazu passen auch Aleisters Äußerungen, Nino musste zertreten werden, weil er ein Schmarotzer war.«

»Ja, das ist für Satanisten typischer Sozialdarwinismus. Trotzdem glaube ich nicht recht daran, Herr Durlach. Wissen Sie, was mich am meisten daran stört? Die Öffentlichkeit. Satanisten verstehen sich eigentlich immer als Geheimlogen, sie bewahren gegenüber Nichtmitgliedern absolutes Stillschweigen. Selbst ihren Adepten entschlüsseln sie ihre Geheimnisse nur schrittweise. Da kommt es mir schon seltsam vor, dass Ihr Aleister sein Schweigegelübde bricht und sich sogar bei einer Art Schwarzen Messe filmen lässt. Und dann prahlt er auch noch mit dem Mord an dem Schauspieler. Das passt nicht zusammen.«

»Könnte es nicht Bekennermut sein?«

»Einen Mord hängt man selbstverständlich nicht an die große Glocke. Man gesteht doch nur, wenn man erwischt wurde, und nicht, um die Polizei auf sich aufmerksam zu machen. Vorausgesetzt, der Betreffende ist nicht blöd. Und nach all dem, was Sie erzählt haben, ist dieser Aleister recht intelligent. Nein, je länger ich es mir überlege, desto mehr komme ich zu dem Ergebnis, dass die Geschichte hinten und vorne nicht stimmt.«

»Vielleicht ist Aleister II. der Polizei längst bekannt.«

»Sie sehen wieder Gespenster, das ist für Journalisten typisch.« Spornberger-Klemm lachte. »Wenn der wirklich der Zeremonienmeister eines Ritualmordes gewesen wäre, hätte ihn die Polizei längst festgenommen. – Doch, klar und deutlich gesagt: Ich glaube, dieser Satanist ist ein kleiner Wichtigtuer.«

»Und das würden Sie als Studiogast auch genauso wiederholen?«

»Selbstverständlich.«

Durlach war sehr zufrieden. Darauf sollte das Studiogespräch hinauslaufen. Genau in diesem Moment nahm die Maskenbildnerin den Überwurf von der Professorin und wünschte ihr viel Glück.

»Eine Frage hätte ich noch, Herr Durlach«, sagte Spornberger-Klemm, als sie vom Schminkstuhl aufstand. »Könnte ich vielleicht eine Kopie von dem Film mit der Schwarzen Messe bekommen? Natürlich zu rein wissenschaftlichen Zwecken.«

Es schien in dieser Geschichte wohl üblich, dachte Durlach, dass permanent Discs hin und her wanderten.

»Das ist sicher möglich«, antwortete Durlach konziliant.

27

Das Navi lotste Durlach und Tom durch ein Dorf im Speck-
gürtel Stuttgarts. Den kleinen Ortskern mit Fachwerkhäusern
umgaben mehrere Wohngebiete aus den achtziger und neunzi-
ger Jahren, die das Dorf auf ein Vielfaches seiner ursprünglichen
Größe aufblähten. Schlafstätten für die arbeitende Bevölkerung
der Landeshauptstadt.

Schon von Weitem fiel auf, dass die Giebelneigung des
Wohngebiets im Bebauungsplan einheitlich festgelegt worden
war. Durlach schätzte den Winkel auf achtunddreißig Grad.
Auch darunter herrschte Konformismus: wo man hinsah, gleiche Grundstücksgröße, gleiche Gebäudefläche und die gleiche
Anordnung von Haus, Garten und Vorgarten. Da war nichts
mehr zu machen. Auch wenn schon mit Fertigstellung der
Häuser die Unzulänglichkeiten der Bauvorschrift offenkun-
dig wurden: ein Speicher zu hoch, um nur zu kriechen, und zu
niedrig, um darin aufrecht zu sterben.

Gleich nach dem Erstbezug musste hier die Zeit des Dach-
stuhlausbaus angebrochen sein, wobei sich der gewachsene
Platzbedarf der Bewohner und der schwäbische Drang zum
Häusle-Bauen gemeinsam Bahn brechen konnten.

Demzufolge entdeckte Durlach von der Dachkante aufwärts so etwas Ähnliches wie Individualismus: Einige Besitzer
hatten große Gauben eingesetzt, andere hatten sich schlicht
mit Flachfenstern beholfen, einer gleich das halbe Dach abge-
tragen, um einen riesigen Wintergarten zu schaffen. Ein paar
Solarzellen schillerten schwarz-bunt neben den Schornsteinen.
In einem dieser ausgebauten Dachgeschosse residierte die Präsidentin.

»Ihr Ziel liegt auf der linken Seite«, sagte Tom noch vor
dem Navi und trat heftig auf die Bremse. »Was drehen wir hier
genau?«

»Heder will trauernde Fans«, antwortete Durlach.

»Der Chef war gestern vielleicht sauer nach dem Interview mit dieser Religionswissenschaftlerin.«

»Ja, weil sie die schöne Theorie widerlegt hat, Aleister II. und seine Gilde hätten Rotunda auf dem Gewissen. Heder hätte das Thema Schwarze Messe gern noch breiter ausgewalzt. Trotzdem musste er mir zu dem Scoop gratulieren.« Durlach grinste. »Aber er will ja unbedingt, dass die Kult-Killer-Serie bei TVS weitergeht.«

Durlach empfand den heutigen Film als Pflichtprogramm. Die Kür war, den Rotunda-Mord aufzuklären. Was Corrie und Gerhard Most mit der Sache zu tun hatten, interessierte ihn nach wie vor brennend, doch wollte er sich keinen Ärger mit Müller-Wölbert einhandeln, indem er weiter in diese Richtung recherchierte. Da kam ein Beitrag über trauernde Fans gerade recht. Und vielleicht erfuhr er Neues über die Person des Mordopfers.

Tom klingelte an der Haustür.

»Die Clubarbeit mache ich oben«, sagte die Präsidentin gleich nach der Begrüßung, führte sie eine Holztreppe hinauf und öffnete die Tür.

Tom drückte sich an den beiden anderen vorbei und warf einen Blick in das Arbeitszimmer des Clubs.

»Sollen wir den Gang gleich mitdrehen?«, fragte er.

»Gute Idee«, sagte Durlach. Er bat die Präsidentin wieder hinunter und erklärte: »Bevor wir zum Interview kommen, Frau Lenz, würden wir gerne filmen, wie Sie den Raum betreten.«

»Sie können ruhig noch Du zu mir sagen.« Die Präsidentin lächelte etwas verlegen. »Ich bin nämlich erst fünfzehn.«

»Ach so.«

»Ich sehe älter aus, gell.«

Durlach nickte zustimmend. Die Präsidentin des Nino-Rotunda-Fanclubs war zwar groß, doch alles andere als schlank, was vor allem am Sitz ihrer Kleidung auffiel, zumal der Schnitt der zurzeit angesagten Streetware auf Kleidergröße vierunddreißig ausgelegt war. Ihre Haare dämmerten irgendwo zwischen Dunkelblond und Mittelbraun, im Haaransatz der Stirn zeigten sich Aknepickel, die sie nicht überschminken konnte. Ansonsten hatte sie reichlich Make-up und Puder aufgelegt, trotzdem glänzten ihre Gesichtszüge. Das Mädchen war prädestiniert für eine Vorher-nachher-Show, obwohl der Erfolg von neuem Outfit, Frisur- und Schminktipps zweifelhaft war.

»Also, äh, Melissa, das ist ganz simpel. Du gehst einfach da hoch, mein Kameramann, also der Tom, folgt dir. Du gehst rein und zeigst in deinem Zimmer spontan auf ein, zwei Dinge und erklärst, wie sie mit Nino zusammenhängen.«

»Mach ich gern.«

»Fein«, sagte Durlach, und als alles bereit war, rief er: »Und bitte!«

Das Mädchen stapfte die Treppe hinauf, öffnete die Tür einen Spalt und schlüpfte hindurch. Tom, der ihr dicht mit geschulterter Kamera gefolgt war, knallte beinahe mit dem Objektiv gegen die Türkante.

»Stopp! Wir müssen das noch einmal machen, Melissa. Du musst die Tür ganz weit aufmachen, damit der Tom gut durchkommt.«

Die Präsidentin verstand und kam wieder herunter.

»Und bitte!«

Erneut stieg sie die Stufen empor und haute diesmal die Tür gegen die Wand, dass es knallte.

»Melissa, bitte nicht so laut.«

»Sorry«, flötete sie. »Jetzt klappt's bestimmt.«

Das Mädchen kam wieder die Treppe herunter. Beim dritten Versuch öffnete sie die Zimmertür so bewusst vorsichtig, dass es aussah, als würde sie zu einer Standwaage ansetzen, diese aber ob ihrer Leibesfülle nicht ganz schaffen. Sie strauchelte, und es hätte nicht viel gefehlt, dass sie hingefallen wäre.

»Melissa, das sah eben ein bisschen künstlich aus«, sagte Durlach lapidar.

»Ich hätte nie gedacht, dass es so schwer ist, eine Tür zu öffnen«, sagte die Fanclub-Präsidentin schwer atmend.

»Alles auf Anfang. – Und bitte!«

Endlich war die Szene abgedreht, und Durlach betrat das ausgebaute Dachgeschoss, in dem die Präsidentin des »Nino-Rotunda-Fanclubs Deutschland« residierte. Melissa ließ sich erschöpft und zufrieden in einen kleinen Rattanschaukelstuhl fallen. Durlach sah sich um: eine Jugendzimmerkombination in Pink und Weiß, eine Wand mit grafischer Blumentapete, eine andere mit Bilderrahmen gepflastert, in denen sich Landschaften, Tiere und immer wieder Nino Rotunda abwechselten.

»Das ist mein ganzer Stolz«, sagte Melissa und kam mit dem Stuhl ganz nach vorne, allein der Schmelz in ihrer Stimme hatte schon die gleiche Aussage wie ihre Worte.

Sie zeigte auf das Bett in der Ecke, auf dessen geblümter Tagesdecke Nino Rotunda lag. Sein Oberkörper war nackt. Er hatte sich auf die Seite gedreht und den Ellenbogen aufgestützt. Sein Kopf ruhte in der Hand, dass die schwarzen Locken über die Finger fielen. Ja, Nino hatte seine Haare wieder. Keine Schwarze Messe, kein geheimnisvoller Kult, kein Killer hatten ihre Spuren an diesem Körper hinterlassen.

»Das Wandtattoo hab ich extra von einem Internet-Shop machen lassen«, sagte Melissa. »Finden Sie nicht auch, Herr Durlach, dass Nino einen megageilen Body hat?«

»Ja, schon.«

»Ich finde Nino den *sexiest man alive, ever.* Da geht keiner drüber. Zac Efron und Justin Bieber können da echt einpacken«, plapperte Melissa altklug weiter und schaukelte. »Glauben Sie auch, Herr Durlach, dass die körperliche Anziehung das Wichtigste ist? Ich bin fest davon überzeugt. Ich könnte nie mit einem Mann schlafen, der nicht geil aussieht, eigentlich nur mit jemandem, der total so aussieht wie Nino. Ich glaube, so jemanden finde ich nie. Ich habe mir schon überlegt, ob ich nicht jetzt Single bleiben muss. Aber das ist nicht schlimm. Sind Sie Single, Herr Durlach?«

»Ja.«

»Das ist doch gar nicht so schlimm, wenn man Single ist, gell, man muss nur wissen, zu wem man gehört. Dann ist man nie allein. Ich weiß, zu wem ich gehöre. Für immer und ewig.«

Das Mädchen sah hingebungsvoll zu ihrem Nino hinüber. Durlach fragte sich, ob alle Teenager über ihre Gefühle und ihre Sexualität so redeten wie die Psycho-Exhibitionisten der Script-Dokus im sogenannten Reality-TV.

»Sie haben doch jetzt diese ganzen Filme über den Mord gemacht, Herr Durlach. Stimmt es eigentlich, dass man im Moment seines Todes noch einmal alle Bilder seines Lebens an sich vorüberziehen sieht?«

»Ich bin noch nicht gestorben.«

»Wie?«

»Ich meine, ich arbeite beim Fernsehen ja nur mit realen Bildern.«

Melissa wippte über die Ironie in Durlachs Antwort hinweg.

»Ich stelle mir diese letzten Bilder immer wieder vor: Ich sehe, wie er geboren wurde. Seine Mutter muss megaglücklich gewesen sein. Ich sehe, wie er in der Schule war, immer gut. Wie er zum ersten Mal Auto fährt.« Sie schaukelte heftiger, jedes Wippen wurde zu einem weiteren Lebensbild. »Dann sehe ich, wie er die Jury bei dem Schönheitswettbewerb begeistert hat. Wie er das erste Shooting macht. Wie er dann von LelaLila entdeckt wurde. Wie er Autogramme gibt.« Melissas Stimme wurde leiser. »Wie er und die anderen Schauspieler bei LelaLila Spaß haben. Wie er abends auch mal allein zu Hause ist und megatraurig ist.«

Sie verstummte. Nur der Schaukelstuhl quietschte. Durlach wusste, dass dieses Mädchen sich bestimmt den Sonderband mit Rotunda-Fotos kaufen würde, den Jeanette Diers gerade vorbereitete. Dass weder in dem Buch noch in Melissas Vorstellung ein essender und trinkender Nino vorkam, erst recht keiner bei noch intimeren Tätigkeiten des Alltags, wunderte Durlach nicht. Das Bild von Nino, wie es offiziell kultiviert wurde, blieb aller eigentlichen Lebensfunktionen beraubt.

»Waren Sie wirklich schon bei den Dreharbeiten dabei, Herr Durlach?«

»Ja.«

»Megageil. Das hab ich mir immer gewünscht, einmal zugucken dürfen oder vielleicht sogar einmal als Statistin auftreten. Wenn ich einen Wunsch frei gehabt hätte, hätte ich gesagt: Ich will einmal als Postbotin in der Agentur sein und Sven Krämer ein Paket bringen. Das wäre echt geil. Neben Nino im Fernsehen. Da wäre ich gestorben für.«

»Was glaubst du, Melissa, wie geht es bei ›Leben lassen – Lieben lassen‹ weiter?«

»Das ist unserem Fanclub egal. Für mich ist LelaLila jetzt gestorben. Seit Nino tot ist, brauch ich die ganze Serie nicht mehr. Ich schau mir noch die letzten Folgen an, in denen er mitspielt, und dann ist Schluss. Was soll denn eine Soap ohne ihn? LelaLila hat seinen besten Schauspieler verloren, jetzt ist die Soap nicht mal mehr halb so gut. Da schaut man doch besser Videos auf YouTube, gell.«

»Was ist, wenn die Rolle des Sven bei ›Leben lassen – Lieben lassen‹ weiterexistiert, wenn sie einfach neu besetzt wird?«

»Das geht nicht. Das können die nicht machen!«

Melissa stoppte sofort ihr Wippen, indem sie heftig die Füße auf dem Boden absetzte. Die Lehne des Schaukelstuhls hielt sie fest umklammert. Durlach hatte etwas für sie Unglaubliches ausgesprochen.

»PosiTV, die Produktionsfirma, denkt aber darüber nach.«

»Das wäre doch Betrug.«

»Du meinst, die Rolle ist entjungfert?«

»Was?«

»Ähm, das sagt Kasperczak, also der Produzent von Lela-Lila, er meint, vielleicht könne man Nino ersetzen.«

»Nein. Der ist doch megaeinmalig. Einen zweiten Nino, das glaube ich einfach nicht. Ich würde die Serie boykottieren.«

»Und dein Fanclub? Wie würde der sich verhalten?«

»Totaler Boykott. Da bin ich ganz sicher, Herr Durlach. Wir sind doch Fans von Nino Rotunda und nicht von Sven Krämer. Das sieht der ganze Club so. Außer Lisa-Maria. Aber die ist sowieso voll der Asi, eine megaeingebildete Schlampe ist das.«

Die wüste Beschimpfung machte die Geschichte interessant.

»Ist Lisa-Maria Mitglied in eurem Fanclub?«

»Sie war es. Wir haben sie rausgeworfen.«

Für Melissa als Präsidentin war der Ausschluss offenbar das Äußerste an vorstellbarer Strafe. Sie stemmte sich auf den Armlehnen auf, um ihren Worten mehr Gewicht zu verleihen.

»Was hat sie denn getan?«

»Sie hat gefälscht und gelogen. Erbärmlich. Lisa-Maria hat nach Ninos Tod gefälschte Autogramme in Umlauf gebracht. Wir haben uns im Club alle mega geärgert. Das hat doch jeder gesehen, dass es nicht seine Schrift war. Viel runder, gar nicht so hart und männlich, wie Ninos Schrift sonst war. Aber Lisa-Maria hat abgestritten, dass sie die Autogramme selbst geschrieben hat. Dabei hatte sie sogar ihren eigenen Füller benutzt. Und als Erklärung hat sie uns dann erzählt, dass sie Nino vor seiner Wohnung getroffen hat, und er hätte sich fürs Autogramm ihren Füller ausgeliehen. Voll der Quatsch. Das war total gelogen.«

»Sind die Autogramme denn so wichtig?«

»Klar. Es gibt doch keine mehr. Ich habe bei LelaLila angerufen und noch Autogrammkarten bestellt. Aber die sind alle weg. Es gibt nur eine gewisse Zahl von echten Nino-Rotunda-Autogrammen. Da kommen nie mehr welche dazu. Die steigen doch im Wert dadurch. Das ist doch so, oder?«

Durlach versuchte, die Aufregung des Mädchens ernst zu nehmen, auch wenn er persönlich für ein Original-Autogramm nicht mal einen Euro über den Tisch schieben würde.

»Hat diese Lisa-Maria denn bestritten, dass die Autogramme anders aussehen?«

»Nein, das hat jeder auf den ersten Blick gesehen. Das hat sie auch zugegeben. Da haben wir sie gefragt, wie sie sich das erklärt, eine Unterschrift ist doch immer gleich. Bei Kreditkarten ist das auch so, haben wir ihr gesagt. Da hat diese Bitch behauptet, vielleicht wäre Nino ja betrunken gewesen oder er hätte andere Drogen genommen. Da würde sich die Schrift nämlich verändern. Stimmt das denn, Herr Durlach?«

»Ich glaube, ja. Aber dann hätte deine Freundin –«

»Sie ist nicht mehr meine Freundin!«, sagte die Fanclub-Präsidentin bitter.

»Aber dann hätte Lisa-Maria merken müssen, dass er betrunken war.«

»Ich glaube einfach nicht, dass Nino Drogen genommen hat. Glauben Sie das, Herr Durlach?«

Durlach sah vor seinem inneren Auge Rotunda und Corrie Most, wie sie bei den Brühls zu Hause hysterisch tobten, das Trinken, die Provokation des Vaters, die Schlägerei.

»Nein, das hätte *dein* Nino wohl nie gemacht«, sagte er.

Melissa war beruhigt. Sie gab ihrem Schaukelstuhl wieder einen kleinen Schubs und zog die Beine an.

Sendung	Regionalmagazin TV Schwaben
Serie	Kult-Killer – Folge 7
Titel	**Fanclub**
Autor	E. Durlach
Datum	Mittwoch, 27. April
Länge	2'05''

Bild + Töne	Text
Flur, Melissa kommt von links, geht die Treppe hinauf, Kamera folgt, Gang endet auf Rotunda-Foto	Für Melissa Lenz zurzeit ein schwerer Gang. Die Arbeit für den Nino-Rotunda-Fanclub fällt ihr nicht leicht, nach dem Tod des beliebten Schauspielers, den sie so sehr verehrt.
O-Ton **Melissa Lenz** **Fanclub-Präsidentin** Sie zeigt auf Gegenstände in ihrem Zimmer Kamera folgt	*»Das ist meine Nino-Galerie. Für mich ist und bleibt Nino der sexiest man alive. Hier am Computer mache ich die Facebook-Seite und schreibe die Mails an die anderen Fans. Das waren in der letzten Woche ganz schön viele. Und ganz schön traurige. Ich hab auch ganz viel geweint.«*
Melissa wippt traurig im Schaukelstuhl	Die Ermordung des Soap-Stars, ein Schock für die 15-Jährige.
Melissas Bett, sie kommt, wirft sich hinein, dann Wandtattoo nah, Ninos Gesicht	Melissas ganzer Stolz: ein Wandtattoo des Stars, lebensgroß. Selbst nach seinem Tod wacht Nino Rotunda somit über seinen treuesten Fan. Im richtigen Leben wird Melissa dem Star nie so nahe kommen.

Zufahrt auf Kalender- blatt und Monatsname	Der LelaLila-Jahreskalender. Das letzte Blatt von April hängt noch. Es zeigt Nino in seiner Rolle des Erfolgsmannes Sven. Es ist genau der Monat, in dem Rotunda starb.
O-Ton Melissa Lenz Nino-Rotunda-Fanclub	*»Das ist bestimmt kein Zufall. Das war von ganz oben geplant. Aber ich kann eigentlich an den lieben Gott gar nicht mehr glauben. Der hätte das doch nie zugelassen. Den Mord.«*
Fanbüro total, Telefon nah, Aufschwenk auf Köhnlein	Auch andere Fans spüren den Verlust. Sie suchen Trost bei LelaLila, der Sendung selbst. Viele Anrufe ver- zweifelter Mädchen, bei denen die Liebe zum Star sehr weit geht.
O-Ton Ulrike Köhnlein Psychologin	*»Das Wichtigste ist, dass wir die Trauer und die meist weiblichen Fans ernst nehmen. Gespräche sind dabei sehr wichtig. Immerhin haben die Mäd- chen quasi einen täglichen Bezugs- partner verloren. Und tatsächlich müssen wir uns mit so manchem Suizid- wunsch auseinandersetzen.«*
Melissa betrachtet eine Autogrammkarte, Zufahrt, dann wieder Melissa	Schon jetzt wichtige Erinnerungs- stücke, Autogrammkarten. Wertvoll mit der Originalunterschrift. Manche Fans zahlen mehrere hundert Euro da- für. Und sogar gefälschte Karten sind im Umlauf. Melissa ist geschockt, dass skrupellose Geschäftemacher am Tod des Stars auch noch verdienen wollen.

O-Ton **Melissa Lenz** … hält zu Nino Rotunda	*»Nino ist total einmalig. Es gibt so jemanden nicht noch einmal.«*
Szene aus LelaLila mit Sven, Aufzieher, Melissa schaut eine Folge in der Mediathek	Wie auch immer »Leben lassen – Lieben lassen« weitergehen wird: Ihrem Helden Nino Rotunda wird Melissa immer die Treue halten.

28

Tina schlief.

Durlach schloss so vorsichtig wie möglich die Tür. Vom Badezimmer her stank es nach Desinfektionsmittel und Kölnischwasser. Die Tür war nur halb geschlossen. Das Wasser rauschte. Leise ging Durlach zu Tinas Bett, zog einen Stuhl heran und setzte sich neben sie.

Durlach kannte die Situation nur zu gut. Zweimal schon war er in seinem Leben darauf zurückgeworfen, seelischen Beistand zu leisten, musste an Betten Mut zusprechen, musste Hoffnung herbeistreicheln, obwohl ihn selbst das Gefühl der Hilflosigkeit fast übermannte. Beide Male war alle Zuversicht vergebens gewesen. Kurz hintereinander. Durlach sprach nicht gern darüber, aber er hatte daraufhin beschlossen, sich seinen Optimismus nicht nehmen zu lassen. Selbst wenn er grundlos war.

Tags zuvor hatten sie Durlach zunächst nicht zu Tina durchlassen wollen, Besuch sei auf der Intensivstation nicht möglich, hatte die Krankenschwester gesagt. Auch dass er ein Kollege sei, wollte sie nicht gelten lassen, da seien schon mehrere da gewesen, hatte sie geschimpft, und die hätten einen ordentlichen Rabatz veranstaltet, was für die Kranken gar nicht gut sei. Dann erst hatte sie den Verband an Durlachs Arm entdeckt. Ob die Verletzungen denn von dem Hund stammten, hatte die Schwester gefragt. Ja, hatte er nur geantwortet. Dann sei er wohl derjenige, der dem Mädchen das Leben gerettet habe, hatte sie bewundernd gesagt, sie habe den Artikel in der Bild-Zeitung gelesen. Verschwörerisch hatte sie Durlach angewiesen, ihr zu folgen und sich einen sterilen grünen Kittel überzustreifen. Aber nur kurz, hatte die Schwester gesagt und mahnend den Finger gehoben. So hatte Durlach zehn Minuten lang die Kurve von Tinas Herzrhythmus beobachten und die ständig wechselnde Zahl ihres Pulsschlages ablesen dürfen. Aufgewacht war sie nicht.

Heute war kein Kleidungswechsel mehr nötig, um zu Tina durchzudringen, zumindest räumlich. Sie war auf ein normales Doppelzimmer verlegt worden. Im Bad wurde der Wasserhahn abgestellt, und eine ältere Frau kam heraus. Durlach grüßte. Die Bettnachbarin schlurfte kommentarlos an ihm vorbei, zog ihren Morgenmantel aus, legte ihn sorgsam zusammen und schlüpfte wieder unter die Decke. Dann knipste sie eine Wandlampe am Kopfende ihres Bettes an und blätterte in einer Zeitschrift. Durlach konnte das Titelblatt sehen, es war die Bunte.

Tina sah aus wie eine Mumie. Ihr Kopf war mit weißen elastischen Binden völlig bandagiert, es waren lediglich vier schmale Schlitze gelassen worden, je einer für Nase und Mund zum Atmen und zwei für die Augen, die aber kaum mehr als einen Geradeausblick zuließen. Aus dem linken Nasenloch hing ein dünner Schlauch, der aber schon auf der Höhe des Mundes endete und dort mit einem Plastikpfropfen verschlossen war. Über der Stirn hatten sich ein paar störrische Haarsträhnen zwischen den Mull- und Stofflagen durchgearbeitet und standen senkrecht in die Höhe. Am Hals dieses dicken Kugelkopfes lief ein zweiter, durchsichtiger Plastikschlauch entlang, in dem immer noch Blut aus den Gesichtswunden abfloss.

Vom Schlüsselbein an war Tina von einer weißen Decke umhüllt, die so eng am Körper anlag, als hätte man sie hineingewickelt. Tina wäre gut als gesalbt, balsamiert und beerdigungsbereit durchgegangen, hätte nicht unten noch ein Stück Bein aus dem weißen Kokon hervorgeschaut. Die Wade, in die sich der Pitbull verbissen hatte, war ebenfalls bandagiert und mit einem weiteren Drainageschlauch versehen. Das Bein selbst ruhte in einem muldenartigen Kissen. Der vierte Schlauch, an dem Tina hing, schob sich etwa auf Brusthöhe unter die Bettdecke. Hier wurde dem Körper Flüssigkeit zugeführt. Am Ständer mit den Infusionen hingen zwei Flaschen, in denen ab und zu kleine Bläschen aufstiegen.

Tina bekam immer noch starke Medikamente, weil sie die Schmerzen nach der Operation sonst nicht aushalten würde.

Das Wadenbein war angebrochen und nur ansatzweise zersplittert. Der Knochen wäre wohl regelrecht zermalmt worden, hätte der Pitbull noch länger darauf herumgekaut.

»Weil die Wunde sowieso schon offen war«, hatte der Arzt in seiner drastischen Art gestern zu Durlach gesagt, »wurde der Bruch extern fixiert. Den Muskel darüber haben wir wieder – so gut es eben ging – vernäht.«

Mit viel krankengymnastischem Aufbautraining würde sich zumindest die physiologische Funktion von Tinas Bein wieder herstellen lassen.

»Sicher bleibt da eine etwas größere Narbe zurück«, hatte der Mediziner noch prophezeit, »aber es wird schon wieder gehen. Na ja, vielleicht nicht gerade im Minirock.«

Die Biss- und Schürfwunden an den Armen waren nach den Worten des Chirurgen ebenfalls nicht der Rede wert.

»Wir haben da nur ein wenig Braunol daraufgestrichen und die Stellen verbunden. Das sind ja kleine Schrammen, wie sie sich eine Frau auch bei jedem Sturz im Haushalt zuziehen kann.«

Selbst den Biss am Hinterkopf hatte der Arzt als völlig harmlos und wenig schmerzhaft tituliert, weil dort nur wenige Nerven verliefen. Die Wunde war mit sechs Stichen genäht worden.

»Wenn die Haare, die ihr bei dem Angriff ausgerissen worden sind, wieder nachwachsen, ist davon nichts mehr zu sehen, und ihre Freundin ist dann fast die Alte.«

Für Durlach klang das wie blanker Zynismus. Sicher hatte der Arzt schon schwerer verunstaltete Unfallopfer gesehen, Leichen, die nicht so ästhetisch hergerichtet worden waren wie Nino Rotunda. Auch Angermeier pflegte solche Bilder etwa von Unfallopfern gern mit Sprüchen zu kommentieren wie »Auch schön!«, »Der geht nicht mehr weit!« oder »Hoffentlich war's ein Badener!«. So viel beruflich bedingte Abgebrühtheit konnte und mochte Durlach nicht nachvollziehen, weder bei einem Boulevardjournalisten noch beim Arzt.

Die große Frage für Durlach war: Würde Tina wieder so aussehen wie früher? Die Operation hatte auch deswegen zweieinhalb Stunden gedauert, weil noch ein plastischer Chirurg hinzugezogen worden war. Um die Wange nachzumodellieren, hatte man ein Stück Gewebe aus ihrer Schulter herausgenommen und ins Gesicht verpflanzt. Der optische Erfolg blieb fraglich. Und obwohl die Fäden subkutan, also unter der Haut der Wange, vernäht wurden, damit die Narben möglichst schmal blieben, hieß dies nicht, dass sie ganz unsichtbar bleiben würden. Eine Kette von weiteren kosmetischen Operationen war vorauszusehen. Wenigstens hatte der Pitbull bei der Attacke nicht den großen Gesichtsnerv erwischt. Den hätten die Chirurgen unmöglich wieder zusammenflicken können.

»Mit etwas Glück sieht ihre Kollegin nach den Operationen aus wie ihre eigene Zwillingsschwester«, hatte der Arzt Durlach beruhigt.

Trotzdem hätte Durlach jetzt am liebsten losgeheult. Es war unfassbar. Vorgestern war Tina noch vor ihm im Schlossgarten herumgetanzt, hatte auf dem Parkweg Pirouetten gedreht und dazu über beide Backen gegrinst. Das war wohl für längere Zeit vorbei. Bloß weil sich eine zur Kampfmaschine getrimmte Bestie auf sie gestürzt hatte, bloß weil sich Klitschko Tina als Opfer ausgesucht hatte statt ihn. Durlach hätte jederzeit seine paar Schrammen gegen Tinas Schmerzen eingetauscht.

Geräuschvoll legte die Bettnachbarin ihre Illustrierte weg und griff sich vom Nachttisch einen Fotoroman. Durlach zwinkerte ihr zu, als sie das Heft aufschlug, damit er Grund hatte, auch einen Blick auf die Bilder zu werfen. Auf allen sechs Fotos stand sich ein dunkelhaariges Pärchen gegenüber, das zwar seine Posen, nicht aber das Mienenspiel änderte.

Ein sachtes Röcheln entwich der Mumie, ein Geräusch irgendwo zwischen lautem Atmen und leisem Schnarchen. Der Laut erfüllte Durlach mit einem Glücksgefühl. Das Wichtigste schien ihm: Tina hatte den Kampf überlebt. Der Pitbull letztlich nicht.

Die beiden Polizeibeamten hatten ihr Versprechen wahr gemacht und sehr schnell den Aufenthaltsort von Tretjakow ermittelt. Most hatte ihn und seine Leute in Wohnwagen untergebracht, die auf einem Kleingartengelände bei Fellbach abgestellt waren. Für seinen Hund Klitschko gab es dort weder einen Zwinger noch eine stabile Hundehütte, an der er hätte angeleint werden können. Es war fast ein Wunder, dass der Pitbull nicht schon längst einen vorbeilaufenden Spaziergänger angefallen hatte. Tretjakow zeigte sich beim Anblick der Beamten reumütig und half, seinem Hund einen Maulkorb anzulegen. Trotzdem biss das Tier um sich, als es in den Polizeibus und dann ins Tierheim verfrachtet wurde. Selbst bei der Untersuchung ging er auf den Tierarzt los, warf ihn um und stand schließlich mit seinen dreißig Kilo auf dem Veterinär. Nur das Drahtgeflecht vor dem Maul des Hundes verhinderte eine zweite Bissorgie. Mit einem Elektroschocker brachte ein Helfer die Bestie zur Ruhe, die daraufhin gleich eingeschläfert wurde. Anschließend stellte der Arzt zahlreiche Narben an dem Tier fest, die von früheren Beißereien mit anderen Hunden stammten.

»Hö-ho.«

Der Mumienkopf bewegte sich etwas.

»Hallo«, antwortete Durlach flüsternd.

Ein Stöhnen kam aus den Bandagen.

»Bleib ruhig liegen, wenn du Schmerzen hast«, sagte Durlach und lächelte aufmunternd.

Tinas Kopf schien leicht zu nicken, schon stöhnte sie wieder. Durlach sah zwischen den Binden, dass sich ihre Augen verdrehten.

»Ich habe mit dem Arzt geredet, es wird alles gut werden«, gab er sich zuversichtlich. »Du brauchst vor allem Ruhe.«

»Mmhm«, stimmte sie zu. Es klang gequetscht, als kämpfe Tina gegen die Schmerzen an. Trotzdem wiederholte sie tapfer: »Mmehmzz.«

»Was ist los?«

»Mehmdzi.«

»Brauchst du irgendeine Medizin?«

Der Mumienkopf bewegte sich ein wenig nach rechts und

links und ächzte dazu. Das war es also nicht. Durlach stand auf und beugte sich über Tina. Sein Ohr war ganz nah an dem Mundschlitz ihres Verbandes.

»So. Jetzt sag es noch einmal.«

Tina schnaufte in sein Ohr, um sich zu sammeln. Dann flüsterte sie: »Mehdia Sittie.«

»Das darf doch nicht wahr sein!«, echauffierte sich Durlach. »Da liegt dieses Weib hier im Krankenbett, ist dem Tod gerade noch mal von der Schippe gesprungen, und das Erste, was sie nach dem Aufwachen zu mir sagt, ist: ›MediaCity.‹«

Durlach lachte. Auch Tina versuchte zu lachen, gleich stöhnte sie wieder.

»Entschuldigung«, sagte er schnell, hin- und hergerissen zwischen Empörung, Ironie und Mitleid. »Gut, gut, ich verspreche dir, an der Sache dranzubleiben.«

»Mmhm.«

Das war eine eindeutige Zustimmung. Tinas Augen blinzelten in ihrer Mullhöhle.

»Hast du eigentlich mitbekommen, dass wir eine große Kampagne gegen Kampfhunde begonnen haben? Angermeier hat gestern gleich den ersten Beitrag dazu gemacht und über den Angriff auf dich berichtet. Für heute hat er zwei weitere Opfer aufgetrieben, ein Kind und eine Rentnerin, die auch von Kampfhunden angefallen wurden. Und morgen werden wir – auf meine Initiative hin – den Stand der politischen Diskussion darstellen: Was hat die Kampfhundeverordnung des Landes gebracht? Wie sind Leinen- und Maulkorbzwang durchzusetzen? Wie funktioniert eine Charakterprüfung? Welche Rassen sind überhaupt als Kampfhunde einzuschätzen? Der Innenminister hat als Studiogast zugesagt. Heder überlegt sogar, eine Aktion ›Kampfhundfreies Stuttgart‹ zu starten. Habe ich ihm vorgeschlagen.«

Durlach war begeistert. In einer normalen Situation hätte er einige Zeit so weiterschwadronieren und unzählige Ideen zu dem Thema entwickeln können. Ein kleines Feedback von Tina hätte genügt. Doch sie blieb ruhig.

»Tina?«

Keine Antwort. Vorsichtig nahm Durlach Tinas Hand, die ein wenig unter der Bettdecke hervorlugte, und streichelte sie sanft. Schon nach wenigen Augenblicken hörte er ein beruhigendes Röcheln aus den Tiefen des Mumienverbandes. Tina war wieder eingeschlafen.

29

»Wie kamen Sie eigentlich gerade auf mich?«, fragte Ginoux.

»Sie sind mir von einer Ihrer Kolleginnen empfohlen worden«, antwortete Durlach. »Von Professor Spornberger-Klemm, der Religionswissenschaftlerin.«

»Ach, von der. Das wundert mich aber.«

Der Ethnologe lächelte mokant, ließ sich jedoch nicht weiter darüber aus, ob die beiden auf Kongressen argumentativ aneinandergeraten waren oder ob sie heftig um Töpfe mit Forschungsgeldern konkurriert hatten. Durlach sprach ihn lieber nicht darauf an. Dazu schien ihm der Kontakt noch zu flüchtig und viel zu wichtig. Er war immer noch stolz auf seine Idee.

Als er gedankenverloren an Tinas Bett gesessen hatte, war ihm der Begriff »Trauerarbeit« durch den Kopf geschossen, den der Soap-Regisseur benutzt hatte. Durlachs anschließender Gedankengang war eigentlich ganz einfach: Auch der Mörder hatte Trauerarbeit geleistet. Sogar im wörtlichen Sinne. Er hatte den Toten ausgezogen, geschoren und ihm die Augen ausgestochen. Er hatte sich dabei so sorgsam ans Werk gemacht, dass auch die Polizei davon ausging, den Handlungen liege eine Art Drehbuch zugrunde. Dann war Durlach eine Bemerkung der Religionswissenschaftlerin eingefallen, dass nämlich der Übergang zwischen einem individuellen und einem kollektiven Ritus fließend sei. Je weniger eine Zeremonie kollektiv tradiert sei, etwa indem sie schriftlich niedergelegt wurde, desto offener sei sie für persönliche Interpretationen und Variationen.

Im Studio hatte Spornberger-Klemm diese These dann konkret mit Satanisten und darüber hinaus auch mit etwas Medienschelte verbunden. Bei der Geheimniskrämerei der Satanisten sei es nämlich schwer, zu entscheiden, ob eine ihrer kollektivierten Zeremonien eingehalten wurde oder nicht.

»Verdammte Scheiße!«, hatte Heder sofort durch die Regie gebrüllt. »Das versteht doch keiner!«

Sie sei sich aber als Wissenschaftlerin sicher, fuhr Spornberger-Klemm im Studio fort, dass bei all dem, was Aleister II. über den Mord an Rotunda erzählt habe, kein satanistischer Ritus zugrunde liege. Das hätte jeder wissen können, der sich ein wenig mit der Szene beschäftige, und das hätte auch die Bild-Zeitung erfahren, wenn sie recherchieren würde.

»Die hat doch den Arsch offen«, hatte Heder getobt. »Ich kann mich doch nicht mit Kollegen anlegen. Abwinken, sofort abwinken!«

Doch der Aufnahmeleiter musste gar nicht intervenieren, Kerstin Schneider hatte sowieso schon ihre letzte Frage gestellt.

»Live ist live«, hatte Regisseur Ruprecht nur gebrummt und die Sendung wie geplant zu Ende gebracht.

Über den Inhalt hatte Durlach erst am Krankenbett nachdenken können: Was war das kultische Herrichten des toten Rotunda, wenn nicht ein Teufelskult? Ein besessener Einzeltäter im Affekt? Nein. Es war wenig wahrscheinlich, dass der Mörder sich diese Art der Verstümmelung flugs ausgedacht und Nino dann so mir nichts, dir nichts rasiert hatte. Hinter der ästhetisch aufgebahrten Leiche stand ein strukturiertes Vorgehen, dessen Herkunft nur noch nicht durchschaut war. Menschliche Hirne kamen auf die seltsamsten Ideen. Oder in der Sprache der Religionswissenschaftlerin: Jedweder weltlichen Erscheinung kann eine außerweltliche Bedeutung zugesprochen werden. Jeder Ritus war ein Zeichensystem, jede Handlung verwies auf einen darüberliegenden Gedankengang. Selbst wenn die Polizei noch keine entsprechende Spur hatte, konnte es sich um eine ritualisierte Form der Trauerarbeit handeln. Vielleicht war es ein Kult, der bloß in unseren Breiten nicht bekannt war. Aber wer sollte den kennen? Klar, ein Fachmann für Riten und Bräuche von Naturvölkern.

Und mit dieser Idee war Durlach im Linden-Museum gelandet.

»Es tut mir leid, dass wir unsere Ozeanien-Sammlung zurzeit gar nicht ausstellen«, sagte der Ethnologe. »Ist denn die Afrika-Ausstellung recht so?«

»Ja, perfekt«, antwortete Durlach.

Der Raum präsentierte rund um eine Lehmhütte mit Strohdach etwa ein Dutzend lebensgroßer Puppen mit ursprünglicher afrikanischer Kleidung, manche hatten Masken vor dem Gesicht, manche trugen Waffen oder hatten einfache Arbeitsgeräte in den Händen.

»Sollen wir nicht doch zu den Südostasien-Exponaten gehen? Da wären wir geografisch näher dran, Herr Durlach.«

»Nein danke. Meinen Kameramann stören nur die Reflexionen auf den beiden Schaukästen.«

»Des hemmer glei«, gab sich der Hausmeister des Museums zuversichtlich und sagte zu Tom: »Kosch mir gschwend helfe, die Ding zum lupfe?«

Sie begannen die Plexiglaskästen von den Sockeln zu heben und beiseitezustellen.

»Wie kommt ein Museum zu so einer Sammlung, Herr Ginoux?«, setzte Durlach den Small Talk fort.

»Großen Anteil daran hat der letzte württembergische König, Wilhelm II. Später wurde einiges von Privatmännern vermacht, die viele Jahre in Afrika lebten und reisten. Einer besaß eine Kaffeeplantage in Deutsch-Südost, wie man damals sagte, und einer war, soviel ich weiß, eine Art Missionar. Die haben allerhand Religions- und Kunstgegenstände fortgeschafft. Kunstraub würde man heute wohl sagen. Letztlich sind wir natürlich sehr erfreut über unsere Afrika-Sammlung, trotz der etwas fragwürdigen Historie, mit der wir uns aber auch auseinandersetzen. Darüber könnten Sie doch mal einen Beitrag machen.«

»Wenn's nach mir ging, gerne. Aber Sie kennen wahrscheinlich unser TVS-›Regionalmagazin‹ nicht.«

»Nein, nicht dass ich wüsste.«

»Wenn Sie es einmal sehen würden, wüssten Sie, dass wissenschaftliche Themen dort sehr wenig Platz haben. Leider. Aber ich werde es meinem Chef vorschlagen, das verspreche ich Ihnen. – Sind Sie selbst Südsee-Spezialist?«

»Nein, ganz im Gegenteil«, protestierte Ginoux gut gelaunt.

»Afrika ist mein Ein und Alles. Ein Einzelner allein kann ja nicht alle Ethnien der Welt im Überblick haben. In unseren Fachreferaten gibt es eine regionale Arbeitsteilung. Die Stelle für Ozeanien ist derzeit vakant, deshalb müssen Sie mit mir vorliebnehmen.«

»Aber Sie wissen doch etwas über die dortigen Völker und Riten.«

»Natürlich tauscht man sich über die Kontinente hinweg aus, methodisch wie theoretisch. – Worauf Sie eben anspielten, ist der Konai-Kult.« Der Professor sprach den Namen mit getrenntem »a-i« aus, wie in »archaisch«. »Den Kult kenne ich nur von einem Kongress und aus der entsprechenden Fachliteratur. Eigentlich ist in jüngster Zeit nur ein einziger ernst zu nehmender Artikel dazu erschienen, von meinem Kollegen John Hamilton. Den habe ich vor einigen Jahren in Rom kennengelernt, da hat er über die Konai referiert. Er ist der Einzige, der zu dem Thema überhaupt forscht. Gerade jetzt ist er wieder dort. Ich hatte mich damals mit ihm angefreundet, wahrscheinlich sind mir die Konai deshalb recht gut erinnerlich. Trotzdem habe ich, das muss ich zugeben, den Kongress-Vortrag gerade noch einmal nachgelesen.«

Genau zum richtigen Zeitpunkt waren Tom und der Hausmeister mit dem Einrichten fertig. Das Gespräch ging als Interview fast reibungslos weiter.

»Dr. Ginoux, erzählen Sie mir bitte, was Sie von den Konai wissen.«

»Die Konai sind die Bewohner einer kleinen Südsee-Inselgruppe. Zahlenmäßig nicht groß und auch in der kulturellen Ausstrahlung weniger wichtig. Sie waren keine sonderlichen Seefahrer, pflegten kaum Handel mit anderen Inseln, und sie ließen sich in ihrer Geschichte, soweit davon bekannt ist, kaum in kriegerische Auseinandersetzungen mit anderen Völkern verwickeln. Man könnte sagen, wenn man von einer gemeinsamen ethnischen Psyche überhaupt zu sprechen wagt, ein nach außen eher genügsames Volk. Deshalb wurden sie auch von den Volkskundlern wenig beachtet. Recht früh kamen Missionare

224

auf die Inseln und damit ein hegemoniales Christentum. Vieles der ursprünglichen Kultur ging verloren. Noch mehr wurde dann verschüttet, als schließlich in den fünfziger Jahren auf der Hauptinsel ein Stützpunkt der U.S. Army aufgebaut wurde. So weit die Geschichte.«

»Und was macht die Konai für die Forschung so interessant?«

»Seit einigen Jahren ist bei den Einheimischen eine kulturelle Rückbesinnung zu verzeichnen. Die Konai-Sprache wurde wiederbelebt, wurde zur Pflicht- und Amtssprache auf den Inseln, nachdem sie über Jahrzehnte vom Englischen fast völlig verdrängt worden war. Alte Riten leben wieder auf, werden von jungen Leuten praktiziert. Das, was von der eigenen Religion und Kultur noch erinnerlich ist, wird festgehalten, bewahrt und sogar aufgeschrieben. Eine neue Generation der Konai beginnt mit einer neuen Geschichtsbewahrung, ein Übergang vom Mündlichen zum Schriftlichen. Mein Kollege John Hamilton nennt den Prozess *cultural roll-back*. Er will nun untersuchen, welche Anteile daran die Rezession in den USA in den achtziger Jahren und daran anknüpfend die verminderte Ausstrahlung amerikanischer Zivilisation hatte. Gibt es auf den Inseln so etwas wie Anti-Amerikanismus oder gar Anti-Imperialismus als Basis für kulturelle-religiöse Nostalgie? Oder steht die Identitätssuche aus sich heraus im Vordergrund? Gibt es dort –«

»Und welche Kulte flammen wieder auf?«

»Es sind im Wesentlichen zwei Phänomene, die wieder verstärkt aufscheinen: ein Totenkult und ein Initiationsritus.«

»Können Sie die beschreiben?«

»Die Konai gehen, etwas salopp ausgedrückt, von einer Art Seelenwanderung aus, wobei sich die Möglichkeiten der Übertragung nicht auf den menschlichen Geist beschränken, sondern auch die ganz konkreten Eigenschaften und Errungenschaften des Verstorbenen umfassen. Diese sollen nicht dem Reich des Todes anheimfallen, sondern der Welt erhalten bleiben. So stehen für die Konai die Augen stellvertretend für den Menschen. In der Konai-Sprache zum Beispiel steht oft anstelle des Wortes ›Mensch‹, quasi als Pars pro Toto, der Ausdruck ›zwei Augen‹. Doch das Sinnesorgan ist auch das Zentrum für den Kontakt des Menschen mit der Umwelt. All das, was der Mensch je sieht, glauben die Konai, ist in seinen Augen gespeichert. Dieser hohe Stellenwert der Augen ist, wie schon gesagt, erhaltenswert über den Tod hinaus. Daher werden die Augen eines Toten üblicherweise aus dem toten Körper herausgelöst.«

»Wie?«

»Die Augen werden ausgestochen und die Augäpfel in einer speziellen Todeszeremonie auf Schalen dargereicht.«

»Werden die Augen gegessen?«

»Nein, das nicht. Kannibalismus gibt es bei den Konai nicht. Die Augen sollen in der Sonne verdorren, damit sie von der Sonne aufgesogen werden, um dann über die Sonnenstrahlen wieder auf alle Menschen, man kann sagen, herabzuregnen. Das Verfahren hat aber seinen Preis. Denn das Reich des Todes, dem dieser wichtigste Teil des Körpers entrissen wird, muss besänftigt werden. Daher werden in die leeren Augenhöhlen Muscheln eingelegt, die dort als Zahlungsmittel gelten, ganz konkret ein Tauschhandel: weltliches Opfer für die Todeswelt gegen die Rückbehaltung der Seele für die Welt der Lebenden.«

»Was geschieht mit den Toten dann?«

»Die Körper werden durch den Stammesfürsten auf dem Meer versenkt. Der Fürst ist es auch, der die andere Zeremonie prägt. Es ist dies ein Initiationsritus, der seine Machtstellung sicherstellen soll. Das Stammessystem ist nämlich strikt hierarchisch, und die Konai leben in Ein-Mann-Polygynie. Das heißt, einfach gesagt: Bei den Konai darf sich nur der Häuptling fortpflanzen, ihm stehen alle Frauen zur Verfügung.«

»Inzest?«

»Wenn Sie so wollen, ja. Die anderen Männer haben vielleicht ökonomisch-soziale Bindungen, sogar sexuelle Beziehungen zwischen anderen Männern und Frauen sind möglich, allerdings unter der Prämisse, dass die Hierarchie biologisch unangetastet bleibt.«

»Was heißt das?«

»Heranwachsende Jungen werden zur Zeit ihrer Geschlechtsreife einem für uns Europäer grausam anmutenden Ritual unterzogen. Zum ersten Vollmond des Jahres findet ein Initiationsritual statt: Alle Jungen, denen den Winter über die ersten männlichen Haare gewachsen sind, das heißt Bart, Scham- und Brustbehaarung, werden am ganzen Körper rasiert. Je nach Friseurbegabung des Stammesfürsten eine recht blutige Angelegenheit. Anschließend werden die kahlen Körper eingeölt und mit Duftstoffen parfümiert. Der zweite Teil ist dann noch blutiger. Da tritt ein Medizinmann in Aktion. Die Jungen werden durch einen vom ihm lange geübten Stich mit einer heißen Nadel zweimal in den Genitalbereich gestochen und dadurch entmannt. Die Stiche durchtrennen die Samenleiter. So paradox das klingt, die Jungen werden in die Welt der Männer aufgenommen, indem sie ihre Männlichkeit verlieren.«

»Und wenn der Medizinmann danebensticht?«

»Keine Ahnung, dann gibt es vielleicht Nachwuchs, der im Sozialsystem nicht vorgesehen ist. Es würde auch die von Ihnen angesprochene Inzest-Problematik entschärfen. – Den Konai war es jedenfalls immer sehr wichtig, in ihrem Stammessystem aufgehoben zu ein. Der Häuptling oder Stammesfürst, für den alle jungen Männer ihre Zeugungsfähigkeit opfern mussten, zeigt sich genau in diesem Sinne erkenntlich. Er übernimmt die soziale Verantwortung für alle anderen. Zum Zeichen dafür legt er am Ende des Initiationsrituals zwei rote Äpfel in die Hände des Jungen.«

»Äpfel?«

Durlach war überrascht. Dieses Detail war im Vorgespräch nicht erwähnt worden. Er zitterte ein wenig vor Erregung. Das schien der Ethnologe zu bemerken.

»Ja, Äpfel. Die sind auch bei den Konai ein Fruchtbarkeitssymbol«, wiederholte der Professor.

»Rote?«

»Ja, unbedingt rote. Rot wie das menschliche Blut, das dafür gegeben wurde.«

»Bekamen auch Tote solche Äpfel in die Hand gedrückt?«

»Nein, nicht dass ich wüsste. Das würde auch keinen rechten Sinn ergeben. Die Äpfel stehen für das Sorgeverhältnis, die Versorgungspflicht des Häuptlings gegenüber dem jungen Mann. Seine biologische Fruchtbarkeit wird gegen die ökonomische Fruchtbarkeit, sprich für ein landwirtschaftliches Produkt, gegeben. Wiederum ein Tauschverhältnis, wie schon beim Todeskult. Aber die waren strikt voneinander getrennt. Um die leibliche Versorgung des Toten muss sich das Volk respektive der Stammesfürst ja nicht mehr kümmern.«

»Was passierte, wenn ein Junge während des Initiationsritus starb?«

»Sie stellen Fragen. Da muss ich passen. Wie gesagt, ich kenne nur das eine Referat des Kongresses.«

Sendung	Regionalmagazin TV Schwaben
Serie	Kult-Killer – Folge 8
Titel	**Polizeiliche Ermittlungen**
Autor	E. Durlach
Datum	Donnerstag, 28. April
Länge	1'45''

Bild + Töne	Text
Soko-Leute vor Pinnwand, Leute laufen hektisch herum, telefonieren etc.	Seit zwölf Tagen arbeitet die Polizei fieberhaft an dem Fall Rotunda, fast rund um die Uhr, acht Beamte der »Soko Soap«. Sie werten Spuren aus, befragen Zeugen: Nachbarn, Kollegen, Verwandte.
Schneller Schwenk über Pinnwand, Details unscharf	Das Hauptaugenmerk der Ermittler richtet sich auf die konkreten Umstände der Leichenablage. Dabei wurden viele Gegenstände verwendet, die Fragen aufwerfen.
Polizeifotos Schalen mit Zentimetermaß	Etwa diese beiden Schalen, eine runde, silberfarbene und eine kleinere, dreieckig und golden.
O-Ton Wolf-Dieter Trabold Polizei Stuttgart hat Schale in der Hand	*»Der oder die Täter haben die Schalen bei der kultischen Herrichtung des Toten verwendet. Die Gefäße wurden nach dem Auffinden der Leiche sichergestellt. Woher die Gefäße stammen, ob sie gekauft oder irgendwo entwendet wurden, ist noch unklar. Da wären wir für jeden Hinweis aus der Bevölkerung dankbar.«*

Polizeifotos Kerzen	Auch solche handelsüblichen Kerzen wurden verwendet, als die Leiche in der Tatnacht von Lichtern umstellt wurde.
Polizist zündet Kerze an, brennendes Teelicht nah	Sie könnten Aufschluss über die genaue Tatzeit geben, anhand der Brenndauer und der Wachsentwicklung
Polizist betrachtet Skizze	Außergewöhnlich ist auch die Lage des Toten, der auf zahllose Rosenblätter gebettet wurde.
Repro »Vitruvianischer Mensch«	Die Körperstellung erinnert stark an eine Zeichnung des italienischen Malers Leonardo da Vinci. Die Abbildung galt lange als Ideal der Proportionen des Menschen.
O-Ton Wolf-Dieter Trabold Polizei Stuttgart	*»Wir gehen daher von einem Täter aus, der kulturgeschichtlich informiert ist und der vielleicht beruflich oder aus persönlicher Neigung heraus mit Techniken von Friseur- oder Kosmetikberufen vertraut ist.«*
Szene LelaLila	Außerdem überprüft die Polizei das soziale Umfeld von Nino Rotunda. Der Schauspieler hatte viele Verehrerinnen im Kollegenkreis und bei den Fans.
Ninos Kopf, nah	Die Profiler der Polizei können sich durchaus einen Mord aus Leidenschaft vorstellen.

30

»Ich bin von Kommissar Bergmann gelobt worden«, sagte Trabold.

»Wieso denn Sie?«, entgegnete Durlach müde. »Ich habe doch den Ethnologen aufgetan.«

»Wofür die Polizei Stuttgart Ihnen sehr dankbar ist, Herr Durlach. Und ich persönlich auch.« Trabold strich sich kurz über seinen Schnauzbart. »Ich hoffe, unsere kleine Ersatz-Inszenierung in der Soko hat Ihnen weitergeholfen.«

»Unbedingt. Allein die Atmosphäre war einen Boulevardbeitrag wert. In so einer Umgebung wird doch jede Information zur heißen Spur.« Durlach lächelte. »Auch mich hat mein Chef gelobt.«

Trabold sah sich im Garten des Lokals um, der mehr ein bepflanzter Hinterhof war. Weil an den anderen Tischen gerade nicht gesprochen wurde, hörte man leise einen Brunnen plätschern. Trabold beugte sich zu Durlach und senkte die Stimme.

»Also, wenn Sie die Konai-Recherche noch länger unter Verschluss halten, dann –«

»Ich weiß ja nicht, welche Vorstellungen Sie von Öffentlichkeitsarbeit haben, Herr Trabold«, gab sich Durlach verärgert. »Ich als Journalist lebe jedenfalls nicht davon, Sachverhalte unter der Decke zu halten.«

»Es soll Ihr Schaden nicht sein. Tauschhandel kommt offensichtlich wieder in Mode.«

Ohne Umschweife zog der Pressesprecher etwas Braunes aus der Tasche und reichte es über den Tisch. Durlach sah, dass der Umschlag mittlerweile an den Ecken angestoßen war. Die Knickstellen zeichneten deutlich den Umriss der darin befindlichen Disc ab.

»Sie kennen den Inhalt?«, fragte Trabold.

»Ich glaube, ich war bei der Entstehung dabei.«

Demonstrativ sah Durlach nicht hinein und wollte das Ku-

231

vert gleich in die Jacke schieben, doch die Innentasche war zu klein. Durlach blieb nichts anderes übrig, als den Umschlag wieder zurück auf den Holztisch zu legen.

»Kommt schon nicht weg. Der Umschlag steht ja noch unter Polizeischutz.«

Trabold schmunzelte. Er hatte Durlach in die Weinstube Fröhlich gebeten, die Alteingesessene immer noch nach der ehemaligen Wirtin »Weinstube Widmer« nannten. Sie lag mitten in Stuttgarts kleinem Rotlichtbezirk, zwei, drei Straßenzüge mit Neon und schummrigem Rot. Auf der Straße standen immer ein paar Nutten herum, die ihr Alter durch kurze Röcke, dickes Make-up und reichlich Lack und Leder wettzumachen versuchten. Ihr Marktsegment in der Landeshauptstadt war – soweit dies das Milieu überhaupt zuließ – die Seriosität: Stammkunden, deutliche Anbindung an die umliegenden Etablissements und viel Berufserfahrung. Die schwäbische Spielart von käuflicher Liebe. In diesem Umfeld konnten sich auch recht normale Lokale halten, eine Jazzkneipe genauso wie die Weinstube, deren Gäste größtenteils mit Sex abgeschlossen hatten.

»Also, trinken wir erst mal. Zum Wohl, Herr Durlach.«

»Zum Wohl. – Was machen Sie jetzt bezüglich des Konai-Kults?«, begann Durlach seine kriminalistische Recherche.

»Also, ich will heute ganz offen sein. Ich denke, Sie haben sich das verdient«, sagte Trabold. »Zuerst haben wir den Professor als Informanten für andere Medien aus dem Verkehr gezogen. Die Zusammenarbeit mit ihm scheint unproblematisch. Schwerer ist es, an diesen amerikanischen Forscher heranzukommen. Wie hieß er noch?«

»John Hamilton.«

»Richtig. Die Soko will versuchen, Hamilton vom FBI vernehmen zu lassen. Aber das wird wohl schwierig, er ist auf Forschungsreise.«

»Leben denn irgendwelche Konai hier in Deutschland?«

»Also, natürlich ermitteln wir jetzt in diese Richtung. Wir haben eine Anfrage beim Auswärtigen Amt laufen, was über die Konai bekannt ist. Am liebsten hätten wir auch die zuständige

Botschaft direkt angerufen. Aber das ist Diplomatie, glattes Parkett. Das geht nicht so schnell.«

»Könnte Nino Rotunda Kontakt zu den Konai gehabt haben?«

»Das haben wir als Erstes gecheckt. Die Antwort: Es ist sehr unwahrscheinlich. Er war im Urlaub nie in der Südsee, nicht mal in Australien oder Neuseeland. Die Eltern Brühl sagen, ihr Sohn wäre nur einmal in den USA gewesen, New York, Ostküste und Kalifornien.«

»Und wenn Nino mit dem Mietwagen durch die Gegend gefahren ist und ausgerechnet einen Navy-Angehörigen getroffen hat, der in der Südsee stationiert war ...?«

»Was sollte der Ami dem Rotunda erzählt haben? Nichts gegen Ihren kriminalistischen Spürsinn, Herr Durlach, aber das ist schon sehr konstruiert.«

Trabold drückte seine Zigarette aus, so als wolle er damit auch die Spekulationen beenden.

»Zugegeben«, räumte Durlach ein. »Aber was sagen Sie eigentlich selbst zu meinen Recherchen?«

»Andere Länder – andere Sitten.«

»Ist das alles? Die Übereinstimmung zwischen dem, was der Ethnologe erzählt, und dem, was wir beide gesehen haben, ist doch verblüffend. Wenn der Mord nach einem Drehbuch gestaltet wurde, dann habe ich vielleicht die reale Vorlage dazu gefunden. Sie selbst haben doch dem Nino die Euromünzen aus den Augenhöhlen kullern lassen. Und genauso werden bei den Konai Kauri-Muscheln in die ausgestochenen Augen gelegt.«

»Zahlen die Südsee-Völker nicht schon längst mit Dollars?«, erwiderte Trabold nur.

»Das ist doch als Symbol gemeint«, antwortete Durlach humorlos. »Und symbolisch stimmt noch mehr überein. Die Augen der toten Konai sollen verdorren, und auch bei Nino Rotunda waren die Augäpfel in einer Schale hergerichtet. Dann die in die Hände gelegten Äpfel. Schließlich werden die jungen Konai rasiert, genauso wie Nino. Überall waren an der Leiche die Haare entfernt und in der anderen Schale gesammelt.«

»Stimmt schon. Auch diese Sache mit der Entmannung.«

»Was?«

Trabold trank von seinem Wein und zündete sich genüsslich eine neue Zigarette an, um die Spannung zu steigern.

»Ich habe noch einmal den Obduktionsbericht daraufhin durchgelesen. Also, der Mörder hat den Rotunda mit einem spitzen Gegenstand zweimal in den Unterleib gestochen. Er hat aber weit an den Samenleitern vorbeigezielt und ist irgendwo im Bauchraum gelandet. Rotunda wäre also noch zeugungsfähig gewesen, wenn er weitergelebt hätte.« Er zog an der Zigarette. »Er war aber schon tot, als diese Stiche vorgenommen worden sind. Der Pathologe vermutet eine Stricknadel oder einen ähnlichen Gegenstand. Wir beide haben diese Verletzungen nicht gesehen, weil sie überschminkt waren.«

»Die heilige Salbung. Der tote Körper wird mit Duftstoffen eingeölt«, zitierte Durlach den Ethnologen aus dem Gedächtnis.

»Also, die Soko hat das bisher anders interpretiert. Die dachten, die Schminke soll die Hämatome an Armen und Hals überdecken.«

»Nino hatte blaue Flecken? Die habe ich in der Nacht gar nicht gesehen.«

Trabold nahm wieder einen tiefen Zug aus seiner Zigarette und sah währenddessen auf die leuchtend bunten Steine, die ins Pflaster des Hinterhofs eingelassen waren.

»War bei dem Licht auch schwer möglich. Also, es muss zu einem Kampf gekommen sein. Rotunda ließ sich wohl nicht ganz freiwillig erwürgen. Wir haben einen Beamten auf die Herkunft der Kosmetika angesetzt. Der Mörder hat bei seiner kultischen Herrichtung Markenprodukte verwendet.«

Durlach wollte gerade von seinem Chardonnay trinken, stellte das Glas aber zurück, ehe er sich verschluckte.

»Zufällig von der Firma ›Softenia‹, dem Sponsor von Lela-Lila?«

»Ja. Wir haben deshalb das Verhältnis zwischen ›Softenia‹ und PosiTV gecheckt. Es scheint aber eine rein geschäftliche

Beziehung zu sein. ›Softenia‹ ist vor über einem Jahr bei der Soap eingestiegen, weil sie vom Image der Hausfrauenkosmetik wegkommen wollten. Und weil Markenbindung bei Schönheitsprodukten in der ersten Käuferphase entschieden wird, wollte man Mädchen in der Pubertät erreichen.«

»Die Hauptklientel von Daily Soaps, junge Mädchen zwischen zwölf und zweiundzwanzig Jahren«, ergänzte Durlach.

»Klingt einsichtig. Waren die Schauspieler der Soap in das neue Marketing involviert? Nino Rotunda?«

»Männer weniger, vor allem Schauspielerinnen sollten in Werbespots auftreten. Aber PosiTV hat die Kampagne nicht akzeptiert.«

»Warum?«

»Dieser Kasperczak sagt, das hätte die ganze Soap zu einem einzigen ›Softenia‹-Spot verkommen lassen. Unser Kollege glaubt aber, dass die beiden Firmen sich nicht über den Preis einig geworden sind.«

Trabold klopfte etwas Asche von der Zigarette ab und bestellte bei der Kellnerin ein zweites Glas Rotwein.

»Wer ist eigentlich Tretjakow?«, fragte Durlach weiter. »Hat er etwas mit MediaCity zu schaffen?«

»Sie meinen diesen Hundebesitzer? Was wir über den Pitbull wissen, habe ich Ihnen ja schon alles erzählt, da gibt es nichts Neues. Was den Kerl selbst betrifft, haben wir ihn einer eingehenden Personenüberprüfung unterzogen. Tretjakow arbeitet als eine Art Vorarbeiter einer Handwerkerkolonne, lauter Russen. Zimmerleute, Schreiner, Stuckateure. Im Auftrag von Gerhard Most legt der Trupp beim Umbau der Museumsgebäude letzte Hand an. Aufenthaltsgenehmigung, Arbeitserlaubnis, alles korrekt.«

»Warum hat er sich dann einen scharfen Hund gehalten?«

»Also, das weiß ich nicht. Privatvergnügen? Als Wachhund?«

»Wie wertvoll ist denn die Kunst in dem Museum?«

»Da fragen Sie den Richtigen«, stöhnte Trabold nur und verstummte, dass der Brunnen wieder zu hören war.

235

»Jetzt würde ich gern noch etwas über den Fall Barlow wissen, Herr Trabold. War das Ehepaar Most in den Mord verwickelt?«

»Ich weiß nicht, was ich Ihnen da alles erzählen kann. Das Problem ist, dass der Fall von einem anderen Kommissar betreut wird als der Mordfall Rotunda. Der hält leider nicht viel von Öffentlichkeitsarbeit.« Der Polizist tippte auf den Umschlag. »Ist das denn nicht genug?«

»Mein Chef wird mich sofort rausschmeißen, wenn er erfährt, dass ich ein brisantes Interview unter der Decke halte.« Trabold schien noch nicht überzeugt. »Außerdem will ich gar keinen Film über den Fall Barlow machen. Ich will nur dieses Ehepaar Most richtig einschätzen.«

»Also gut. Aber es ist auch nicht viel, was ich weiß. Dieser Barlow kam wohl mit so einem Trupp Schnellzeichner nach Deutschland. Die funktionieren ähnlich wie eine Drückerkolonne, ziehen von Stadt zu Stadt, wohnen isoliert in billigen Hotels außerhalb und müssen das meiste, was sie einnehmen, ihrem Gruppenchef abliefern. Moderne Sklaverei. Corrie Most hat Barlow irgendwie kennengelernt und sehr schnell einen Narren an dem Jungen gefressen. Jung und hübsch war er ja, außerdem talentiert. Barlow hat sich gleich nach dem ersten Kontakt mit Corrie Most von der Gruppe abgesetzt, was gar nicht so einfach ist. Gerhard Most hat angeblich wohl seine Russland-Kontakte ausgespielt. Wahrscheinlich hat er Barlow freigekauft.«

»Ein Betthase für die Gattin?«

»Das haben *Sie* jetzt gesagt. Offiziell war er als Sekretär für ihr Deutsch-Amerikanisch-Russisches-Freundschaftskomitee tätig. Corrie Most ist auffallend viel mit Barlow in den USA herumgereist. Später war er monatelang allein drüben, hat angeblich Geld für die DARF-Projekte eingeworben.«

»Für was genau?«

»Hilfsprojekte. Drei Kinderheime und ein Internat für Begabte, in dem zusätzlich zu den normalen Schulfächern Englisch und Deutsch unterrichtet wird. Völkerverständigung fängt mit sprachlicher Verständigung an, sagt Corrie Most dazu.«

»Ist das die ganze Arbeit von diesem Deutsch-Amerikanisch-Russischen-Freundschaftskomitee? Klingt banal für diesen bombastischen Namen.«

»Es läuft auch alles ganz banal ab: DARF sammelt nur Geld und transferiert es zu den Projekten. Dafür veranstaltet Corrie Most ab und zu eine Kunstauktion oder eine Gala. Da tauchte dann auch Nino Rotunda auf.«

»Hat Corrie Most Barlow als Gespiele abserviert, um sich mit Nino Rotunda zu vergnügen?«

»Die Wege der Liebe sind unergründlich.« Trabold lächelte wissend, trotzdem sah er dabei aus wie ein treuer Ehemann kurz vor der silbernen Hochzeit. »Wie die Verhältnisse wirklich waren, darüber können wir nur spekulieren. Die Mosts hüllen sich in Schweigen, und die beiden Jungs können wir nicht mehr dazu befragen.«

»Gibt es denn eine Verbindung zwischen den beiden Männern?

»Ja. Also, Barlow wurde ja erschossen –«

»Ich weiß. Ich habe noch mal den Beitrag meines Kollegen Angermeier über den Mord angesehen. Schrecklich!«

»Es war schnell und schmerzlos.«

»Ich meinte den Film.«

»Ach so. Ich dachte schon, wir beide haben doch etwas Schrecklicheres und Grausameres zu sehen bekommen. Barlows Leiche am Max-Eyth-See muss dagegen richtig friedlich ausgesehen haben, als ob er schlief. Die Spaziergänger, die ihn fanden, hätten ihn vielleicht für einen Penner gehalten und liegen gelassen, wenn sie nicht die drei Schüsse gehört hätten.«

»Wurde er so hingebettet?«

»Nein, die Ermittler glauben, dass es Zufall war. Für ein Arrangement war auch nicht genügend Zeit. Barlow wurde aus kurzer Entfernung einfach über den Haufen geknallt, ohne viel Aufwand. Eine eiskalte Hinrichtung, ohne Schnörkel. Die Waffe, eine Makarow, haben wir hundert Meter entfernt im Gebüsch gefunden, natürlich ohne Fingerabdrücke. Das Modell der Pistole war im Ostblock weit verbreitet. Beim Rückzug der Roten Armee sind Makarows zu Hunderten verschollen. Wenn einzelne Exemplare wiederauftauchen, ist es schier unmöglich, deren genaue Herkunft festzustellen. Deshalb ist so eine Pistole ein ideales Mordwerkzeug, besonders für einen professionellen Killer. Wenn man sie gleich wegwirft, wie hier geschehen, wird nie eine Beziehung zu einem zweiten Mord herzustellen sein. Jede Tat ein Unikat. Aber ohne jede Ästhetik. Wir glauben deshalb nicht, dass der Barlow-Mörder mit dem Rotunda-Mörder identisch ist. Da war ein ganz anderer Tätertyp am Werk, zwei unterschiedliche Handschriften.«

»Bei Barlow könnte es doch ein Auftragsmord gewesen sein«, phantasierte Durlach. »Jemand von dieser russischen Schnellzeichnerkolonne.«

»Möglich.«

»Und die Verbindung zu Nino Rotunda?«

»Wegen des Autos. Barlow ist in der Nähe des Parks aus seinem VW Golf ausgestiegen. Warum, wissen wir nicht. Vielleicht weil der Wagen eine Panne hatte. Zumindest war ein Kontakt an der Batterie lose. Und der Rotunda hatte sich kurz zuvor an dem Wagen zu schaffen gemacht.«

»Woher wissen Sie das?«

»Das Hausmädchen der Mosts, eine gewisse Olga Nikolayeva, hat es ausgesagt. Barlow wäre einmal bei Corrie Most aufgetaucht, als auch Rotunda anwesend war. Barlow muss wohl erzählt haben, er hätte Probleme mit seinem alten Auto, der Motor hätte Aussetzer. Rotunda wäre dann mit nach unten gegangen und hätte sich den Golf angesehen. Die Most hat die Geschichte bestätigt.«

»Glauben Sie ihr?«

»Warum nicht? Es ist doch nicht unwahrscheinlich. – Also, bevor Sie jetzt wieder irgendwelche kriminalistischen Schlüsse ziehen, Herr Durlach: Der Rotunda hat für den Zeitpunkt des Mordes an Barlow ein Alibi. Das haben wir selbstverständlich überprüft. Sein Hausmeister hat ihn vor der Tür des eigenen

Hauses stehen sehen. Und das ist gut zwanzig Kilometer vom Tatort entfernt.«

»Kann man so einer Aussage trauen?«

»Ja. Der Hausmeister sagte, er wäre in der Werbepause eines Spielfilms aufgestanden. Die Zeit stimmt also. Rotunda hat erklärt, er hätte auf dem Weg zum Zigarettenautomaten seinen Schlüssel verloren und wäre deshalb suchend auf und ab gelaufen. Außerdem: Was für ein Motiv sollte dieser Nino Rotunda haben?«

»Ich kann mir vieles denken: Liebe, Sex, Eifersucht.«

»Ja, vielleicht hatten die beiden auch einen illegalen Spielsalon auf den Fidschi-Inseln, Herr Durlach.«

»Warum nehmen Sie mich jetzt nicht ernst?«

»Weil Sie gerade so tun, als müssten Sie uns unseren Job erklären. Glauben Sie, wir hätten die möglichen Verbindungen zwischen den beiden nicht gecheckt? Da war nichts. Nichts außer diesem gemeinsamen Blick unter die Motorhaube.«

31

Vor dem Seiteneingang des Friedhofs stand ein rothaariges Mädchen. Sie trug trotz des Sonnenscheins einen dunkelblauen Blouson. Die Haare hatte sie hinter die Ohren geschoben, wodurch ein Echsen-Tattoo am Hals und der Ohrstöpsel ihres Funkgeräts sichtbar wurden.

Das Mädchen wartete, bis Durlach und Tom samt Equipment ganz bei ihr waren, ehe sie sagte: »Sie kommen hier nicht durch. Hier ist gesperrt.«

Durlach schnaufte. Er hasste diesen Satz.

»Geben Sie einfach Frau Diers Bescheid, dass wir da sind«, sagte er.

»Wem, bitte? Ich kenne keine Frau Dings.«

»Sie kennen die Pressesprecherin Ihres Auftraggebers nicht?« Durlach war über die Ahnungslosigkeit empört. »Wo könnte Frau Diers denn sein?«

»Woher soll ich das wissen, wenn ich die Dame gar nicht kenne?«, argumentierte das Mädchen schlüssig.

»Kennen Sie wenigstens Herrn Kasperczak? Der hat uns nämlich persönlich hierherbestellt. Es gebe etwas Großartiges zu drehen.«

Die Frau des Sicherheitsdiensts machte eine Vierteldrehung und nahm mit irgendjemandem Funkkontakt auf. Durlach rollte die Augen. Tom nutzte die Zeit und schloss den obersten Knopf seines Hemdes, das er heute statt des üblichen T-Shirts trug. Es war auch schwarz.

»Alles okay. Gehen Sie einfach dem Lärm nach.«

Tom und Durlach passierten ein paar Grabfelder, dieses Mal am helllichten Tag, und steuerten auf die Kapelle zu. Schon aus einiger Entfernung sahen sie davor eine größere Ansammlung, die sich beim Näherkommen als Fans von Nino Rotunda herausstellte. Es waren ausschließlich Mädchen, etwa zwei Dutzend, die sich dem Anlass entsprechend herausgeputzt hatten:

Sie trugen ihre besten dunklen Jeans oder ein schwarzes Abendkleid. Mehrere hatten sich Schleifen ins Haar geflochten und reichlich Modeschmuck angelegt. Eine Blonde mit Zopf trug sogar einen schwarzen Anzug mit Weste. Über der Gruppe hing eine dicke süßlich-blumige Parfümwolke, was so gar nicht zu der Stimmung der Mädchen passen wollte. Die meisten waren fahl und hatten verquollene Augen. Einige schluchzten still vor sich hin, andere hielten sich mit ihren Freundinnen an der Hand und machten Selfies. Ein paar Fans hatten Plakate beschrieben. »I Love You 4 Ever«, stand da, eingerahmt von roten Filzstiftherzchen, oder auf einem anderen: »Nino, wir werden bald wieder zusammen sein.« Zwischendrin ragte der runde Kopf von Melissa empor, der Präsidentin des Fanclubs. Ein Fels in der Brandung der Mädchentränen. Als sie Durlach entdeckte, winkte sie ihm mit einem Pappkreuz zu, das flächendeckend mit Rotunda-Fotos beklebt war.

Rund um den Mädchenpulk herum wurde fleißig gearbeitet. Am Rande des Hauptwegs waren Schienen für eine fahrbare Kamera verlegt, und das dazugehörige Team fuhr die Strecke probeweise ab. Ein Tontechniker bastelte an seinem Mikro. Andere richteten noch drei starke Scheinwerfer ein.

»Solche Drehbedingungen hätte ich gerne auf dem Pragfriedhof gehabt«, sagte Tom. »Die Bilder der Schwarzen Messe waren viel zu flau.«

»Aber das Dunkle und Unscharfe war echt.«

»War es das wirklich?«, fragte der Kameramann zurück. »Wenn ich deine Religionswissenschaftlerin richtig verstanden habe, war das doch ein Fake.«

»Aber doch nicht von uns«, verteidigte sich Durlach.

Der Aufnahmeleiter, der wieder mit Headset bewaffnet war, trat auf die beiden zu.

»Sie sind doch vom ›Regionalmagazin‹. Herr Kasperczak lässt Ihnen ausrichten, Sie können von dort hinter der Absperrung filmen, dann kommen Sie nicht in unser Bild.« Ohne eine Antwort abzuwarten, wandte er sich der Gruppe der Fans zu. »Wir müssen jetzt bald anfangen. Geht bitte zur Seite.«

Die Mädchen schauten sich an, aber sie blieben stehen. Immerhin war es die letzte Chance, ihrem Idol so nah wie möglich zu sein.

»Tretet bitte hinter diese Linie! Ihr behindert sonst die Dreharbeiten!«, rief der Aufnahmeleiter.

An Melissa schienen die Anweisungen einfach abzuprallen, als drängen die Worte durch ihren mächtigen Körper gar nicht bis zu ihrem Gehirn vor. Sie blieb stoisch oder auch trotzig, und all die anderen Teenies orientierten sich an der Fanclub-Präsidentin. Da kam ein Mann vom Sicherheitsdienst dazu, der gleich einen Befehlston anschlug.

»Los jetzt!«

Es nutzte nichts. Die Fans rührten sich nicht von der Stelle.

Die Drehvorbereitungen waren inzwischen beendet. Die Fernsehleute standen ebenfalls wie Schaufensterpuppen herum und warteten. Für ein paar Sekunden lag Stille über dem Friedhof, die einer Beerdigung würdig war.

Da tauchten zwischen den Grabreihen drei weitere Sicherheitsleute auf, die ihr Kollege wohl über Funk herbeigeholt hatte. Die drei bildeten eine Reihe und rückten mit langsamen Schritten gegen die Fans vor, mit dem Ergebnis, dass sich Melissa demonstrativ auf den Boden setzte. Andere Mädchen folgten ihrem Beispiel. Die Ordner hielten sofort wieder inne. Aus der Trauer der Mädchen war mit einem Mal jugendlicher Widerstand geworden. Die Szene erstarrte ein zweites Mal, und niemand hatte einen Plan, der die Situation hätte auflösen können. Instinktiv begann Melissa zu singen, und nach wenigen Tönen stimmten die anderen mit ein:

»Leben lassen, leben lassen.
Die Zukunft ist nicht weit.
Lieben lassen, lieben lassen.
Dem Schicksal schlägt die Zeit.«

Es war der Titelsong der Soap, dessen Text selbstverständlich alle auswendig konnten. Die Melodie war simpel, klang hier aber geradezu kläglich, weil das Sound-Brimborium der Originalaufnahme fehlte. Doch die Inbrunst, mit der die Mädchen sangen, machte den Mangel wett.

»Ist der Himmel auch mal schwarz
und du ertrinkst in Sorgen,
denk daran, die Welt ist schön.
Nach heute kommt ein Morgen.
Lass Gefühle an dich ran.
Sei kein Egoist.
Steh zu dir und denk daran:
Du bist okay – genauso wie du bist.«

Die Soap-Mitarbeiter ließ diese Version ihres Liedes nicht kalt. Sie wirkten, als würden sie zum ersten Mal auf den Inhalt hören. Ein, zwei wiegten leicht den Kopf im Takt, der Tonmann bewegte sogar sparsam die Lippen.

»Leben lassen, lieben lassen.
Die Wahrheit macht dich frei.
Leben lassen, lieben lassen.
Wir alle sind dabei.«

»Vielen Dank für dieses Lied«, sagte Kasperczak sofort, nachdem die letzte Liedzeile verklungen war.

Von Durlach unbemerkt, war der Produzent während des Gesangs herangekommen und baute sich nun vor den Mädchen auf.

»Vielen Dank auch, dass ihr hier dabei seid«, sprach er mit ruhiger Stimme auf sie ein. »Ich will mich erst einmal vorstellen: Ich bin Roland Kasperczak, der Produzent von ›Leben lassen – Lieben lassen‹.«

Für einen kleinen Moment wusste er offenbar nicht, was genau er sagen sollte. Seine Hand zuckte leicht, doch Kasperczak unterdrückte den Impuls, sich durchs Haar zu streichen. »In der letzten Zeit kriegen wir sehr viele Anfragen von

Zuschauern. Vielleicht haben ja einige von euch auch schon gemailt oder im Fanbüro angerufen. Die meisten machen sich Sorgen, ob und wie es bei LelaLila weitergeht. Das kann ich gut verstehen.«

Er blickte mitfühlend nach unten und inspizierte zugleich den Sitz seiner Manschettenknöpfe. »Und ich kann euch sagen, ›Leben lassen – Lieben lassen‹ wird weitergehen. Wir haben bei den Storys von LelaLila reichlich Erfahrung mit dem Tod gesammelt. Ihr erinnert euch: Heiners Unfall mit seiner Yacht, Tanjas Selbstmord, dann der Autounfall von Inés. Jetzt müssen wir einen echten Tod verkraften. Doch das werden wir meistern. Gemeinsam mit euch.«

Jetzt musste er die Kurve zur aktuellen Situation kriegen. »Wir verstehen ja eure Trauer, und wir sind auch selbst furchtbar traurig. Ihr müsst aber auch uns verstehen. Wir arbeiten hier, damit die Serie und so auch die Erinnerung an Nino weiterlebt. Ich bin mir sicher, dass auch Nino gewollt hätte, dass wir hier die Arbeiten gut durchziehen. Wir drehen für euch, für alle Zuschauer – und für Nino Rotunda.«

Durlach war beeindruckt, nicht von dem Inhalt, denn Kasperczak wollte eigentlich nur die Dreharbeiten durchsetzen, aber vom Brustton der Überzeugung, den der Produzent angeschlagen hatte. Und ganz offensichtlich hatte er auch die Fans überzeugt, denn die erhoben sich wie auf Knopfdruck einer nach dem anderen und begaben sich schweigend hinter die Absperrung. Selbst die Mienen der Soap-Mitarbeiter zeigten nach der Ansprache einen gewissen feierlichen Zug.

Kasperczak sah wohlwollend in die Runde und entdeckte dabei Durlach. Gleich kam er über den Kiesweg zu ihm herüber.

»Gute Rede, was?«

»Zugegeben, Herr Kasperczak. Aber was ist mit dem Großartigen und Einmaligen, das Sie uns versprochen hatten?«

»War es das nicht, Herr …?« Irritiert fuhr der Produzent sich durch die Haare. Jetzt durfte er das. »Hauptsache, die Rede hat gewirkt. Fans können die Arbeit schon erheblich stören.

Aber wir hätten ja schlecht die Polizei rufen können, um einen Friedhof von unseren eigenen Fans räumen zu lassen.«

»Und das Großartige?«, wiederholte Durlach.

»Sehen Sie, durch den Tod von Nino ist über unsere heile LelaLila-Welt dummerweise die Realität eingebrochen. Aber wir profitieren davon auch. Der Bildband ›The Best of Nino‹ läuft sehr gut, schon vor Erscheinen gibt es Hunderte von Vorbestellungen. Jetzt wollen wir den jungen Dingern etwas bieten, um sich mit ›Leben lassen – Lieben lassen‹ weiter zu identifizieren.«

»Und deshalb fangen Sie mit dem Sterbenlassen an?«

»Nicht schlecht, Herr Du... äh ...« Wieder der Griff ins Haar. »Also wir wollen noch eine DVD nachschieben. Eine Stunde mit den schönsten Szenen der Serie mit Nino Rotunda. Dazu einen Bonus-Clip.«

»Was für einen?«

»Das werden Sie gleich sehen. Ihr Kameramann darf unsere Dreharbeiten übrigens ruhig dokumentieren.«

Tom ließ sich das nicht zweimal sagen und schulterte sofort seine Kamera.

Schon rief jemand: »Achtung, Aufnahme!«

»Jetzt kommt das Einmalige«, flüsterte Kasperczak mit Pathos in der Stimme, seinen Blick fest auf die Kapelle gerichtet. »In dieser Szene hier mischt sich die Tragödie von Ninos Tod mit der menschlichen Komödie unserer Serie.«

»Ruhe, bitte!«, rief jemand.

Die Holztür der Kapelle öffnete sich. Zuerst erschienen zwei kleine, vielleicht sechsjährige Mädchen in kurzen schwarzen Kleidern. Sie hatten schwarz eingeschlagene Körbchen im Arm und streuten kurzstielige rote Rosen auf den Weg. Dann folgten in gemessenem Schritt vier Männer im Frack, die einen weißen Sarg auf ihren Schultern trugen. Der Kasten hatte an den Seiten kleine Pilaster mit goldenen Borten, und die Ecken sahen aus wie goldene Türmchen, die wehrhaft über den Sargdeckel hinausragten. Auf dem Sarg war ein Blumengesteck mit immens duftenden weißen Lilien, in deren Mitte ein weißgold glänzender Bilderrahmen mit dem Foto von Nino Rotunda.

Den Sargträgern folgten die Trauergäste, allen voran die Hauptdarstellerin Marlene Winter, blass wie immer, aber ausnahmsweise sehr passend. Neben ihr ging Andreas Bilsun, der Darsteller des Robert. Hinter den beiden gaben zwei ältere Statisten wohl Svens Eltern. Dahinter folgte eine Gruppe verschiedener Schauspieler, Babette Neumanns rote Haare schillerten unter einem schwarzen Hut hervor, Susa Bachhausen war nicht zu sehen, dafür hatte sich Peter Hufeland unter die Darsteller gemischt.

An vierter Stelle kamen Herr und Frau Brühl, Ninos Eltern. Der Vater schritt steif, aber aufrecht daher. Den Kopf hielt er gesenkt, als wäre dies die einzige Möglichkeit, weisungsgemäß nicht in die Kamera zu sehen. Die Mutter ging hingegen mit erhobenem Haupt. Sie trug ein aufreizend kurzes Kleid mit viel durchbrochener schwarzer Spitze. Jede Pore ihres Gesichtes sprühte vor Wichtigkeit, denn sie war die richtige Mutter und nicht die Schauspielerin ein paar Reihen vor ihr, und jeder, der jemals diese Bilder sehen würde, sollte es spüren. Ganz am Ende des Trauerzugs lief eine Gruppe von Leuten, die Durlach nicht kannte und die auch wenig prominent aussahen. Das waren wohl Christian Brühls echte Verwandte.

Die Kamera war parallel zum Sarg losgefahren, dann hatte der Dolly verlangsamt, sodass die Trauergemeinde an ihm vorüberzog. Als der Kamerawagen am Ende der Schienen zum Stehen kam, war er gerade auf der Höhe von Rotundas Eltern. Der Trauerzug lief weiter, und die Kamera schwenkte mit, bis alle vom Hauptweg des Friedhofs abgebogen und aus dem Bild verschwunden waren.

»Danke!«, rief jemand. »Das war ganz schön so. Können wir die Einstellung trotzdem noch einmal machen?«

Sendung	Regionalmagazin TV Schwaben
Serie	Bilder des Tages
Titel	**Beerdigung Rotunda**
Autor	E. Durlach
Datum	Freitag, 29. April
Länge	0'30''

Bild + Töne	Text
Leichenträger mit Sarg, Kirchenglocken	Große Trauer um Nino Rotunda.
Fahrt entlang des Trauerzugs	Kollegen und Mitarbeiter der Serie »Leben lassen – Lieben lassen« nahmen heute Abschied – gemeinsam mit der Familie.
Viele Fans am Wegesrand	Auch zahlreiche vor allem weibliche Fans gaben ihrem Idol die letzte Ehre.
Foto auf Sarg, Aufzieher	Der beliebte Schauspieler wurde vergangene Woche auf bisher noch unbekannte Weise getötet.
Kameramann auf Dolly	Die Produktionsfirma filmte die Beisetzung.
Sarg wird in die Kapelle getragen	Ob und wann die Szenen auch in der Serie gezeigt werden, ist noch offen.

32

Durlach öffnete das schwarze Eisentor, dessen Gitterstäbe vor
einer Woche noch fingerhoch der Dreck bedeckte, jetzt waren
sie frisch gestrichen und glänzten blitzsauber, ein Zustand, der
am Rande der Durchgangsstraße nicht lange anhalten würde.
Die Scharniere waren geölt worden. Durlach öffnete das Tor
nur einen Spalt breit und stand im Innenhof, sah aber lediglich
die Rücken der letzten Gästereihe.

»Grillparzer sagt, die Sammlung sei eine Götterbraut und
die Mutter alles Großen«, hörte Durlach dafür eine durchdrin-
gende Stimme sagen. »Die wahre Größe einer Sammlung liegt
aber in ihrer Vollständigkeit, ein hehres Ziel und ein unrealis-
tisches Ziel. Das musste ich sehr früh einsehen. Vollständigkeit
an sich gibt es nicht, Komplettheit ist immer Schein.«

Zwischen Schultern und Hinterköpfen bekam Durlach einen
Durchblick auf den Redner, der auf einem kleinen Podium vor
dem Eingang stand. Gerhard Most war ein etwas gedrungener
Mann mit einem auffällig gemusterten Jackett. Seine lebhaften
braunen Augen blitzten hinter einer nerdigen Designerbrille
hervor. Sein Kopf pendelte beim Reden hin und her, sodass
ihm die sowieso schwer zu bändigende Lockenpracht immer
wieder vor die Augen rutschte.

Vor Durlach entstand zwischen zwei Männern eine kleine
Lücke, in die er sich hineindrängte, um besser sehen zu können.
Vergeblich hoffte er, so im Publikum ein paar bekannte Gesich-
ter zu erkennen, denn die meisten hatten sich selbstverständlich
Most zugewandt.

»Nichtsdestotrotz habe ich der Vollständigkeit von Jugend
an nachgeeifert«, fuhr dieser mit seiner Einführungsrede fort.
»Ein Kind will ja immer alles haben. Ein Kind deutet auf Spielsachen und sagt: ›Meins!‹ Ich habe auch ›Meins!‹ gesagt; wenn
ich einen roten Ball hatte, wollte ich den grünen auch noch haben, weil sie für mich zusammengehörten. Aber die finanzielle

Situation meiner Eltern hielt meinen frühen Besitzerwunsch in Grenzen. Meine kindliche Omnipotenz wurde frustriert, aber nicht gebrochen. Ich habe mir den Wunsch bewahrt, Zusammengehörendes nicht auseinanderzureißen.«

Die Blicke einiger männlicher Zuhörer wanderten bei den Begriffen »Omnipotenz« und »Ball« wie automatisch etwas nach links zu seiner Frau Corrie. Die hatte zur Feier des Tages einen großen Strohhut mit schwarzem Band aufgesetzt, dessen Enden sich neckisch in ihre rotblonden Haare flochten, dazu passend hohe schwarze Pumps. Sie trug ein weißes Sommerkleid aus Seide mit kurzen Armen und einem rechteckigen Ausschnitt, unter dem sich erahnen ließ, dass ihre Brüste nicht von einem BH gehalten wurden.

Um die Zuhörer besser sehen zu können, quetschte sich Durlach zwischen einigen Gruppen hindurch und erntete dafür mahnende Blicke einer immer noch bekannten Sportgymnastin. Als Alibi schnappte sich Durlach ein Glas Champagner, das ihm eine Bedienung hinhielt, während sich Most weiter in persönlichen Erinnerungen erging.

»Als Junge habe ich zum Beispiel Briefmarken gesammelt und wollte gefühlsmäßig die Sätze immer komplett haben. Bestätigt wurde ich durch die Wertangaben von Briefmarkenkatalogen, in denen komplette Sätze stets höher bewertet wurden als die Summe der einzelnen Marken.«

Ein Mann neben Durlach nickte wissend, es war der Intendant einer Stuttgarter Bühne.

»Aber selbstverständlich hat mein Taschengeld nicht gereicht, um alle meine Markenwünsche zu erfüllen. Die Sätze blieben inkomplett. Da habe ich wenigstens die Abbildungen aus dem ›Michel‹-Briefmarkenkatalog ausgeschnitten und in mein Album zu den echten Marken gesteckt. So war der Satz zumindest optisch komplett. Und mit allergrößter Freude habe ich dann peu à peu die Kopien durch echte Briefmarken ersetzt.«

Allseits beifälliges Schmunzeln gab Durlach die Möglichkeit, sich ein paar Zuschauerreihen nach vorne zu schieben. Er trank einen Schluck.

Tina hing dagegen immer noch am Tropf. Am Vormittag hatte Durlach sie im Krankenhaus besucht. Ihr Zustand schien in der einen Woche kaum verändert. Nur die kleineren Biss- und Schürfwunden waren etwas abgeheilt. Das Bein würde noch für längere Zeit bandagiert und ruhiggestellt bleiben. Der Mumienverband wurde zwar mehrfach täglich abgenommen, um die Wunde zu spülen, jedoch jedes Mal wieder in gleicher Manier angelegt.

Ihr Gesicht schmerzte weiterhin heftig. An normales Essen war noch lange nicht zu denken. Die lebensnotwendigen Stoffe bekam sie durch den Schlauch in ihrem Nasenloch gespritzt, der zu einer Magensonde führte.

»*Nil per os*«, hatte der Arzt sich wieder auf sein distanziertes Latein zurückgezogen.

Tina schien gefasst, obwohl ihr das Sprechen sehr schwerfiel, was sie auf die betäubenden Schmerzmittel schob. Der Arzt habe gesagt, dass sich das rasch bessern werde, spätestens wenn die Fäden gezogen worden seien.

Ob er, Durlach, zu der Museumseröffnung gehen könne, hatte sie dann gefragt, sie habe eine persönliche Einladung von Gerhard Most, sei aber aus bekannten Gründen verhindert. Dann hatte sie ihm eine Karte gezeigt, vorne das Motiv eines Bildes von Edward Hopper, hinten eine handgeschriebene Entschuldigung, verbunden mit der Hoffnung, sie bald persönlich kennenlernen zu können. Für den Pitbullangriff könne Most selbst ja nichts, und vielleicht sei weder MediaCity noch dieses Museumsprojekt der Untergang des Abendlandes und Gerhard Most nicht einer der Totengräber, hatte Tina eingeräumt, aber sie beide sollten unbedingt an dem Kerl dranbleiben und weiterrecherchieren. Durlach versprach es.

Auf dem Podium vor dem Eingang hatte inzwischen der Oberbürgermeister das Wort ergriffen und strahlte dabei die Weltläufigkeit eines höheren Beamten aus. Folgerichtig grüßte er die anwesenden Honoratioren aus der Landespolitik und der regionalen Wirtschaft, sogar der russische Botschafter war aus irgendeinem Grund anwesend.

Während der OB berichtete, welche bürokratischen Hindernisse es aus dem Weg zu räumen galt, ehe Gerhard Most »seiner Heimatstadt ein Museum schenken« konnte, hielt Durlach weiter nach etwaigen Promis Ausschau. Vielleicht entdeckte er zufällig auch Jeanette Diers. Er steuerte eine der Kellnerinnen an und tauschte sein leeres Champagnerglas gegen ein neues, während der OB die zügigen Planungen und Beratungen von Kultur-, Finanz- und Bauausschuss würdigte, stets kundig begleitet von Rechtsanwalt Müller-Wölbert, »den ich an dieser Stelle ebenfalls ganz herzlich begrüßen möchte«. Mosts Anwalt, der mit dem VfB-Präsidenten zusammenstand, nickte verbindlich.

»Auch wenn ich von Berufs wegen Optimist bin, hätte ich nie und nimmer geglaubt«, schloss der Kommunalpolitiker mit näselnder Stimme, »dass so schnell ein fix und fertiges Museum vor uns steht, eine Kultureinrichtung, das muss ich in Zeiten knapper staatlicher Kassen besonders betonen, die ausschließlich aus privaten Mitteln finanziert worden ist. Insofern möchte ich Ihnen, Herr Most, meinen Dank im Namen der Bürgerschaft Stuttgarts aussprechen.«

»Einem g'schenkte Gaul schaut ma halt net ins Maul«, sagte ein Mann in Durlachs Nähe und klatschte dennoch heftig Beifall.

Auf der Bühne begann ein großes Händeschütteln, das Durlach die Möglichkeit verschaffte, sich weiter nach vorne zu schieben. Schon schritt der nächste Redner zum Mikrofon.

»Verehrte Anwesende, lieber Gerd. Unter uns Kunsthistorikern kursiert ein kleiner Vers, den ich hier zum Besten geben möchte.« Der Redner machte eine kurze Pause, dann sagte er verschmitzt: »Der Sammler ist ein reicher Mann – der dummerweis' nicht malen kann.«

Der Spruch saß. Viele lachten. Eine aufgetakelte Dame wurde sogar rot, als hätte der Kunsthistoriker etwas Anzügliches gesagt.

»Mancher von Ihnen hat Gerhard Most sicher als harten und sehr erfolgreichen Geschäftsmann kennengelernt, ich selbst lernte ihn auf einem Symposium über amerikanische Kunst des 20. Jahrhunderts kennen, als interessierten und überaus informierten Zuhörer. In Diskussionen wurde mir sehr schnell seine große Leidenschaft für Edward Hopper offenbar. Aus tiefster Seele hat sich Gerd mit diesem Maler auseinandergesetzt, doch nicht allein in der Studierstube des Privatgelehrten. Immer wieder brach der Wunsch aus ihm hervor, andere an seiner Beschäftigung mit Hopper teilhaben zu lassen. Und die größte und vollkommenste Realisierung dieser Teilhaberschaft haben wir heute um uns.«

Gerhard Most wirkte ergriffen. Er rückte etwas näher an seine Frau Corrie heran und fasste sie bei der Hand. Es war eine Geste, für die eine PR-Agentur sicher viele Brainstorming-Stunden abgerechnet hatte.

»Gerhard Mosts Betrachtung der Kunst ist eine Betrachtung des Ganzen und des unmittelbar Sinnlichen zugleich. Er hat seinen Ansatz eben mit der Briefmarkengeschichte selbst wunderschön illustriert. Die Idee des Kompletten musste sich erahnen, ja zeigen lassen, ehe sie tatsächlich realisiert werden konnte. Für mich als Kunsthistoriker ist der Umgang mit Vollständigkeit eine theoretische Selbstverständlichkeit, natürlich versucht man, das ganze Œuvre eines Künstlers in toto zu überschauen und zu bewerten. Doch dazu hat man im Allgemeinen nur die Mittel der Reproduktion, die des unzulänglichen Drucks. Dagegen stehen die Einmaligkeit eines Gemäldes im Museum, das Erleben seiner Besonderheit durch Größe, Farbe, Licht und Raum. Ich möchte es die sinnliche Unmittelbarkeit nennen. Moderne Techniken können das nicht ersetzen, kein Computer, kein Internet, selbst bei höchster Menge an verarbeiteter Bildinformation. So bleibt Gerhard Mosts Wunsch, seine Leidenschaft für das vollständige Schaffen eines Malers allen zu vermitteln, ein schwer zu erfüllender. Doch das hält einen mutigen und durchsetzungsfähigen Mann – wie du, Gerd, einer bist – nicht ab. Er kommt auf eine Idee, die unmittelbare Sinnlichkeit zu reproduzieren, und greift dazu auf die Maltechniken aus der Entstehungszeit der Originale zurück. Nur so ist das einmalige Erlebnis annähernd wiederherstellbar. So ist Gerd zum Sammler der besonderen Art geworden, zum Sammler von Hopper-Gemälden, und da es leider für die Originale nicht gereicht hat«, süffisante Pause, Kichern im Publikum, »denn jeder weiß ja, was das kosten würde, so reichte es doch zum Sammeln von Hopper-Kopien. Das Ergebnis sehen wir hier in diesem wunderschönen Museum. Bestmögliche Präsentation der bestmöglichen Reproduktionen. Das vollständige Œuvre Edward Hoppers in Öl.«

Alles strahlte, alles klatschte, als wären sie alle zum Besitzer dieser Sammlung geworden.

»Das ›Museum Most‹ ist die Realisierung eines Konzepts, das letztlich selbst wieder zur Kunst wird, zur Installation von Kunstsinnigkeit, Kunstverständnis und Kunstbetrachtung. Das ›Museum Most‹ reiht sich ein in den Fluss der aktuellen Kunstproduktion und ragt doch daraus hervor. Um den Stellenwert dieses Projektes in der aktuellen Kunstszene zu verdeutlichen, könnte ich Vergleiche ziehen zu den Arbeiten von Elaine Sturtevant, deren vollständiges Kopieren von Warhol- und Beuys-Arbeiten kontroverse Diskussionen ausgelöst hat. Ich erspare es Ihnen.«

Durlach war erleichtert und mit ihm wohl die Mehrheit der Zuhörer.

»Viel lieber erinnere ich Sie daran, dass gerade wir hier in Stuttgart einen Maler hatten, der durch die Herstellung von Fälschungen – auch auf kalligrafischem Gebiet – einiges an populären Ruhm eingeheimst hat.«

»Kujau«, flüsterte ein Frau in Durlachs Nähe ihrem Mann zu.

»Ich weiß«, antwortete der.

»Ich möchte aber abschließend ein paar Worte über die Psychologie Hoppers und damit auch über die des Hopper-Sammlers verlieren«, fuhr der Kunsthistoriker fort. »Viele der Bilder Hoppers wirken wie Momentaufnahmen, zufällig festgehaltene Alltagsszenen, wie sie zu Hunderttausenden täglich in den USA geschahen. Eine Frau steht vor ihrer Haustür, ein

Mann sitzt am Schreibtisch, eine Frau liest, Leute nehmen ein Sonnenbad. Diese Menschen gehen scheinbar unbeobachtet ihren Geschäften nach, und Hopper hat ihr Tun festgehalten. Edward Hopper ist ein Voyeur.«

Wieder eine Kunstpause, als könnte das Wort die Gefühle der prüderen Zuhörer verletzen. Es reagierte aber niemand. Für Durlach wurden die Ausführungen des Redners interessanter. War doch die Beobachtung von Menschen sein tägliches Geschäft. Nur hatte das Boulevardfernsehen selten das Alltägliche, sondern immer nur das Besondere, Skandalträchtige im Blick.

»Voyeurismus ist die visuelle Lust an der Welt, ein urmenschliches Thema. Wer sehen kann, der will auch hinsehen. Erst die Entwicklung der Kultur hat eine Unterscheidung gebracht zwischen erlaubten und verbotenen Blicken. Bei Edward Hopper ist diese Trennlinie kaum zu spüren. Er sieht einfach zu. Nicht wenige seiner Bilder dokumentieren das natürliche Hinsehen schon durch den gewählten Bildausschnitt. Wir schauen mit ihm aus einem Fenster hinaus oder sogar in fremde Räume hinein, mithin der typischste Voyeursblick, den man sich vorstellen kann. Doch wir Betrachter werden nicht schlicht zu Mit-Voyeuren gemacht. Indem wir nämlich nicht unserer eigenen Lust des Hinsehens frönen, sondern die Produkte eines fremden und künstlerischen Voyeursblickes sehen, macht uns Hopper zu Meta-Voyeuren.«

Leises Kichern im Publikum. Gerhard Most schmunzelte, als kenne er diese Thesen längst.

»Hopper erlaubt uns einen sachlicheren, distanzierteren Blick auf die von ihm gewählten Menschen und Gegenstände, ohne dass unsere Lust dabei völlig abhandenkäme. Ganz anders hingegen ist es bei dem Sammler, der sich dieser Blicke bemächtigen möchte, der sie besitzen will. – Du erlaubst, Gerd?«

Ein Seitenblick des Kunsthistorikers, ein schmallippiges Nicken Mosts.

»Der Sammler macht sich den Hopper'schen Voyeurismus zu eigen. Insofern ist er – und in unserem Fall Gerhard Most – ein Mega-Voyeur.«

Im Auditorium wurde vereinzelt gegrinst oder beifällig genickt. In vielen Gesichtern tauchten allerdings Fragezeichen auf. Manche schienen der Kunsttheorie nicht mehr folgen zu wollen und wurden unruhig. Ihre Blicke wanderten zu Gerhard Most, der aber ungerührt und selbstgefällig neben Corrie stand. Ihm schien es vor allem wichtig, wichtig zu sein.

»Der Sammler, der ausstellt, buhlt um die Beachtung der Zuschauer. Das ›Museum Most‹ verdient unsere Beachtung. Insofern ist der Vers vom Anfang zu korrigieren. Er müsste in diesem Fall heißen, und damit komme ich zum Schluss: Der Sammler ist ein reicher Mann – der, Gott sei Dank, nicht malen kann.«

Eine der schicken Damen hatte schon während der ersten Zeile einen spitzen Schrei losgelassen. Andere fielen erst nach dem Gag in Jubel ein. Klatschen, Lachen, Bravo-Rufe. Doch der Kunsthistoriker hob noch einmal die Hände und wiegelte ab, um dem Applaus Einhalt zu gebieten.

»Lassen Sie mich noch rasch einen Wunsch äußern. Lieber Gerd, ich wünsche dir mit diesem Museum alles Glück und hoffe, dass du es auch hier hältst wie mit deinen Briefmarkensätzen, dass du nämlich peu à peu die Kopien durch Originale ersetzt.«

Der Laudator wurde von Gerhard Most umarmt, und sie klopften sich gegenseitig auf die Schulter. Dann nutzte der Kunsthistoriker die Gunst der Stunde und drückte auch Corrie Most so heftig an sich, dass alle Männer im Saal neidisch wurden. Auch Durlach.

»Ich möchte jetzt meine Frau bitten, das Museum zu eröffnen«, rief Most etwas zu laut ins Mikrofon.

Es wurde spannend. Die Menge bewegte sich, und Durlachs Sicht wurde von zwei Damen versperrt, die sich trotz des nachmittäglichen Termins mächtig in Schale geworfen hatten. Der Duft von schwerem Parfüm strich ihm um die Nase. Er wich einen Schritt zurück und stellte sich auf die Zehenspitzen.

Auf dem Podium konnte er wieder die rotblonde Mähne von Corrie Most ausmachen, die theatralisch das Ende einer herabhängenden Leine umfasste. Ein Blitzlichtgewitter der anwesenden Fotografen setzte ein. Dann zog sie an der Schnur, und ein Stück weiße Fallschirmseide löste sich oberhalb der Eingangstür, fiel langsam vor der Fassade herab und gab den Blick auf den Schriftzug »Museum Most« frei. Das Publikum applaudierte. Nur das Tuch widersetzte sich der Eröffnungszeremonie. Es wurde gleich vom Wind erfasst und wieder nach oben gehoben. Ob es eine natürliche Bö war oder doch der vereinigte Fahrtwind einer vorbeidonnernden Lkw-Kolonne, wusste später niemand zu sagen, jedenfalls entfaltete sich das Tuch, segelte leicht schräg nach unten und landete schließlich auf Gerhard und Corrie Most. Die weiße Seide umhüllte die Köpfe des Ehepaars. Eine zweite Brise modellierte ihre Gesichter in das Tuch hinein.

33

Schon kurz nach der Eröffnungszeremonie stieß Durlach auf Corrie Most. Sie lehnte etwas abseits an einer Wand. Allein. Statt sie einfach anzusprechen, nahm sich Durlach ein neues Glas und kippte die lauwarme Brühe herunter. Der Champagner zeigte langsam Wirkung. Aus der Distanz studierte er Corrie, die ganz in sich versunken war. Als die Band »How High the Moon« zu spielen begann, trafen sich ihre Blicke, ohne dass sie Notiz von ihm nahm. Schöne Frauen können auch einsam sein, dachte Durlach noch, dann folgte er ihr so unauffällig wie möglich in einen zweiten Raum, wo Corrie von einer Frau in einem roten Kostüm umhalst und abgeknutscht wurde. Schließlich schien Corrie den Journalisten zu bemerken. Sie verabschiedete sich von ihrer Bekannten, durchquerte mehrere Ausstellungsräume und verschwand in ein abgesperrtes Treppenhaus. Durlach hinterher.

Er stieg zwei Stockwerke nach oben und landete vor einer Art Turmzimmer, dessen Zugang nur mit einer durchsichtigen Abdeckplane verhängt war. Dahinter zeichnete sich unscharf der Umriss von Corrie Mosts Körper ab. Durlachs Herz klopfte. War dieser Teil des Museums nicht öffentlich? Oder war er nur nicht rechtzeitig fertig geworden? Kurz entschlossen schob er die Plastikplane zur Seite und trat ein.

Corrie Most schien nicht sonderlich verwundert, so als hätte sie ihn erwartet. Sie sagte nichts, blätterte einfach in ihrer Mappe. »Raum Barlow«, war auf der Titelseite zu lesen. War dies das Geheimnis des Museums? Durlach sah sich um. Der Raum war vielleicht gerade mal zwanzig Quadratmeter groß, die Wände kahl, der Dielenboden voller Gipsschlieren, die Luft roch staubig. An der Decke hingen Schienen für Halogenspots, die noch nicht in Betrieb waren. Tageslicht fiel seitlich rechts durch ein Sprossenfenster und tauchte die Leere in ein warmes Goldbraun.

»Hat Barlow all die Hopper-Kopien gemalt?«, brach Durlach endlich das Schweigen.

Corrie Most nickte.

»Er ist heute noch nicht einmal erwähnt worden.«

Diesmal reichte sie ihm zur Antwort ein Blatt aus der Mappe, die Skizze über die Ausgestaltung dieses Raumes. Viel war nicht zu erkennen. Ein Foto von Barlow mit einer tabellarischen Kurzbiografie sollte eine der vier Wände dominieren, an zwei Seiten sollten seine eigenen Werke hängen, und die letzte Wand des Raumes war für eine Dokumentation seiner Arbeitsweise vorgesehen.

»Michail hätte als Künstler mehr verdient als dieses Zimmer, selbst wenn es vielleicht der schönste Raum im ganzen Museum ist. Ich habe vorgeschlagen, das Museum nach ihm zu benennen. Es wäre ein Symbol gewesen, ein Dankeschön. Aber den Namen wollte sich mein Mann nicht nehmen lassen.«

»Welche Bilder werden hier hängen?«

»Vier«, sagte Corrie und schluckte. »Alle vier, die noch existieren.«

Sie ließ die Mappe sinken und ging traumwandlerisch durch den Raum. Eine Weile sah sie zum Fenster hinaus, wobei sie von dem vorüberfließenden Straßenverkehr sicher kein einziges Auto registrierte. Schließlich blieb sie vor der nackten Wand stehen.

»Hier wird ›Boot auf der Tschepza‹ hängen, hier ›Straße in Perm‹. Die andere Wand ist für ›Kirow am Morgen‹ und ›Kirow am Abend‹ reserviert, das noch bei uns über dem Bett hängt. Ach Gott, Michail hat ja so wenig Eigenes gemalt, er hat sich ganz in den Dienst Hoppers gestellt. Er hat in einem Tempo gearbeitet wie ein Wahnsinniger, denn das Pensum musste ja gemeistert werden. Obwohl wir uns auf die Ölgemälde beschränkt haben, war das Projekt kaum zu bewältigen. Das hätte kein anderer als Michail geschafft.«

»Und Barlows ältere Arbeiten, etwa als Schnellzeichner?«

»Was auf der Straße entstanden ist, ist verloren. Leider sind auch die Arbeiten aus seiner Zeit auf der Akademie in Moskau

verschollen. Michail hat die Bilder bei einem Freund unterge-
stellt, als er mit der Malergruppe nach Westen aufbrach. Inzwischen ist der Freund fort und die Bilder auch, weggeschmissen,
verkauft. Keiner weiß mehr etwas. Aber wenigstens haben wir
Michails Hopper-Kopien.«

»Hat Barlow eigentlich alle Hopper-Originale gesehen?«

»Selbstverständlich. Glauben Sie, ein Künstler könnte ein
Werk anders kopieren als vom Original? Nein. Deshalb sind
wir ja so viel gereist.«

»Ein einsamer junger Russe mit einer attraktiven Deutschen
in Amerika«, wollte Durlach auf Corries Männergeschichten
anspielen.

»Das hat ihm nichts ausgemacht. Michail war sowieso ent-
wurzelt, hatte kaum noch Kontakt zu seiner Heimat. Ich hatte
das Gefühl, dass er froh war, dem russischen Leben entkommen
zu sein. Da war zwar noch seine Mutter. Aber außer ein paar
Postkarten hat da, soviel ich weiß, nichts mehr bestanden. Er
war ziemlich allein in der Welt.«

»Sie kommen mir hier auch sehr allein vor«, probierte es
Durlach nochmals.

»Ach Gott, sind wir nicht alle allein, Herr Durlach? Egal ob
Russen oder Deutsche oder Amerikaner. Schauen Sie sich doch
die Bilder von Hopper an. Die Menschen sind allein: Menschen
in Hotels, Paare, die nicht miteinander reden, Frauen, die einsam auf Sofas sitzen.«

Corrie Mosts Haare schillerten im Licht des Fensters. Der
Körper, der sich als grauer Schatten unter ihrem Kleid abzeich-
nete, wirkte für Durlach schmal und zerbrechlich.

Hatte sie eben ihre eigene Situation beschrieben? Er erinnerte sich daran, wie sie bei seinem ersten Besuch in dem Sessel
gesessen hatte, lesend im Gegenlicht. Allein. War das eine Pose
der Einsamkeit? Kaum zu glauben. Corrie Most war keine Ehefrau, die sich langweilte, wenn der Mann auf Geschäftsreise war.
Warum sollte gerade sie, die fast jeden Mann haben konnte, sich
nicht mit jungen Künstlern trösten, mit Malern, mit Schauspielern, vielleicht auch mit Journalisten? Sie ist allein in Stuttgart.

Ich bin allein in Stuttgart. Nein. Durlach schüttelte heftig den Kopf, um seine erotischen Gedanken zu verscheuchen.

»Kannten Nino und Barlow sich eigentlich?«

»Sie sind sich zwei-, dreimal begegnet.«

»Waren sie eifersüchtig?«

»Was meinen Sie? Ob ich eifersüchtig war?«

»Sie – oder die beiden Jungs aufeinander – oder gar auf Ihren Mann?«

»Was für einen Grund sollte es dafür geben?«

»Ich könnte mir einiges denken.«

Durlach sah Corrie Most tief in die grünen Augen. Doch sie schwieg einfach und konterte so seine Spitzfindigkeit.

»Barlow wurde in einen Park gelockt und erschossen«, begann er mit einem neuen Thema. »Er ist ausgestiegen, weil an seinem Auto manipuliert worden ist. Und Nino hat auch schon daran herumgeschraubt.«

»Das hat Ihnen wohl Olga erzählt, die dumme Kuh. Aber das ist völliger Unsinn. Michails Auto war eine alte Klapperkiste, die blieb ständig stehen. Die Polizei hat doch anhand der ganzen Rechnungen gesehen, wie oft das Ding in der Werkstatt war. Bloß weil Nino, hilfsbereit, wie er war, auch mal nachgesehen hat, ist er doch nicht gleich verdächtig. Das hat die Polizei auch eingesehen. Ich an Ihrer Stelle würde diese Geschichte nicht wieder aufkochen, Herr Durlach.«

»Wie taucht denn der Mord in der Biografie für diesen Raum auf?«

Corrie öffnete nochmals die Mappe. Sie schien nachzulesen und den Wortlaut für gut zu befinden. Dann gab sie Durlach das Blatt mit dem Lebenslauf. Er las von unten. »Michail Barlow stirbt auf mysteriöse Weise in Stuttgart«, war unter dem Todesdatum vermerkt.

»Mysteriös?«

»Ach Gott, hätten wir schreiben sollen: ›Michail wurde von einem Verrückten über den Haufen geknallt‹? Herr Durlach, wir haben auch Stilgefühl. Wir wissen, was sich gehört. Gerade an einem solchen Ort.«

»War der Mörder denn ein Verrückter?«

»Ach!«, zischte Corrie und winkte mit der freien Hand ab. »Journalisten wollen doch nur Skandalgeschichten hören. Die Wahrheit wollen Sie doch gar nicht wissen.«

»Ganz im Gegenteil. Ich persönlich bin sogar sehr wahrheitsliebend. Vielleicht bin ich deswegen Journalist geworden«, antwortete Durlach in der Hoffnung, nicht allzu selbstgefällig zu klingen. Er wedelte mit dem Biografieblatt in der Luft herum. »Ich veröffentliche nicht jede Skandalgeschichte, selbst wenn sie prima in unser ›Regionalmagazin‹ passen würde. Zum Beispiel die Story, wie Nino Rotunda zu Hause rausgeflogen ist. Da waren Sie wohl nicht ganz unschuldig.«

Sie riss die Augen auf und antwortete schnell: »Wir waren bekifft.«

»Selbst im größten Rausch habe ich nicht solche Szenen abgezogen, Frau Most. Auch nicht nach einem Joint.«

»Gut, Sie haben recht, es war mehr als Shit. Dummerweise ist der Stoff auch noch strafbar.«

Corrie Most raschelte mit den Papieren, als erwarte sie von ihnen eine Lösung des juristischen Problems. Aber dort stand nichts über Rauschgiftdelikte.

»Was machen wir jetzt?« In gespielter Zerknirschtheit zog sie ein Schmollmündchen. »Sie haben mich in der Hand.«

Sie kam Durlach ein, zwei Schritte entgegen. Dann verschränkte sie die Arme hinter ihrem Rücken und wiegte sacht den Körper. Wie sie so dastand in ihrem fast durchsichtigen Sommerkleid, die rotblonden Haare im warmen Sonnenlicht leuchtend, da war Corrie die personifizierte Versuchung. Durlach bereute sofort, dass er sich eben in die Rolle des Moralisten gespielt hatte.

»Ich sagte schon, private Skandale, äh, interessieren mich nicht sonderlich«, sagte er fahrig. »Es sei denn, sie stünden in einem gesellschaftlichen Zusammenhang. Einmal abgesehen von dem Stoff: Was wäre, wenn die Affäre zwischen Ihnen und Nino öffentlich würde?«

»Halb so schlimm.«

»Sie wären in einen zweiten Mordfall verwickelt.«

»Heißt es nicht in Ihrer Branche: ›Nur schlechte Nachrichten sind gute Nachrichten‹?«

Corrie kam noch etwas näher. Durlach schwindelte bei den Gedanken, die ihm sofort durch den Kopf rauschten.

»Und die Fotos«, versuchte er sich zu sammeln. »Die verfänglichen Fotos von der Party bei Kasperczak?«

»Was meinen Sie damit?«, fragte Corrie Most irritiert.

»Als Sie mit Nino Rotunda tanzten. Das wären auch schlechte Nachrichten gewesen. Die hat Ihr Mann damals unterdrücken lassen.«

»Ach, diese Bilder. Harmlos. Und nicht Gerhard, sondern Nino wollte die vom Markt haben. Er hatte Angst, seine Fans zu enttäuschen. Die Kiddies nehmen so was sehr ernst.«

»Sehen Sie. Die Öffentlichkeit verzeiht nicht alles«, versuchte sich Durlach trotz seines erregten Zustands an einer kühlen Feststellung. Er stand mittlerweile mit dem Rücken zur Wand. Corries Busen berührte ihn leicht. Er bekam weiche Knie.

»Aber Sie«, hauchte Corrie, »hätten Sie mir solche Bilder verziehen, Herr Durlach?«

»Einer schönen Frau verzeihen Männer viel, also ich, äh, ich auch«, stotterte er.

»Dann bitte ich Sie hier um Verzeihung.«

»Ich weiß nicht, ob das der richtige Ort ist.«

»Zu was?«

»Ich weiß nicht.«

»Oh Gott.«

Sie war sehr nah. Sie war sehr schön. Durlach wurde sehr heiß. Noch weiter zurückweichen konnte er nicht mehr.

»Die Überwachungskamera, äh … hier. Im Museum sind doch überall Kameras installiert.«

»Haben Sie eigentlich auch einen Vornamen, Herr Durlach?«

»Nein. Also doch, schon. – Und wenn uns jemand beobachtet?«

»Sie und mich?«

»Ja.«

»Wir beide eng umschlungen?«, schnurrte sie lasziv. »Wäre das schlimm?«

»Und wenn uns jemand filmt?«

»Wer?«

»Etwa mein Kameramann?«

»Wo?«

»Da, hinter der Plastikplane.«

Corrie Most fuhr blitzartig herum. Entsetzen zeigte sich auf ihrem Gesicht. Im Türrahmen stand aber niemand.

»'tschuldigung«, stammelte Durlach. »War nur ein Scherz.«

»Das verzeih ich Ihnen aber nicht so leicht.«

Corrie Most stand immer noch dicht vor Durlach, hatte aber keinen Grund mehr dafür. Daher riss sie ihm das Blatt mit der Barlow-Biografie aus der Hand und steckte es zurück in die Mappe. So schnell, wie ihre sexuelle Bereitschaft aufgeflackert war, so schnell war sie auch wieder verschwunden. Sie klemmte sich die Mappe vor die Brust und verschwand.

34

Die Stuttgarter Kultur-Schickeria betrachtete die Bilder im »Museum Most« mit nie gezeigter Lust.

»Ich habe das Bild da in echt mal in New York gesehen, im Whitney Museum of American Art.« Die Kunstfreundin mit protestantischer Kurzhaarfrisur schwäbelte leicht, sprach den englischen Namen aber betont weltmännisch aus. »Sehr beeindruckend.«

»Und das hier? Das sieht doch genauso aus«, sagte ihr Begleiter.

Sie betrachtete das Bild ein paar Momente und stellte fest: »Ich finde auch das beeindruckend.«

»Sag ich doch, wie das Original.« Er lief zwei Schritte auf das Gemälde zu und versperrte allen anderen Besuchern die Sicht. Dann kehrte er zu ihr zurück. »Sogar die Signatur ist von Hopper.«

»Du meinst, sie sieht so aus.«

»Sag ich doch. Aber ich finde das unmöglich. Signieren darf doch nur der Maler selbst. Die Arbeit könnte ja glatt als Original durchgehen.«

»Das ist ja wohl die Idee des Museums«, sagte sie spitz.

»Dazu bräuchte es aber nicht diese Signatur.«

»Wennschon, dennschon. Alles andere wäre inkonsequent.«

»Ich finde, das grenzt an Betrug.«

»Wer wird da um was betrogen?«

Sie blickte ihn triumphierend an, dann tauchten beide wieder in der Menge ein.

Hier können alle zugeben, dass sie Voyeure sind, dachte Durlach, der den Dialog des kunstsinnigen Paares belauscht hatte. Um die surreale Begegnung mit Corrie Most zu verdauen, schnappte sich Durlach das nächstbeste Glas Champagner, das an ihm vorbeigetragen wurde, und kippte es in einem Zug hinunter. Der livrierte Kellner mit dem Tablett hatte genügend Anstand, ihn nicht strafend anzublicken, als er das leere Glas sofort gegen ein volles austauschte. Durlach nahm sich vor, den Museumsbesuch systematisch zu absolvieren, also immer den »Rundgang«-Schildern nach.

Durlach flüchtete in die Halle, wo inzwischen das Jazzquartett rund um einen bekannten Bassisten der Musikhochschule »These Foolish Things« intonierte. Die Musiker trugen dunkle Fünfziger-Jahre-Anzüge und Fedoras mit rot glitzerndem Hutband, dazu gleichfarbige Krawatten – aber spielen konnten sie.

Gerhard Most stand in der Mitte der Halle und hielt Hof. Er hatte eine illustre Gruppe um sich versammelt: den russischen Botschafter, die Feuilletonredakteurin einer lokalen Tageszeitung und den Architekten, der der Öffentlichkeit kürzlich Eierkartons als MediaCity-Modell verkauft hatte. In der zweiten Reihe stand neben Kasperczak ein Mitglied der Kleinen Tierschau und beklagte schnarrend: »Was hat denn der Trainerwechsel gebracht? Aufm direkten Abstiegsplatz stehen sie jetzt.« Der Produzent von »Leben lassen – Lieben lassen« schien an der Bundesliga wenig interessiert. Er hatte eine bildhübsche Brünette im Schlepptau, deren Existenz er sich durch permanentes Handauflegen versicherte.

Durlach entdeckte zwar mehrere dunkel gelockte Frauen, aber Jeanette Diers war leider nicht darunter, also zog er wieder los auf der Suche nach einem nicht überfüllten Ausstellungsraum. Die Bilder gefielen ihm, weniger die Landschaften und Leuchttürme, aber die Innenaufnahmen, wie er es nannte, die Darstellungen schweigender, oft einsamer Personen.

»Beeindruckend«, sagte hinter Durlach eine bekannte Stimme. Es war die Kunstfreundin vom Beginn des Rundgangs.

»Waren wir in diesem Raum nicht schon? Man bekommt so gar keinen Überblick«, maulte ihr Begleiter.

»Doch, und zwar einen vollständigen. Außerdem kann man ebenso über Kopien kommunizieren, das hat der Professor in der Laudatio doch gesagt. – Schau mal, da ist er ja!« Schon stürzte sie los und sprach den Kunsthistoriker an. »Darf ich Sie etwas fragen?«

»Bitte.«

Der Kunsthistoriker unterbrach ein Gespräch mit der Erbin einer Schokoladenfabrik, die nach quadratischen Bildern Ausschau hielt.

»Diese Arbeiten hier, das sind ja alles Kopien, Herr Professor«, sagte die engagierte Kunstfreundin. »Aber atmen sie, Ihrer Meinung nach, wirklich die Aura des Originals?«

»Darf ich Sie für diese Fragen an meine Doktorandin Julia Jung verweisen, die kennt sich bei Hopper noch viel besser aus als ich.«

Hinter dem Professor trat eine schlanke Dunkelhaarige im geblümten Etuikleid hervor.

»Das ist die zentrale Fragestellung meiner Dissertation«, sagte sie zu der Kunstfreundin.

Jung erklärte, dass in den Kopien Hoppers Farbpalette und sein persönlicher Pinselstrich exakt getroffen seien. Der Professor war etwas zurückgetreten, warf seiner Studentin einen wohlwollenden und zugleich lüsternen Blick zu und machte sich aus dem Staub. Eine Summa-cum-laude-Beurteilung war Jung wohl so gut wie sicher.

»Wenn wir hier jetzt das Original danebenhängen würden«, fragte die Kunstsinnige, »würde ich mit bloßem Auge einen Unterschied erkennen?«

»Nein.«

»Sag ich doch. Dann sind das Fälschungen«, stieß der Partner der Kunstfreundin hervor.

»Dazu wollte ich auch etwas sagen«, schaltete sich ein dicker Herr mit Batikschlips ein. »Der Farbauftrag weist ja eine gewisse Brüchigkeit auf. Die Kopien wirken wirklich alt. Kann man so etwas nachmalen?«

»Nicht malen, aber anderweitig produzieren«, antwortete die junge Hopper-Expertin. »Man setzt die Farbschichten gewissen Laugen oder Säuren aus, um sie älter aussehen zu lassen, man taucht die Arbeiten in Bäder, und vielleicht wurde auf manchen Bildern auch der Inhalt eines Staubsaugerbeutels ausgeschüttet und der Dreck verteilt.«

Die Kunstfreundin hüstelte sofort, um klarzumachen, dass sie solche Gegenstände auch zur Kehrwoche nicht anrühren würde.

Von der Halle her hörte Durlach das Quartett »That's All« spielen und stürzte sich beschwingt wieder in das Gewühl aus Menschen und Bildern. Doch je mehr Hopper-Gemälde er betrachtete, desto stilisierter erschienen ihm die Figuren, wie Ikonen der amerikanischen Gesellschaft. Das beeindruckte ihn durchaus. Zugleich fand er die Darstellung der Gesellschaft auch klischeehaft.

Da kam Olga, das Hausmädchen der Mosts, daher, die ebenfalls zum Herumtragen von Champagnergläsern eingeteilt worden war. Sie trug dieses Mal ein züchtigeres Kleid, graublau, hochgeschlossen mit einem weißen Stehkragen, dazu eine bodenlange weiße Schürze.

»Bittä, Herr Durlach!«

Olga hielt ihm ihr Silbertablett so unter die Nase, dass er nicht anders konnte, als erneut ein Glas zu nehmen. Das Mädchen drehte ab und beugte sich zum nächsten trinkwilligen Besucher hinunter. Jetzt sah Durlach, dass das Kleid unter der Schürze gerade mal knapp den üppigen Hintern bedeckte. Obenauf saß wieder die große Schürzenschleife, die den Saum des Kleides daran hinderte, zur Hüfte hinaufzurutschen. Durlach empfand Olga überhaupt nicht als dumme Kuh. Im Gegenteil.

Dann fiel sein Blick auf das dahinterliegende Hopper-Gemälde, eine Restaurantszene im New York der zwanziger Jahre, halbrechts ein Pärchen am Tisch, links eine Serviererin in einem grauen, ja in einem zartgrauen Kleid mit weißer Schürze samt schmetterlingsförmiger Schleife. Hektisch sah Durlach mehrfach zwischen Olga und der gemalten Serviererin hin und her.

Entsetzt floh er in einen anderen Raum. Seine Bewegungen kamen ihm nicht mehr ganz sicher vor. Der Gedanke, der ihn erfasst hatte, ließ ihn nicht mehr los und machte ihn zugleich schwankend. Wie war das Verhältnis zwischen den Hopper-Kopien und der Welt? Realismus oder Wirklichkeit? Auf einem

Gemälde sonnte sich eine Frau auf der Balkonbrüstung. Sie erinnerte Durlach an die Nachbarin der Mosts. Er hatte sich so fremdgeschämt, als sie letztes Wochenende den alten Straßenkehrer angepflaumt hatte, dieses schlotternde, ausgemergelte Männlein, das in den abgetragenen Boss-Klamotten die Kehrwoche erledigen musste. Hatte Durlach sein Ebenbild nicht auch schon in der Ausstellung gesehen? Und sah diese gemalte Zugreisende hier nicht aus wie Corrie Most? Die gleiche Haltung. Im Augenwinkel sah er sie näher kommen. Als er hinsah, war sie wieder verschwunden.

Durlach blinzelte verstört. Er fand seine Analogien etwas übertrieben und versuchte sie mit dem Champagner wegzuspülen. Unvermittelt stand er in einem Raum mit Hopper-Adaptionen: »Das Kleine Arschloch« von Walter Moers stand bei den »Nighthawks« hinterm Tresen, und der unvermeidliche Plagiator Helnwein hatte Humphrey Bogart, James Dean und Marylin Monroe an die Bar gesetzt. Dagegen war die Version daneben aus lauter trinkenden Enten schon regelrecht originell. Durlach prostete belustigt den kleinen Tieren zu.

Kurz darauf landete Durlach im Museumsshop oder dem, was er dafür hielt. Drei lange Regalreihen, die von Kunstkitsch nur so überliefen: Krawatten mit Segelbooten, Adressbücher mit Sonnenbadenden, Uhren mit Cafébesuchern. Es schien fast keinen Haushaltsgegenstand zu geben, der nicht mit einem Hopper-Motiv bedruckt worden war: Tassen, Teller, Handtücher und sogar Spülbürsten.

Durlach wollte gerade eines der Merchandising-Produkte nehmen. Schon ertönte eine Alarmglocke.

»Bitte die Gegenstände liegen lassen!« Die Aufsicht kam herangeschossen. »Das sind Ausstellungsstücke und keine Dinge zum Angrapschen!«

Vor dem Nachbarregal stand schuldbewusst der Oberbürgermeister und hatte einen Schirm mit Hoppers Leuchttürmen in der Hand.

»Mir tun schon die Füße weh«, sagte der Kunstfreundinnen-Begleiter. »Ein Viertel der Bilder würde mir reichen.«

»Ich finde das Museum gewaltig. Aber wir können gerne nächstes Wochenende den Rest ansehen.«

»Jetzt bin ich schon mal da«, maulte er.

Durlach seufzte laut und musste dabei aufstoßen. Klar, die viele Kohlensäure, dachte er.

Er stakste in eine Ecke des Raums und lehnte sich gegen die Wand. Schon sah er unter den Merchandising-Artikeln eine Szene aus »Leben lassen – Lieben lassen«. Dieses Pärchen in einem New Yorker Hotelzimmer saß doch da wie die Soap-Schauspieler um den Tisch der Wohngemeinschaft. Genau dieses Motiv hatte er gedreht, ja, das Bild hatte er gesendet, aber keiner kam auf die Idee, seine Filme hier auszustellen. Und sah das Mädchen auf dem Federmäppchen nicht wie Jeanette Diers aus? Quatsch. Sie sah aus wie Corrie Most. Oder war das jetzt die echte? Durlach schüttelte sich. Die vielen Frauen auf den Hopper-Bildern machten ihn ganz kirre. Und die Frauen, die einsam vor der geöffneten Haustür standen, im Sommerkleid mit Strohhut, und die Frauen versunken an die Wand gelehnt. Überall Corrie Most. Oder Olga. Oder Mutter Brühl. Und das Zimmer da sah aus wie der Raum Barlow. Und die Leute da wie die Nachbarn von Nino Rotunda, wie sie nachts neugierig nach der Polizei guckten. Am Ende war auch der kahl rasierte Rotunda in einem Hopper-Bild verewigt.

Durlach hielt es nicht mehr aus. Er wollte fort, schnell fort. Er drückte sich wieder von der Wand ab, doch die plötzliche Bewegung machte ihn schwindlig. Reflexartig suchte er Halt, hielt sich an einem der Regale fest. Leider warf er dabei ein Hopper-Tablett mit der legendären Barszene um. Er versuchte das Ding noch zu fassen, zugleich rutschen aber seine Füße auf dem glatten Laminatboden langsam weg. Das Tablett kam ihm entgegen, Durlach fiel auf den Hintern, und die »Nighthawks« landeten in seinem Schoß.

Dann schrillte die Alarmsirene.

35

»Wann machen wir denn Pause?«, fragte Jörg.

»Wir sind doch gerade erst losgefahren«, antwortete Durlach.

»Ich habe aber nichts gefrühstückt.«

»Was? Hast du nix gegessen?«, fragte János.

»Ich bringe morgens nichts runter«, sagte Jörg.

»Aber man muss doch essen. Sonst kannst du nix arbeiten.« János gestikulierte so heftig, dass er kurzzeitig das Lenkrad des Renault Espace losließ.

»Was hast du denn zum Frühstück gegessen, János?«, fragte Jörg.

Der Kameramann hob zu einer schier endlosen Liste seines Frühstücksprogramms an, und Durlach, der im Fond des Wagens saß, versuchte nicht weiter hinzuhören.

Nach einiger Zeit klingelte Durlachs Telefon. Über diese willkommene Ablenkung freute er sich noch mehr, als er Jeanette Diers' Namen auf dem Display sah.

»Hallo, Herr Durlach«, sagte sie. »Ich wollte Ihnen noch die genaue Adresse von Otto König durchgeben. Außerdem gibt es interessante Neuigkeiten bezüglich unseres Castings. Die Story wird für Sie vielleicht noch exklusiver.«

»Erzählen Sie in aller Ruhe«, sagte Durlach, dessen Herzklopfen sich aus mehreren Gründen steigerte.

»Dass die Entscheidung über Ersatz für die Rolle des Sven bald fällt, habe ich Ihnen ja schon erzählt und auch, dass es dabei einen eindeutigen Favoriten gibt.«

»Ja. Ich bin auch im Moment auf dem Weg zu ihm. Mein Chef war sofort bereit, die Fahrt nach Berlin zu finanzieren, damit wir ein Porträt von dem Schauspieler machen können. Sie haben ja gesagt, dass er die Rolle bekommt.«

»Ja, schon. Wahrscheinlich. Das Neue ist aber, dass Kasperczak das Casting zur ganz großen PR-Nummer aufbauen will.

Insgesamt werden vier Schauspieler eingeladen. Der Plan ist, bei einer Show mit Kandidatenvorstellung und Brimborium die Zuschauer selbst über die Neubesetzung entscheiden zu lassen. Kasperczak glaubt, schon am kommenden Wochenende eine große Show im Programm unterbringen zu können, weil PosiTV die Entscheidung ja sehr schnell braucht. Bis dahin werden die Sven-Aspiranten unter realen Bedingungen zwei, drei typische Soap-Szenen drehen, die auf dem normalen LelaLila-Sendeplatz ausgestrahlt werden. Ich kümmere mich schon um die begleitende Anzeigenkampagne. TV-Spots werden am Montag anlaufen.«

»Was ist dann an meiner Geschichte noch exklusiv, wenn alle Welt von dem öffentlichen Casting erfährt?«, beschwerte sich Durlach.

Er hatte sich von dem Kontakt zu Jeanette mehr versprochen, wenigstens journalistisch.

»Ich habe nur Ihnen gegenüber den Namen Otto König fallen lassen, Herr Durlach. Und er ist zum einen der einzige erfahrene Schauspieler unter den Kandidaten, zum anderen sieht er Nino am ähnlichsten. Der macht bestimmt das Rennen.«

»Dann ist die ganze Abstimmung ein einziger Betrug. Ein abgekartetes Casting. Kann man das beweisen?«

»Nein. Auf keinen Fall!«, antwortete Diers schnell. »Wenn Sie das so senden würden, wäre das Image der ganzen Soap ruiniert und mein persönliches Image auch. Und in beiden Fällen wäre ich bestimmt meinen Job los.«

»Das will ich selbstverständlich nicht.«

»Wenn Sie jetzt eine Reportage über Otto König filmen, werden das die ersten bewegten Bilder von ihm sein. Also, exklusiv. Der stand nämlich noch nie vor der Kamera. Selbst für seine Bewerbung hat er kein Video eingereicht, sondern lediglich eine Fotomappe.«

Als Jeanette Diers auflegte, war Durlach nicht wirklich von seinem Thema überzeugt. Dabei hatte sich ursprünglich sehr gefreut: Berlin, das war Großstadt, Metropole, richtige Kultur.

Dann wurde ihm die Dispo des Drehs gemailt: Er musste mit János fahren.

Der tschechische Kameramann hatte mit TVS einen festen Vertrag über ein Jahreskontingent an Drehtagen ausgehandelt. János war nämlich billig. Dass er darüber hinaus nervte, war Heder völlig egal, der Redaktionsleiter musste mit ihm ja nicht bis Berlin durchfahren und nach dem Dreh ohne Übernachtung wieder zurück, wie János angekündigt hatte.

Das Geplauder des Kamerateams war zwischenzeitlich kaum vom Fleck gekommen.

»Ich rauche morgens erst eine, sonst kriege ich Verstopfung. Dann gehe ich aufs Klo und dann zur Arbeit«, berichtete Assistent Jörg gerade.

»Das ist aber nix gesund. Da fehlt dir ja die Grundlage«, antwortete János.

»Für was?«

»Für was wohl?«

Der Kameramann deutete gestisch das Kippen eines Schnapses an. Jörg lachte.

Durlach schämte sich auf der Rückbank. Konnte sich sein unrühmlicher Abgang im »Museum Most« schon zu den beiden rumgesprochen haben? Aber er traute ihnen nicht zu, so feinsinnig darauf anzuspielen. Selbstverständlich hatte er gestern Morgen zu wenig gegessen und dann auf nüchternen Magen fleißig Champagner getrunken. Da war er fast zwangsläufig zusammengeklappt. Glücklicherweise war bei seinem Fall nichts beschädigt worden. Die Aufseherin hatte ihm aufgeholfen, dann die Alarmanlage abgestellt. Durlach hatte sich in einem fort entschuldigt und gefaselt, er müsse sich frisch machen. Dann hatte er sich still und leise aus dem Museum gestohlen.

Jetzt hatte er Kopfschmerzen, und die Fahrt zu Otto König dauerte noch mindestens fünf Stunden. Durlach zog ein Päckchen aus der Tasche, das ihm Jeanette Diers noch per Fahrradkurier hatte bringen lassen: ein Buch, ein Faltblatt und ein Stapel Kopien.

Das Buch hieß »Aller Anfang ist leicht. Der Roman zur Serie ›Leben lassen – Lieben lassen‹. Band 1. Folgen 1–10«. Schon in den wenigen Zeilen auf dem Einband wimmelte es von Eifer-, Sehn- und Drogensucht. Durlach würde sich durch den Text quälen müssen. Wenn überhaupt, dann würde er das Buch als Letztes lesen, aber da müsste ihm schon total langweilig sein.

Interessanter fand Durlach schon ein Plakat, das er umständlich auf dem Rücksitz entfalten musste. »Wer mit wem? Wer gegen wen?«, war die Überschrift, und etwas kleiner stand darunter: »Beziehungsgeflecht aus fünfhundertmal ›Leben lassen – Lieben lassen‹«. Es war ein riesiges Diagramm, das alle zwanzig Hauptrollen in einem unübersichtlichen Netz von Linien und Pfeilen zeigte, die für Liebe und Hass, für Verwandtschaften, Freundschaften und Geschäftsverbindungen standen.

»Ist das ein Spiel?«, fragte Jörg nach hinten.

»Nein, das ist das Leben – zumindest das, was sich die Autoren einer Daily Soap darunter vorstellen.«

»Sieht ganz schön kompliziert aus. Blickt man bei der Serie überhaupt durch, wenn man später einsteigt?«

»Da ist man gleich drin«, erklärte Durlach lustlos, um das Gespräch mit den beiden nicht sonderlich auszuweiten.

Jörg verstand und wandte sich an seinen Kameramann. »Kennst du dich da aus, János?«

»Nein, aber ich bekomme sicher einen Überblick, wenn ich mehr für die arbeite.«

»Warum ziehst du mit deiner Firma um, János?«, fragte Jörg.

»Ein freier Kameramann muss immer sein, wo die Musik spielt. Wenn MediaCity gebaut wird, bin ich dabei. Ich hab schon Kontakte mit dem Planungsbüro.«

»Auf dem Gelände steht ja jetzt das Museum Most. Weißt du was davon?«, fragte Durlach plötzlich doch interessiert.

»Davon weiß ich nichts. Aber den Gerhard Most kenn ich.« János erzählte gern von seinen vielfältigen Kontakten. »Ich hab mal beinahe eine Videoanlage für ihn konzipiert. Er hatte bei mir angefragt, ob ich eine Sicherheitskamera installieren kann.«

»Für das Museum?«, fragte Durlach.

»Nein, für zu Hause.«

»Für Überwachungsanlagen gibt es doch eine eigene Branche.«

»Es sollte sehr speziell sein: bewegliche Kamera und mit Zoom, Festplatte und allerhand Schnickschnack. Der Most hat nämlich ziemlich teure Bilder überall in der Wohnung, sogar im Schlafzimmer.«

»Das solltest du einbauen, János?«

Jörg war wie immer begeistert von den Erzählungen seines Kameramanns.

»Ich hab da Erfahrung. Ich hab auch eine Sicherheitsanlage für das Kulturamt in Prag eingebaut. Dort hängen auch viele Bilder. Das war eine schöne Zeit damals. Da war auch ein hübsches Fräulein. Das war die Sekretärin vom Staatssekretär.«

»Und was hast du mit der gemacht, János?«

Der Kameramann feixte.

»Na, was werd ich mit dem Fräulein gemacht haben.«

Der Wagen schlingerte ein wenig. János hatte wieder mit den Händen geredet, bei Tempo hundertsechzig auf der linken Spur.

Ehe János erotische Abenteuer zum Besten geben würde, griff Durlach nach den Kopien. Es waren ausführliche Porträts der Darsteller und ihrer Rollen, Gedankenstützen für die Autoren, die unmöglich alle Geschichten der Serie im Kopf haben konnten. Durlach suchte zuerst nach Nino Rotunda und erfuhr dessen Sternzeichen, dessen Lieblingsfarbe und dessen Lieblingsmusik. Dann die Schauspieler-Biografie: Seinen Karrierestart als »Mister Unterland« hatte Nino verheimlicht, stattdessen lediglich Model und privaten Schauspielunterricht angegeben. Als Hobbys nannte er: »Motorsport, Tanzen und Zuhören, Romantik zu zweit«. Und mit dem abgedruckten Lebensmotto bewies er sich schließlich als ein besonders lustiger Zeitgenosse. Es hieß schlicht: »Leben lassen – Lieben lassen«.

Dann las Durlach die Rollenbiografie des Sven Krämer: Adoptivkind, von der Stiefmutter verwöhnt, in der Pubertät viele Auseinandersetzungen mit dem Stiefvater. Sven hat gelernt, sich durchzusetzen, vor allem durch dreiste Lügen und Intrigen. In der Schule sind die Mitschülerinnen seinem Charme erlegen und haben für ihn Hausarbeiten geschrieben. Einmal hat er auch eine junge Lehrerin erpresst, damit sie ihm die Klausuraufgaben vorab besorgt. Ein anderes Mal hat er Klassenkameraden verraten, die daraufhin kiffend auf der Schultoilette erwischt wurden. Es folgten die Geschichten der Serie, die Gründung der Werbeagentur, das Ausbooten eines Kompagnons, Affären mit den Models, Betrügereien mit Geschäftspartnern. Die Nummern der jeweiligen LelaLila-Folge standen am Rand. Sechshundert Drehbücher im Schnelldurchlauf.

»Berlin ist jetzt ein heißes Pflaster. Viele Fräuleins aus Russland.«

»Aber dafür haben wir ja keine Zeit, János«, sagte Jörg.

»Dafür braucht man nicht viel Zeit – wenn man jung und kräftig ist.«

János stieß seinem Assistenten in die Rippen. Jörg feixte.

Jetzt wusste Durlach, dass er den LelaLila-Roman doch noch lesen würde.

36

Die Kaffeemaschine gluckerte schon eine ganze Weile vor sich hin. Dann machte es *puff*, und eine Wolke von Wasserdampf erfüllte die enge Küche.

»Jetzt ist er fertig«, sagte Otto König, und allein diese Feststellung wirkte wie eine verlockende Verkündung.

Die Maschine müsste mal entkalkt werden, dachte Durlach und ließ sich einschenken. Laut fragte er: »Haben Sie vielleicht Milch?«

»Ich muss mal nachsehen.«

König ging zum Kühlschrank. Selbst in seinen ausgetretenen Hausschuhen hatte der Schauspieler noch eine tänzerische Anmut.

»Tut mir leid, Milch ist leider ausgegangen«, sagte König und wirkte enttäuscht, dabei hatte Durlach deutlich gesehen, dass der Kühlschrank völlig leer war. »Nehmen Sie Zucker?«

»Danke, nein, dann lieber schwarz.«

Der Schauspieler rückte seinen Stuhl zurecht und setzte sich wieder an den Küchentisch. Die Ähnlichkeit zu Nino Rotunda war verblüffend. Schon als der Mann die Tür geöffnet hatte, war Durlach vor Erstaunen einen kleinen Schritt zurückgetreten. Spontan hatte er bedauert, die beiden nie nebeneinander sehen zu können.

König war ein wenig älter, die schwarzen Locken hatten schon einen leicht silbrigen Schimmer, an den Schläfen zeigten sich sogar graue Strähnchen, und um die Lider hatte er bereits ein paar Falten. Die blauen Augen hingegen waren klar und nicht so stechend wie bei Nino Rotunda. Die Lippen schienen etwas schmaler, die Wangenknochen weniger ausgeprägt. Dafür war die Nase gerade und feiner als die des Soap-Stars. Doch das alles war schon Mäkelei von Durlach, die beiden wären der Glanz jeder Verwechslungskomödie im Marquardt-Theater gewesen. Und wahrscheinlich hätte man sogar beim intensiven

Betrachten von Hopper-Originalen und Barlow-Kopien ähnlich viele Unterschiede entdecken können.

König schien die Gedanken des Journalisten zu erraten. »Ich war gestern noch beim Friseur.«

»Er hätte Sie ein wenig färben können.«

»Ist das nötig? Meinen Sie?« Königs Gesicht zeigte deutliches Entsetzen. Er fuhr sich durch die Haare und sagte kokett: »Sehe ich denn schon so alt aus?«

»Nein, gar nicht«, räumte Durlach schnell ein. »Bei ›Leben lassen – Lieben lassen‹ spielen fast alle eine jüngere Rolle im Vergleich zu ihrem tatsächlichen Alter.«

Er ärgerte sich über seine Ungeschicklichkeit und trank verlegen einen Schluck Kaffee. Die Brühe schmeckte widerlich.

»Wissen Sie, Herr König, das ist so ein Gesetz der Kamera. Das Objektiv wirkt wie ein Filter, man muss das, was man zeigen will, überdeutlich zeigen und präsentieren. Vieles, was im normalen Leben künstlich wirken würde, kommt auf dem Bildschirm ganz normal rüber.«

»Seltsam, das hätte ich nicht gedacht, wo die Fernsehkamera doch viel näher dran ist als die Zuschauer bei uns. Im Theater kann selbst eine alte Fregatte noch die Jungfrau von Orleans geben, wenn die Garderobe stimmt und die Maske einiges überschminkt.«

»Was meinen Sie, welches Medium besser betrügen kann, Theater oder Fernsehen?«

»Das ist eine interessante Frage, Herr Durlach. Ich weiß nicht, ob ich das beantworten kann.«

»Sie werden den Unterschied ja bald besser kennen.«

»Wenn Sie das glauben«, sagte König dunkel. »Ich habe schon einige Castings mitgemacht.«

»Ich bin überzeugt, dass Sie es schaffen«, sagte Durlach fest.

»Die Similarität ist sicher wichtig, aber das ist ein Zufall, das ist Schicksal. Auch wenn es von PosiTV hoch bewertet wird.« Otto König richtete sich am Küchentisch auf. »Aber im Grunde geht es doch um die Fähigkeit der Gestaltung. Ich bin Schauspieler, und wenn ich es mal ganz unbescheiden sagen darf, ein ausgewiesen guter Schauspieler.«

»Wie sind Sie dazu gekommen?«

»Es gibt ja schicksalhafte Entscheidungen. Der Entschluss, das Theater zu meinem Lebensmittelpunkt zu machen, war so eine. Eine glückliche.« König dozierte wie hinter einem Katheder. »Nachdem ich die Aufnahmeprüfung an der Falckenberg-Schule in München bestanden hatte, wurde ich stets von dem Gefühl begleitet, auf dem richtigen Weg zu sein. Ich habe große Inszenierungen gesehen, es gab die ersten positiven Rezensionen.«

»Und dann?«, versuchte Durlach die Lebensgeschichte zu beschleunigen.

»Ich habe mich nach Abschluss der Ausbildung für das Stadttheater in Bremerhaven entschieden.«

»Provinz?«

König nickte traurig. Er wurde wieder kleiner.

»Ein Kollege hatte mir den Tipp gegeben. Er meinte, Bremerhaven sei vielversprechend und dass dort ein paar junge Regisseure am Werk sind, die mit ihren Inszenierungen auf sich aufmerksam gemacht hätten. Doch leider stellten sich die angeblich so innovativen Regisseure als minderbegabt heraus, und die Inszenierungen waren lange nicht so experimentierfreudig wie angekündigt. Da ist Stuttgart schon ein anderes Kaliber.«

»Dafür ist Stuttgart Fernsehprovinz.«

König erwiderte Durlachs eindringlichen Blick. Gleichzeitig mussten sie lachen.

»Was haben Sie gemacht?«

»Nach zwei Spielzeiten wurde mein Vertrag gekündigt. Meine Reaktion war Flucht. Ich wollte wieder in eine Großstadt. Wieder eine Schicksalsentscheidung. Dieses Mal habe ich mich für Berlin entschieden, weil ich viel Hoffnung in die Theaterszene der Hauptstadt setzte. Darüber hinaus habe ich mir eine Agentin genommen. Denn so leicht kommt man auch im großen Berlin nicht unter.«

Durlach schwieg. In die Stille hinein gab die Kaffeemaschine einen Gluckser von sich.

»Kennen Sie einen Beruf, bei dem Schein und Sein weiter auseinanderklaffen?«, fragte König unvermittelt. »Wie viele Schauspieler gibt es in Deutschland? Fünfzehntausend, zwanzigtausend? Oder noch mehr? Wie viele können ausschließlich von ihrer Kunst leben?«

»Müsste man mal recherchieren.«

»Ich sag's Ihnen: Jeder dritte ist arbeitslos. Und die anderen bekommen meist einen Hungerlohn. Dabei wird der Markt immer enger, die Kulturetats werden gekürzt, die Ensembles verkleinert und die quasi verbeamteten Altchargen sitzen fest im Sattel und leben wie die Made im Speck. Wir Jungen bleiben dabei außen vor.«

Königs Rede stockte. Durlach sah heimlich auf die Uhr, was der Schauspieler bemerkte. »Wann kommt Ihr Kamerateam?«

»Wir haben noch eine halbe Stunde Zeit.« Durlach fühlte sich etwas ertappt und wurde deshalb zutraulich. »Mein Kameramann sagt zwar, er hätte viel Erfahrung im Umgang mit Schauspielern, noch aus seiner Zeit in Prag, ich wollte trotzdem mit Ihnen erst einmal ungestört reden. Ich musste die beiden regelrecht überreden, mich mit Ihnen allein zu lassen.«

»Was macht Ihr Team in der Zwischenzeit?«

»Das will ich gar nicht wissen.«

Weil er die Lichtverhältnisse prüfen wollte, trat Durlach nun ans Fenster. Den Himmel durchzogen nur wenige Wolkenstreifen. Trotzdem lag Königs Küche im Dämmerlicht. Die Rückfront eines Kinos, eine U-Bahn-Haltestelle, ein türkischer Lebensmittelladen, ein kleines Café. Direkt vor dem Parterrefenster stand eine Fußgängerampel mit einem pummeligen roten Männchen mit Hut.

»Da haben Sie ja abends eine richtig bunte Lightshow in der Wohnung wie in einer Disco«, sagte Durlach lustig, als die Ampel auf Grün sprang.

»So intensiv habe ich das noch gar nicht wahrgenommen.«

König stand dicht hinter Durlach, dass dieser den Atem des Schauspielers in seinem Nacken spürte.

»Vielleicht machen wir das Interview in einem anderen Zimmer«, sagte Durlach und ging zwei Befreiungsschritte in den Raum hinein.

»Verfügen Sie über mich. Ich habe Zeit«, sagte König mit ausladender Geste. »Kommen Sie doch bitte hier entlang.«

Die beiden Wohnräume gingen ineinander über. Das vordere Zimmer erfüllte ein großes Bett mit Gesundheitsmatratze, wie König gleich erklärte, immerhin sei ein gesunder Körper Grundvoraussetzung für die Schauspielkunst. Das Bett war umrahmt von zahlreichen blauen Mülltüten, aus denen Wäschestücke hervorquollen. Einen Kleiderschrank gab es nicht.

Bei der Enge und dem Durcheinander in der Wohnung würde das Drehen schwer werden. János war bekannt für wilde Kamerabewegungen, plötzliche Zooms und am liebsten beides zugleich. Tina nannte ihn deshalb auch den »Schwenker von Prag«. Vielleicht sollte man das Chaos bewusst mit ins Bild nehmen, dachte Durlach, und König schon mal den Umzug nach Stuttgart spielen lassen: Sachen einräumen, Bücher in Kisten packen, Bilder abhängen und so weiter.

»Haben Sie auch schon gedreht?«, erkundigte sich Durlach.

»Nicht der Rede wert. Eine einzige kleine Filmrolle bei der Abschlussarbeit eines Absolventen der Münchner Filmhochschule. Experimenteller Kram, für einen Darsteller wenig ansprechend.«

Durlach entdeckte einen mannshohen Spiegel mit einem verschnörkelten silbernen Rahmen. Auf das Glas war mit Filzstift eine Reihe von Begriffen geschrieben, doch die Linien waren brüchig und die Buchstaben teilweise schwer zu lesen.

»Das sind meine Stärken«, erklärte König. »Ich hatte mal eine Phase, in der ich mich deren täglich versichern wollte. Wir Schauspieler müssen uns selbstverständlich viel mit uns selbst beschäftigen. Daraus schöpfen wir.«

Durlach lächelte verständnisvoll, trat vor den Spiegel und las: kreativ, attraktiv, phantasievoll, sexy …

»Das filmen Sie aber nachher nicht!«, warf Otto König ein, dem dieser Blick in sein Innerstes wohl äußerst unangenehm war.

»Wenn Sie es nicht wollen, selbstverständlich nicht.«

Ohne weiter um Erlaubnis zu bitten, ging Durlach durch die offene Tür ins hintere Zimmer. Der Raum war voller Bücher, die teilweise in Billy-Regale eingeräumt waren, zum größeren Teil aber noch in Bananenkisten steckten. Mittendrin lag ein Stapel alter Opernplatten, in einem flachen Kasten steckten CDs. Der Schreibtisch, zwei Böcke mit Tischlerplatte, knickte unter Broschüren und Papierstapeln fast ein.

»Ganz schön viele Bücher«, stellte Durlach anerkennend fest.

»Es waren schon mal mehr. Aber einige werden gerade beim Antiquar verramscht. Ich bin vor wenigen Wochen umgezogen und musste mich von ein paar Schwarten trennen.«

»Man liest sie ja doch kein zweites Mal.«

»Und ob. Gute Literatur muss man mehrfach lesen, sonst gelingt es doch nicht, hinter die Geschichte zu schauen.«

»Haben eigentlich alle Schauspieler so viele Bücher?«

»Wo denken Sie hin. Ein Bewusstsein für echte Literatur ist doch nur noch bei den allerwenigsten vorhanden. Der *homo literaricus* ist eine aussterbende Spezies. Oder glauben Sie, ein normaler Schauspieler geht noch tagsüber in den Wald, um Rilke-Gedichte zu rezitieren?«

»Und wo lesen Sie Ihren Rilke?«

»Hier. Ein Erbstück meines Großvaters.«

König zeigte auf einen antiken Sessel zwischen Fenster und einer Stehlampe. Gegenüber stand der Möbel-Doppelgänger, versank aber in einem Meer von Zeitungen und Zeitschriften. Obenauf thronte ein kleiner, tragbarer Fernseher, dessen Teleskopantenne wie ein Spieß gefährlich weit in den Raum hineinragte. Vermutlich war es ein Schwarz-Weiß-Gerät.

»DVBT wird doch in Berlin bald abgeschaltet«, sagte Durlach.

»Ich sehe ohnehin selten, sehr selten. Aber das kann sich ja ändern.«

Den Raum dominierte aber nicht der Fernseher, sondern ein dahinter hängendes großes Bild einer Schiller-Inszenierung. Um das Theaterplakat von »Die Räuber« herum waren zahlreiche Fotos an die Wand geheftet, mehrere professionelle Porträtaufnahmen Königs, sogar eines mit Bart, vor allem aber Szenen aus verschiedenen Aufführungen: König in historischen Gewändern, König in engagierten Dialogen und – besonders auffällig – König in einem weißen Clownskostüm mit großem Kragen und rotem flachen Hut, Hand in Hand mit einer Schauspielerin, ebenfalls in Weiß. Schon wieder hatte Durlach das Gefühl, das Bild aus dem »Museum Most« zu kennen. Dabei sah es gar nicht nach einem Hopper aus.

»Da habe ich den Valerio in ›Leonce und Lena‹ gespielt«, sagte König, der wie bei einem Katz-und-Maus-Spiel wieder dicht hinter Durlach getreten war. Über dessen Schulter hinweg begann er zu deklamieren: »Aber eigentlich wollte ich der hohen und geehrten Gesellschaft verkündigen, dass hiermit die zwei weltberühmten Automaten angekommen sind und dass ich vielleicht der dritte und merkwürdigste von beiden bin, wenn ich eigentlich selbst recht wüsste, wer ich wäre …«

Durlach ließ sich auf einen der Kistenstapel plumpsen, dass aus den Büchern eine dünne Staubwolke emporschwebte. Er sah dem Schauspieler zu, wie er den Monolog deklamierte und dazu zwischen all dem Krempel umherturnte. Bei der Stelle, dass »es eigentlich nichts als Walzen und Windschläuche« seien, verdrehte er sich akrobatisch, hob das Bein samt Pantoffel gefährlich weit, wie um zu zeigen, dass ihn eine Feder unter der kleinen Zehe antreibe, brachte sich mit weiten Pendelbewegungen wie bei einem Stehaufmännchen wieder in die Senkrechte, drehte wie losgezurrt eine Pirouette, die folgerichtig in einer Verbeugung mündete, und tat kund: »Die Mechanik läuft volle fünfzig Jahre.«

Durlach klatschte Beifall. Er war aufrichtig begeistert. Gerade als König sich elegant verneigte, klingelte es an der Tür. Das mussten János und Jörg sein.

37

Durlachs Haustür quietschte. Er würde sie mal ölen müssen. Aber das dachte Durlach schon seit einigen Wochen. Er war in der letzten Zeit zu selten zu Hause, als dass er sich noch zu handwerklicher Heimarbeit aufraffen konnte. Der alte Anrufbeantworter blinkte. Durlach entschied, dass es nicht wichtig sein könne, denn alle beruflichen Anrufer hätten unweigerlich die Nummer seines Handys gewählt, und das hatte er auf der Rückfahrt von Berlin die ganze Zeit angeschaltet. Jede Ablenkung von János' und Jörgs Geplapper wäre ihm recht gewesen, denn schlafen konnte er auch auf einer so langen Fahrt nicht.

Gewohnheitsgemäß hängte er sein Jackett an den Garderobenhaken und ging erst mal aufs Klo. Dann holte er sich eine Flasche Weizen aus dem Kühlschrank, schenkte ein und trank das Bier in einem Zug fast leer. Es schmeckte so einfach besser. Durlach hatte sich erst kürzlich die großen Biergläser zugelegt. Endlich. Mehrfach hatte er zuvor in Einrichtungshäusern einen entsprechenden Sechserpack in der Hand gehalten, dann aber befürchtet, sein dürftig ausgestatteter Hausstand würde nicht nur kläglich, sondern auch noch versoffen wirken, sodass er statt der Weizenbiergläser jedes Mal etwas anderes gekauft hatte: ein Sushi-Messer-Set etwa, eine gusseiserne Bratpfanne oder ein schrill-buntes Salatbesteck.

Das Lämpchen am Anrufbeantworter flackerte weiter aufdringlich. Durlach ignorierte es. Er legte sich aufs Sofa, schaltete den Fernseher an und zappte einmal alle deutschsprachigen Programme durch. Erst in der zweiten Runde blieb er bei einem Spot für ein Haarfärbemittel hängen. Das Model erinnerte ihn etwas an Jeanette Diers, hatte allerdings zwei blaue Augen. Sofort schaltete Durlach ab und sprang hoch. Ja, wenn Jeanette angerufen hatte, dann musste er das gleich wissen. Vielleicht erkundigte sie sich danach, ob in Berlin alles gut gelaufen war.

Schnell drückte er am Anrufbeantworter den Knopf mit dem kleinen Lautsprecherzeichen.

»Sie haben drei neue Nachrichten«, sagte die Elektronik. »Nachricht eins, Montag, vierzehn Uhr dreizehn.«

Die Stimme des Anrufbeantworters klang ansatzweise weiblich, für Durlach aber nicht weiblich genug. Die nächste Stimme war leider sogar männlich.

»Durlach, du alter Bandit«, dröhnte Karsten. »Wo steckst du wieder? Ich wollte dich nur an das Spiel erinnern. Wenn du diesmal wieder keine Pressekarten besorgen kannst, dann kauf ich hier über unsere Geschäftsstelle welche. Ich geh davon aus, dass du mitgehst, auch wenn du nicht auf Mainz stehst. Immerhin geht's für den VfB ja langsam um die Wurst. Entscheid dich schnell. Pressetribüne oder 05er-Fanblock, das ist noch die Frage. Tschö.«

Das Bundesligaspiel am kommenden Samstag war für einen echten Fan wie Karsten ein Pflichttermin. Außerdem hatte Durlach ihn lange nicht gesehen, genau genommen fast ein Jahr lang nicht, seit dem letzten Auswärtsspiel von Mainz 05 im Daimler-Stadion. Wie der VfB spielte, war Durlach ziemlich egal. Aber seinem Schulkameraden war er dankbar dafür, auf diese Weise aus einer Bundesliga-Begegnung ein Freundschaftsspiel zu machen.

»Nachricht zwei, Montag, sechzehn Uhr dreiundvierzig.«

»Hier spricht deine Tante Gisela«, meldete sich eine damenhafte Stimme, der man die Unsicherheit, auf ein Band zu sprechen, deutlich anhörte. »Ich habe für dich jetzt doch ein Zimmer reserviert, weil bei uns an dem Wochenende kein Platz mehr im Haus ist, auch nicht für deinen Schlafsack. Du musst das Hotel nicht zahlen, das übernehmen wir schon. Wichtig ist, dass du überhaupt kommst. Michi würde sich sehr freuen. Du brauchst auch nichts zu besorgen. Wenn du willst, lasse ich auf eines der Geschenke von der Hochzeitsliste deinen Namen schreiben. Wie wäre es mit einer Servierplatte von Rosenthal? Das Design würde dir sicher gefallen, das ist ziemlich modern. Melde dich bitte. Ach ja, Gruß von Onkel Günter. Tschüss.«

Durlachs Cousine Michi heiratete demnächst irgendeinen Versicherungsvertreter aus dem Sauerland, den Durlach auf einem anderen Familienfest kennengelernt und für langweilig befunden hatte. Trotzdem wollte er bei der Trauung dabei sein. So viele Cousinen hatte er nun auch wieder nicht.

»Nachricht drei, Montag, zwanzig Uhr zweiunddreißig.«

»Durlach, du wirst sterben!«

Ein schnelles Klackgeräusch beendete die Aufnahme.

»Sie haben keine weiteren Nachrichten.«

Das hektische Blinken des Anrufbeantworters ging in einen ruhigeren Rhythmus über. Ganz im Gegensatz zu Durlachs Puls. Der raste plötzlich so heftig, dass seine Brust schmerzte. War die Drohung ernst zu nehmen? Durlach drückte noch einmal auf den Wiedergabeknopf des Anrufbeantworters. Er übersprang die ersten beiden Aufnahmen.

»Nachricht drei, Montag, zwanzig Uhr zweiunddreißig.«

»Durlach, du wirst sterben!«

Jetzt zitterte er am ganzen Körper. Der erste klare Gedanke, den Durlach fassen konnte, war, seine Eltern anzurufen. Doch das war albern. Das wusste er gleich. Seine Eltern lebten in Westfalen. Sie waren einfache Leute. Was sollten die in so einem Fall tun? Jetzt, mitten in der Nacht, in fünfhundert Kilometern Entfernung. Durlach schämte sich ein wenig für sein kindliches Schutzbedürfnis. Trotzdem. Er dachte an sie.

Durlach, du wirst sterben! Die Botschaft war doch auch Unsinn. Ein Fake. Oder? Wer sollte ihn schon mit dem Tod bedrohen wollen? Trotzdem ging Durlach der Satz nicht aus dem Kopf. Er stand vor dem Anrufbeantworter, dessen zwei Leuchtanzeigen ihm nur sagten, dass das Gerät betriebsbereit war und dass da Nachrichten ungelöscht auf einem kleinen Band verharrten. Das dumme Ding sagte Durlach nicht, wen er nun anrufen sollte. Die Polizei? Die würde gleich fragen, wer ein Interesse an seinem Tod oder an seiner Einschüchterung haben könnte, wenn er nicht vorher von einem überlasteten Beamten abgewimmelt würde.

Ja, wer wollte ihm schaden? Das war die Frage. Er musste

jetzt einen kühlen Kopf bewahren und nachdenken, bevor er jemanden mit seinen Gefühlswallungen überfiel. Durlach ging in die Küche und kippte den Rest Bier in den Ausguss. Sich betrinken konnte er noch, wenn er tot war. Im Hier und Jetzt zählte weiterhin Rationalität.

Während er zusah, wie die goldbraune Flüssigkeit langsam im Abfluss verschwand, fühlte er sich beobachtet. Ängstlich sah er zum Küchenfenster hinaus. Doch Durlach wohnte im ersten Stock. Es hätte schon jemand auf den dürren Baum, der im Hinterhof stand, klettern müssen, um ihm hier in seiner Küche nachzuspionieren. Durlach fielen die zahlreichen Hopper-Bilder ein, auf denen in Fenster hinein- und aus Fenstern herausgeblickt wurde. Und hier im Hof? Selbstverständlich konnte hinter jedem Fenster der Nachbargebäude jemand hocken, mit Feldstecher, mit einer Makarow, mit einem Zielfernrohr. Aber das war doch auch Unsinn. Trotzdem duckte sich Durlach instinktiv. Schnell löschte er das Licht in der Küche, dann das auf dem Gang, schließlich auch die Lampe im Wohnzimmer. Im Dunkeln setzte er sich wieder auf das Sofa und dachte nach.

Was hatte er denn schon Gefährliches herausgefunden? Eigentlich hatte Durlach die skandalträchtigen Geschichten doch unter der Decke gehalten. Er hatte weder über den Psychopathen berichtet, der Susa Bachhausen bedroht hatte, noch über den Mord an Michail Barlow. Auch das Verhältnis zwischen Corrie Most und Nino Rotunda hatte er bisher außen vor gelassen, obwohl er nach den seltsamen Drohungen von Müller-Wölbert glaubte, da in ein Wespennest gestoßen zu haben. Nein, seine Berichterstattung war doch harmlos, und die Berichte waren eher – wie er nachträglich fand – zu boulevardmäßig. Für solche Filme erhält man keine Morddrohungen, befand Durlach.

Oder war er einer ganz brisanten Geschichte auf der Spur, ohne es selbst gemerkt zu haben? Gab es da ein Detail seiner Recherchen, das jemand anderen bedrohte? Kasperczak? Peter Hufeland? Marlene Winter? Wie in einer Verbrecherkartei rief er die Porträts der Personen vor sein inneres Auge. Gerhard

Most? Tretjakow? Hatte er am Ende die Zusammenhänge von MediaCity am Wickel? Aber wo sollte da der Ansatz sein? Er hatte zwar Tina versprochen, weiterzurecherchieren, aber im Grunde noch nichts konkret unternommen. Und von seinem Kontrakt mit Trabold und von der Disc wusste niemand außer dem Polizeipressesprecher selbst.

Durlach hatte sich unwillkürlich in eine Sofaecke verkrochen, die Füße hochgestellt und hielt sie mit den Händen umfasst. Er hörte ein Knacken auf dem Hausflur. Gleich umklammerte er die Knie noch fester. Sein Zimmer kam ihm seltsam leer vor. Hatte Hopper nicht zum Ende auch unbewohnte Zimmer gemalt? Seine Figuren waren einsam, dachte Durlach, und er selbst war auch einsam in Stuttgart. Er wusste noch nicht einmal, wen er in äußerster Not anrufen sollte. Tom war ein Freund, klar, die Zusammenarbeit mit ihm war gut, sogar sehr gut. Aber wie sollte Tom ihm helfen? Durlach wusste ja nicht einmal selbst, wie man ihm momentan helfen konnte.

Er hätte gerne Tina angerufen, die würde sicher irgendetwas unternehmen, aber die lag im Krankenhaus. Eben noch hatte er sich von János dort absetzen lassen und ihr einen kurzen abendlichen Besuch abgestattet. Den Mumienverband hatte der Arzt zwar entfernt, aber die rechte Wange würde noch mindestens eine Woche mit einer Mullkompresse bedeckt bleiben. Ja, das Schlucken tat ihr immer noch weh, auch das Sprechen. Vorsichtig hatte sich Durlach nach dem Verheilen der Wunde erkundigt. Die Fäden würden wohl bald gezogen werden, hatte Tina erzählt, dann würde wohl alles auf dem Weg der Besserung sein.

Durlach glaubte nicht an höhere Gerechtigkeit. Aber wenn Tina mit ihren schlimmen Verletzungen von der Pitbullattacke umgehen konnte, dann musste er erst recht mit der Morddrohung fertigwerden. Schließlich hatte der Hund ihn verschont. Aber sterben wollte er ganz bestimmt nicht.

Ein Lichtschimmer tastete sich an Durlachs Wand entlang, ein kleiner bunter Punkt, der vorsichtig hin und her wanderte. War das der Visierpunkt eines Zielfernrohrs? Infrarot. Durlach kauerte sich noch mehr zusammen. Er kannte solche Dinge nur aus Krimis. Er schätzte die grobe Richtung, das Licht müsste von schräg unten kommen, etwa vom gegenüberliegenden Bürgersteig. Aber es war nicht rötlich, eher weiß, mit einer Spur ins Grün-Bläuliche. War der Reflex eines infraroten Lichtstrahls vielleicht komplementärfarben statt rot? Könnte er diese Frage beantworten, wenn er beim Bund gewesen wäre? Durlach überlegte, ob er am Boden auf die andere Seite der Wohnung robben sollte, wenn jetzt geschossen würde. Doch es schoss niemand. Stattdessen verschwand der Lichtpunkt. Auf der Straße wurde ein Auto gestartet.

Er nahm sich zusammen und ging wieder zum Telefon im Flur, obwohl er immer noch nicht wusste, wen er anrufen sollte. Fast automatisch drückte er wieder den Abspielknopf des Anrufbeantworters.

»Durlach, du wirst sterben!«

Wer war das? Wer drohte ihm? Die Stimme klang heiser und gepresst. Er würde den Anrufer kaum identifizieren können. Durlach ärgerte sich über die beschissene Aufnahme. Die Tonspur war verzerrt.

»Durlach, du wirst sterben!«

Es war ein Mann, da war Durlach sich ziemlich sicher. Aber sonst? War der Kerl jung oder alt? War er aggressiv und wirklich gefährlich, oder war es eine hohle Drohung? War es am Ende gar ein dummer Scherz von Angermeier? Arnd war ein Arschloch, das war klar, aber war er zu so etwas fähig? Und litt er selbst inzwischen unter Verfolgungswahn?

Er drückte die Rückspultaste. Immer wieder.

»Durlach, du wirst sterben!«

»Durlach, du wirst sterben!«

»Durlach, du wirst sterben!«

Wutentbrannt über seine eigene Hilflosigkeit riss Durlach am Kabel und knallte das Gerät gegen die Wand.

38

»Ich befürchte Schlimmes«, stöhnte Durlach.

Die Zufahrt zu dem Gelände von PosiTV war mit einer Kette abgesperrt, davor stand ein Sicherheitsmann im blauen Blouson. Der Kerl blickte teilnahmslos. Er hatte eine Glatze und musste in gleich mehreren Muckibuden Stammgast sein. Durlach stieg aus dem Wagen.

»Sagen Sie mir bloß nicht, dass ich hier nicht durchkomme.«

»Wenn Sie keine Zugangsberechtigung haben, dann leider nicht«, antwortete der Sicherheitsmann geradezu freundlich.

»Ich bin auch beim Fernsehen«, sagte Durlach und nestelte nach seinem Presseausweis.

»Mag sein. Aber ich kann Sie nur mit einem Ausweis von PosiTV durchlassen.«

»Letzte Woche war das überhaupt kein Problem.«

»Für das Casting gelten aber andere Regeln.«

Neben Durlach fuhr ein Kleinbus mit der Aufschrift »PosiTV« vor. Der Fahrer hielt ein Blatt Papier in die Windschutzscheibe, und der Muskelmann ließ den Bus anstandslos passieren.

»Und was ist mit denen?«, erregte sich Durlach. »Wer saß denn da drin?«

»Ich kann ja verstehen, dass Ihnen das nicht gefällt«, sagte der Sicherheitsmann, während er die Kette wieder einhängte, »aber ich habe meine Anweisungen.«

Durlach schnaubte. Er ging zum Wagen zurück und setzte sich neben Tom Esswein auf den Beifahrersitz.

»Diese blöde Schwaben-Soap, die keiner sehen will«, schimpfte er los. »Die müssten doch eigentlich über jede Berichterstattung glücklich sein. Da entdecken wir einen Toten und bringen die Geschichte groß raus, dass die Quoten von ›Leben lassen – Lieben lassen‹ steigen, und auf einmal herrscht Geheimniskrämerei. Dankbarkeit sieht anders aus.«

Durlach wusste nicht, wohin mit seinem Ärger. Er nahm die Brille ab und rieb sich heftig die Augen. Auch der Adamsapfel von Tom zuckte nervös auf und ab.

»Ich kann ja wenigstens ein paar einfahrende Autos drehen«, sagte er.

»Lass mal. Das ist es nicht wert.«

Dabei hatte Durlach sich erst vor wenigen Stunden beruhigt, als er beschlossen hatte, die Morddrohung nicht mehr so ernst zu nehmen. Am frühen Morgen hatte er Tom aus dem Bett geklingelt und gefragt, ob sie nicht zusammen frühstücken wollten. Schlaftrunken hatte der Kameramann zugestimmt, und nur zwei Minuten später hatte Durlach mit einer Brötchentüte in der Wohnungstür gestanden. Noch in seinem Schlafdress – schwarze Boxershorts und ein schwarzes T-Shirt, das die Zeichnung einer MC-Cassette schmückte – war Tom in die Küche getappt und hatte seine Espressomaschine befüllt, während Durlach ohne Punkt und Komma von dem ominösen Anruf erzählte. Tom war hellwach geworden, ganz sicher hatte er Durlach noch nie so atemlos erlebt.

Durlach hatte beschrieben, wie er nach seiner Wutattacke die Einzelteile des Anrufbeantworters zusammengekehrt hatte, wie er trotz der lauernden Gefahr ein wenig Mut gefasst hatte, nachdem er nicht gleich erschossen worden war, wie er trotzdem in der Nacht kaum geschlafen hatte und schweißnass immer wieder im Bett hochgeschreckt und schließlich zu seinem Auto gegangen und ziellos durch die Landeshauptstadt gefahren war in der Hoffnung, auf den leeren Straßen seinen Verfolger zu bemerken, wie er in Botnang in eine Bäckerei gegangen war und wie er schließlich noch mal eine halbe Stunde vor Toms Haus gewartet hatte, ehe er vom Handy aus anrief.

Auch ein zweiter PosiTV-Bus kam ohne Stopp aufs Soap-Gelände. Da schoss ein goldener Mercedes SLK heran. Nach einem kurzen Gespräch mit dem Wachmann stieß der Sportwagen zurück und hielt direkt neben Tom. Kasperczak ließ sein Seitenfenster herunter, ohne den Motor abzustellen.

»Ich hab von unserem Sicherheitsdienst schon gehört, dass

Sie sich vergeblich hierherbemüht haben, Herr Dubach«, sagte
er. »Das ist heute wirklich schlecht. Ich kann Sie leider nicht
drehen lassen.«

»Warum nicht?«

»Bei unserem Casting gilt absolutes Produktionsgeheimnis.
Das müssen Sie verstehen. Presse am Set würde nur die Schauspieler irritieren. Und die Internet-Abstimmung könnte das
auch beeinflussen. Das wäre nicht gut.«

»Müssten Sie nicht für TVS eine Ausnahme machen? Immerhin sind wir ein Sender, und ich habe schon zehn Filme über
die Soap gemacht. Das ist doch PR pur.«

Statt zu antworten, zuckte Kasperczak nur mit den Schultern. Er fuhr mit quietschenden Reifen an, stellte den Wagen
fünfzig Meter weiter ab und verschwand in dem Büro-Contai-
ner der Soap.

»Das ist doch ungeheuerlich«, zeterte Durlach. »Was für ein
aufgeblasener Armleuchter. Macht auf großen Medien-Max,
bloß weil sich einmal eine andere Fernsehsendung für seine
blöde Soap interessiert.«

»Was ist denn aus deinem guten Draht zu der Pressesprecherin geworden?«, fragte Tom.

Wie aufs Stichwort kam der Fiat 500 von Jeanette Diers.
Durlachs Herz hüpfte vor Freude. Er winkte ihr zu. Sie winkte
zurück und strahlte, fuhr aber trotzdem direkt weiter aufs Gelände.

»Den guten Draht, den hatte ich wohl mal«, grummelte Durlach.

39

»Was wird denn das, wenn es fertig ist?«

Durlach fuhr erschreckt zusammen, als ihn Tom von hinten ansprach.

»Das siehst du doch: Ich sichte«, antwortete er gereizt.

»Der Trend geht wohl zum Drittfernseher.«

Durlach hatte sich am Schreibtisch ausgebreitet und mehrere Bildschirme gleichzeitig im Blick. Auf dem ersten lief stumm ein Fernsehprogramm, zurzeit Werbung. Auf dem zweiten stand ein Mann vor einem Regal, ein blaues Buch in der Hand, eben noch redend, jetzt starr und schweigend, denn Durlach hatte auf »Stopp« gedrückt. Es war das Material aus Berlin, auf dem Otto König schon einmal den Umzug nachstellte. Durlach wandte sich seinem dritten Schirm zu, dem Laptop, und tippte einen Timecode hinein.

»Wenn wir schon dieses blöde Casting nicht drehen dürfen«, sagte Durlach mürrisch, »dann will ich wenigstens mit der Sendung nicht meine Zeit übermäßig vergeuden.«

»Hast du dich etwa geärgert?«

Statt zu antworten, griff Durlach nach dem Kopfhörer, Tom legte ihm die Hand auf die Schulter.

»Was ich eigentlich fragen wollte: Hast du dich wegen des anonymen Anrufs bei der Polizei gemeldet?«

»Ja, bei Trabold.« Durlach senkte die Stimme. »Ich hatte gedacht, dass ich mich ihm anvertrauen kann.«

»Und?«, hakte Tom nach, als Durlach nicht gleich weitererzählte.

»Abgewimmelt. Er hat mit nur geraten, ich soll auf ein Revier gehen und dort Anzeige erstatten. Da habe ich gefragt, ob die Polizei nicht von den üblichen Verdächtigen ein paar Stimmproben im Computer hätte. Er verstünde ja meine Erregung, hat er gesagt, und ich wüsste ja, dass er, Trabold, schon mal fünfe grade sein lässt, wenn es drauf ankommt, aber in diesem Fall wär es wirklich am besten, wenn die Ermittlungen ihren normalen Gang gingen. Fertig. Aufgelegt.«

Durlach starrte eine Zeit lang verloren vor sich hin, dann stülpte er sich den Kopfhörer über. Gleich hantierte auf einem der Bildschirme nun Otto König mit dem blauen Buch vor seinem Regal herum. Durlach stoppte die Disc und hackte erneut ein paar Worte in die Tastatur.

»Ich glaube, deine Soap beginnt!«, sagte Tom laut.

Durlach setzte missmutig den Kopfhörer ab und stellte auf Lautsprecher. Die Titelmelodie von »Leben lassen – Lieben lassen« ertönte, und zu dem normalen Vorspann wurde der Schriftzug »Extra« eingeblendet. Dann erschien die Soap-Schauspielerin Marlene Winter, allerdings nicht in ihrer Rolle als Steffi, sondern als Moderatorin des Castings.

»Die steht ja im großen Mittelgang«, sagte Tom. »Eine ungewöhnliche Einstellung.«

Tatsächlich waren jetzt am Rand des Bildes mehrere Kulissen zu sehen, während Winter wie auf einem Catwalk durch das Soap-Studio schritt. Der erfahrene Zuschauer konnte problemlos die verschiedenen Spielstätten identifizieren. Es war eine Desillusionierung und zugleich auch eine Verbrüderung mit dem echten Fan. Das gleiche Gefühl sollten wohl die pseudolockeren Moderationen erzeugen, die man der Serienschönheit in den Mund gelegt hatte. Der Autor mochte in Soap-Dialogen geübt sein, Show-Unterhaltung war eindeutig nicht sein Fach.

»Wir wollen alle vier Kandidaten gleich behandeln. Jeder wird in der Rolle zwei Szenen mit jeweils denselben Partnern spielen. Alle vier Versionen zeigen wir direkt nacheinander, dann könnt ihr besser vergleichen«, erklärte Winter umständlich die Regeln. »Und dann seid ihr dran, die Zuschauer und Fans von LelaLila. Ihr dürft über den neuen Sven Krämer abstimmen.«

»Ah, unser Badener wieder bei seiner Lieblingssendung«, grölte der hereinstürmende Angermeier.

Durlach zuckte nur kurz zusammen und winkte dann unwirsch ab. Doch das beflügelte Angermeier nur, und er stimmte die Titelmelodie der Soap erneut an.

»Leben lassen, lieben lassen – Frauen an die Titten fassen …«

»Angermeier, halt's Maul!«, schrie Durlach.

Und Tom zischte: »Du nervst, Arnd. Wir verstehen nichts mehr.«

»Boah, seid ihr langweilig«, stöhnte Angermeier gespielt und trollte sich.

Marlene Winter hatte inzwischen den ersten Casting-Kandidaten angekündigt, einen gewissen Stefan. Der war zwar ebenfalls groß und dunkelhaarig wie Nino, doch er hatte eine kindliche Ausstrahlung und leierte den Dialog herunter wie das Memorieren von Lateinvokabeln. Seine LelaLila-Partnerin glänzte zwar auch nicht durch mimische Bandbreite, aber im Gegensatz zu Stefans Sven-Interpretation wirkte sie wie eine Natalie Portman.

Der zweite Kandidat hieß Nils und hatte seinen Text brav auswendig gelernt. Der Rest war eine optische Beleidigung seines Vorgängers: strähniges Haar, schmale Lippen und ein aufgedunsenes Strebergesicht. Der Gedanke, einer dieser beiden sollte den intriganten Besitzer einer Modelagentur abgeben, war schlichtweg lächerlich.

Nach einer Werbepause kam die Nummer drei. Der Dialog begann erneut.

»Hey, ist das nicht der da«, sagte Tom erstaunt. Er zeigte zwischen dem Fernsehbild und dem Bild mit dem Kameramaterial hin und her. »Der sieht Nino aber verdammt ähnlich.«

»Wie findest du ihn als Schauspieler?«

Tom ließ sich Zeit, ehe er antwortete: »Er hat eine schöne Stimme, da kommt was rüber. Vielleicht ein wenig zu aufgesetzt. Er spricht so überdeutlich.«

»Wahrscheinlich muss er sich erst daran gewöhnen, dass im Studio Mikrofone sind. Er kommt von der Bühne.«

»Und warum spielt er dann so eine Rolle, dieser, äh, Otto?«

Tom hatte den Namen aus einer Schrifteinblendung abgelesen.

»Der ist doch schauspielerisch ein ganz anderes Kaliber, als Nino Rotunda es je hätte werden können.«

»Er hat wirklich sehr gute Chancen«, sagte Durlach mit einem gewissen Stolz, als wäre Otto König seine persönliche Entdeckung. »Wenn Kasperczak den nicht nimmt, ist er schön blöd.«

Noch ehe der vierte Kandidat loslegen konnte, stürmte Heder in den Sichtraum.

»Scheiße! Ton aus!«

In seinem Schlepptau hatte der Redaktionsleiter den freien Kameramann Birkle. Dieser war ursprünglich Feuerwehrmann, hatte aber aus gesundheitlichen Gründen den Dienst quittieren müssen. Seither lieferte er fast täglich Bilder von Bränden und Unfällen, die ihm aufgrund seiner alten Kontakte rechtzeitig gesteckt wurden. Das Drehen war für Birkle offensichtlich weniger anstrengend als das Löschen. Er wurde immer dicker.

»Schnell! Mach schon!«, kommandierte Heder.

Birkle stopfte seine Blu-ray in den Recorder.

»Das ist auf der A 81, zwischen Ludwigsburg-Nord und der Ausfahrt Pleidelsheim«, kommentierte er mit schnaufender Stimme. »Der Daimler ist völlig kaputt.«

Die ersten Bilder zeigten einen Schrotthaufen von Auto beziehungsweise das, was davon übrig geblieben war. Die zusammengedrückte Karosserie lag auf dem Dach. Eine Tür war völlig weggebrochen und gab den Blick frei in den Innenraum, in dem nicht mal mehr ein Yorkshire Terrier Platz gehabt hätte. Eine Seitenscheibe war ganz geblieben, sie hing halb lose in der Halterung herab und pendelte im Wind.

»Der fährt nicht mehr weit«, sagte Angermeier, der wie ein Hündchen seinem Chef gefolgt war.

»Der Fahrer ist tot, ja«, bestätigte Birkle. Die nächsten Bilder zeigten, wie ein grauer Leichensack weggetragen wurde.

»Scheiße, Angermeier«, fluchte Heder, »schnell, mach dir Notizen für den Text. Wir haben noch zwanzig Minuten, um das in die Sendung zu kriegen.«

Der Polizeireporter wollte schon losrennen, um einen Stift zu holen.

»Lass nur!«, rief ihm Durlach schnell hinterher. »Ich tippe die Infos gleich in den Computer.«

Birkle legte los: »Der Unfall hat sich gegen fünfzehn Uhr ereignet. Der Mercedes muss mit weit überhöhter Geschwindigkeit auf der linken Spur gefahren sein. Vielleicht hat ihn dabei eine Windbö erfasst. Der Wagen ist ungebremst gegen die Mittelleitplanke geprallt.«

Birkle hatte über die Autobahn geschwenkt. Die Leitplanke war eingedrückt, die Fahrbahn mit Glassplittern bedeckt. Ein paar Blech- und Plastikteile lagen ebenfalls herum.

»Schade um den Wagen. Sechzigtausend Euro am Arsch. Wenn nicht noch mehr«, sagte Heder.

»Das Auto hat sich ein paarmal überschlagen. Glücklicherweise hat er dabei keine anderen Wagen erwischt. Das ist alles, was ich weiß«, sagte Birkle.

»Ich schreibe den Text und bringe ihn zu Kerstin ins Studio«, sagte Durlach.

»Und du gehst in den Schnitt«, schrie Heder Angermeier ins Ohr. »Dreißig Sekunden. Nein, mach, so viel es trägt! So einen Schrotthaufen sieht man nicht alle Tage.«

»Die Farbe von dem Wagen kenn ich doch«, murmelte Tom währenddessen.

»Wir schmeißen dafür einen Beitrag raus!«, schrie Heder weiter.

Angermeier zwängte sich zwischen Heder und Birkle hinaus, hielt aber noch mal inne. »Was für ein Stück fliegt denn raus?«, maulte er. »Meines aber nicht, Norbert.«

»Schau mal, Durlach, der Haufen da war mal ein SLK«, sagte Tom, und sein Adamsapfel tanzte erregt auf und nieder.

»Ja, ein SLK, funkelnagelneu, goldmetallic«, ergänzte Birkle.

»Doch, genau das Stück fliegt raus, verdammte Scheiße!«, bestimmte Heder.

»Weißt du das Kfz-Kennzeichen?«, fragte Tom den Kollegen Birkle.

»Ist doch nicht wichtig«, brummte der.

»Doch. Ich glaube nämlich, ich kenne den Wagen«, sagte Tom und schaltete die Disc auf schnellen Bildsuchlauf.

»Mensch, Arnd, ›Internet gefährdet die Existenz von Peepshows‹, super Thema. Weiter so!«, lobte Heder hastig, dann schrie er: »Was soll denn das, Esswein? Das Material muss sofort geschnitten werden!«

Tom hatte inzwischen eine nahe Einstellung des auf dem Dach liegenden Fahrzeugs gefunden. Auch das Kennzeichen stand auf dem Kopf, doch man konnte es lesen.

»Ich glaube, auch Sie kennen den Fahrer, Herr Heder«, sagte der Kameramann.

»Das ist der Wagen von Kasperczak.« Durlach tippte mit dem Finger auf das Autokennzeichen. »S–LK 666. So eine Nummer vergisst man nicht.«

Heder wurde kreidebleich und begann an seiner Unterlippe zu kauen.

»Das ist der Knaller. Hier läuft das große Casting von PosiTV« – Durlach zeigte auf den anderen Bildschirm mit dem laufenden Fernsehbild, wo gerade Kandidat Nummer vier durch die Kulissen stakste – »und zeitgleich geht der Produzent in seinem eigenen Wagen hops.«

»Scheiße, Scheiße«, stöhnte Heder vor sich hin.

»Soll ich jetzt schneiden?«, fragte Angermeier.

»Ja«, sagte Durlach.

»Nein!«, sagte Heder.

Alle sahen den Chef verblüfft an. Der spürte das und blickte verlegen auf die Uhr.

»Also gut: Noch fünfzehn Minuten. Arnd schneidet. Durlach macht den Text fertig. Das wird schon irgendwie zusammenpassen.«

Jetzt legten alle los: Angermeier stürmte in einen Schnittraum. Durlach hämmerte auf die Laptoptastatur ein und verdrängte den Gedanken, dass er den Produzenten am Morgen noch gesprochen hatte. Heder verschwand in seinem Büro.

Als fünf Minuten später der Text stand, wollte Durlach dem

Redaktionsleiter rasch Bescheid geben, doch dessen Apparat war besetzt. Also lief er in Heders Büro, der gerade das Telefon auflegte.

»Wir machen es nicht«, sagte der Redaktionsleiter.

»Was?«, entfuhr es Durlach.

Der ganze Stress hatte sich bei ihm in einem krächzenden Schrei entladen. Heder ignorierte das, er griff nochmals nach dem Telefonhörer und rief den Regisseur an.

»Ruprecht, wir fahren die Sendung wie geplant mit dem Beitrag ›Peepshow‹. Keine Änderung.«

»Angermeier hat doch fertig geschnitten«, sagte Durlach laut. Seine Anspannung hatte sich mit einem Schlag in Ärger verwandelt. »Und die Sendung ist noch nicht mal angelaufen.«

»Wir dürfen den Ablauf nicht unnötig gefährden. Kerstin hatte noch keine Anmoderation …«

»Kerstin ist Profi, die hätte das aus dem Stegreif moderiert.«

Statt zu antworten, griff Heder nach seiner Pfeife und tauchte sie tief in die Glasschale mit dem Tabak. Seine Linke grapschte nach den Krümeln und quetschte sie in den Pfeifenkopf. Eine typische Geste, mit der er nach außen Ruhe und Gelassenheit auszustrahlen versuchte, während es in Wahrheit in ihm brodelte. Verbissen hielt er die Pfeife mit den Zähnen fest, bis sie brannte.

»Das ist doch *die* Story, Herr Heder. Ein Promi aus unserer Stadt ist tot, ein grausamer Unfall. Wir haben die Bilder, wir sind die Ersten, die es melden könnten. Und wir bringen die Geschichte nicht? Das kann doch nicht wahr sein.«

Der Redaktionsleiter paffte, schüttelte den Kopf und paffte wieder. »Ist denn die Identität des Toten von der Polizei bestätigt? Wir dürfen keine voreiligen Schlüsse ziehen, Durlach. Am Ende ist es gar nicht Kasperczak, weil er den Wagen jemandem ausgeliehen hat. Denken Sie an die juristischen Konsequenzen einer Falschmeldung.«

»Mit dem bisschen Konjunktiv in meinem Text ist das kein Problem, Herr Heder. – Ich verstehe das nicht. Das ist der zweite Tote bei ›Leben lassen – Lieben lassen‹. Das ist doch Schicksal pur. Was ist, wenn es kein Unfall war? Was, wenn mehr dahintersteckt?«

»Eben, Durlach, eben. Es ist eine zu heiße Story, als dass wir sie im Eifer des Gefechts verpulvern sollten. Sie haben bisher gute Arbeit geleistet, eine wirklich tolle Serie, die sollten wir sorgfältig ausbauen. Keine Schnellschüsse mehr. Ausgeruht, sauber recherchiert und auf den Punkt gebracht. Das ist Boulevardfernsehen, wie ich es verstehe.«

Durlach ließ sich unaufgefordert auf den Stuhl plumpsen. Er war fertig mit der Welt, mit Heder, mit dem Regionalfernsehen und mit sich.

»Scheiß auf die Hektik, Durlach, wir kriegen die alle an den Arsch, wenn wir journalistisch so weitermachen wie bisher. Morgen ist auch noch ein Tag.«

»Berichten wir dann über Kasperczak?«

»Denken Sie doch nicht so kurz, Mensch, spielen Sie doch nicht das kleinkarierte Arschloch. Wir wollen die große Nummer. Ich hatte Ihnen doch schon zugesagt, ein Special der Rotunda-Serie zu machen.«

»Und ein Starporträt über Nino Rotunda, jeweils fünfundvierzig Minuten.«

»Klar, scheiß auf die Zeit. Wenn das läuft, kann ich mir sogar noch ein Porträt über diesen Otto König vorstellen. Wir haben die ersten Bilder des Mannes ja exklusiv, ich besorg Ihnen dazu Ausschnitte von dem Casting, dann drehen wir die ersten echten Aufnahmen, Mensch, da sind wir doch schon dick dabei.«

»So ein Special sollte aber mehr sein als nur ein Zusammenschnitt der alten Beiträge, erst recht ein Porträt. Da gehört Hintergrund dazu. Ein paar Drehtage.«

»Warum denn nicht? Machen wir alles.«

Durlach war über Heders Entgegenkommen irritiert. Sonst ließ sich der Redaktionsleiter nie ein Extra abschwatzen. Stets tat er so, als müsste er jeden Euro Produktionskosten aus der eigenen Tasche bezahlen.

»Schreiben Sie mir morgen mal ein Konzept, Durlach, und

dann sehen wir, wie wir das umsetzen. Und wenn Sie etwas Unterstützung brauchen, schnappen Sie sich eine der Praktikantinnen. Machen Sie mit denen, was Sie für nötig halten.«

Heder grinste.

In der Redaktion gab es regelmäßig zwei bis drei Praktikantinnen, junge Studentinnen mit dem großen Drang, in der Medienbranche unterzukommen. Sie kosteten nichts. Sie produzierten ab und zu eine Straßenumfrage oder einen kurzen Nachrichtenfilm, aber sie waren stets groß, schlank und blond. Der Chef meinte, auf diese Weise für ein anregendes Redaktionsklima zu sorgen. Er suchte die Praktikantinnen persönlich aus.

»Und noch was.« Heder zündelte mit dem Feuerzeug an seiner Pfeife herum, weil er über die finanziellen Zugeständnisse wohl vergessen hatte, am Tabak zu saugen. »Ich muss die ganze nächste Woche weg. Eigentlich kann ich diesen Scheißladen ja nicht im Stich lassen, aber dieses Mal muss es sein.«

Heder war, soweit sich Durlach erinnern konnte, noch nie in Urlaub gefahren, in all den Jahren war er nur zu Besprechungen für einen, allerhöchstens für zwei Tage in Hamburg gewesen, und auch dann hatte er quasi im Stundenrhythmus bei TVS angerufen und gefragt, ob der Laden läuft.

»Wo soll's denn hingehen?«

»Las Vegas«, sagte Heder fast kleinlaut. »Ich musste es jemandem versprechen. Eine Art Geburtstagsgeschenk.«

Durlach wagte nicht, nach der Identität des so zweifelhaft beschenkten Geburtstagskindes zu fragen, so privat waren sie nicht miteinander.

Heder paffte. Er sammelte sich, dann ließ er seine Stimme in die Brust sinken, um vertrauensvoll und seriös zu klingen. »Ich brauche für die Zeit eine Vertretung, jemanden, der zusieht, dass die anderen keinen Scheiß bauen.«

»Kommt jemand aus Hamburg?«

»Das muss doch einer mit Erfahrung sein.«

»Soll ich ihn einarbeiten?«, fragte Durlach hilfsbereit.

»Nein, derjenige muss doch die Abläufe genau kennen. Und

er muss von der Region Ahnung haben, damit er die Themenlage richtig einschätzen kann.«

»Verstehe.«

Durlach nickte. Nachdenklich sah er einer Rauchwolke hinterher, die zur Bürodecke schwebte, sich langsam vergrößerte, bis sie sich völlig aufgelöst hatte. Trotzdem war er noch immer nicht schlauer.

»Mensch, Durlach, ich hab da an Sie gedacht. Muss ich denn alles direkt sagen?«

»Beim Boulevardfernsehen gibt es keine Andeutungen, predigen Sie doch immer«, entgegnete Durlach.

Durlach war über seine eigene Schlagfertigkeit überrascht, aber mehr noch über Heders Angebot, mit dem er wirklich nicht gerechnet hatte.

»Sie sind am längsten Reporter und machen die Sache wirklich ordentlich. Wenn ich das nicht schon lange wüsste, dann hätte ich das spätestens jetzt bei der Kult-Killer-Serie gemerkt. Der Mord, die trauernden Kollegen, die verstörten Eltern, diese Satanismus-Kiste, das ist genau das, was die Leute sehen wollen. Das ist Boulevard.«

Durlach hatte von Heder noch selten ein so dickes Lob erhalten. Er fühlte sich wirklich geschmeichelt, auch wenn der Chef nur etwas von ihm wollte. Denn dass die Sonderaufgabe mit einer zusätzlichen Vergütung verbunden war, schien eher unwahrscheinlich. In Heders Augen reichte allemal die große Auszeichnung, Vize-Heder zu sein.

»Was ist dann mit der Serie über den Mord?«

»Wenn wir eine Woche einen Tick langsamer treten, ist das ganz gut. Ein, zwei Geschichten in der Woche schaffen Sie locker neben der Sendungsplanung. Der Angermeier bringt seine Sachen sowieso eigenständig, und morgens in die Bild reinsehen und auf die Geschichten reagieren, das schaffen Sie schon. Und so scheißfreundlich wie Sie zu den anderen immer sind, sehe ich da keine Probleme.«

Dass Heder gerade seinen eigenen Job kleingeredet hatte, merkte er nicht. Durlach sagte aber nichts, denn er sah eine

Chance darin, eine Woche lang ein bisschen Chef spielen zu können. Kompetenzgerangel konnte er sich eigentlich nur mit einem einzigen Redakteur vorstellen.

»Danke für die Blumen, Herr Heder. Ich mach's.«

Schon steckte der Polizeireporter den Kopf zur Tür herein.

»Ich hör gerade, mein Beitrag läuft ja doch!«

»Ja«, bestätigte Heder. »Und die Unfallbilder nimmst du morgen in deinen Polizeireport rein, anonym, ohne Namensnennung.«

Angermeier strahlte. Er wollte gar keine Erklärung dafür haben. Für ihn war die Hauptsache, dass er die Hand auf »seinen Themen« hatte. Jetzt fühlte er sich als Sieger und zwinkerte Durlach überheblich zu. Dann wandte er sich wieder an den Chef.

»Nachher noch auf ein Bier im Amici, Norbert? Die Sabrina kommt auch mit.«

»Wer ist Sabrina?«, fragte Heder zurück.

»Das blonde Lockenköpfchen«, sagte Angermeier und machte dazu eine Kurvenbewegung vor seiner Brust, die auf die üppige Oberweite der Praktikantin hinwies.

»Ach, die mit dem Knackarsch. Klar komm ich mit. Sie auch, Durlach?«

»Danke. Ich würde lieber etwas Schlaf nachholen.«

40

Das LelaLila-Casting begann pünktlich um Viertel nach acht. Mit Hilfe der Lichtspezialisten des Senders war der Theaterbühne des Alten Schauspielhauses eine poppig glitzernde Show-Stimmung verpasst worden, in die Marlene Winter und Andreas Bilsun als Doppelmoderatoren hineintraten wie Barbie und Ken in Abendkleid und Smoking. Entsprechend steif geriet auch der Einstieg in das Programm des Abends. Der Oberbürgermeister durfte in einem Grußwort das Projekt MediaCity loben. Jeanettes neuer Chef als »Krankheitsvertreter« brachte mit einem exquisiten holländischen Akzent etwas Weltläufigkeit ins Programm und erzählte von erfolgreichen Daily Soaps, begeisterten Fans, zufriedenen Werbepartnern und steigenden Einschaltquoten.

Dann wurde es besinnlich. Die beiden Moderatoren erinnerten mit belegter Stimme an Nino Rotunda, und Winter konnte die Tränen kaum unterdrücken. Das Saallicht wurde heruntergedimmt, und auf einer großen Projektionswand wurde ein Film gezeigt, offenbar beliebige Rotunda-Szenen aus sechshundert LelaLila-Folgen, gegen Ende Großaufnahmen von Nino in Zeitlupe, unterlegt mit ergreifender Musik. Die weiblichen Fans im hinteren Parkett weinten pflichtschuldigst. Vorne wurde anschließend Mutter Brühl auf die Bühne gebeten, und der holländische Chef überreichte ihr eine Auszeichnung, wofür auch immer, gestiftet von der Firma Softenia.

Durlach war schon halb ermattet, als es endlich um die Neubesetzung ging. Nacheinander kamen die vier Sven-Kandidaten auf die Bühne, Licht und Sound zündeten jedes Mal ein Feuerwerk, doch die anschließenden Kurzinterviews lösten das Glamour-Versprechen kaum ein. Auch Otto König, dessen Auftritt um Längen souveräner war und nachgerade majestätisch geriet, zeigte sich im Interview hölzern und ernst. Nun mussten die vier live auf der Bühne verschiedene Soap-

303

Szenen spielen, »deren Text sie erst am Morgen« bekommen hatten, wie Bilsun spannungserheischend sagte. Das Publikum klatschte nach jedem Auftritt brav, sogar für das Kindergesicht von Stefan. Die Fan-Gruppe des jeweiligen Kandidaten johlte und schwenkte selbst gemalte Transparente. Anschließend gab eine dreiköpfige Jury, die sogar recht prominent besetzt war, ihre Voten ab, die nicht übermäßig kritisch ausfielen. Schließlich erklärten Winter und Bilsun das Abstimmungsverfahren und verabschiedeten sich bis zur Verkündung des Ergebnisses in einer Stunde.

In der Pause erwischte Jeanette Diers Durlach im Foyer. Sie trug ein schlichtes schulterfreies Skaterkleid, knielang, nicht die ganz große Abendgarderobe, aber sehr elegant. Sie zog ihn am Ärmel zur Seite, weg vom Pausengedränge im Foyer.

»Ich kann nur kurz«, sagte sie ohne Umschweife. »Ich muss gleich wieder hinter die Bühne. Alle sind fürchterlich aufgeregt. Es geht drunter und drüber. Sie haben bei der Show-Eröffnung ja mitbekommen, dass Kasperczak überraschend krank geworden ist.«

Durlach nickte nur. Sie rückte etwas näher.

»Was ich Ihnen jetzt sage, muss aber wirklich unter uns bleiben.«

Durlach nickte wieder, dann sagte er: »Ich weiß schon, dass Kasperczak tot ist.«

»Von wem?«, flüsterte sie.

»Wir haben Bilder von seinem zu Schrott gefahrenen Mercedes SLK.«

»Kommen Sie.«

Jeanette Diers hakte sich bei Durlach ein, als wolle sie mit ihm flanieren, und führte ihn in eine Ecke bei den Garderoben. Durlach wurde von ihrem Parfüm leicht benebelt, aber es war ein angenehmer Schauder, der seine Furcht vor der angeblichen Morddrohung vergessen ließ.

»Ich beschwöre Sie, erzählen Sie das heute bitte nicht weiter. Von PosiTV weiß praktisch keiner von dem Unfall. Die Casting-Show sollte unbedingt ohne Trauer stattfinden.«

»*Ich bin mir sicher, dass auch er es so gewollt hätte.*«
Durlach hatte Kasperczaks Rede von der Rotunda-Beerdigung zitiert, was Jeanette Diers aber offenbar nicht merkte.

»Ja, die Soap braucht endlich wieder eine positive Berichterstattung.«

»Dann war das hier alles Ihre Idee, das Casting als Gala im Alten Schauspielhaus zu veranstalten?

»In gewisser Weise, ja. Ich dachte, dass wir uns so als seriöses Kulturprodukt einführen könnten, nicht nur als Schmuddel-Soap. Neuer Darsteller, neues Ambiente, neues Image.«

Ein Pulk Schülerinnen drängte an ihnen vorbei Richtung Toilette. Sie hatten sich für den Abend schick gemacht, viel Lippenstift und Make-up über die kindlichen Gesichtszüge verteilt. Die Mutigsten der Gruppe sprachen kichernd den hübschen Sascha von LelaLila an und machten ein paar Selfies mit ihm.

»Mich wundert, dass Kasperczak überhaupt den Zuschauern einen neuen Sven zumutet. Wegen der Einzigartigkeit«, druckste Durlach herum. »Also, gerade hier, bei den weiblichen Fans, den jungen und ihren Gefühlen ...«

»Sie meinen, weil der Chef gesagt hat, eine Rolle wäre erst mal entjungfert? Es könnte nur einen Ersten geben, selbst wenn die Mädchen später noch so viele Orgasmen kriegen?« Jeanette Diers lachte. Durlach wurde rot. »Zu mir hat er genauso geredet. Vorgestern Morgen meinte er noch, die Zuschauer würden Nino durch gute Leistung schon über die Zeit vergessen. Wenn der Neue schauspielerisch ein Steher sei, werde er die jungen Dinger schon noch zu Höhepunkten führen. Ganz spielerisch. Typischer Altherren-Jargon. Immer hübsch sexistisch.«

»Und dann hat er über seinen eigenen Witz gelacht«, mutmaßte Durlach.

»Stimmt«, sagte Jeanette Diers, und dabei wurde ihr braunes Auge verschwörerisch dunkel, während ihr blaues gemeinsam mit den Mundwinkeln lächelte.

»Und wer übernimmt Kasperczaks Job?«

»Hendrik Veenstra, einer der Oberchefs, der bleibt übergangsweise. Hendrik hast du ja, äh, den haben Sie ja eben bei der Begrüßung der Show gesehen. Ist ganz nett. – So, jetzt muss ich aber los.«

»Schade.«

Jeanette Diers wollte sich von Durlach losmachen, aber er gab ihren Arm nicht einfach frei. Sie sahen sich in die Augen.

»Wie lange geht denn die Veranstaltung?«

»Das Telefon-Voting geht bis zweiundzwanzig Uhr dreißig, und wir senden noch fünfzehn Minuten von der Verkündung des Siegers.«

»Ich habe ja danach Feierabend«, sagte Durlach.

Er hatte das »ich« deutlich hervorgehoben, um ein »wir« nachschieben zu können. Aus dem »wir« wollte er eine Wortkette entwickeln, deren Ende noch nicht abzusehen war: wir – Abend – ausklingen – Absacker …

»Ich leider nicht«, antwortete Jeanette Diers und betonte das »ich« ebenfalls. »Chill-out mit den Kandidaten, dem Team der Gala und mit Hendrik.«

»Wo?«, fragte er schüchtern.

»In einer Bar. Mehr darf ich nicht sagen. Der Rest der Veranstaltung ist nicht öffentlich. – Aber vielleicht willst du ja morgen zu mir zum Essen kommen?«

Verlegen ließ Durlach ihren Arm los. Was hatte sie gesagt? Jedenfalls hatte sie ihn wieder geduzt. Jeanette Diers sah ihn unbekümmert an. Durlach war so irritiert und erfreut zugleich, dass er sich den Inhalt des Satzes gar nicht richtig vergegenwärtigte.

»Kommst du?«

»Ja«, murmelte er.

»Ruf mich doch wegen Ort und Zeit morgen noch mal an.«

Eine ganze Weile stand Durlach in der Nische des Theaterfoyers und glotzte glückselig vor sich hin.

»Sind Sie der Herr vom Regionalfernsehen? Mein Name ist Rita Lemke von Lemke & Lemke. Ich bin die Agentin von Otto König. Frau Diers sagte mir eben, Sie würden vielleicht ein Interview mit mir machen wollen.«

»Ja, gerne – vorausgesetzt, gleich wird verkündet, dass er die Rolle bekommt. Ich möchte später sogar ein längeres Porträt über Otto König machen.«

»Ja, da helfe ich natürlich, vor allem wenn es Otto nützt.«

Die Agentin war Ende fünfzig und sehr gepflegt, trotzdem hatte ihre Erscheinung etwas Grobschlächtiges. Ihr Gesicht war flächig, eine breite Nase, ein Mund in knalligem Rosa, das sich mit dem pinkfarbenen Kostüm biss. Da sie recht groß war, schlugen die niedlichen Farben genau ins Gegenteil um. Dazu hatte Rita Lemke die Haare tiefschwarz gefärbt, nicht ganz passend zu ihrem Teint. Eine Perlenkette, an der ihre Lesebrille hing, komplettierte die Erscheinung. Aber die Agentin war Durlach auf den ersten Blick sympathisch.

»Ich bin ja so aufgeregt. Ich drücke dem Otto ganz fest die Daumen, dass er das Engagement kriegt.« Sie hob tatsächlich die Hände und ballte demonstrativ die Fäuste. »Er war unter meinen Kinderchen immer das Sorgenkind.«

»Warum denn Sorgenkind? Er hat doch Talent.«

»Ja, aber er ist ein Unglücksrabe. Ein bisschen wie in dem Märchen vom hässlichen Entlein, da merkt auch keiner, was eigentlich in ihm steckt. Der Vergleich stimmt jetzt nicht ganz. Aber ein bisschen ist es schon so.«

»Er hatte doch Erfolg auf der Bühne.«

»Anfangs ja, großen Erfolg sogar. Doch dann gab es an seinem Theater in Bremerhaven einen Intendantenwechsel, und wie das so ist, da bringt der neue Mann seine eigenen Schäfchen mit, und ein paar andere müssen weichen. Da ist Otto von einem auf den anderen Tag hinausgeflogen. Nicht ganz so plötzlich, aber doch so, dass er überrascht war. Er stand auf der Straße wie ein ausgesetzter Hund in der Urlaubszeit.«

»Und dann haben Sie sich seiner angenommen?«

»Nicht gleich. Er hat sich dann erst an verschiedenen Bühnen in Berlin beworben. Aber ohne Erfolg. Sein Gesicht wollte niemand mehr sehen.«

»War er denn in der Hauptstadt schon so bekannt?«

»Nicht er. Aber inzwischen wurde doch ›Leben lassen –

Lieben lassen‹ produziert, mit Nino Rotunda in einer Hauptrolle. Und die beiden gleichen sich ja wie ein Ei dem anderen, das ist jetzt ein bisschen übertrieben, aber sie sehen sich ja schon sehr ähnlich, wie kleine Welpen aus demselben Wurf, obwohl die Hundchen sich auch stark unterscheiden können. Jedenfalls war mein Otto, der arme Kerl, quasi über Nacht zum Doppelgänger eines TV-Stars geworden. Eines Teenie-Idols. Da war es dann sehr schwer, noch anspruchsvolle Rollen zu bekommen.«

»Wird denn eine Daily Soap von den Theaterleuten für voll genommen?«

»Nicht doch. Manche Intendanten und Dramaturgen halten Fernsehen immer noch für unseriös und oberflächlich. Aber gerade darum war es für Otto ja so schwer, gegen dieses Bild von Rotunda anzukommen. Das schwebte ein bisschen über ihm wie ein imaginärer Platzhirsch. So ähnlich jedenfalls. Einmal hatte Otto eine Gastrolle, ich weiß jetzt nicht mehr genau, was, sagen wir mal, den Leicester in ›Maria Stuart‹, das stimmt jetzt nicht, aber so in dieser Qualität. Bei einer Aufführung, es war ein Abend voll mit Schülerabos, da haben diese frechen Bengel dann ›Leben lassen – Lieben lassen‹ skandiert, mitten in der dramatischsten Szene. Zur Pause sollen sie sogar die Titelmelodie der Soap gesungen haben. Mein Otto war ganz fertig und wusste nicht, wie er den Abend noch zu Ende bringen sollte. Ich kann mir sehr gut vorstellen, wie ihm da zumute war. Schrecklich, nicht wahr? Die ›Maria Stuart‹ ist dann auch nach wenigen Aufführungen abgesetzt worden.«

»Was hat er dann gemacht?«

»Otto hat sich irgendwie in seinen Bau verkrochen. Es ging ihm lange sehr schlecht. Die Einzigartigkeit war ihm genommen.«

»Entschuldigung, darf ich stören?«, fragte Tom Esswein. Der Kameramann war aus dem Zuschauerraum zurückgekehrt, wo er sich mit den Kollegen unterhalten wollte, die mit dem Kamerakran und der Steadicam arbeiteten. »Drinnen ist ein Team aus Hamburg, die fürs nationale Showmagazin drehen.

Schnittbilder, Promis, Backstage und so weiter. Die würden dir ihr Material kopieren. Aber erst Montag.«

»Das passt.«

Tom verschwand wieder im Saal, und Durlach lächelte Rita Lemke um Verzeihung bittend zu. Sie hatte inzwischen ihre Lesebrille aufgesetzt und betrachtete einen Brief mit dem PosiTV-Logo. Es klingelte, ganz so, als beginne jetzt ein Theaterstück.

»Gerade wollte ich nachsehen, wann es weitergeht«, sagte die Agentin. Sie lächelte generös. »Wir haben ja noch ein kleines bisschen Zeit. Fragen Sie ruhig weiter, junger Mann.«

»Seit wann haben Sie denn Otto König unter Vertrag?«

»Ich habe ihn vor etwa einem Jahr unter meine Fittiche genommen.«

»Konnten Sie ihm gleich helfen?«

»Das war schwer. Er wartete auf die große Erleuchtung. Er hätte gern einen Deus ex Machina gehabt, der ihn an die Hand nimmt und ihm eine Rolle am Burgtheater verschafft. Aber das konnte ich nicht sein. Ich opfere mich zwar für meine Kinderchen auf, doch alles kann ein Agent auch nicht leisten, ein bisschen was muss der Schauspieler selbst mitbringen. Aber Otto hat selbst nicht sonderlich viel dazu beigetragen, dass er aus dem Loch herauskommt, hat allerhand falsch gemacht.«

»Was denn?«

»Zum Beispiel ist er bei Vorsprechen, die ich vermittelt hatte, nicht erschienen, weil ihm die Rolle zu popelig war. Fernsehen wollte er eigentlich nicht machen, Werbespots schon gar nicht. Manchmal ist er in völlig absonderlicher Kleidung aufgetaucht, kunterbunt durcheinander, wie ein Paradiesvogel. Rotes Jackett, olivgrünes Hemd, aber pink-lila Krawatte. Oder so ähnlich. Man kann sich als Künstler zwar einiges erlauben, aber das war einfach geschmacklos. Er habe eben auffallen wollen, hat er sich später gerechtfertigt. Schließlich hat er sich einen Bart wachsen lassen, um diesem Rotunda weniger ähnlich zu sehen.«

»Ich habe Fotos von ihm mit Vollbart gesehen«, bestätigte Durlach. »Sah merkwürdig aus. Dabei ist Bart wieder in Mode.«

»Ja, das stimmt leider. Er hat kein Bartgesicht. Otto hat damit erst recht keine Engagements mehr bekommen. Er kam sich vor wie ein Wolf im Schafspelz, der aber gar nichts Böses vorhat, das Bild ist jetzt etwas schief, aber so ähnlich hat er sich wohl mit Bart gefühlt. Ich wusste nicht mehr, was ich mit dem Jungen machen sollte, bis sich der Herr Kasperczak bei mir gemeldet und eine DVD mit Spielproben von meinem Otto angefordert hat. Ich konnte aber nur die Fotomappe schicken.«

»Das waren die Vertragsverhandlungen«, warf Durlach ein und erinnerte sich, wie Kasperczak Nino mit dem vermeintlichen Konkurrenten übertölpelt hatte.

»Nein, so weit kam es gar nicht. Ich hatte meinem Schützling damals auch gar nichts davon erzählt. Ich wollte ihm nicht schon wieder eine Enttäuschung bereiten, falls es nicht geklappt hätte. Ich habe nämlich von Kasperczak eine ganze Zeit lang nichts gehört. Dann wollte ich Otto doch anrufen, habe ihn aber nie erreicht. Ich hatte gar nicht mitbekommen, dass er umgezogen ist. Die alte Wohnung war ihm zu teuer geworden. Ich weiß jetzt nicht, ob das so stimmt, ich kenne ja seine finanziellen Verhältnisse nicht wirklich. Aber viel kann der Junge in den letzten Jahren nicht verdient haben. Bis letzte Woche Kasperczak bei mir wegen der Umbesetzung anrief.«

Es klingelte zum zweiten Mal.

»Wir müssen rein«, sagte die Agentin, griff zu ihrer Kette und hielt sich die Brille vor die Augen, ohne sie auf die Nase zu setzen. »Es geht gleich weiter.«

»Danke erst mal, Frau Lemke«, verabschiedete sich Durlach. »Wir sehen uns.«

»Wenn Sie mich finden, junger Mann«, antwortete sie fürsorglich.

Durlach hielt ihr die Hand hin. Rita Lemke griff danach und ließ die Lesebrille einfach los. Die Kette klirrte, als sie den Fall der Brille vor dem Busen der Agentin stoppte.

Im Theatersaal ging Durlach zunächst nach ganz vorne zum Leutegucken«. Und ihm wurde heute einiges geboten. In der Mitte der ersten Reihe saß der Hausherr und Intendant des

Alten Schauspielhauses, flankiert von Mutter Brühl und einer Unternehmerwitwe, die sich sonst für Nepal engagierte. In der zweiten Reihe erkannte Durlach ein paar Gesichter von »Leben lassen – Lieben lassen«, in der dritten saßen der Chef eines Comic-Verlags und der Landesmeister im Inlineskaten. Im hinteren Parkett mischten sich LelaLila-Fans, ausschließlich weiblich und pubertierend, mit einigen typisch gediegenen Besuchern des Alten Schauspielhauses. Letztere warteten wohl auf ihr normales Theaterabo, weil ihnen die Spielplanänderung entgangen war. Heute Abend gab es nämlich die Spätzle-Version der Oscar-Verleihung. Der Anhang der Sven-Aspiranten war über den Saal verteilt platziert. Ein Blick nach oben versicherte Durlach, dass nur auf eines der Grüppchen ein Spot gerichtet war.

Es klingelte dreimal.

»Ach, der junge Mann, der immer nachts zu den Feuerwehreinsätzen rausmuss«, wurde Durlach empfangen, als er seinen Platz wieder einnahm. »Heute wohl mal am frühen Abend unterwegs.«

Es war der Zeitungsmann, den Durlach auf der Pressekonferenz der Polizei kennengelernt hatte. Er stand mit einem weiteren Kollegen zwischen den Reihen und palaverte.

»Ist das hier denn ein Termin für Sie?«, versuchte Durlach das Journalistengeplänkel zu kontern. »Daily Soap, Teenie-Stars. Interessiert Sie das?«

»Nö, mich interessiert prinzipiell nix. Aber wenn mal in Stuttgart ein klein wenig Auftrieb ist, dann müssen wir selbstverständlich hin. Das Blatt will doch jung bleiben. Logisch. Da ist sogar das öffentlich-rechtliche Fernsehen in Gestalt des Kollegen Schubert zur Stelle.«

Er klopfte einem anderen Kollegen gönnerhaft auf die Schulter. Dieser nickte freundlich.

Trotzdem blieb Durlach bei seinem ironischen Zungenschlag.

»Der SWR dreht eine PR-Veranstaltung des Privatfernsehens, das wundert mich jetzt aber sehr.«

»Logisch. Die rennen doch jedem drittklassigen Ereignis hinterher. Aber nur fürs dritte Programm.«

Der Zeitungsmann lachte schallend. Schubert reagierte kaum. Er grüßte stattdessen einen stadtbekannten Kabarettisten.

»Ich arbeite an einem halbstündigen Feature über den Medienstandort Stuttgart«, erklärte er.

»Da langen doch zwei Minuten«, dröhnte der Zeitungsmann und haute dem SWR-Redakteur nochmals auf die Schulter, so fest, dass dieser leicht in die Knie sank.

»Sieht aber anders aus«, erwiderte Durlach und zeigte auf die gut gefüllten Reihen.

»Denk nur an MediaCity«, sagte Schubert ernsthaft. Dann wandte er sich dem Zeitungsmann zu. »Deine Kollegen schreiben dazu einen Artikel nach dem nächsten. Ihr habt sogar ganze Sonderseiten gemacht.«

»Logisch. Wir brauchen kurzzeitige Visionen, Politspiele fürs Volk. Und in einem halben Jahr wird dann die nächste Sau durchs Dorf getrieben.«

»Wir jedenfalls wollen die Mediendiskussion in einem Themenabend aufgreifen«, wandte sich der andere wieder direkt an Durlach. »Ich mache ein Feature, und anschließend senden wir eine Diskussion mit Parteivertretern.«

Tina würde durchdrehen, wenn sie das hörte, dachte Durlach. Sie hat um jede Sekunde zu diesem Thema gekämpft, und der hier bestritt ganze Abende zu MediaCity.

»Ich mache zwei längere Porträts«, sagte Durlach, um sich den Neid nicht anmerken zu lassen. »Über Nino Rotunda und über Otto König, zumindest wenn er das Casting gewinnt.«

»Der Sprecher?«, fragte der SWRler und grüßte nebenbei die Designerin eines Stuttgarter Modelabels.

»Sie kennen ihn?«, fragte Durlach.

»Flüchtig. Er hat ein paarmal bei uns im Hörfunk gearbeitet. Ziemlich arroganter Typ. Die von der Daily werden schon ihre Freude haben, wenn sie den engagieren.«

»Da gibt's dann Mord und Totschlag«, sagte der Zeitungsmann so laut, dass sich einiges Publikum aus den umliegenden Reihen umdrehte.

Die Männer setzten sich. Das Licht ging aus, der Vorhang schob sich beiseite, die Bühne schillerte wieder in billigen Lichteffekten. Im Hintergrund kreisten mehrere Dias mit Farbvariationen des LelaLila-Logos.

»Wir sind gleich drauf«, sagte der Regisseur der Show über Lautsprecher. »Und Applaus bitte.«

Das Publikum gehorchte, und die beiden Moderatoren kamen aus der Kulisse. Man komme jetzt gleich zum Höhepunkt, der Bekanntgabe des Siegers, verkündeten sie steif.

Auf der Bühne wurde nun Spannung aufgebaut. Während eine heroische Fanfare erklang, kehrten die Kandidaten auf die Bühne zurück und mussten sich nebeneinander aufstellen. Dann kam die Großleinwand nochmals zum Einsatz, weil deren Anschaffung sich ja rentieren sollte. Von den Sven-Aspiranten wurde jeweils eine Casting-Sequenz eingespielt.

»Und nun die Entscheidung«, verkündete Moderator Andreas Bilsun schließlich.

Ein Verfolger-Spot kreiste über den vier Svens. Marlene Winter öffnete einen großen goldglitzernden Umschlag, Bilsun zog langsam ein silbernes Kärtchen daraus hervor.

»Der Gewinner des Castings und der Rolle des Sven bei ›Leben lassen – Lieben lassen‹ ist ...«, sagte er jedes Wort einzeln betonend.

Und beide: »Otto König.«

Ein glitzernder Konfettiregen rieselte auf den Sieger herab. Und stürmischer Applaus brandete durch Stuttgarts Altes Schauspielhaus.

41

In der Küche duftete es nach Pinienkernen, die Jeanette Diers in einer Pfanne leicht anbräunen ließ. Durlach war Schnibbelhilfe und durfte Frühlingszwiebeln in Ringe schneiden.

»Stuttgart hat ja überraschend viele Sonnentage«, sagte er, während er seine Brillengläser von Zwiebelsaftspritzern befreite.

»Ach was«, sagte Jeanette Diers und setzte ihren Wok auf den Herd.

»Landschaftlich kann man sich auch nicht beschweren.« Durlach köpfte eine rote Paprika und begann, die Frucht von den Kernen zu befreien. »Ich liebe Spaziergänge durch die Weinberge.«

»Hätte ich dir doch einen Trollinger servieren sollen?«

»Wie kommst du denn darauf?«

»Naja, wenn man samstags zum VfB geht ...«

Jeanette ließ den angefangenen Satz in der Luft hängen, und Durlach war es etwas unangenehm, denn tatsächlich hatte er am Nachmittag während des Spiels gedacht, dass es schon gut wäre, wenn die Stuttgarter erstklassig blieben. Dann aber verloren sie und waren nun Vorletzte in der Tabelle.

»Ich muss doch nicht für den VfB sein, bloß weil ich hier wohne«, spielte Durlach seine neuschwäbischen Gefühlsregungen herunter.

»Du kannst rübergehen, den Tisch decken und schon mal den Wein aufmachen. Es ist übrigens ein Franzose.«

»Klar. Gern.«

Doch Durlach blieb sitzen. Er dachte daran, dass dieser Abend ein schöner Ausklang seiner Arbeitswoche war. Neun Filme hatte er über den Rotunda-Mord gemacht, eine Daily Soap von innen gesehen, eine Schwarze Messe miterlebt, mit einem Pitbull gekämpft, den Ethnologen recherchiert. Es war höchste Zeit zum Durchatmen. Und in Jeanettes Gegenwart verflog der Rest von Durlachs Angst vor dem unbekannten Anrufer.

Schon die Einladung gestern hatte genauso gewirkt. Erst als er seine Wohnungstür aufgeschlossen hatte und sein Blick gewohnheitsmäßig zum Anrufbeantworter gefallen war, da hatte ihn der nun leere Platz an die Morddrohung erinnert. So war er noch einmal ins Auto gestiegen und allein zwei Stunden durch die Straßen von Stuttgart gekurvt. Auch wenn er immer weniger an einen Killer glaubte, gab er in Bewegung doch ein schwierigeres Ziel ab. Und so hatte allmählich Durlachs Vorfreude auf den kommenden Tag die Oberhand gewonnen, auf den gemeinsamen Stadionbesuch mit seinem Freund Karsten, dann auf das Rendezvous mit Jeanette Diers. Von Degerloch hatte das Licht des Fernsehturms geblinkt. Die Betonnadel gefiel Durlach bei Tag wie bei Nacht. Sie verkörperte für ihn ein Stück Weltstadt, eine gelungene Mischung aus Ästhetik und schwäbischem Pioniergeist. Und als er schließlich auf der Halbhöhe entlanggerauscht war und die Lichter im Kessel zu flirren begonnen hatten, bunt und vital, da war er mit Stuttgart fast versöhnt. Es lohnt sich, zu leben, hatte er gedacht, auch hier, in einer Stadt, die ihm immerhin Jeanette Diers beschert hatte.

»Was ist?«, fragte sie im Kommandoton und dirigierte ihn mit dem Kochlöffel zur Tür.

Durlach trabte gehorsam hinüber ins Esszimmer.

Ein Sideboard mit lauter unterschiedlichen Hölzern und Griffen war der Blickfang und stahl einer antiken Glasvitrine die Schau, die mit Tierfigürchen vollgestopft war. An der Wand hing eine gerahmte Zeichnung mit dem Konterfei von Sigmund Freud, das sich bei näherem Hinsehen in einen dahingestreckten weiblichen Körper verwandelte. In der Mitte des Raumes unter einem kitschig-lustigen Kronleuchter stand ein langer, schmaler Holztisch mit sechs Eames-Stühlen.

Durlach überlegte, wie er den Tisch decken sollte. In der Mitte der Längsseite? Dann müsste er jeweils einen der beiden dort stehenden Stühle zur Seite räumen. Oder an den beiden

Schmalseiten? Das wäre vornehm, aber er säße sehr weit von Jeanette entfernt.

»Ich hab das Geschirr schon gerichtet«, rief sie ihm aus der Küche zu. »Auf dem Sideboard.«

Tatsächlich stand da zwischen Wein und Kerzenleuchter ein kleiner Stapel mit großen, mittleren und kleinen Tellern. Es waren jeweils drei Teller. Drei Teller? Durlach zählte nach. Das war kein Zufall. Auch dreimal Besteck und drei Servietten! Warum drei? Klar. Drei. Da kam noch einer. Ein anderer. Und Durlach war die Nummer drei. Das dritte Rad am Wagen. Oder hieß es fünftes?

Missmutig deckte er den Tisch. Jetzt war ihm egal, wer wo sitzen würde.

»Heute haben die anderen bei der Soap erfahren, dass Kasperczak tot ist«, erzählte Jeanette, als er wieder in der Küche auftauchte.

»Aha.«

»Hendrik, der Ober-Ober-Chef aus Holland, hat es in einem sachlichen Ton verkündet, als ginge es um eine Änderung im Drehplan und nicht um einen tödlichen Unfall. Ich glaube, er fürchtet vor allem, dass die Arbeit bei PosiTV nochmals ausgesetzt werden könnte.«

»Wie haben die anderen reagiert?«

»Die meisten hat es gar nicht so sehr berührt, oder sie haben ihre Gefühle nur nicht gezeigt. Jedenfalls hat jeder so normal getan wie möglich.«

Durlach lehnte sich gegen den Türrahmen und schob die Hände in die Hosentaschen. Er zeigte keinerlei Anstalten, Jeanette nochmals zur Hand zu gehen. Diese goss etwas Kokosmilch in den Wok und rührte weiter um.

»Und wie ist es bei dir?«, fragte er Jeanette.

»Ich hab Kasperczak auch nicht sonderlich gemocht. Ich war eher erschrocken über den Tod im Allgemeinen. So ein Unfall macht einem schlagartig die Endlichkeit des eigenen Lebens bewusst. Kennst du das?«

»Nur zu gut.«

Jeanette stellte die Gasflamme aus. Sie richtete das Gemüse in einer flachen Schüssel an und dekorierte es mit ein paar Lilienblüten.

»Kasperczak soll viel zu schnell gefahren sein und dann die Kontrolle über seinen Wagen verloren haben. Wusstest du das?«

»Ich hab doch die Bilder von dem Unfall gesehen«, sagte Durlach. »Die Stuttgarter können alle nicht Auto fahren.«

»Alle?«

Jeanette schien belustigt. Sie winkte Durlach, ihr ins Esszimmer zu folgen. Er trottete hinterher. Sie stellte das Gemüse ab und begann den Wein zu öffnen, den Durlach vergessen hatte. Er redete.

»Ja. Und einparken können sie auch nicht, weil sie nämlich alle einen überdimensionierten Daimler fahren müssen. Überhaupt gibt es viel zu wenig Parkplätze in der Innenstadt –«

»Setz dich doch«, unterbrach sie ihn mit einer eleganten Bewegung zum Tisch. »Ich sage ihr rasch Bescheid, dass das Essen fertig ist.«

Jeanette verschwand. Der dritte Teller war also nicht für Hendrik, dachte Durlach. Und auch nicht für Jeanettes nebenan wartenden Freund. Wenigstens etwas.

»Na?«, sagte Jeanette.

Durlach drehte sich um. Er sah auf die längsten Beine, die er je gesehen hatte.

Dann schwenkte sein Blick nach oben, über einen kurzen Rock und ein schwarzes T-Shirt, auf dessen Brust der Fernsehturm in einem roten Stern gedruckt war. In der Tür zum Esszimmer stand eine junge Frau. Die braunen Haare waren kurz als Pixie-Cut geschnitten. Grüne Augen. Ein breiter ungeschminkter Mund lächelte ihn an und legte zwei Reihen ebenmäßiger Zähne bloß. Sehr hübsch.

»Na? Was sagst du jetzt?«, fragte Jeanette wieder.

Durlach verstand nicht, was hier gespielt wurde. Eine Frau zwischen zwei Männern war es jedenfalls nicht. Verwirrt stand er von seinem Stuhl auf und streckte die Hand hin.

»Erkennst du sie?«, war die nächste Frage.

Ein Blick in Durlachs leeres Gesicht machte ihr klar, dass dem nicht so war.

»Tag. Ich bin Nathalie.«

Durlach hatte einen Kloß im Hals und konnte nicht antworten. Mit leichtem Griff nahm die Neue seine Hand und schüttelte sie kurz.

»Beeilt euch mit den Förmlichkeiten. Das Gemüse wird sonst kalt«, lachte Jeanette. Sie drehte Durlach am Oberarm herum, damit er sich wieder setzte. »Du hast sie immer noch nicht erkannt?«

»Nein. Woher denn?«, brachte er endlich hervor.

»Überleg doch mal«, forderte Jeanette ihn auf. »Und reich mir deinen Salatteller an.«

Sie hatte den Feldsalat mit Pinienkernen und geriebenem Parmesan zubereitet.

»Vielleicht hilft ihm ja der Rollenname«, sagte Nathalie.

»Jetzt hast du es verraten«, tadelte Jeanette.

»Was?«, fragte Durlach.

»Du könntest mich von der Homepage kennen.«

»Versuch, dir Nathalie mit längeren Haaren vorzustellen«, wies Jeanette Durlach an.

»Und blonder«, ergänzte Nathalie.

»Warum?«, fragte Durlach.

»Es hat keinen Zweck. Fang lieber an zu essen.« Jeanette zeigte auf Durlachs Teller. Dann begann sie zu erklären: »Nathalie ist nicht nur meine Mitbewohnerin. Du könntest sie auch aus alten LelaLila-Folgen kennen. Sie hat die Rolle der Inés gespielt. Fällt der Groschen?«

Durlach schüttelte stumm den Kopf. Jetzt hatte er den Mund voll.

»Du kannst mich auch nicht mit dieser Frisur kennen«, plauderte Nathalie los. »Ich war ja vertraglich gezwungen, mein Aussehen nicht zu verändern. Als ich dann bei PosiTV ausgestiegen bin, hab ich mir erst einmal die Haare abgeschnitten. Das war für mich wie eine Befreiung.«

»Dabei hat sie so schönes volles Haar«, sagte Jeanette. »Ich habe Nathalie immer darum beneidet.«

Sie strich ihrer Mitbewohnerin leicht über die Frisur, legte dabei ein paar Strähnen glatt. Nathalie entwand sich spielerisch.

»Ich wollte nicht wegen meines Aussehens von den Menschen beachtet werden. Ich war zwei Jahre bei LelaLila, das hat gereicht. Das Äußerliche, der ganze Rummel, das ging über meine Kräfte. Ich wurde am Ende richtig krank.«

»Ist es nicht schön, wenn man von seinen Fans umschwärmt wird?«, fragte Durlach, der gekaut, geschluckt und endlich seine Sprache wiedergefunden hatte.

»Wenn es echt wäre. Aber man wird ja gehypt. Eine Facebook-Seite, ein paar Fotos auf Instagram, die bei Bravo Girl landen, und schon bist du ein Teenie-Star und wirst zum ›Perfekten Promi Dinner‹ eingeladen. Das ist doch künstlich. Zugegeben, das hat auch seinen Reiz, eine Zeit lang.«

Sie warf den Kopf zur Seite, dass sich Durlach gut vorstellen konnte, wie ihre Haare federn würden, wenn sie lang geblieben wären. »Ich habe das anfangs genossen, auch das Geld. Mal kurz zum Klamottenkaufen nach London, das ist schon klasse. Aber ist das nicht ungeheuer oberflächlich? Man hat ja gar keine Zeit, das alles zu genießen. Der Drehplan ist viel zu eng.«

»Und jetzt?«, fragte Durlach.

»Als mein Vertrag endlich ausgelaufen war, wusste ich erst gar nicht, was ich mit mir und mit meiner Zeit anfangen sollte. Ich bin richtig in ein Loch gefallen. Natürlich wollte ich all das nachholen, was mir scheinbar gefehlt hat. Aber ich wusste gar nicht, was das war.«

»Nathalie hat angefangen, Psychologie zu studieren«, sagte Jeanette.

»Ja. Es war die Auseinandersetzung mit den Strukturen in der Soap, die mich darauf gebracht hat. Ich wollte mehr über solche Gruppenprozesse wissen. Und dann hat mich die Arbeit von Ulrike Köhnlein fasziniert, der Soap-Psychologin. Mit der solltest du dich unbedingt unterhalten, wenn du ein Porträt über Nino machen willst.«

Jeanette Diers schenkte Wein nach.

»Ich habe Nathalie von deinem langen Film erzählt und mir gedacht, dass sie dir sicher hilft. Sie kennt die Soap von innen, sie ist eine der wenigen, die darüber auch erzählen können, und sie kannte Nino gut. Besser als ich.«

»Wie gut?«, fragte Durlach instinktiv.

Die beiden Frauen sahen sich verschwörerisch an. Wären sie ein paar Jahre jünger gewesen, hätten sie wohl gekichert. So aber entstand nur eine kurze Pause. Für Durlach eine quälend lange Pause.

»Du weißt«, begann Jeanette wieder, »Nino war attraktiv und konnte charmant sein, wenn er wollte …«

»Die Herzen sind ihm regelrecht zugeflogen«, ergänzte Nathalie. »Er verkörperte einfach Lebenslust. Da gehört Sex doch dazu. Eigentlich hat er mit fast allen Frauen bei der Soap geschlafen.«

»Mit allen?«, entfuhr es Durlach.

»Ich habe auch mal mit ihm geschlafen. Ist doch nichts dabei. Oder?«, sagte Nathalie schnell.

Durlach fragte sich, worauf der Abend mit den beiden noch hinauslaufen sollte. Da saß er zwischen zwei attraktiven Frauen, die sich angeregt mit ihm unterhielten, die ihn bekochten und verwöhnten. Warum eigentlich sollte er noch auf einen Toten eifersüchtig sein? Er fand keinen sachlichen Grund. Aber das Gefühl blieb.

»Eine Beziehung wollte Nino nicht, und die Frauen wollten keine mit ihm. Oder die allerallerwenigsten«, sagte Nathalie. »Bei der Soap wüsste ich keine, die wirklich an ihm hing.«

»Ein, zwei fallen mir schon ein«, entgegnete Jeanette. »Eine unserer Maskenbildnerinnen hat sehr gelitten, als sie merkte, dass sie für Nino nur eine kurze Affäre war. Jetzt ist sie nicht mehr bei LelaLila.«

»Aber diese andere hat nicht sonderlich gelitten. Wie hieß die noch?«, fragte Nathalie. »Vanessa?«

»Du meinst das Studioluder? Ja, Vanessa.« Jeanette legte ihr Besteck zur Seite und tauschte nochmals einen bedeutungsvollen Blick mit ihrer Mitbewohnerin aus, bevor sie loslegte. »Mit der hat es Nino besonders toll getrieben. Er hat groß in unserer Kantine verkündet, diese Vanessa sei so geil, mit der werde er es in allen Betten treiben, die in der Deko des Studios herumstehen. Dann hat er sich von Peter Hufeland den Schlüssel zum Studio ausgeliehen und nachts angefangen. Sie hat mitgemacht. Ich weiß gar nicht, wie viele Schlafzimmer im Studio aufgebaut sind, aber es sind schon einige. Deswegen hieß diese Vanessa bei uns nur Studioluder.«

»Omnipotenz am Set. Träumen da nicht alle Männer davon?«, sagte Nathalie.

Durlach beschloss, dass diese Frage nur rhetorisch gemeint war.

»Wie haben die anderen reagiert?«, fragte er nur.

Er angelte rasch ein paar Gemüsestückchen von seinem Teller und schob sie sich in den Mund. Durlach wollte irgendwelche Eifersuchtsgeschichten hören, doch die Frauen verstanden ihn falsch.

»Als die Sache mit dem Studioluder rauskam, haben beide Ärger mit Kasperczak bekommen.«

Nathalie begann zu husten. Ob sie sich verschluckt hatte oder ob die Nennung des Namens Kasperczak dies auslöste, konnte Durlach nicht entscheiden. Jeanette klopfte der Mitbewohnerin auf den Rücken, was das Husten nur zu verstärken schien. Nathalies Körper wand sich, und sie wurde knallrot im Gesicht. Endlich hatte sie sich wieder gefangen. Sie trank einen Schluck Mineralwasser.

»Aber der Peter noch mehr«, sagte sie.

»Nicht nur deswegen, Nathalie. Der Peter Hufeland hat auch sonst ein paar krumme Dinger gedreht.«

»Dealt er?«, fragte Durlach.

»Vielleicht auch«, sagte Jeanette. »Aber Kasperczak hatte den Peter schon länger wegen anderer Sachen auf dem Kieker. Er ist doch für die Beschaffung der Deko verantwortlich. Und zeitweilig sollen die Möbel von gewissen Firmen besonders häufig berücksichtigt worden sein.«

»Product-Placement?«, fragte Durlach fachmännisch.

»So ähnlich. Immer wieder hatten wir sehr modische Möbelstücke, die prominent platziert waren, bunte Stühle, Designerlampen, knallige Bettwäsche und irgendwelchen Ramsch aus In-Läden, der gehörte einfach zur Einrichtung der Zimmer. Angeschafft von Peter Hufeland. Hinterher sollen sich die Sachen in den Läden umso besser verkauft haben. Dem Kasperczak hat das sehr gestunken, über solche geschäftlichen Dinge will er selbst verhandeln, äh, wollte er selbst verhandeln.«

Jeanette verstummte irritiert. Durlach griff den Gesprächsfaden wieder auf.

»Jetzt mal ehrlich: War Nino eigentlich beliebt?«

»Bei den Fans war er sehr beliebt. Sein Postfach läuft jetzt noch über. Wir wissen überhaupt nicht, was wir mit den ganzen Spielzeugautos machen sollen.«

»Versteh ich nicht«, sagte Durlach.

»Wir Schauspieler bekommen von Fans auch Dinge geschickt«, erklärte Nathalie. »Bemalte T-Shirts, die ersten selbst gehäkelten Topflappen, ganz ehrlich, lauter so Kleinkram. Ich bin zum Beispiel mal in einem Interview nach meinem Lieblingstier gefragt worden und habe spontan geantwortet: Elefanten. Das habe ich auch auf meiner Facebook-Seite gepostet. Seither bekomme ich regelmäßig von allen möglichen Leuten Elefanten geschenkt, aus Porzellan, aus Plastik, aus Holz, afrikanische, indische Elefanten, Stofftiere. Auch jetzt noch. Da drüben, die ganze Vitrine ist voll davon. Vielleicht mache ich mal ein eigenes Elefantenmuseum daraus.«

Jeanette stand auf und öffnete die Vitrine. Durlach trat dazu und bekam ein paar der Figuren in die Hand gedrückt.

»Bei Nino war das so ähnlich, nur mit Modellautos«, sagte sie.

»Aber verdient hatte er die Zuneigung der Fans nicht«, stellte Nathalie fest. »Denk an die Lesungen.«

»Ja«, bestätigte Jeanette. »Die Fans mailen ja oft richtig private Dinge, von ihren Problemen, ganze Liebesgedichte und so weiter. Nino hat solche Stellen am liebsten laut in der Kantine vorgelesen und sich totgelacht darüber. Zu mir hat er gesagt, aus den dümmsten Briefen müsste man ein Buch zusammenstellen.«

»Aber mit dem Auftauchen von Corrie Most war das aus«, sagte Nathalie.

»Inwiefern?«

Durlach stellte ein winziges Elefantenkind aus Elfenbein wieder in die Vitrine zurück.

»Mit ihr hat sich Nino sehr verändert«, erzählte Nathalie. »Er vergötterte Corrie Most und würdigte andere Frauen keines Blickes mehr. Ich habe ihn einmal zufällig am Bahnhof getroffen, an einem drehfreien Tag, da wollte er mich noch nicht mal grüßen, völlig arrogant. Ich glaube, Nino hatte von da an das Gefühl, mit Corrie Most in der großen Welt der Reichen und Schönen angekommen zu sein.«

Jeanette nahm einen blauen Stoffelefanten heraus und streichelte ihm über den Kopf. »Der hier ist mein Liebling. Er heißt bei uns Eberhard«, flüsterte sie und legte Durlach das Tier in den Arm. Laut sagte sie: »Erzähl doch mal von deiner Drei-Namen-Theorie.«

»Wichtig ist doch, was man in dem jeweils anderen sieht«, legte Nathalie bereitwillig los. »Die meisten Frauen haben nur den Nino gesehen, den erfolgreichen Soap-Schauspieler, den Märchenprinzen, den Sonnyboy. Und sie haben etwas länger gebraucht, um einzusehen, dass nur ein ganz gewöhnlicher Christian Brühl aus Backnang dahintersteckt.«

»Und der dritte Name?«, fragte Durlach, den Jeanette mit dem Elefanten im Arm stehen gelassen hatte, um in die Küche zu entschwinden.

»Er selbst wollte mehr und mehr wie seine Rolle Sven werden, geschäftlich erfolgreich, welterfahren. Schicke Partys, Vernissagen, Golf, lauter so Sachen«, sagte Nathalie und begann, das Geschirr zusammenzuräumen. »Vielleicht muss man die Entwicklung auch ganz positiv sehen. Mit Corrie Most konnte er sich in den anderen Kreisen bewegen, und das hat seinen eigenen Star-Status relativiert. Unter bedeutenden Menschen kann sich der Bedeutende wieder normal fühlen.«

»Sind die Mosts wirklich so bedeutend?«, warf Durlach ein. Er lauschte. Jeanette hantierte in der Küche hörbar mit Glasgeschirr. »Und hat Gerhard Most das mitgemacht? Immerhin war er mit Corrie verheiratet.«

»Meinst du das jetzt moralisch?«

»Ich weiß nicht.«

»Achtung, der Höhepunkt naht!«, rief Jeanette aus der Küche.

»Woher wollen wir wissen, welche eheliche Vereinbarung die Mosts haben?«, sagte Nathalie noch.

Dann ging sie zur Tür und drückte den Schalter. Es wurde dunkel.

Sendung	Regionalmagazin TV Schwaben
Serie	Kult-Killer – Folge 9
Titel	**Otto König**
Autor	E. Durlach
Datum	Montag, 9. Mai
Länge	2'00''

Bild + Töne	Text
Verkündungsszene der Show Ton offen stehen lassen Kein Insert	*»Der Gewinner des Castings und der Rolle des Sven bei ›Leben lassen – Lieben lassen‹ ist – Otto König.«*
König im Glitzerregen, dann Gesicht nah	Überglücklich. Der Schauspieler Otto König. Das neue Gesicht der beliebten Daily Soap aus Stuttgart ist fast das alte.
O-Ton aus der Show Otto König … ist der neue »Sven« bei LelaLila	*»Ich bin mehr als beglückt. Diesem Neuanfang wohnt ein echter Zauber inne.«*
Publikum klatscht	Tausende Zuschauer der Serie haben abgestimmt.
Rita Lemke hält Schild »Otto macht's« in die Höhe	Fast 80 Prozent waren von seinem Aussehen …
Spielszene aus dem Casting	… vor allem aber von seinem schauspielerischen Können überzeugt.
O-Ton Tassilo Schmidt-Mendez Regisseur und Jury-Mitglied	*»Er war einfach der Beste. Ein großartiger Darsteller. Die Zuschauer werden ihn lieben.«*

König verbeugt sich mit großer Bühnengeste	Und der Sieger hatte nicht nur die Jury hinter sich, sondern auch Beistand von ganz oben.
O-Ton aus der Show Otto König Schauspieler	»Gewiss freue ich mich auf ›Leben lassen – Lieben lassen‹. Da geht ein Plan in Erfüllung, eine göttliche Vorsehung.«
König packt Bücher in Kisten, er hält ein Buch in der Hand, er blättert, dann Buch nah	In Berlin hat König schon angefangen zu packen. Vorsorglich. Denn es muss nun schnell gehen. LelaLila braucht ihn, um die Dreharbeiten fortsetzen zu können. Jetzt muss König vor allem Drehbücher studieren.
O-Ton Otto König Schauspieler Lachen am O-Ton-Ende offen stehen lassen	»Eine Soap ist vor allem Unterhaltung. Sie will sehr vielen Zuschauern gefallen. Und selbstverständlich kann ein Schauspieler nie Publikum genug haben.« (lacht verschmitzt)
Szene aus LelaLila, Nino nah, dann halbtotal mit Partnerin	Ihn soll er ersetzen. Den Schauspieler Nino Rotunda, der drei Jahre lang die Fans der Soap begeistert hat.
Zufahrt auf Autogrammkarte Nino	Doch vor zwei Wochen fiel der Schauspieler einem grausamen Verbrechen zum Opfer. Der Täter wird noch immer gesucht.
Spielszene von König aus der Casting-Gala	Angst vor dem Mörder hat er nicht, sagt König, die Tat habe mit der Rolle ja nichts zu tun. Er hat eher Respekt vor der aufwendigen Produktionsweise der Soap.

O-Ton Otto König jetzt Serien-Star	»Wahre Kunst kommt aus tiefer Seele, da ist Fließbandproduktion gar nicht möglich.«
Wieder Gala, König händeschüttelnd mit Winter und Bilsun	Schon ab morgen wird Otto König mit seinen beiden Schauspielpartnern vor der Kamera stehen. Da beginnen bei »Leben lassen – Lieben lassen« die Dreharbeiten – dieses Mal mit dem neuen »Sven«.

42

Es war schlagartig ruhig geworden. Das Zimmer war dunkel. Nur vom Fenster her drang ein Licht herein, ein bläuliches Karree, durchzogen von den dunklen Umrissen der Stadt. Das wenige, was man von Stuttgart sah, wirkte kulissenhaft starr. Es war keine Bewegung auszumachen, nirgendwo ging ein Licht an oder aus. Doch jeden Moment musste etwas passieren. Durlach hielt seinen Blick fest auf die Tür geheftet. Millimeterweise senkte sich die Klinke. Dann wurde die Tür einen Spalt geöffnet. Eine Gestalt schlüpfte in den Raum. Durlach drückte sich weiter in die Ecke hinein, in der er stand. Er wusste nicht, ob er frösteln oder schwitzen sollte. Doch er spürte, wie heftig sein Herz in der Brust schlug. Die Gestalt war zunächst an der Tür stehen geblieben und schien von dort aus den dunklen Raum nach irgendetwas abzusuchen. Die wenigen Gegenstände warfen lange Schatten, der Sessel, das Sofa, der flache Tisch, der dazwischenstand.

Die Gestalt löste sich aus der Schwärze der Tür und glitt lautlos durch den Raum. Sie inspizierte zunächst das Regal, auf dem ein paar Bücher standen, wurde aber nicht fündig. Fast tänzerisch leicht schwebte sie zu einem Schreibtisch hinüber und kam Durlach dabei bedrohlich nahe. Er wagte kaum noch, zu atmen, aber Angst verspürte er nicht. Die Gestalt zog die Schreibtischschubladen auf und wühlte eine Zeit lang darin herum. Offensichtlich vergeblich.

In diesem Moment spürte Durlach eine fremde Hand an seinem Ohr. Fast hätte er aufgeschrien und damit alles auffliegen lassen. Die Hand tastete vorsichtig seine Wange entlang und legte sich auf seinen Mund. Durlach verstand dies als Schweigegebot und entspannte sich wieder ein wenig. Er war nicht mehr allein. Dennoch drehte er sich nicht nach dem Besitzer der Hand um. Die schattenhafte Gestalt ging zwei Schritte und stand nun ohne Deckung im Raum. Im schwachen Lichtschimmer des Fensters konnte Durlach erstmals die ganze Figur sehen. Es war ein Mann, nicht zu alt, athletisch, mit lockigen Haaren. Jetzt zuckte der Eindringling zusammen.

Tatsächlich regte sich etwas in der Sitzgruppe. Als sei dort plötzlich mehr Licht als zuvor, konnte Durlach nun eine weitere Person ausmachen, die zusammengekauert auf dem Sofa lag. Geräuschvoll zog sie sich ein Plaid bis zum Kinn. Der andere Schattenmann sah sich suchend um, dann lief er rasch ans Fenster und griff sich von der Fensterbank eine Vase. Für einen kurzen Augenblick war sein Gesicht zu sehen. Durlach kannte es. Doch er war nicht überrascht darüber. Mit der Vase in der Hand lief der Mann zum Sofa, hob sie über seinen Kopf und holte zum Schlag aus. Die andere Person schien die Gefahr zu spüren und schlug die Augen auf, erschreckt, entsetzt. Der Schattenmann mit der Vase erstarrte für ein, zwei Sekunden. Das aber gab der angegriffenen Person Zeit genug, sich zur Seite zu drehen und eine Stehlampe anzuknipsen. Der Raum wurde wesentlich heller.

»Sven!«, rief die Frau auf dem Sofa. »Sven. Ich bin's doch, Ayse. Nein, nicht!«

Die beiden erstarrten.

»Vielen Dank!«, ertönte die Stimme des Regisseurs nach drei Sekunden. »Das war schon sehr gut, Otto.«

»Wir sehen uns das an!«, rief der Aufnahmeleiter über Lautsprecher.

Alles entspannte sich. Die Darstellerin der Ayse erhob sich behänd vom Sofa, zückte ihr Handy und schoss zwei, drei Selfies, dann lief sie zu dem rollbaren Regiepult. König stellte die Vase auf dem flachen Couchtisch ab und folgte ihr.

Es war nicht seine erste Szene, die Otto König für »Leben lassen – Lieben lassen« gedreht hatte, aber es war die Szene, mit der er erstmals in der Serie auftauchen würde. Die Autoren wollten den Moment seines Erscheinens künstlich in die Länge ziehen, um die Spannung zu erhöhen. Aus diesem Grund war in die Folge hineingeschrieben worden, dass Ayse auf Sven in dessen Wohnung wartet und dabei einschläft. Für Durlachs

Beitrag war diese Story tabu, doch glücklicherweise hatte Tom Esswein zuvor schon andere Szenen mitgedreht.

»Ich hatte dir doch gesagt, du sollst die grüne Vase vom Fensterbrett nehmen«, brummte der Regisseur zu Otto König.

»Hab ich doch.«

»Hast du nicht«, antwortete die Schauspielerin der Ayse und begann die Handyfotos irgendwo hochzuladen.

»Hast du wirklich nicht«, sagte der Regisseur und zeigte in die Deko.

Auf dem Tischchen stand deutlich sichtbar eine blassrote Vase aus halbdurchsichtigem Glas. Das gleiche Stück, nur in Grün, stand unverrückt vor dem Fenster mit der gemalten Stuttgart-Kulisse.

»Ich hab mich wohl in der Dunkelheit vergriffen«, entschuldigte sich König übertrieben reumütig. »Was genau ist das Problem?«

»Die Position des Scheinwerfers, der hinter das Fenster leuchtet. Es war ganz kurz schon dein Gesicht zu erkennen. Das aber will ich erst wirklich sehen, wenn das Licht angeht.«

»Heißt das, alles noch mal?«, maulte die Ayse-Darstellerin und löste nur widerwillig den Blick von ihrer Facebook-Seite.

»Mal sehen«, schloss der Regisseur. »Vielleicht geht's trotzdem.«

»Bist du eben sehr erschrocken?«, flüsterte Jeanette.

»Ein klein wenig«, schwindelte Durlach, denn er war in der Dunkelheit an die Morddrohung erinnert worden, von der er ihr bisher nichts erzählt hatte. »Warum knipst Sven Krämer kein Licht an, wenn er seinen eigenen Loft betritt? Das ist nicht logisch.«

»Aber spannend«, entgegnete sie schlicht.

»Wie bei euch am Samstag.«

Durlach war wirklich kurz das Herz in die Hose gerutscht, als Nathalie am Freitag das Licht im Esszimmer gelöscht hatte und er sich in einer völlig eindeutigen Dreiersituation wähnte. Dann aber war Jeanette mit dem Dessert aus der Küche aufmarschiert, Eis mit Sahne und Früchten, das durch Funken sprühende Wunderkerzen aufgepeppt war. So löst sich alles auf, wenn man die Fakten nur richtig interpretiert, hatte Durlach gedacht, die Eifersucht auf den dritten Mann genauso wie der flotte Dreier. Nach dem Dessert hatte Nathalie verkündet, sie habe am nächsten Tag ein anstrengendes Wochenendseminar, und sich zurückgezogen. Ehe Durlach darüber nachdenken konnte, ob jetzt die rechte Zeit zum Aufbruch sei, hatte Jeanette mit einer Flasche Sekt und zwei langstieligen Gläsern vor ihm gestanden.

»Du bleibst doch noch«, hatte sie mehr festgestellt als gefragt und schon eingeschenkt.

Sie stießen an und sahen sich dabei tief in die Augen. Bis Jeanette entschlossen trank, ihr Glas zur Seite stellte und fragte: »Alle Welt nennt dich nur Durlach – wieso eigentlich?«

»Weil ich so heiße«, hatte er sich ironisch gegeben, obwohl er genau wusste, worauf sie hinauswollte.

»Hast du auch einen Vornamen?«

»Ja.«

»Und?«

»Den mag ich nicht.«

»Das dachte ich mir schon. Sogar bei deinen Beiträgen wird immer nur ›Reporter: E. Durlach‹ eingeblendet. Für was also steht das große E-Punkt?«

»Das möchte ich wirklich nicht sagen.«

Was Jeanette Diers natürlich nicht gelten ließ. Sie starrte ihn einfach so lange an, bis er aufgab.

»Eberhard«, sagte er schließlich kleinlaut.

»Eberhard? Wie der kleine Elefant in unserer Vitrine? Das ist ja total süß.«

Bevor Durlach wusste, wie ihm geschah, spürte er ihre Lippen auf seinen. Und es fühlte sich nicht nach Sektlaune an.

Und als sie wenig später erneut das Licht gelöscht hatte, war ihm überhaupt nicht mehr bange ums Herz gewesen.

Jetzt standen die beiden etwas abseits vom Regiepult, in einem schmalen Gang, der die Kneipen-Dekorationen von Tessis Wohnzimmer trennte. Während der Aufnahme hatte sich

Durlach in diese Lücke geschoben. Zwischen den Sperrholz-
wänden war so wenig Platz, dass er wirklich erschrocken war,
als Jeanette sich von hinten zu ihm gesellt hatte. Im Schutz der
Dunkelheit waren ihre Finger über seine Lippen gestrichen.
Durlach war es eiskalt über den Rücken gelaufen, und er hatte
ein lustvolles Stöhnen gerade noch unterdrücken können. Jetzt
sehnte er sich nach ihrer Wärme, nach ihrem Geruch, nach ihren Berührungen, sah aber auch ein, dass Jeanette ihr privates
Verhältnis erst einmal nicht öffentlich machen wollte. Um nicht
zum PosiTV-Tratsch beizutragen, aber auch, um ihm weiter
behilflich sein zu können. Wüssten alle von ihnen beiden, wäre
Schluss mit Insidertipps.

»Frau Köhnlein hat Zeit für Sie, Herr Durlach«, sagte Jeanette jetzt vielleicht eine Spur zu laut, weil sie möglichst harmlos klingen wollte.

»Wo?«

»Ich bringe Sie hin«, antwortete sie und wies ihm mit einer
grazilen Handbewegung den Weg.

Durlach ging voran, durch den schmalen Gang. Noch ehe
er zum Studio hinaus war, spürte er Jeanettes Hand an seinem
Po.

43

»Wenn ich ehrlich bin, habe ich immer noch nicht genau verstanden, was Ihre Aufgabe ist.«

»Dann kann ich ja ebenfalls ehrlich sein, Herr Durlach: Ich auch nicht.«

Durlach sah die Psychologin ein paar Sekunden lang verwundert an. Sie blickte gelassen zurück. Dann hob sich wenigstens der linke Mundwinkel, was man als Anflug eines verschmitzten Lächelns interpretieren konnte. Es dauerte weitere Sekunden, bis er endlich kapierte, dass sie einen Witz gemacht hatte.

Doch Durlach war es ernst, er suchte immer noch nach einem Zugang zu den Menschen von »Leben lassen – Lieben lassen«. Welche Geheimnisse hatten sie? Welche Beziehungen untereinander und welche zu ihrem toten Kollegen Nino Rotunda und ihrem ebenfalls toten Chef Kasperczak? Und wer konnte da besser Auskunft geben als diejenige, die sich mit dem Innenleben der Soap professionell auseinandersetzen musste?

Während Tom Esswein versuchte, im Soap-Studio ein paar zusätzliche Bilder zu drehen, unterhielt sich Durlach mit Köhnlein in der Kantine von PosiTV, einem Raum mit französischem Flair: runde Caféhaustische aus hellgrauem Marmor, Thonet-Stuhl-Imitate mit geflochtenen Sitzen, dazu Aschenbecher mit Pernod-Emblem. Hinter der Theke zischte eine Espressomaschine und übertönte kurzzeitig »Sous le ciel de Paris« von Zaz. Neben den Boxen an der Decke entdeckte Durlach eine leere Kamerahalterung.

»Hatte Nino Rotunda Humor?«

»Wenig«, antwortete Ulrike Köhnlein spontan. »Er hat Witze gemacht – wenn Sie das für Humor halten.«

»Worüber?«

»Am liebsten über das Mann- und das Frau-Sein, wenn Sie so wollen, über Geschlechterrollen, über Gefühle und auch über Sex«, sagte Ulrike Köhnlein. »Über seine beruflichen Qualitäten hätte Nino keine Scherze gemacht.«

»War Nino Rotunda denn als Schauspieler schlecht?«

»Ich bin keine Theaterfrau, ich kann kein fachliches Urteil abgeben. Mein Job ist es – um Ihre Eingangsfrage zu beantworten –, den vorwiegend jungen Schauspielern zu helfen, das alles zu bewältigen.«

Ein Mädchen mit bodenlanger weißer Schürze brachte zwei Café au Lait und ein Baguette für die Psychologin. Ulrike Köhnlein biss sofort hinein.

»Wie meinen Sie das?«, fragte Durlach.

Die Psychologin kaute in Ruhe fertig, bevor sie antwortete. »Sehen Sie, die Dramaturgen denken sich viel aus. Die Drehbücher stürzen die Schauspieler in schier unlösbare seelische Konflikte: tödliche Krankheiten, Lügen und kriminelle Energien. Und alles in Dialogen. In Soaps wird ja so viel geredet wie sonst nur in französischen Spielfilmen. Aber letztlich muss bei LelaLila die Einschaltquote mehr stimmen als die dramaturgische Konsistenz.«

»Ich verstehe immer noch nicht, was Sie meinen«, sagte Durlach offen.

Die Psychologin nahm zwischen zwei Bissen einen Schluck Kaffee.

»Ich interpretiere meine psychologische Arbeit auch in Richtung Fürsorge, weshalb ich manchmal auch Hinweise gebe, was dem einen oder anderen Schauspieler zuzumuten ist und was eben nicht.«

»Und Nino war prädestiniert für den skrupellosen Agenturchef, weil es Teilen seines Wesens entsprach, aus denen er schöpfen konnte?«, zitierte Durlach die Worte Otto Königs.

Die Psychologin grinste, wischte einen Brotkrümel vom Kinn und kaute eine Weile.

»Ich würde es weniger hochtrabend ausdrücken. Der Polizei gegenüber habe ich gesagt: Die Rolle kam ihm psychologisch entgegen. – Wollen Sie nicht doch eine Kleinigkeit essen? Die Baguettes sind wirklich gut.«

Durlach schüttelte den Kopf. Ulrike Köhnlein schob mit den Fingern zwei Zwiebelringe zurück zwischen Käse und Tomatenscheiben und biss wieder hinein.

»Arbeiten Sie ausschließlich für PosiTV?«, fragte Durlach neugierig, nachdem sie ihren nächsten Bissen hinuntergewürgt hatte.

»Nein, ich habe noch ein Forschungsprojekt an der Uni. Es hat übrigens mit meiner Arbeit hier zu tun. Es geht um die Rezeption von Fernsehproduktionen, insbesondere um die Unterscheidung von Realität und Fiktion.«

»Wie?«

»Auf den ersten Blick wirkt ja zum Beispiel LelaLila recht realistisch. Es sind ganz normale Orte, in denen die Serie spielt. Es sind ziemlich normale Menschen, die größtenteils ganz normale Probleme haben: Liebe, Geld, Krankheiten. Wie im richtigen Leben. Eine Daily Soap kommt bewusst alltäglich daher. Auf der anderen Seite wird die Serie auch für den Stammzuschauer alltäglich. Der wahre Fan baut die Teilnahme an der Soap in seinen Alltagsablauf ein. Die Soap-Figuren bekommen die soziale Funktion von Nachbarn und Freunden.«

»Glauben Sie wirklich, die heutigen Teenager könnten die erfundene und die echte Welt nicht unterscheiden?«

»Doch, können schon, aber manche von ihnen wollen das gar nicht.«

Köhnlein lächelte spöttisch, sodass irgendetwas Zähflüssiges aus ihrem Mundwinkel tropfte.

Durlach gab sich unterdessen psychologisch bewandert. »Was ist daran problematisch? Flucht in die Phantasie, Verdrängung der Alltagsprobleme.«

»Schon. Doch das Unnormale ist die Dichte der Konflikte, die schnellen Wandlungen, die manche Serienfiguren durchmachen. Davon geht ein immenser Druck aus, das wurde in den Befragungen meiner Studie erkennbar. Im Vergleich zu der

Soap kommt den meist pubertierenden Zuschauerinnen das eigene Leben extrem langweilig vor.«

»Interessant«, sagte Durlach in der nächsten Kaupause. »Aber was bedeutet das für einen Soap-Schauspieler, zum Beispiel Nino Rotunda?«

»Wissen Sie, was er in seiner Rolle als Sven Krämer in den letzten drei Jahren alles erlebt hat? Existenzgründung in der Modebranche, schöne Frauen und Jetset, Unterschlagung, Prozess gegen einen Geschäftspartner, Kokainsucht, sexuelle Nötigung und einen weiteren Prozess. Und nicht zu vergessen die vielen Affären mit Models, mindestens zehn, wenn ich richtig nachgezählt habe.«

Wieder dieses spöttische, fast herausfordernde Lächeln. Köhnlein genoss die Spannung, die sie aufgebaut hatte, und ließ Durlach einen Bissen warten, ehe sie fortfuhr.

»Ich glaube, das, was ich eben für die jugendlichen Zuschauer beschrieben habe, die Beschleunigung von Biografien und den daraus resultierenden Erlebnisdruck, den hat auch Nino als Darsteller verspürt. Nino wollte den vielen Storys seiner Rolle eigene Erlebnisse entgegenstellen. Er hat das aufregende Leben des Sven Krämer selbst nachgespielt, so wie es die Zuschauer erwarteten.«

»Ist das nicht ziemlich naiv?«

»Unbedingt. Beim Theater wäre das auch wahrscheinlich unsinnig. Stellen Sie sich einen Schauspieler vor, der sich auch außerhalb des Theaters für Hamlet hält.«

Ulrike Köhnlein lachte trocken und schluckte das letzte Stück Baguette herunter. Dann wischte sie sich mit einer Serviette den Mund ab und zerknüllte sie.

»Nathalie nennt das die Drei-Namen Theorie, wenn Christian, Nino und Sven verschmelzen.«

»Ja. Und ich frage mich ehrlich, Herr Durlach, ob ich zu dieser Verschmelzung nicht Wesentliches beigetragen habe. Immerhin habe auch ich für gewisse Veränderungen der Rolle des Sven Krämer plädiert.«

»Machen Sie sich Vorwürfe?«

Sie stupste mit dem Finger einen Brotkrümel über den Rand der Marmortischplatte und sah Durlach fest an, diesmal ohne zu lächeln.

»Es hat Nino schließlich das Leben gekostet.«

44

Durlach sah, wie eine junge Frau voller Elan auf sie zusteuerte.

»Könntest du gleich mal bei mir vorbeischauen?«, fragte sie den neuen Hauptdarsteller.

»Ich?« Otto König machte ein erstauntes Gesicht. »Und wo soll ich hinkommen?«

»Na, in die Garderobe.«

»Wer bist du denn?«, fragte der Schauspieler unumwunden. »Oder sind wir schon einander vorgestellt worden?«

»Nein, sind wir nicht, natürlich nicht. Ach Gottle. Woher auch?«

Das Mädchen streckte ihm die Hand entgegen. König erhob sich vom Sofa und ergriff sie zögerlich.

»Hallo. Ich bin die Birgit.«

»Otto König. Angenehm«, sagte er steif.

»Ich habe ganz vergessen, dass du mich noch gar nicht kennst und ich dich ja eigentlich auch nicht kenne, bloß weil du mir so vertraut vorkommst, weil das ja für mich ganz selbstverständlich ist, dein Gesicht hier im Aufenthaltsraum zu sehen. Das war ja immer so. Ach Gottle, ein bisschen kennen wir dich ja schon, wir alle hier, wegen der Ähnlichkeit und dem Casting und so. Ich schwätze wieder zu viel, gell? Klar. Trotzdem, ich muss mich erst daran gewöhnen, dass hinter dem vertrauten Gesicht ein ganz fremder Mensch wohnt. Geht dir das auch so?«

Die Kostümbildnerin hielt kurz inne. Von ihrem Redeschwall völlig überrumpelt, stand Otto König der Mund offen, er kam aber nicht dazu, ihn auch zu benutzen.

»Lustig ist ja, dass ich deinetwegen, ich meine, wegen Nino, gerade von der Kripo befragt worden bin. Aber so richtig ein Verhör im dunklen Verhörraum wie bei ›Soko Stuttgart‹ war das nicht.«

»Was wollte die Polizei denn wissen?«, schaltete sich Durlach ein.

»Ach Gottle, ganz viel. Mit wem Nino befreundet war, ob ihn jemand nicht leiden konnte, ob jemand in ihn verliebt war. Die haben alle LelaLila-Mitarbeiter das Gleiche gefragt. Am meisten wollten sie seltsamerweise von den Maskenbildnerinnen wissen. Ob sich manche Schauspieler selbst schminken. Welche Kosmetika wir benutzen. Ob jemand Friseurin gelernt hat.«

Durlach konnte sich schon denken, worum es bei diesen Ermittlungen ging. Er hakte aber nicht nach, weil er diese Birgit nicht auf eine Spur bringen wollte. Wer wusste, was sie dann weitertratschen würde.

»So, jetzt ist genug geschwätzt«, sagte sie. »Du bist bei dem übernächsten Bild wieder dran, äh, Otto. Und für die Szene hier in der ›Languste‹ brauchen wir den dunklen Anzug, und ich weiß ja nicht, ob dir Ninos Klamotten alle so passen oder ob wir geschwind noch was ändern müssen.«

»Sie sehen, Herr Durlach, die Pflicht ruft.« Otto König seufzte gekünstelt. »Ich komme so rasch wie möglich hierher zurück.«

Er folgte der Kostümbildnerin, drehte sich im Abgehen aber noch einmal um und schnitt eine theatralische Grimasse, während das Mädchen auf dem Flur schon weiterschnatterte:

»Das ist sicher viel für dich, die ganzen Leute, gell. Aber die sind alle nett. Und jeder duzt bei uns jeden, sogar den Hendrik. Das ist ja der Nachfolger vom Roland, also von Kasperczak. Der ist ja mit dem Auto verunglückt. Am selben Tag, als du dein Casting hattest …«

Der LelaLila-Aufenthaltsraum schien aus den Teilen abgebauter Dekorationen zu bestehen: drei verschiedenartige Sessel, ein Bettsofa, ein Couchtisch. Irgendein Bühnenbildner hatte noch einen Philodendron aus Plastik in die Ecke gestellt. Kein Wunder, dass sich hier sonst niemand aufhielt. Ob Nino Rotunda auch dieses Sofa benutzt hatte, fragte sich Durlach. Er blieb aber sitzen und begann auf seinem Tablet seinen heutigen Film zu skizzieren, während Tom Esswein neben ihm in seinem Handy surfte.

»Wirst du tatsächlich Heder während seines Urlaubs vertreten?«, fragte Tom nach einiger Zeit.

»Ja, gestern war Einarbeitung, wie er es nennt. Die bestand aus einem schier endlosen Vortrag darüber, was ich alles bedenken und was ich unbedingt unterlassen müsse. Wir seien schließlich nicht ›Report‹ und auch nicht ›Monitor‹, sondern ein kleines Boulevardmagazin, das ganz nah an seinem Zuschauer sein muss.«

»Das ist mir neu«, sagte Tom spöttisch.

»Dann haben wir gemeinsam die Filmthemen der kommenden Woche zusammengestellt. Ich müsse vor allem – Zitat – ›auf eine gute Mischung achten‹.«

»Das heißt: Sex and Crime.«

»Klar. Die Polizeithemen sollte Angermeier aktuell aus seinen Nächten anschleppen, und irgendwas aus der Bild würde sich – Zitat – ›sicher auch noch finden lassen‹. Das ist die hohe Kunst der Sendungsgestaltung.«

»Und was ist mit dem ›Stadtgespräch‹?«

TVS produzierte immer sonntags eine einstündige Talkshow, die Heder persönlich moderierte.

»Im Studio ist der Chef natürlich unersetzlich.« Durlach grinste. »Wir senden am Pfingstsonntag eine Wiederholung. – Da fällt mir ein, ich sollte mal in der Redaktion anrufen.«

Tom Esswein wandte sich sofort wieder seinem Smartphone zu. Durlach wählte.

»Kerstin Schneider.«

»Durlach hier, dein aktueller Ersatz-Heder«, sagte er. »Ich wollte nur fragen, ob etwas passiert ist, was ich wissen müsste.«

»Eigentlich nicht, außer dass ich mit dem nicht aktuellen Chef schon drei Telefonate geführt habe.«

»Wollte er was Besonderes?«

»Natürlich nicht.«

Sie lachten. Tom Esswein schaute nur kurz von seinem Handy auf.

»Die Sendung steht ansonsten noch so wie vorhin«, sagte Kerstin.

»Jetzt nicht mehr. Ich habe für dich nämlich noch einen Studiogast organisiert.«

Durlach fand schon lange, dass Kerstin Schneider eine brillantere Talkmasterin abgeben würde als Heder. Und das Casting hätte sie sicher auch souveräner moderiert als Marlene Winter, die Durlach gerade auf einer Fotocollage an der Wand entdeckte.

»Wen?«, fragte Kerstin knapp und präzise.

»Otto König, den neuen Star bei ›Leben lassen – Lieben lassen‹.«

»Schön. Dann müssen wir aber einen Beitrag rausnehmen, Chef.«

»Ja, aber nicht die Charakterprüfung bei Hunden. Der Film bleibt auf jeden Fall drin.«

»Verstehe. – Wie geht es eigentlich Tina? Du warst doch gestern bei ihr.«

»Etwas besser. Aber die hat vielleicht einen Mitteilungsstau! Mittwoch oder Donnerstag werden ihr wahrscheinlich die Fäden gezogen, dann soll ich ihr so ein langes Trinkröhrchen besorgen. Sie muss nämlich ihre lahm gewordenen Mundmuskeln trainieren.«

»Und wie schaut ihr Gesicht aus?«

»Man sieht es noch nicht richtig. Die rechte Backe ist noch ganz von so einer Kompresse bedeckt.«

»Wenn du wieder hingehst, grüß sie bitte ganz herzlich von mir. – Übrigens: Du sollst bei der Pressestelle der Polizei zurückrufen, diesen Trabold. Der scheint ja ziemlich charmant zu sein, das hätte ich einem Polizisten gar nicht zugetraut.«

»Ja, der ist okay. Ich ruf gleich mal an. – Tschüss.«

Durlach sah zu Tom hinüber, der ungerührt auf seinem Handy »Can You Escape« spielte. Nur sein Adamsapfel zuckte ein wenig. Durlach stand vom Sofa auf und betrachtete eine Zeit lang die große Fotocollage der LelaLila-Mitarbeiter. Jemand hatte mit Filzstift »Bergfest – Oktober 2015« darübergeschrieben. Dann rief er Trabold an, der wie Tina einen Mitteilungsstau zu haben schien, so als müsse er bei Durlach noch informative Schulden begleichen.

341

»Also, um es vorweg zu sagen, zu dem Konai-Kult gibt es nichts Neues«, sagte der Pressesprecher. »Wir haben eine vorläufige Antwort vom Auswärtigen Amt in Berlin. Aber bei denen war das Volk der Konai noch nicht einmal bekannt. Sie haben aber geraten, zunächst einen Honorarkonsul in Köln zu kontaktieren, bevor wir unsere Anfrage an die Botschaft starten. Und die muss über das LKA abgewickelt werden.«

»Was ist mit dem Ethnologen?«

»Dieser Professor wurde noch mal ordentlich in die Mangel genommen. Doch da war nichts zu wollen. Also: Die Ermittlungen in diese Richtung stagnieren. Leider. Aber wenn Sie mal Zeit haben, sollen Sie sich bei dem Mann melden. Ohne Kamera allerdings. Aber das wollte ich Ihnen gar nicht sagen. Der Unfall Kasperczak, da ist jetzt der Bericht da.«

»Und?«

»Also«, setzte er an, und Durlach gluckste, weil es jetzt schon das dritte »Also« in kürzester Zeit war. Durlach kürte es spontan zu Trabolds Lieblingswort.

»Was ist, Herr Durlach?«

»Ach, nur so.«

Trabold schnaufte kurz und setzte neu an: »Also wir haben immer noch keine konkrete Unfallursache. Da war kein Öl auf der Fahrbahn, keine Gegenstände, denen er hätte ausweichen müssen. Nichts.«

»Hat vielleicht jemand an dem Wagen herumgeschraubt? So wie bei Barlow?«

»Moment, Herr Durlach. Das mit Barlows Auto wissen wir nicht. Und bei Kasperczaks Wagen war alles in Ordnung. Zwei Zeugen zufolge befand sich der SLK in einem Überholvorgang, als er plötzlich seitlich gegen die Leitplanke schleuderte.«

Durlach schauderte. Unwillkürlich suchte er nach Kasperczak auf den Schnappschüssen des LelaLila-Festes. Mitten im Collage-Gewimmel stand er da, grinste mit glasigen Augen in die Kamera, die Krawatte verrutscht, eine der Schauspielerinnen im Arm.

»War Alkohol im Spiel?«, fragte er.

»Nicht nachzuweisen, auch keine anderen Drogen. Also absolut fahrtüchtig. Bis auf ...«

»Ja?«, fragte Durlach ungeduldig, weil Trabold stockte.

»Er hatte einen offenen Hosenladen.«

»Wie bitte?«

Tom sah mit fragendem Blick von seinem Handy auf. Durlach machte ihm Zeichen, dass er später alles erzählen würde.

»Der Reißverschluss seiner Hose war runtergezogen«, berichtete Trabold. »Also, er hatte sich untenrum frei gemacht.«

»Kann das passiert sein, als sich der Wagen überschlug?«

»Kaum. Es spricht vieles dafür, dass sich Kasperczak während der Fahrt selbst die Hosen runtergelassen hat. Also, er hatte nämlich auch keine Unterhosen an.«

Jetzt war Durlach sprachlos. Sein Blick wanderte auf dem Foto zu Kasperczaks Schritt. Er sah nichts. Keine Öffnung, keine Erhebung.

»Es gibt wohl so Leute, die das irgendwie geil finden. Und dann noch ein schnelles Auto, Geschwindigkeit, das schafft schon Druck auf den Lenden«, sagte Trabold abgeklärt. »Sein Autokennzeichen spricht doch auch dafür.«

»S–LK 666. Das ist doch die satanische Zahl. Aleister. Die Gilde.«

»Ja, aber an dem Kfz-Zeichen ist nichts Satanistisches. Es bedeutet wohl eher: Daimler-Typenbezeichnung und Sex-Sex-Sex. – Was ich aber eigentlich fragen wollte, Herr Durlach: Können Sie mir einen kleinen Gefallen tun, auch wenn ich Ihnen keine Disc mehr bieten kann?«

»Die hab ich nämlich schon.«

»Ich weiß«, sagte der Polizeisprecher. »Ich meinte nur, wenn Sie wieder in Ihrer Redaktion sind, könnten Sie einfach für mich Ihre Kerstin Schneider grüßen.«

»Ach so. Selbstverständlich. Mach ich gern.«

»Also, das ist wirklich nett«, sagte Trabold zögernd und verabschiedete sich.

Durlach steckte das Handy in die Tasche und blieb nachdenklich vor den Fotos stehen. »Leben lassen – Lieben lassen«

schien wirklich ein passender Titel dieser Produktion zu sein. Ein ermordeter Hauptdarsteller, der alle Frauen anbaggerte und sich in die Stuttgarter Schickeria hineinvögelte, ein Studioluder, das es in allen Studiobetten trieb, eine verlassene Maskenbildnerin, ein korrupter Chef des Szenenbilds. Und jetzt noch ein Produzent, der sich während der Autofahrt einen runterholte. Wie viele Geheimnisse verbarg das Ensemble auf diesen Bildern noch? Durlachs Recherchen hatten bislang nur ein sinnloses Nebeneinander von Geschichten ergeben. So wie die vielen Einzelfotos der LelaLila-Feier hier nur Momentaufnahmen waren und erst zusammengesetzt das ganze »Bergfest« ergaben. Vielleicht musste er die einzelnen Geschichten nur richtig kombinieren, ja vielleicht war die Lösung eine Collage.

»Was hatte Trabold denn so Erstaunliches zu berichten?«, fragte Tom.

»Herr Durlach«, rief plötzlich Otto König. Er stand in der Tür des Aufenthaltsraums und fächelte sich mit einem Computerausdruck Luft zu. »Es ist leider umdisponiert worden. Wir müssen das Interview ganz schnell machen.«

»Klar«, antwortete Durlach und zu Tom gewandt: »Ich erzähle es dir nachher. Im Auto.«

Sendung	Regionalmagazin TV Schwaben
Serie	Kult-Killer – Folge 10
Titel	**Dreh mit König**
Autor	E. Durlach
Datum	Dienstag, 10. Mai
Länge	2'00''

Bild + Töne	Text
Szene LelaLila mit König und Bachhausen	Die ersten Aufnahmen mit Otto König, dem neuen Star von »Leben lassen – Lieben lassen«.
Kurz Dialog offen stehen lassen	*Er: »Ich werde nicht zulassen, dass Judith dieses Foto-Shooting bekommt.«* *Sie: »Ach, Sven. Wenn das einer schafft, dann Sie.«*
Szene total, dann Kamera nah, Regiepult, Over-shoulder Regisseur, Zufahrt auf Bildschirm	Mehr aus den LelaLila-Folgen darf noch nicht verraten werden. Strengstes Produktionsgeheimnis. Den Zuschauern und Fans der täglichen Soap soll nicht die Spannung genommen werden.
O-Ton Otto König … ist jetzt »Sven« geworden	*»Ich musste vertraglich zusichern, nichts über den Plot zu verraten. Das ist für mich ungewohnt. (lachend) Bei Büchner und Shakespeare funktioniert das nicht.«*

König kommt aus Pforte des Berliner Ensembles, dann Zoom auf Plakat »Dreigroschenoper«	Otto König ist ein Theatermensch durch und durch. »Leonce und Lena« hat er gespielt, dazu in zahlreichen Brecht-Stücken. Für eine Rolle in Schillers »Die Räuber« wurde er ausgezeichnet.
König am Schiffbauerdamm	Er gibt immer alles.
O-Ton Otto König Nachfolger von Nino Rotunda Frage aus dem Off	*»Es ist ein großer Kummer, der über meinem Serienstart liegt.«* *»Haben Sie Bedenken?«* *»Angst habe ich keine. Die Tat hat ja mit der Rolle nichts zu tun, die ich spielen werde.«*
König schaut nachdenklich auf »Bergfest«-Fotos, dann Zoom auf das Foto von Nino Rotunda	Die Serie muss weitergehen, das weiß auch der neue »Sven«. Doch seinen ersten Auftritt bei »Leben lassen – Lieben lassen« widmet er voll und ganz seinem Vorgänger: Nino Rotunda.

45

»Wer kann nun besser betrügen?«, fragte Durlach.

Otto König drehte sich in der langen Warteschlange um, als sei ihm die Frage unangenehm. Die Familie hinter ihnen glotzte aber ungerührt auf einen Bildschirm, der die Bauarbeiten von 1954 zeigte.

»Was meinen Sie damit?«, sagte er.

»Wir hatten uns doch in Berlin darüber unterhalten, welches Medium den Zuschauer besser täuschen kann, Theater oder Fernsehen. Was sind denn Ihre Erfahrungen bei LelaLila?«

»Die Zeit ist wahrlich zu kurz, um darüber mit Bestimmtheit zu urteilen.«

»Wie ist denn Ihr erster Drehtag verlaufen?«

»Grauenvoll«, sagte König theatralisch, wie er es in einer Soap-Szene sich nie hätte leisten können.

Die sich öffnende Schiebetür unterbrach das Gespräch der beiden Männer. Eine farbige junge Frau in dunklem Anzug strahlte ihnen entgegen. Durlach und König steckten ihre Fahrkarte in ein Lesegerät, passierten das Drehkreuz und betraten den Fahrstuhl.

»So, jetzt geht's aufwärts«, sagte die Frau, als die Kabine voll war. »Runter können Sie ja alle laufen.«

Sie drückte einen Knopf auf einer Schalttafel. Der Boden bebte leicht, und man konnte auf einem Bildschirm verfolgen, wie die Kabine an Höhe gewann.

Es war Durlachs Idee gewesen, Otto König gleich nach seinem Studiogespräch beim »Regionalmagazin« auf den Fernsehturm zu führen. Der Schauspieler war sehr froh darüber, denn ins Hotelzimmer, das er in Stuttgart noch bewohnte, zog ihn recht wenig. Dabei war König nur der personelle Lückenbüßer.

Nachdem feststand, dass er seine erste Chefvertretung erfolgreich absolviert hatte, war Durlach glücklich und wollte dieses Gefühl komplettieren. Er hatte Jeanette angerufen, um sie zu treffen.

»Ich habe noch viel zu tun, der übliche PR-Kram, um einen neuen Schauspieler zu pushen«, hatte sie gesagt und überraschend hinzugefügt: »Vielleicht ist es besser, wenn wir uns mal nicht sehen.«

»Du willst nicht. Stimmt's?«

»Ich will«, hatte Jeanette ins Telefon geflüstert. »Sogar zu sehr. Ich habe nur irgendwie Angst vor starken Gefühlen. Das muss ich mit mir allein ausmachen. Verstehst du das?«

»Nein!«, hatte Durlach einfach geantwortet, weil er es nicht verstehen wollte.

»Sieh mal, wir sind jetzt seit fast einer Woche jeden Abend zusammen —«

»Seit vier Tagen.«

»Ich zähle die Gala schon mit«, hatte sich Jeanette in schnippischem Ton verteidigt. »Jedenfalls würde ich einfach mal heute Abend vor der Glotze abhängen und zappen.«

»Und da störe ich?«

»Ich will meine Fernbedienung nicht teilen.«

Das Umspringen von hundertneunundvierzig auf hundertfünfzig Meter dauerte etwas länger. Doch nach fünfunddreißig Sekunden befanden sie sich auf der unteren Aussichtsplattform des Fernsehturms. Aber nicht allein. Es gab viele Stuttgarter, die diesen hellen Frühlingsabend nutzen wollten, um ihr neues altes Wahrzeichen zu besichtigen. War das Gebäude doch vor zwei Jahren für Besucher gesperrt worden, weil der Brandschutz plötzlich als unzulänglich galt. Und beinahe wäre der älteste Fernsehturm der Welt für immer menschenleer geblieben, hätten sich die kampferprobten Stuttgarter Bürger nicht dieses Mal *für* eine Baumaßnahme eingesetzt und der Parole »Oben bleiben« eine neue Bedeutung gegeben.

Die Sonne stand tief und blendete. Durlach setzte sich eine Sonnenbrille auf und zog den Reißverschluss seiner Windjacke zu. Auch Otto König stellte den Kragen hoch. Dann zeigte ihm Durlach das Neue Schloss, die Karlshöhe und den Killesberg.

König schien an der Gegend wenig interessiert, dafür knüpfte er von sich aus an das vorherige Gespräch an.

»Sie haben mich nach meinen ersten Soap-Erfahrungen gefragt, Herr Durlach. Die Kollegen sind alle höflich und freundlich, und trotzdem war es das pure Grauen.«

»Warum?«

»Weil es so ähnlich war wie das Fahrstuhlfahren gerade eben. Ich bin dort ganz plötzlich aufgetaucht, wie aus unbekannten Tiefen. Ich stand mit einem Mal in einer anderen Welt, in die ich nicht hineingehöre. Meine Agentin hat mich noch gewarnt: ›Otto‹, hat sie gesagt, ›du wirst dir so ähnlich wie ein greiser Hirsch vorkommen, der unter die jungen hungrigen Wölfe gefallen ist.‹ Und sie hatte recht.«

»Ist der neue Sven nicht eine Art Platzhirsch? Wenn ich an diese Kostümbildnerin von heute Morgen denke.«

»Mitnichten. Man muss mir noch viel auf die Sprünge helfen, so schnell wie ich bei den Dreharbeiten funktionieren soll. Es geht wie am Fließband einer Fabrik. An jedem Drehtag müssen zwanzig Sendeminuten gedreht werden.«

»Ist das der zentrale Unterschied zwischen Theater und Daily Soap?«

»Ja. Kaum habe ich als Sven Krämer einen Anwaltstermin hinter mir, muss ich schon eine Liebesszene spielen. Oder es wird umdisponiert, und anstelle eines postkoitalen Dialogs steht die Kokainsucht eines Models auf dem Programm.«

König gestikulierte wild herum, um die Geschäftigkeit am Set nachzuspielen. Automatisch zog er die Aufmerksamkeit der anderen Fernsehturmbesucher auf sich. Ein älteres Ehepaar vergaß für kurze Zeit die Observation ihrer Nachbarn in Sillenbuch. Besonders aber zwei junge Mädchen glotzten Otto König unverhohlen an. Sie machten Selfies mit dem Schauspieler im Bildhintergrund, dann gingen sie schnell auf die obere Plattform, um einen besseren Blick zu erhaschen.

»Wer macht denn bei PosiTV den Druck, jetzt, da Kasperczak tot ist? – Kannten Sie den eigentlich?«

»Ich habe vor dem Casting einmal mit ihm telefoniert. Ein

grauenvoller Mensch. Hat über meine Rolle das Blaue vom Himmel heruntergelogen. Die Storys von ›Leben lassen – Lieben lassen‹ wären die zentralen Geschichten der Menschheit, genauso wie im antiken Drama.«

König blickte Durlach treuherzig an, um intellektuelles Verständnis zu erheischen. »Er hat tatsächlich gesagt: ›Worum geht es denn bei Homer: ums Vögeln. Deshalb bringen sich die Leute alle im Trojanischen Krieg um.‹ Ich wollte am Telefon nicht widersprechen, da er fast geschrien hat: ›Das ist doch die Quintessenz hehrer Kultur: Der Humanist will Hera vögeln.‹ Und dann hat er diabolisch laut gelacht.«

Bei der wörtlichen Rede hatte er Kasperczaks Tonfall imitiert und erstaunlich gut getroffen. Auch die beiden Teenies schienen tief beeindruckt – obwohl sie Kasperczak kaum kennen konnten. Sie lehnten auf der oberen Aussichtsplattform über dem Metallgeländer wie auf den billigen Plätzen im dritten Theaterrang. Eines der Mädchen zückte wieder ihr Handy und chattete.

»Und wie ist es beim Theater?«, gab Durlach das Stichwort.

»Das Theater, ja, das ist doch eine andere Welt. Da wird das Außergewöhnliche verhandelt. Es ist die Unmittelbarkeit des Raumes, die Zuschauer wie Schauspieler spüren. Wenn im Parkett der Atem angehalten wird, wenn sich jemand auf der Bühne räuspert, da entsteht die totale Intensität, da bildet das ganze Theater eine Schicksalsgemeinschaft. Und wenn der letzte Vorhang fällt, dann ist der Applaus die Katharsis, zugleich Erkenntnis und Lohn einer großen Rolle.«

Erschöpft, aber glücklich hielt sich König am Geländer fest wie ein Balletttänzer an der Übungsstange. Eine heftige Bö ließ die beiden frösteln. Sie liefen um den Turm, bis er ihnen Windschatten bot. Am Himmel hinterließ ein Düsenjet zwei weiße Kondensstreifen. Auch eines der Mädchen einen Stock höher hatte die Seite gewechselt. Durch die vielen Risse ihrer Ripped Jeans musste es ziehen wie Hechtsuppe. Zur Tarnung warf sie einen Euro in ein fest installiertes Fernglas, beobachtete aber nicht das Flugzeug oder den nahenden Sonnenuntergang, sondern richtete das Glas tief nach unten auf die Straße.

»Was ist mit den Fans?«, fragte Durlach. »Wie ist denn da der Unterschied zwischen Soap und Theater?«

»Es kann schön sein, als junger Schauspieler in der Provinz zu spielen«, antwortete König, und in seiner Miene lag ein wenig Altherrennostalgie. »Da gibt es die weibliche Statisterie. Da gibt es die Briefchen, die beim Pförtner am Bühneneingang hinterlegt werden und manchmal tatsächlich noch mit Parfüm besprüht sind. Leider stammen sie zumeist von ältlichen Deutschlehrerinnen.«

»So was Ähnliches gibt es doch auch bei LelaLila.«

König schnaubte verächtlich. »Das Fanbüro führt so eine Beliebtheitsstatistik, wie viel Klicks die einzelnen Darstellerseiten bekommen. Und an die Zahlen von meinem Vorgänger reiche ich lange nicht heran.«

»Es ist ja auch noch keine einzige Folge mit Ihnen ausgestrahlt worden«, wandte Durlach ein.

Doch auch die beiden jungen Mädchen hatten offenbar ihr Interesse an Otto König verloren. Die Erste sah scheu herunter, die Zweite hatte durch das Fernglas etwas auf dem Parkplatz am Fuße des Turms entdeckt.

»Da ist sie!«, stupste sie ihre Freundin an, und beide winkten ausgelassen. »Selina!«

»Trotzdem«, beharrte König. »Um noch zum Jugendidol zu taugen, fehlt mir eine Kleinigkeit.«

Der Schauspieler erstarrte, um die Spannung zu halten. Durlach tat ihm den Gefallen schnell nachzufragen, ehe er wieder atmen musste. »Welche?«

»Ich bin nicht tot.« König grinste schelmisch. »Die wahren Idole der Kids sind alle früh gestorben: James Dean, Jim Morrison, Jimi Hendrix.«

»Nach Ihrer Theorie hätte der Kult-Mörder Nino einen Gefallen getan?«

»In gewisser Weise schon. Der Mord hat Rotunda den Nachruhm gesichert.«

Die beiden weiblichen Fans hatten Königs blasphemische Äußerung sicher nicht mehr mitbekommen. Sie waren zum

Aufzug gelaufen und kehrten bald darauf mit ihrer Freundin Selina zurück, genauso alt, schwarze Haare, Jeans, leuchtend orangefarbene Daunenjacke. Ohne nur eine Sekunde zu zögern, stürmte die Neue auf Otto König zu und blieb direkt vor dem Schauspieler stehen.

»Du Hurensohn!«, fauchte sie ihn an. Ihre Augen glühten. »Du wirst nie so sein wie er. Du bist ein Nichts!«

Otto König stand wie angewurzelt. Auch die beiden anderen Mädchen traf der Wutausbruch überraschend. Sie versuchten, ihre Freundin fortzuziehen. Selina blieb auf Konfrontationskurs.

»Du besudelst das Andenken an Nino. Du bist und bleibst eine billige Kopie! *Fuck you!*«

Ihre Freundinnen zerrten an ihren Armen, doch sie bäumte sich dagegen auf und spannte den Oberkörper an. Ihr Mund malmte, ihr Gesicht verzerrte sich zur Grimasse. Dann schnellte sie mit Schwung nach vorne und spuckte aus. Der Schleim traf König mitten ins Gesicht. Als Selina den Erfolg ihrer Tat sah, lachte sie trocken. Noch nie hatte Durlach eine so tiefe Verachtung für einen anderen Menschen erlebt.

»Komm, wir gehen«, sagte eine der Freundinnen.

Eingehakt ließ sich Selina zum Aufzug geleiten, sie schien die wenigen Meter zu genießen wie einen Triumphzug. Die Tür des Fahrstuhls schloss sich hinter den dreien, und nur wenig später war die leichte Vibration der anfahrenden Kabine zu spüren. Durlach und König blieben zurück, allein mit dem erhabenen Blick über Stuttgart.

46

Gleich als Durlach das Foyer betrat, nahm er dieses monotone Pochen wahr. Er stieg die Treppen hinauf, und mit jeder Stufe schwoll das Geräusch an. Als er sich durch die Flure des Museums seinem Ziel näherte, steigerte es sich zu einem steten Hämmern. Erst als Durlach vor dem Zimmer stand, konnte er das Geräusch eindeutig identifizieren: Da drinnen trommelte jemand.

Anklopfen war vergeblich, deshalb öffnete er einfach die Tür. Im Büro stand Ginoux hinter zwei großen, bauchigen Trommeln, hatte in jeder Hand einen krummen Schlägel und hieb mit ausladenden Bewegungen auf die Instrumente ein. Der Ethnologe brauchte einige Takte, bis er Durlach bemerkte.

»Ach, hallo, Sie sind's.«

Ginoux strahlte erschöpft. Gleich hievte er die schweren Trommeln zur Seite. Er war kräftig ins Schwitzen gekommen und wischte sich mit einem Handtuch, das er um den Hals hängen hatte, den Schweiß von Stirn und Händen.

»Vielleicht wundern Sie sich über das Trommeln, es ist aber im Auftrag des Linden-Museums. Ab nächster Woche bieten wir einen Workshop an: ›Der Rhythmus kommt aus Afrika‹. Da muss man ja musikalisch und körperlich fit sein.«

Der Ethnologe streifte sich Schweißbänder von den Handgelenken, ließ sie auf den Schreibtisch fallen, dann wies er auf die Sitzgruppe, und Durlach setzte sich in einen niedrigen Sessel.

»Das klingt spannend. – Warum haben Sie mich angerufen?«

Das Büro war vollgestopft mit Büchern, zum Teil gefährlich hohe Stapel, dazwischen hingen geschnitzte Masken und ein paar bunte Bilder, Marktszenen und Musiker, selbstverständlich aus Afrika. In einem Regal stand die hölzerne Figur eines Trommlers.

»Das, was ich mit Ihnen besprechen wollte, ist etwas diffizil und wahrscheinlich für Ihre Sendung nicht sonderlich geeignet.

Deshalb dachte ich, es ist besser, Sie lassen die Kamera weg. Gleichwohl glaube ich, dass es Sie sehr interessieren wird.«

Es klopfte, und sogleich erschien ein Mann mit einer Trommel, deren Fell durch Seile gespannt wurde.

»Haben wir nicht Probe?«

»Doch«, sagte der Ethnologe. »Die verschiebt sich aber um eine halbe Stunde.«

Der Mitspieler verschwand wortlos, und Ginoux wandte sich wieder Durlach zu.

»Haben Sie in letzter Zeit das Feuilleton verfolgt?«

Durlach schüttelte bedauernd den Kopf. »Nein, ich komme leider kaum mehr dazu. Nino Rotunda hält mich noch immer in Atem.«

»Dann lesen Sie mal. Da steht das Wesentliche drin.«

Er reichte Durlach einen kleinen Zeitungsausschnitt, den er auf einen normalen Bogen aufgeklebt hatte. Unter der Überschrift »Wissenschaftliche Fälschung aufgedeckt« hieß es da, der amerikanische Ethnologe John Hamilton sei von einem Kollegen der Fälschung überführt worden. Hamilton habe mehrere Aufsätze über die Konai, ein Volk in der Südsee, veröffentlicht. Seine Beschreibungen entbehrten jedoch jeglicher empirischen Basis, so der Vorwurf des Kollegen. Weder gebe es ein Volk der Konai noch deren beschriebene Kultur. Hamilton habe sich zu den Vorwürfen noch nicht geäußert.

»Das ist ja unglaublich«, lachte Durlach.

Er bewunderte die Tolldreistigkeit, mit der Hamilton den Wissenschaftsbetrieb hinters Licht geführt zu haben schien. Doch zugleich verstand er auch, dass ihm seine Aufklärung des Falls Rotunda entglitt. Wenn das Drehbuch für den Mord eine Fälschung war, wo kam dann die Ästhetik für den aufgebahrten Toten her?

»Sie lachen, Herr Durlach, aber wir Ethnologen können das nicht auf die leichte Schulter nehmen. Die Enthüllung ist für unsere Disziplin nicht gerade ein Ruhmesblatt. Und ich dachte, ich sollte Sie über den neuesten Stand bei den Konai nicht im Unklaren lassen.«

Die Bürotür öffnete sich lautlos, und eine junge Frau mit einer Art Turban steckte den Kopf herein.

»Ach, du bist noch beschäftigt«, sagte sie. »Gut. Ich muss sowieso noch meine Tendé aus dem Auto holen.«

»Hat Hamilton denn alles frei erfunden?«, griff Durlach das Gespräch gleich wieder auf.

»Nein, das nicht. Das heißt, ich recherchiere noch. Ich selbst, das wissen Sie, bin ja kein Südsee-Experte, aber ich lese mich gerade verstärkt ein. Allein durch die Freundschaft zu John bin ich involviert. Und schließlich habe ich mich ja selbst schon öffentlich über die Konai geäußert.«

Der Ethnologe lächelte eher amüsiert denn ängstlich.

»Fühlen Sie sich persönlich betrogen?«

»Das nicht. Es war schließlich nicht mein ureigenster wissenschaftlicher Bereich. Was mich dabei interessiert, ist die grundsätzliche Frage, warum ein Wissenschaftler, und Hamilton war ein guter Wissenschaftler, es nötig hatte, zu solchen Mitteln zu greifen, und sich außerhalb des wissenschaftlichen Ehrenkodex stellt. Eine weitere Hochschulkarriere wird ihm kaum noch offenstehen.«

»Aber warum geht ein Forscher ein solches existenzielles Risiko ein?«

»Das ist eine Frage, die im Grunde alle Wissenschaftler angeht, und sollte meines Erachtens Anlass einer Bestandsaufnahme sein. Und in diesem Sinne gedenke ich auch, demnächst in die Debatte einzugreifen.«

»Was denken Sie persönlich, Herr Ginoux?«

»John ist eine intelligente und einnehmende Persönlichkeit, doch seine Karriere stagnierte. Ich denke, auf ihm lastete ein unbeschreiblicher Druck. Er wollte unbedingt eine Professur an einer renommierten Universität, war aber schon bei mehreren Berufungen knapp gescheitert. Und die Stellen sind in unserem Bereich ja nicht gerade reich gesät. Vielleicht dachte er, es durch eine aufsehenerregende Veröffentlichung beim nächsten Mal zu schaffen, und sein Konai-Aufsatz war eine solche Veröffentlichung, zumindest in Fachkreisen. Und nicht nur das, die Theorie des *cultural roll-back* war wirklich vielversprechend.«

»In welcher Weise?«

»Sie erinnern sich, die Grundannahme war, dass die Rezession in den USA eine nachlassende Faszination der amerikanischen Kultur mit sich brachte. Und dass ausgerechnet an der Konfrontationslinie eines US-Waffenstützpunkts in der Südsee ein Volk, das seine alte Kultur und Sprache fast vergessen zu haben schien, nun zur eigenen Kultur oder wenigstens zu Teilen davon zurückkehrt.«

Durlach betrachtete eine Gruppe von Elefantenfiguren auf dem Fenstersims, und seine Gedanken schweiften ab. Der weitere Vortrag des Ethnologen holte ihn zurück.

»Das Reizvolle an der Theorie ist die Verknüpfung von ökonomischen und kulturellen Kategorien in einer globalen Perspektive. Schon der Begriff der nachlassenden kulturellen Anziehungskraft ist ein lohnender Ansatzpunkt für weitere Forschung, die sicher bald Ergebnisse gezeitigt hätte.«

»Sie meinen Forschungsgelder?«

»Auch das.« Ginoux schmunzelte kurz, als sei er ertappt worden. »Ich halte es für durchaus denkbar, die Theorie auf den Islamismus anzuwenden, indem man untersucht, welchen Einfluss die Kritik am westlich-kapitalistischen System auf sein Erstarken hat. Der Islamische Staat als Folge der kulturellen Rückbesinnung.«

»Steile These«, entfuhr es Durlach, hielt dann aber seine Bemerkung angesichts des IS-Terrors für zu flapsig. Er kehrte zum Mordfall Rotunda zurück.

»Was ist denn nun alles an den Konai erfunden?«

»Ich glaube, eine ganze Menge.« Der Ethnologe wirkte jetzt kleinlaut, als müsse er die Verfehlung seines Freundes doch selbst verantworten. »Nur für den Rotunda-Fall hat das alles ja keine Konsequenz.«

»Natürlich. Wenn es keinen Konai-Kult gibt, kann es auch keine Leiche nach dem Kult geben. Dann ist die ganze Drehbuch-Theorie hinfällig.«

»Eben nicht. Das habe ich den Polizeibeamten auch erst erklären müssen.« Ginoux verdrehte leicht die Augen. »Es gibt ja schon Literatur über den Kult, sogar einige populärwissenschaftliche Bücher. Die esoterisch angehauchten Verlage in Amerika sind bei zivilisationskritischen Themen recht fix.«

Der Ethnologe stand auf, holte einen kleinen Stapel Bücher von seinem Schreibtisch und legte sie vor Durlach. »Das alles ist schon seither erschienen. Alle Arbeiten beziehen sich in irgendeiner Weise auf die Konai-Forschung und die Theorie des *cultural roll-back*. Von diesem Buch hier soll sogar schon eine deutsche Übersetzung erschienen sein. Es ist aber äußerst ungenau.«

Erneut schneite einer der Percussionisten herein, ein dicklicher Mann mit einer Schlitztrommel, der eine längere Diskussion über Probezeiten und Pünktlichkeit in Gang setzte. Durlach blätterte derweil in dem Buch mit dem Titel »The End of Civilization«. Schon das Inhaltsverzeichnis versprach einen Schnelldurchlauf durch die Weltkulturen, mit Schwerpunkt auf sämtlichen Untergangsphantasien und -theorien. Der Apokalypse des Johannes, Nostradamus und Oswald Spengler war jeweils ein Kapitel gewidmet, ebenso wie verschiedenen Indianerkulturen.

»Was ist an den Ausführungen falsch?«, fragte Durlach, als Ginoux wieder Zeit für ihn hatte.

»Der Autor vermischt in den Belegen seiner Argumentation den Totenkult und den Initiationsritus bei den Konai in völlig unzulässiger Weise. Entmannung und Tod scheinen bei ihm ein und dasselbe zu sein.«

»Können Sie das erläutern?«

»John beschrieb den Initiationsritus ja als eine Handelsbeziehung, die Entmannung wurde gegen das Sorgeverhältnis des Stammesfürsten eingetauscht. Das Augenlicht behielten die Jungen selbstverständlich, das brauchten sie ja noch als Krieger oder Fischer, das büßten nur die Toten ein.« Der Ethnologe klopfte verächtlich gegen das Buch. »Aber in diesem Machwerk geht das völlig durcheinander, richtig konfus: Da werden nicht Jugendliche, sondern die Toten entmannt, und dem toten Körper werden dann die Augäpfel ausgestochen. Dafür werden sie einbalsamiert und bekommen die Früchte als Geschenk überreicht.«

»Äpfel?«

»Ja, Äpfel. Obwohl ich mir mittlerweile gar nicht mehr sicher bin, ob in der Südsee überhaupt Apfelbäume wachsen. Das ist vielleicht schon christliche Beimischung, ein tropischer Baum der Erkenntnis.«

»Steht in diesem Buch auch – wie bei Hamilton – was von roten Äpfeln?«

»Ich erinnere mich sogar an blutrote Äpfel. Das ist ja wichtig in diesem brutalen Szenario.«

»Könnte ich mir das Buch mal ausleihen?«

»Ungern, ich bin ja, wie ich schon sagte, gerade dabei, die Wirkung von Hamiltons Arbeiten zu skizzieren. Aber wenn es Ihnen reicht, könnte ich Ihnen morgen die deutsche Ausgabe besorgen lassen.«

»Damit wäre mir sehr geholfen.«

Durlach verabschiedete sich, und als er zurück am Museumseingang war, begann wieder das rhythmisch monotone Pochen.

47

Die alte Frau hatte Schwierigkeiten, die Tür zu öffnen. Nur mit Mühe gelang es ihr, den Messinghebel mit dem Daumen herunterzudrücken und gleichzeitig die Holztür zur Seite zu schieben. Unsicher sah sie sich um. Die vorderste Kabine der Bahn war noch leer. Sie setzte sich auf eine schmale Holzbank, die längs zur Fahrtrichtung angebracht war. Die braune Handtasche stellte sie neben sich auf der Sitzfläche ab und betrachtete sie eindringlich. Dann rückte sie ihr Kopftuch zurecht, zog den Knoten nach und verstaute die Enden des Tuchs im Ausschnitt ihres grauen Mantels. Wieder sah sie zur Handtasche. Ihre Füße, die in schweren schwarzen Stiefeln steckten, baumelten kurz über den Planken in der Luft. An den Knien klaffte ihr Mantel auseinander, sorgsam legte sie die abgestoßenen Enden wieder übereinander und schloss den untersten Knopf. Ein drittes Mal fixierte sie ihre Handtasche und hob endlich das klobige Köfferchen auf ihre Schenkel und hielt den Griff mit beiden Händen umklammert. Das faltige Gesicht zeigte keinerlei Regung, eine Maske des Gleichmuts, selbst beim Blick zum Fenster der Seilbahnkabine hinaus.

Auch als sich János bei ihr auf Russisch bedankte, konnte Durlach keine Gemütsregung bei der alten Frau erkennen. Überhaupt schien sie von den Dreharbeiten keine rechte Notiz zu nehmen. Kaum hatte János dem Zugführer wortreich irgendwelche Instruktionen erteilt, ertönte ein lautes Summen. Die zweite Seilbahn, die oben beim Waldfriedhof wartete, war zur Abfahrt bereit.

Am frühen Morgen hatte Trabold den Journalisten aus dem Bett geklingelt, um mitzuteilen, dass Barlows Mutter in Stuttgart sei. Seit wann sie hier war, wollte der Pressesprecher nicht sagen, auch nicht, warum man sie geholt hatte, aber er sei bereit, zu verraten, wo er die Alte treffen würde. Den Gegenwert für derartige Informationen könne er sich wohl denken. Durlach hatte länger gezögert. Er hatte den Polizisten gefragt, ob ihr ursprünglicher Deal noch Bestand habe, dass er nämlich die Disc mit den Rotunda-Kult-Leichen-Bildern behalten dürfe, wenn er den Fall aufkläre. Irgendwie hatte Durlach das Gefühl, dass ihm das tatsächlich noch gelingen könnte. Dann hatte er dem Tausch zugestimmt.

Durlach war froh gewesen, dass er zurzeit Ersatz-Heder war, denn der Chef hätte ihm die Geschichte kaum abgekauft. Der Barlow-Mord hatte mit Nino Rotunda ja eigentlich nichts zu tun. Zumindest offiziell. Doch wenn es einen Zusammenhang gab, dachte Durlach, hatte er vielleicht jetzt die Chance, diesen zu finden. Und für seinen Filmtext würde er schon irgendwie die Kurve kriegen.

Auf dem Weg zur Redaktion hatte Durlach schon den Dreh organisiert. Tom Esswein war leider die ganze Woche ausgebucht, deshalb hatte er mit János vorliebnehmen müssen, was sich letzlich als Glücksfall herausstellen sollte, denn der tschechische Kameramann beherrschte ein paar Brocken Russisch.

Oben auf dem Waldfriedhof ließ János Frau Barlowa ein Stück den Friedhofsweg entlanggehen, allein zwischen Gräbern und Büschen. Ihr Kopftuch wippte auf und ab, die Handtasche pendelte im Rhythmus. Ein Bild voller Wehmut. Selbst der Kameramann verstummte.

Durlach hatte einen Lageplan, der Besucher zu den wenigen Prominentengräbern leiten sollte: Theodor Heuss, Oskar Schlemmer oder Robert Bosch. Für Durlachs Zweck war er zu ungenau. So entdeckte er zunächst nur eine schöne Engelsfigur, eine kleine steinerne Katze als Grabwächter und einen Golfball, der auf einem Wurzelholz festgeklebt war. Endlich las Durlach den Namen Michail Barlow.

Gerhard und Corrie Most hatten das Grab gestiftet, das wusste Durlach. Als Stein hatten sie grauen, polierten Marmor gewählt. Die Grabfläche bedeckte bräunliches Gras, in den Ecken wuchsen vier kleine, kugelige Buchsbüsche. Barlows Lebensdaten hatte der Steinmetz in einer schnörkeligen Schreibschrift herausgehauen. Darunter war ein Bild eingelassen,

Querformat, recht schmal, geschützt durch eine Glasscheibe, an der Erde, Staub und ein paar Buchsblättchen klebten.

Durlach strich mit der Hand darüber, legte so den Hinterkopf eines Mannes mit Hut frei. Sofort erkannte er die Szene und wischte großflächig. Ja, es war Hoppers Klassiker »Nighthawks«. Doch als Durlach genauer hinsah, war es keine weitere Hopper-Kopie, die da in den Stein eingelassen war. Das Motiv war in kleinen Details verändert. Der Barkeeper mit dem weißen Schiffchen hatte Barlows Züge, das war eindeutig, auch wenn die Figur nur im Profil zu sehen war. Gleich kamen Durlach auch die Gesichter des Paares bekannt vor, das an der Theke saß. Die Frau im rosaroten Kleid mit den langen rötlich blonden Haaren stellte eine etwas bleiche Corrie Most dar, der Mann daneben mit den wilden Locken und der dicken Brille sollte ihr Ehemann sein. Zu gerne hätte Durlach jetzt noch gewusst, wer der dritte Gast auf dem Bild war. Barlows Mörder? Aber die Figur drehte hier, wie im Original, dem Betrachter den Rücken zu.

Durlachs Handy klingelte. Es war Kerstin.

»Entschuldigung, wenn ich dich beim Drehen störe«, sagte sie.

»Gibt's Probleme mit der Sendung?«

»Nein. Aber was hältst du von Sabrina?«

»Der Praktikantin? Ich weiß nicht recht. Warum?«

»Na ja. Sabrina kommt aus Dresden, und gerade erzählte sie mir, dass sie fließend Russisch spricht.«

»Klasse, Kerstin. Du bist ein Schatz. Setz Sabrina möglichst bald in ein Taxi. In circa einer Stunde will ich bei der Russischen Kirche das Interview machen.«

»Bitte!«, rief János gerade Frau Barlowa zu.

Folgsam kam die Alte angetrippelt und kniete sich vor dem Grab nieder. Sie bekreuzigte sich und betete stumm am Fußende, wie versteinert. Ihre Gefühle waren tief in den Falten ihres Gesichts vergraben und blieben dort.

János wurde unruhig.

»*Posmotri na kartinu!*«, rief er streng.

Gehorsam erhob sich Barlows Mutter wieder, ordnete ihren Mantel, nahm die Tasche in beide Hände und ging seitlich an dem Grab entlang bis zu dem Stein. Sie öffnete ihre Handtasche und kramte nach einer Lesebrille. Sie brachte ein scheußliches Plastikgestell zum Vorschein, setzte sich das Ding auf die Nase und beugte sich vor, um das Bild zu betrachten. Kurz darauf ging ein Zucken durch ihren kleinen Körper wie ein elektrischer Schlag. Sie hatte in diesem Moment wohl ihren Sohn erkannt. Ihre Hand tastete nach dem Stein, fand auf dem glatten Marmor aber keinen Halt. Ihr Körper sackte weg, und sie sank seitlich ins Gras. Schluchzend lag sie da. Ein graues Häufchen reinen Schmerzes. Durlach blieb beobachtend hinter der Kamera stehen, statt der alten Frau zu helfen. Er schämte sich dafür.

48

»War ich eigentlich gut?« Sabrina zündete sich eine Zigarette an und sah erwartungsvoll zu Durlach.

Durlach grinste. »Sehr gut sogar, erst recht für ein erstes Mal.«

Sabrina schien nicht ganz zufrieden.

»Heißt dass, wir machen es wieder?«

»Unbedingt, ich bin schon ganz heiß drauf!« Wieder grinste Durlach breit. Dann sagte er: »Oder du machst es mal allein. Wie lange bist du noch bei uns?«

»Einen Monat.«

»Dann werde ich Heder auf jeden Fall nahelegen, dass du noch ein eigenes Magazinstück drehen darfst.«

Sie saßen eng beieinander. Durlach war das nicht unangenehm. Sabrina war wie alle Praktikantinnen beim »Regionalmagazin« jung und hübsch. Aber sie schien ihm wenigstens nicht oberflächlich und mediengeil. Die beiden hatten sich in Heders Büro ausgebreitet, dessen Einrichtung – Schreibtisch und Schrankwand aus amerikanischer Kirsche – dunkel, gediegen und hässlich war. Durlach nannte die Farbe stets »kackbraun« und vermutete, dass Heder sie ausgewählt hatte, damit man die Tabakpatina nicht sah. Aber es war der einzige Platz in der Redaktion, an dem man bequem zu zweit sichten und darüber hinaus auch noch rauchen konnte. Außerdem hatte Durlach diese Woche hier quasi Hausrecht.

»Lernt ihr im Osten immer noch Russisch?«

»Das passt ins Ossi-Klischee, stimmt's?«

»Egal. Hauptsache, du hast dein erstes Interview geführt.« Wie beiläufig schob er die Blu-ray in den Recorder. »Jetzt aber ran!«

Mehr als eine Stunde Filmmaterial musste gesichtet und übersetzt werden, denn Barlows Mutter hatte viel erzählt. Als sie von Sabrina auf Russisch angesprochen worden war, hatte sie der jungen Frau einen Moment stumm in die Augen geschaut, und mit einem Mal schien sich das Herz der Frau zu öffnen. Alles brach regelrecht aus ihr heraus: der Verlust des Sohnes, der Schmerz, erst jetzt an seinem Grab stehen zu können, die lange Reise aus der russischen Provinz ins ferne Stuttgart, die beängstigenden Fragen der deutschen Polizisten. Instinktiv hatte Sabrina die Alte erzählen lassen und nur ab und zu kurze Nachfragen gestellt. In Abständen hatte sie Durlach die Inhalte zusammengefasst, so konnte er die Gesprächslinien wenigstens grob vorgeben.

»Soll ich wörtlich übersetzen?«, fragte Sabrina jetzt.

»Nein, halbwegs sinngemäß reicht erst mal.«

Zuerst kamen die Szenen vom Waldfriedhof, dann die Schnittbilder aus der Russischen Kirche: Barlowa bekreuzigt sich. Barlowa kniet nieder und betet. Barlowa entzündet eine Kerze. Barlowa vor den goldglänzenden Ikonen. Die Bilder, die dicht an dicht eine ganze Wand der Kirche bedeckten, hatten es János besonders angetan und wurden auch als Hintergrund für das Interview genutzt.

Sabrina hörte die erste Passage ab.

»Die Mutter hat sich immer sehr große Sorgen um ihren Jungen gemacht. Erst ist er zum Kunststudium in das fremde Moskau gegangen, dann sogar in den Westen. Das hat ihr sehr viel Angst bereitet.«

Durlach notierte sich etwas, Sabrina zog an ihrer Zigarette und hörte die nächste Antwort ab.

»Zunächst hatte sie völlig den Kontakt zu ihrem Sohn verloren. Dann kam ein Brief aus Deutschland. Er schrieb, dass es ihm gut gehe und er bald eine größere Arbeit übernehme.«

»Das Hopper-Projekt?«

»Das sagt sie nicht. Wörtlich nennt sie es ›заказ‹, also Auftrag oder Bestellung. Vielleicht hat es der Sohn ihr selbst nicht genauer beschrieben.«

»Möglich. Mach weiter, Sabrina.«

Stück für Stück erfuhr Durlach nun die Geschichte der alten Frau und die Geschichte Barlows. Sie stammten aus einem kleinen Dorf zwischen Kirow und Perm. Ein Zeichenlehrer hatte das Talent des Jungen erkannt und gefördert. Auf seine Vermittlung hin war er auch an die Akademie nach Moskau gekommen. Doch das zugesagte Stipendium erwies sich als falsches Versprechen, und schon nach kurzer Zeit blieben die Zahlungen aus. Auch die Akademie hatte finanzielle Schwierigkeiten. Irgendein windiger Mensch hatte da ein paar Studenten für eine sogenannte »Tournee« eingesammelt. Michail zog mit den anderen als Schnellzeichner durch Deutschland, immer drei Tage in einer Fußgängerzone, dann in die nächste Stadt. Seine Mutter erhielt ab und zu eine Postkarte von ihm. Das blieb der einzige Kontakt. Und diese Postkarten trafen häufiger ein, nachdem Michail den großen Auftrag erhalten hatte, selbst aus Amerika kamen fast regelmäßig Grüße in die russische Provinz.

Die alte Frau fasste während des Interviews in ihre Handtasche, János filmte geistesgegenwärtig, als die Hände wieder aus den Tiefen des klobigen Köfferchens auftauchten. Sie hielten einen Packen Postkarten umklammert. Mit feierlicher Miene streckte Barlows Mutter die letzten Grüße ihres Sohnes gegen die Kamera.

»Muss ich das alles noch übersetzen?«, fragte Sabrina bange und tippte auf einen Kartenstapel, der vor ihnen auf Heders Schreibtisch lag.

»Zumindest überfliegen. Ich kann dir ja helfen.«

»Wie denn das?«, lachte sie.

Michail Barlow hatte von Beginn an jedes Hopper-Bild, das er kopieren sollte, fotografiert. Ob zur besseren Reproduktion oder rein aus Gründen der Dokumentation, war nicht zu ersehen. Einen Ausdruck jedes Bildes hatte er als Postkarte jeweils seiner Mutter geschickt. Nach Abschluss der Kopierarbeit erhielt sie nochmals die gleiche Postkarte, diesmal aber war es ein Foto von Michails Arbeit. Den Unterschied hatte die Mutter nie bemerkt. Auf diese Weise hatte sie die Jahre über mehr als siebenhundert Postkarten erhalten. Jedes Motiv war doppelt vorhanden. Ein riesiges Hopper-Memory.

Die Texte auf den Rückseiten erzählten nicht nur von seiner künstlerischen Tätigkeit, sondern auch von seiner jeweiligen Lebenssituation. Er schilderte auch seine Hoffnungen und Ängste, seine Pläne und Wünsche – soweit es der enge Raum der Postkarten zuließ. Alle diese Karten hatte die Frau zu drei Bündeln zusammengeschnürt und nach Stuttgart mitgeschleppt. Es waren die einzigen Erinnerungsstücke an den Sohn, die ihr geblieben waren.

»Jedenfalls hast du klasse reagiert, Sabrina, als du die Frau gefragt hast, ob wir die Postkarten für Repros haben können. Richtig professionell.«

Die Praktikantin strahlte geschmeichelt und sagte: »Wir müssen sie ihr aber wiedergeben.«

Die Karten zeugten zunächst von einem glücklichen Michail, der berichtete, was er bei den ersten Aufträgen verdiente. In den Augen der Mutter waren es immense Summen. Er freute sich auf Amerika, war glücklich in den Staaten, selbst einen Englischkurs hatte ihm Gerhard Most finanziert.

»Frag Sie auch nach seiner Tätigkeit beim Deutsch-Amerikanisch-Russischen Freundschaftskomitee«, hatte Durlach Sabrina angewiesen.

Davon wusste die Mutter überhaupt nichts. Sie bekümmerte viel mehr, dass die Berichte mit der Zeit melancholischer wurden. Langsam hatte der Sohn es satt, immer nur »den Amerikaner« zu malen, wie sie es ausdrückte. Seine eigene Kunst müsse er völlig vernachlässigen, klagte Michail. Aus Trotz habe er immer höhere Summen für die Hopper-Kopien verlangt, die man ihm auch auf ein Konto überwiesen habe.

Aber die Mosts hätten doch auch Barlow-Bilder mit seinen eigenen Motiven erstanden, ließ Durlach anmerken.

Most sei ein böser Mensch, erwiderte die Alte barsch. Ihr Sohn habe viele schlechte Dinge über seinen Gönner berichtet. Die Frau dagegen sei gut gewesen. Nicht nur, weil sie Michail meist auf seinen weiten Reisen begleitete habe. Barlow hatte Corrie Most nach eigener Aussage sehr verehrt, aber er schrieb auch, dass die Ehe der Mosts nicht richtig funktioniere, ihre Liebe sei kaputt, weil Mosts Seele krank sei.

»Most denkt nur ans Geld, er kennt keine Liebe, er kennt keine Kunst«, übersetzte Sabrina wörtlich.

»Aber jetzt, nach Michails Tod, schätzen die Mosts Ihren Sohn doch als Künstler«, hatte Durlach eingewandt. »Nicht nur mit dem Museum. Das Bild ›Kirow am Abend‹ hängt sogar bei dem Ehepaar im Schlafzimmer.«

Damit habe sich Gerhard Most auch bei ihrem Besuch gerechtfertigt. Er habe sie sogar extra in das Schlafzimmer geführt, was sie nicht wollte, fast gezerrt habe er sie und ihr das Bild des Sohnes gezeigt, das jetzt da hänge, wo früher das andere Original hing.

»Das andere Original?«, fragte Durlach via Sabrina nach. Er vermutete einen Übersetzungsfehler.

Das von dem Amerikaner, von dem er diese vielen Kopien machen sollte, war die Antwort.

Sendung	Regionalmagazin TV Schwaben
Serie	Kult-Killer - Folge 11
Titel	**Barlows Mutter**
Autor	E. Durlach
Datum	Donnerstag, 12. Mai
Länge	2'15''

Bild + Töne	Text
Mutter Barlow sitzt in Seilbahn	Es ist für sie ein schwerer Gang.
Kopf mit Kopftuch nah, Mutter geht Friedhofsweg entlang	Sofia Barlowa, die Mutter des in Stuttgart ermordeten Malers Michail Barlow, wird heute zum ersten Mal am Grab ihres Sohnes stehen. Seine letzte Ruhe hat der russische Maler auf dem Waldfriedhof gefunden.
O-Ton Sofia Barlowa Mutter Overvoice	*»Michail war immer ein guter Junge. So klug, so kreativ. Ich vermisse ihn sehr. Er war ja mein einziges Kind.«*
Insert: Nachgestellte Szene schneller Kameragang im Park dann Pistole nah, Schwenk über Gebüsch, Reißzoom auf Hecke Schuss (offen stehen lassen)	Vor einem halben Jahr wurde Michail Barlow am Max-Eyth-See hinterrücks ermordet. Drei Schüsse aus einer osteuropäischen Armeepistole. Die Tatwaffe fand die Polizei nur 100 Meter entfernt. Der Täter hatte sie einfach ins Gebüsch geworfen. Das Motiv dieser Tat ist noch genauso unbekannt wie der oder die Täter. Es gibt kaum Spuren.

Max-Eyth-See, neutrale Bilder, ruhig	Es ist nicht der einzige Mord, der derzeit in Stuttgart unaufgeklärt ist.
Lessingstraße außen, verschiedene Einstellungen	Vor gut zwei Wochen wurde der beliebte Schauspieler Nino Rotunda von dem sogenannten Kult-Killer getötet. Auch wenn die Spurenlage eine andere ist, muss sich die Polizei fragen, ob es einen Zusammenhang gibt.
Mutter entzündet Kerze in der Kirche	Für Sofia Barlowa ein unhaltbarer Zustand. Sie kann nicht verstehen, dass der Tod ihres Sohnes ungesühnt bleiben soll.
O-Ton Sofia Barlowa Mutter Overvoice	*»Nach so langer Zeit ist der Mörder meines Sohnes immer noch nicht gefunden. Was macht die Polizei denn? Ich dachte, in Deutschland würde die Polizei besser ermitteln.«*
Mutter hält Postkarten in die Kamera Postkarten-Vorderseiten werden auf Tisch geblättert	Die einzigen Erinnerungen an Michail, ein Stapel Postkarten. Die Fotos dokumentieren Barlows Lebenswerk. Er hat die Ölbilder des amerikanischen Malers Edward Hopper täuschend echt kopiert.
Gang durchs Museum Most	Über 300 Gemälde. Jetzt füllen sie ein ganzes Museum.
O-Ton Sofia Barlowa Mutter Overvoice Schluchzen frei stehen lassen	*»Michail hat schon als Kind viel gemalt, immer ganz kleine Bilder, sehr genau, wie Briefmarken. Er hat alle Bilder gleich verschenkt. Ich habe aber keines mehr. Ich werde nie wieder ein Bild von meinem Sohn bekommen.«* (Sie schluchzt.)

Mutter tritt ans Grab Grabstein mit Hopper-Kopie, Barlow-Gesicht nah	Es ist der größte Schmerz für eine Mutter, erleben zu müssen, dass der eigene Sohn vor einem gestorben ist. Da tröstet es auch nicht, dass ihm ein würdiger Grabstein gestiftet wurde, auf dem Barlow sogar selbst verewigt ist.
Grab halbtotal, Mutter kniet davor, bekreuzigt sich	Die Seele von Sofia Barlowa wird erst ihren Frieden finden, wenn der Mord an ihrem Sohn aufgeklärt ist.

49

Durlach erwachte. Sein Puls schlug heftig, er spürte das Pochen in seiner Brust. Auf seiner Stirn stand kalter Schweiß. So schlecht hatte er lange nicht mehr geschlafen. So verrückt hatte er noch nie in seinem Leben geträumt. Ein völliges Durcheinander.

Erst war da eine Demonstration gewesen, ein langer Zug durch die Königstraße. Die Demonstranten waren sehr militant, hasserfüllt und skandierten: »Weg mit MediaCity! Weg mit MediaCity!« Dann waren sie beim Schlossplatz auf einen Pulk von Schnellzeichnern gestoßen. Denen wurden die Staffeleien niedergerissen, dass die Zeichenblätter durch die Luft segelten. »Ihr seid eine billige Kopie!«, hatte eine Demonstrantin gegrölt. Durlach hatte in ihr Gesicht gesehen. Statt der Augen waren da blaue, ringförmige Pupillen wie bei einem Fünf-Euro-Stück gewesen. Mitten im Gewühl war Müller-Wölbert mit einem Megafon aufgetaucht, durch das er »Durlach, du wirst sterben« schrie. Da war Durlach weggelaufen, immer weiter bis zur S21-Baustelle. Dort war er schließlich auf Jeanette gestoßen. Er hatte sie gleich umarmt, hatte sie geküsst. Dann aber hatte sie gesagt: »Ich bin nicht Jeanette.« – »Wer dann?« – »Ich bin Tina mit einem neuen Gesicht.« – »Nein, du bist Jeanette«, hatte er im Traum argumentiert, »denn du siehst aus wie Jeanette. Ich würde doch nie eine Doppelgängerin lieben.« Gleichzeitig hatte er das Gefühl, dass er es getan hatte, dass er mit der falschen Frau geschlafen hatte, und dabei so etwas wie Blutschande verspürt. Dieser Gedanke hatte Durlach so entsetzt, dass er aufgewacht war.

Ganz steif lag er noch auf dem Rücken, die Augen aufgerissen, die feuchten Hände zu Fäusten geballt. Zögernd drehte er den Kopf zu Seite. Gleich durchströmte Durlach ein großes Glücksgefühl, und mit einem Mal war seine ganze Angst aus dem Traum verflogen. Da lag sie. Jeanettes Arm quer über sein

Kopfkissen gebettet, und das Knie hatte sie Durlach fast in die Hüfte gerammt. Er würde sich wohl ein größeres Bett kaufen müssen, aber für den Moment siegte seine Liebe über sein Platzbedürfnis. Er ließ Jeanette schlafen.

Was für ein Unsinn doch aus dem Unterbewusstsein hervorkroch, dachte Durlach. Er versuchte, ein wenig Sinn in seinem Traum zu finden. Fand aber keinen. Nur dass ihm Müller-Wölbert drohte, war leider eine Tatsache. Hatte er doch, kurz nachdem sein letzter Beitrag gelaufen war, beim »Regionalmagazin« angerufen und sich über den »wahrheitswidrigen Bericht« beschwert. Weil Durlach einen Zusammenhang zwischen dem Mordfall Barlow und dem Tod von Nino Rotunda hergestellt habe. Durlach hatte dagegengehalten, er habe lediglich auf die Nichtaufklärung der beiden Fälle hingewiesen, um damit die Polizei unter Druck zu setzen. Worauf Müller-Wölbert einen langen Sermon absonderte, den er mit Begriffen wie »schlampig«, »unseriös«, »Konsequenzen«, »Beschwerde beim Presserat« und »Gegendarstellung« spickte. Doch Durlach sah diese Ankündigungen als leere Drohungen. Ganz sicher wollten Müller-Wölbert und seine Mandanten, die Mosts, in Wahrheit zusätzliche mediale Aufmerksamkeit auf jeden Fall vermeiden.

Durlach sah auf den Wecker: Es war zehn nach vier. An Weiterschlafen war nicht zu denken. Also schlüpfte er aus dem Bett und schenkte sich in der Küche ein Glas Orangensaft ein. Weil er leise sein musste, kam ihm die eigene Wohnung seltsam fremd vor, aber nicht so unheimlich wie in der Nacht des Drohanrufs. Durlach ging in sein Arbeitszimmer und nahm sich noch verschlafen das Buch vor, das ihm der Ethnologe heute Nachmittag in die Redaktion hatte bringen lassen.

Es war die deutsche Übersetzung von »The End of Civilization«. Das Buch war in einer populärwissenschaftlichen, esoterischen Taschenbuchreihe erschienen, deren Bände alle einen blauen Einband mit einer großen, kreisförmigen Illustration hatten. Aus einiger Entfernung erinnerte der Umschlag an eine im All schwebende Weltkugel. In diesem Fall war das Bild aber ein Ausschnitt aus Pieter Bruegels »Turmbau zu Babel«. Durlach kannte das Bild, er hatte das Original schon im Museum Boijmans Van Beuningen in Rotterdam gesehen.

Er drehte das Buch in seinen Händen, blätterte es flüchtig durch, studierte das Inhaltsverzeichnis und ließ es wieder sinken. Matt überflog Durlach die weißen Buchstaben des Titels, ließ völlig unsinnig den Blick über der Illustration kreisen, ohne etwas Besonderes zu erkennen. Er war wie hypnotisiert. Er trank einen Schluck Saft und las ein wenig in Kapitel vierzehn, das die Ausführungen über die Konai enthielt. Nach drei Absätzen merkte er, dass er von dem Inhalt gar nichts aufgenommen hatte, und schlug das Buch wieder zu.

Irgendetwas an dem Umschlag schien ihn magisch anzuziehen. Wieder studierte er die Illustration, diesmal eingehend, indem er sich auf ein Detail nach dem anderen konzentrierte. Als er auch auf diese Weise nichts Interessantes fand, ließ er das Buch in seinen Schoß sinken. Er war wie gefangen. Dann auf einmal durchzuckte ihn eine Erinnerung. Und allmählich dämmerte ihm, dass es nicht Teile des Umschlags waren, die ihn in ihren Bann zogen. Es war das Buch als solches.

Ja, er kannte nicht nur das Bruegel-Gemälde, er hatte auch dieses Buch schon einmal gesehen. Nicht nur ein Werk aus dieser Reihe, sondern genau diese Ausgabe. Und es war gar nicht so lange her. Aber wo? Beim Ethnologen in der Uni? Kaum, der hätte ihm das Exemplar sonst gleich mitgegeben. In der Villa Most? Bei Melissa? Oder gar im Jugendzimmer von Christian Brühl?

Durlach traf die Erkenntnis wie ein Blitz. Unwillkürlich lachte er laut und hielt sich sofort die Hand vor den Mund, um Jeanette nicht zu wecken. Doch die Erleuchtung blieb. Aus der Assoziation wurde Gewissheit. Ja, er hatte das Buch bei jemandem gesehen, und das warf ein neues Licht auf den Mord an Nino Rotunda.

Die ganze Zeit über hatte Durlach das Gefühl gehabt, als recherchiere er nur wirr in der Gegend herum, als sammle er blind irgendwelche Fakten, ohne auch nur einen Schimmer zu haben, wohin sie führen könnten. Der tote Rotunda, der Mord an Barlow, Kasperczaks Unfall, all das hielt ihn nun schon seit drei Wochen in Atem.

Immer wieder war er sich vorgekommen wie Theseus vor dem Labyrinth, dem man nicht einen, sondern die Enden von verschiedenen Wollfäden in die Hand gedrückt hatte. Er war losgelaufen und hatte alles aufgewickelt. Jetzt, am Ende seiner Recherche, hielt er ein riesiges Knäuel in Händen. Er hatte die ganze Zeit über nicht gewusst, welcher Faden ihn ans Ziel bringen könnte. Doch seit eben hatte er das Gefühl, zumindest die Farbe einer Wolle identifiziert zu haben. Vielleicht müsste er das große Knäuel langsam wieder entwirren und Faden für Faden separat aufrollen. Wenn er dann die verschiedenen Wollfäden nur an den richtigen Stellen miteinander verknotete, entstand vielleicht ein Geflecht, ein Stoff, eine Story …

Durlach wurde ganz fiebrig. Er schaltete seinen Laptop ein und begann, all das hineinzutippen, was er bislang wusste, von den drei Toten, von der Soap und von MediaCity. Dann begann er, Dinge einander zuzuordnen, bildete Themenblöcke, versuchte neue Kombinationen herzustellen. Nach und nach sortierte er wieder Beobachtungen aus und verwarf manche Vermutung. Doch einige Schlussfolgerungen, die auf diese Weise entstanden, überraschten ihn selbst.

Ohne Jeanette zu wecken und ohne Frühstück setzte er sich ins Auto und fuhr ins Krankenhaus. Er brauchte einen Ansprechpartner, jemanden, der ihm bestätigte, dass man seinen Gedankengängen folgen konnte. Er brauchte Tina. Immerhin war sie schwäbische Meisterin in Konspirationstheorie.

50

Tina spielte den Advocatus Diaboli.

»Hast du für diese Annahme einen Beleg?« – »Kannst du das noch einmal gegenrecherchieren?« – »Bei dem Thema brauchst du unbedingt eine zweite Quelle.« – »Das reicht mir nicht als Argument.« – »Findest du diese Theorie selbst schlüssig?«

Tina war richtig aufgeblüht, soweit man davon in ihrer Lage überhaupt sprechen konnte. Sie hatte das Kopfende ihres Krankenbetts senkrecht gestellt und zappelte während Durlachs Vortrag so viel mit dem Oberkörper herum, dass sie mehrmals das geschiente Bein verdrehte. Das tat dann offensichtlich höllisch weh. Zur Ablenkung saugte sie jedes Mal mit dem langen, spiralförmig gewundenen Plastikröhrchen, das ihr Durlach in einem Geschenkartikelladen besorgt hatte, einen kräftigen Schluck Wasser aus dem Glas. Und schon ging es weiter.

»Okay«, sagte sie schließlich. »Jetzt hast du es selbst eingesehen, dass alles mit allem zusammenhängt.«

»Nein, nicht alles, aber vieles.«

»Was machst du nun damit? Willst du zur Polizei gehen?«

»Dann bekomme ich die Bilder aus der Mordnacht auch nicht wieder«, sagte Durlach.

»Sind die dir so wichtig?«

»Irgendwie schon. Wenn ich ehrlich bin, habe ich die Abmachung mit Trabold anfangs nicht ernst gemeint. Aber nachdem ich die Disc schon zweimal in Händen hatte, will ich sie jetzt endgültig. Ich finde das einen gerechten Lohn, wenn ich dafür den Fall löse.«

Tina wollte lachen, sofort schmerzte wieder die Wunde in ihrem Gesicht.

»Geht's noch?«, fragte Durlach.

»Es muss!«, antwortete sie tapfer. »Kannst du mir etwas aus dem Bad holen? Da, hinter dem Vorhang.«

Durlach ging folgsam zum Waschbecken. Tinas Zimmergenossin, die im Morgenmantel auf ihrem Bett lag und während des ganzen Besuchs wieder eine Bunte vor der Nase hatte, schien nun jedem von Durlachs Schritten mit äußerster Skepsis zu folgen.

»Wahrscheinlich im Regal«, sagte Tina.

»Der Kulturbeutel?«

»Noi, des isch moiner«, rief die Bettnachbarin ängstlich.

»'tschuldigung.«

»Nein, Durlach, da muss irgendwo eine blaue Tüte sein. Die hat mir Kerstin gestern mitgebracht.«

»Ich hab sie.«

»So isch's recht, junger Mann«, war die Bettnachbarin sichtlich erleichtert, als Durlach nur mit einer Plastiktüte zu Tina zurückkehrte.

»Eine der Krankenschwestern hat ihn vor mir versteckt«, erklärte Tina.

Sie holte aus der Tüte einen Handspiegel hervor. Durlach war entsetzt.

»Hast du dich noch gar nicht selbst gesehen?«

»Nein. Wie denn? Ich liege hier im Bett und kann mich kaum rühren. Und die blöde Schwester meint, ich wäre noch nicht so weit. Ich will aber selbst bestimmen, wann ich dafür reif bin.«

Tinas Wange rund um die Kompresse war nicht mehr gerötet, eine Infektion der Wunde schien somit ausgeschlossen. Doch der Heilungsprozess würde sich wohl noch länger hinziehen.

»Was sagt der Arzt?«, fragte Durlach.

»Der Arzt hat versprochen, dass mein Gesicht wieder sehr ansehnlich wird, zumindest nach den kosmetischen Operationen.« Sie lachte vorsichtig. »Auf diese Weise spare ich mir den Aufenthalt in der Mang'schen Schönheitsklinik am Bodensee.«

Tina drehte sich vorsichtig zur Seite und schob den Handspiegel in die Nachttischschublade.

»Wolltest du dich nicht ansehen?«, fragte Durlach.

»Nicht jetzt. Das mach ich lieber nachher, wenn ich allein bin.«

»Ist es nicht besser, wenn jemand dabei ist?«

»Danke für den Beistand, Baby. Das ist nett. Aber ich muss mit dem Gesicht bis an mein Lebensende weiterleben.«

Für einen Moment sah Tina unfassbar traurig und nachdenklich aus, dann schüttelte sie sich, als wollte sie sich selbst aus der Erstarrung wecken, und sagte: »Wir wollten über den Fall Rotunda und die Bilder deines Lebens reden.«

»Es sind nicht die Bilder meines Lebens.«

»Okay, Marlowe. Ganz cool bleiben.« Sie tätschelte Durlach mütterlich den Handrücken. »Was ist, wenn du die Szene mit dem kultisch hergerichteten Nino einfach nachstellst?«

»Und Angermeier spielt dann den toten Rotunda?«

Tina lachte wieder, obwohl es sie schmerzte.

»Und wenn du das Fünfundvierzig-Minuten-Feature, das du über Nino machen sollst, als Vorwand benutzt, um die Leute noch mal zu interviewen?«, schlug Tina vor.

»Das dauert zu lang.«

»Du könntest ihnen so auf den Zahn fühlen.«

»Am Schluss merkt jemand etwas und verschwindet von der Bildfläche. Oder noch schlimmer: Sie legen mich um.«

»Quatsch.«

»Es sind schon drei Leute gestorben.«

Unvermittelt kam eine Krankenschwester herein und brachte ein Tablett mit dem Mittagessen. Tina durfte in kleinen Schlucken Suppe zu sich nehmen. Sie schien glücklich, obwohl die Hühnerbrühe sehr nach Großküche duftete. Durlach sah ihr eine ganze Weile zu, wie Tina erneut seinen Plastikstrohhalm zum Einsatz brachte.

»Ich hab's!«, rief sie plötzlich. »Ich weiß, wie du sie zum Interview über den Fall kriegst, ohne dass sie was merken. Wir müssen nur das Drehbuch dazu vorher genau planen.«

»Ich habe die Sachen!«, rief der Requisiteur atemlos. »Sogar kostenlos geliehen.«

Er kippte den Inhalt eines großen Kartons auf Heders tabakbraunen Schreibtisch, dass es klapperte. Bäumchen, Bälle, kleine Häuser, Boote, Ringe, Ritter mit Schwertern, Spielzeugpistolen und vieles mehr.

»Klasse.«

»Schau mal. Passt die zu deinem Barbiepuppen-Okkultismus?« Er zog aus dem Gewühl eine dunkelhäutige Anziehpuppe, die einen neonfarbenen Bikini trug. »Ich hab auch eine, die wie Reese Witherspoon aussieht.«

»Wir nehmen beide Barbies und den Ken sowieso.«

»Ich mach den Tisch dann fertig.«

Der Requisiteur schaufelte das Spielzeug in die Kiste und wäre in der Tür fast mit dem Grafiker zusammengestoßen.

»Die Zahlenbilder sind fertig. Sie liegen auf dem Server. Ich habe die Vorlagen von meinem Augenarzt besorgt. Und für die Hintergründe habe ich ein paar schöne Südseebilder aufgetrieben: Jungferninseln, Sonne, Strand, Palmen. Man könnte neidisch werden. Genehmigst du mir gleich Urlaub, Chef?«

»Frühestens ab Pfingstmontag, wir müssen heute noch …« Mitten im Satz merkte er, dass der Grafiker feixte. Unter Stress wurde Durlach humorlos. Jetzt versuchte er, seine Reaktion zu rechtfertigen. »Wir wollen Heder doch zeigen, dass wir mehr können als nur so ein Nullachtfünfzehn-Boulevardmagazin.«

»Schon gut, schon gut. – Wann bekomme ich den Katalog für die Repros?«

»Ich schicke Sabrina zu dir, sobald sie da ist.«

Während der Grafiker ging, vermeldete die Redaktionsassistentin, alle Zuschauerplätze seien mittlerweile belegt und die Gäste rechtzeitig in der Maske gelandet.

Schon klingelte wieder das Telefon. Es war der MAZ-Techniker Gerd, der kaum zu verstehen war, weil im Hintergrund deutlich vernehmbar die Live-Übertragung des entscheidenden VfB-Spiels lief.

»Ich wollte sa... – Links ist frei. Pass doch rüber, Mensch! – Also, ich wollte nur sagen, dass ... – Schieß doch! Nein! – Also, Durlach, deine O-Töne aus Bremen sind jetzt da. – Das muss doch ein Freistoß sein. Das gibt's doch nicht!«

»Vielen Dank, Gerd«, schrie Durlach und legte schnell auf.

Es ging in der Redaktion zu wie in einem Taubenschlag. Wenn Heder überraschend früher zurückgekommen wäre, hätte er Durlach sicher gefragt, ob man ihm »ins Hirn geschissen« habe. Doch dem war keineswegs so. Anscheinend funktionierte sein Hirn einwandfrei, sonst hätte er wohl kaum alle von der Schlüssigkeit seiner Gedankengänge überzeugen können.

Die größte Klippe war die gestrige Redaktionskonferenz gewesen. Alles war darauf angekommen, dass ihn seine Kollegen unterstützten, die Talkshow »Stadtgespräch« auch an Pfingsten zu produzieren. Zunächst hatte Durlach berichtet, dass ihm Heder zusätzlich zu der Serie über den Kult-Killer zwei längere Formate versprochen habe und wie sehr er davon beflügelt worden sei. Einige in der Redaktion hatten beifällig genickt. Dann hatte er von seinen Recherchen erzählt, über die Toten, Rotunda und Barlow, und davon, wie viele Fragen in diesen Fällen noch offen waren. Schließlich hatte Durlach verkündet, dass er diese Fragen beantworten und so die Mordfälle aufklären könne.

Von diesem Moment an sperrte die Redaktion Mund, Augen und Ohren auf. Es wurde ganz still in der Konferenz. Schritt für Schritt entwickelte Durlach seine Thesen und beantwortete unterwegs interessierte Fragen, damit ihm auch jeder folgen konnte. Als er schließlich das Drehbuch für die Show vorlegte, das er mit Tina im Krankenhaus entwickelt hatte, da wirkten alle wie aus dem Häuschen. Er hatte tatsächlich eine Aufbruchsstimmung entfacht, wie er sie sich selbst in seinen kühnsten Träumen nicht hätte ausmalen können.

»Hi, Badener, ich hab was für dich.«

Durlach witterte gleich eine Gemeinheit, als Angermeier hereinkam. Der Polizeireporter tippte auf einen ledernen Schultergurt, den er sich umgeschnallt hatte und in dem sein Handy steckte.

»Ich hab mal ein paar Kontakte spielen lassen«, sagte er, »und für dich was besorgt. Spezialnummern.« Er legte vor Durlach ein Blatt Papier auf den Tisch. »Das ist der Auszug aus dem Vereinsregister.«

»Danke, Arnd.«

Durlach rief Trabold an, um ihn noch einmal daran zu erinnern, dass er unbedingt eine halbe Stunde vor der Sendung da sein solle.

»Ist Ihnen eigentlich klar, wie viel Ärger Sie mir mit Ihrem letzten Film bereitet haben?«, beschwerte sich der Polizist.

»Wegen dem einen Satz?«

»Die Kollegen waren stinksauer. Im Grunde haben Sie uns ja Kurzsichtigkeit unterstellt, indem Sie einfach einen Zusammenhang zwischen den Fällen Rotunda und Barlow hergestellt haben.«

Wieder hatte Durlach sich gewehrt. »Der einzige Zusammenhang, den ich hergestellt habe, war, dass beide Fälle nicht aufgeklärt sind. Aber vielleicht ergeben sich ja dieses Mal noch andere.«

»Ich bezweifle, dass das die geschätzt fünfzig Anrufe von Rechtsanwalt Müller-Wölbert wettmacht.«

»Sie können mir vertrauen, Herr Trabold.«

»Das hoffe ich. Ich habe Sie nämlich den Kollegen gegenüber verteidigt.«

Nach dem Telefonat legte Durlach seine Brille ab und rieb sich die Augen. Dann griff er gleich wieder zum Hörer.

»Kommst du mit dem Drehbuch klar, Kerstin?«

»Es geht so. Bei den Gesprächen muss ich auf so viel Subtext achten. Ich weiß, das ist der eigentliche Kick, trotzdem. Für die Moderation dachte ich übrigens an Folgendes: ›Nicht selten begegnet man Kopien bedeutender Menschen; und den meisten gefallen, wie bei Gemälden, so auch hier, die Kopien besser als die Originale.‹«

»Von wem stammt das?«

»Nietzsche, ›Menschliches, Allzumenschliches‹. Ich dachte, es soll nach anspruchsvoller Abendunterhaltung klingen.«

»Mach es nicht zu gestelzt, sondern so locker wie immer.«

Auch wenn Kerstin Schneider nervös war, würde sie die Sendung problemlos meistern, da war sich Durlach sicher. Den direkten Vergleich mit dem Chef, der das »Stadtgespräch« ja sonst moderierte, musste sie keinesfalls scheuen.

»Was ist eigentlich mit diesem Rechtsanwalt? Wie hieß der noch mal?«

»Müller-Wölbert. Der kommt leider mit und wird im Publikum sitzen. Ich habe ihn damit geködert, dass wir die implizite Andeutung aus meinem letzten Film wiedergutmachen wollten und vor allem über das Museum Most sprechen werden. – Ich muss auflegen.«

Philipp, ein TVS-Reporter, hatte den Kopf zur Tür hereingesteckt.

»Also ich hab bei dem Hausmeister geklingelt, er war auch da, war ganz freundlich, hat sich an alles erinnert«, berichtete er. »Ich hab ihm ein Foto vorgehalten, er hat gesagt: ›Ja, das ist er.‹ – Ich hab ihm das zweite Foto vorgehalten, und er hat gesagt: ›Ja, ja.‹ – ›Welches stimmt jetzt?‹, hab ich gefragt. – ›Beide‹, hat er gesagt. – Die Aussage würde er auch vor der Kamera wiederholen. Soll ich noch mal hinfahren und den O-Ton mit János drehen?«

»Wichtiger ist das Mädchen.«

»Da war ich schon. Die wohnte grad um die Ecke.« Triumphierend zog Philipp ein Prospekt für Handys aus der Tasche. »Hier ist ihre Unterschrift.«

Durlach war begeistert. Auch weil die Praktikantin Sabrina und Tom Esswein gerade den Raum betraten. Den Kameramann wies Durlach an, von einem Bildschirm die Homepage des »Art Loss Register« abzufilmen. Sabrina setzte sich unterdessen auf die Tischkante und schlug die Beine übereinander.

»Ich hab schon mal in dem Katalog gelesen«, sagte sie in bedeutsamem Tonfall, »und ein interessantes Zitat gefunden.«

»Da bist du nicht die Erste.«

Unbeirrt schlug sie die Seite auf, die sie mit einem Klebezettel markiert hatte.

»Hier steht: ›In Hoppers Werk ist das Fenster ein gemeinsamer Nenner für die illusorische Interaktion zwischen dem Verfolger, dem Verfolgten und dem Zeugen, die meiner Meinung nach bisher kaum begriffen wurde.‹ Passt das nicht super?«

»Nicht schlecht. Aber vielleicht zu deutlich.« Durlach wurde nachdenklich. »Wir müssen die Gäste, solange es geht, in Sicherheit wiegen. Es soll ja formal eine ganz harmlose Talkshow sein.«

Sabrina zog einen Schmollmund.

»Bring es trotzdem zu Kerstin. Aber vorher bringst du bitte den Katalog zum Grafiker, damit er die Repros machen kann. Und in der Zwischenzeit nimmst du dir die Postkarten noch mal vor. Wir brauchen den genauen Wortlaut der Stelle, mit der Erpressung und der Passage, in der das Stichwort ›pervers‹ fällt.«

»Das ist ja richtig Arbeit«, maulte Sabrina.

52

Titel	**Stadtgespräch**
Sendung	Talkshow mit Spielen
Moderation	Kerstin Schneider
Redaktion	E. Durlach
Produktion	TV Schwaben
Datum	Sonntag, 15. Mai (Pfingsten)
Länge	ca. 60'00''

Nr.	Titel	Quelle	Besonderheiten der Sendung	*Hintergrund/ Mord-Aufklärung*
1	Intro	MAZ	Achtung! Neue MAZ	*Mit extra Promi-Szenen!*
2	Auftritt	Studio Ton	Effektlicht rotierend Ansage vom Band	
3	Begrüßung	Studio	Im Stehen	
4	Auftritt Gäste	Studio Ton	Spot Musikakzent	
5	Fragebogen Corrie	Studio	Im Stehen	*Warm-up, Standard-Fragen*
6	Fragebogen Most	Studio	Dito anschließend Lichtwechsel	*Dito, harmlos*

383

7	Gespräch Corrie Most	Studio Sofa	Sitzgruppe	*Leicht verun-sichern!*
	Thema DARF		dazu Foto: Corrie auf DARF-Gala	*Gründung des Vereins*
	Thema Barlow		Foto-Wechsel: Porträt Barlow	*Barlows wirk-licher Auftrag*
	Thema Hopper		Foto-Wechsel: Hopper-Bild	
8	Porträt Corrie Most	MAZ		*Verhältnis Corrie/Barlow*
				Barlows Kunst-anspruch
				Distanzierung

»Intro ab!«, rief Durlach gleichzeitig mit dem Regisseur und rügte sich sofort selbst wegen seines Übereifers.

»Kerstin, du kannst mich noch hören«, testete der Regisseur Ruprecht nochmals die Kommando-Anlage, worauf die Moderatorin auf den nicht sichtbaren Kopfhörer in ihrem Ohr tippte und dann mit dem Daumen ihr Okay signalisierte.

Der Toningenieur hatte eine Erkennungsmelodie gestartet. Die Musik erinnerte an den Titel des »Regionalmagazins« von TV Schwaben, klang aber bombastischer, als sei sie von einer Big Band eingespielt. Auf einigen Monitoren der Sendereigie sah man die lokale Prominenz, meist im Gespräch mit Norbert Heder, einen bunt durcheinandergewirbelten Reigen, unter anderem mit Nina Hoss, Dieter Zetsche, Smudo, Monica Ivancan, Andrea Berg und Vincent Klink. Zwischendrin auch zwei Schauspieler von LelaLila.

Durlach drehte sich zu Trabold um, den er hinter der Regiemannschaft auf einem Drehstuhl platziert hatte.

»Der Sendungseinstieg ist immer hektisch«, erklärte Durlach. »Beim Intro sind sogar Bilder der heutigen Gäste reingeschnitten, damit sich die beiden ein wenig gebauchpinselt fühlen.«

»Achtung, Kamera zwei«, sagte Ruprecht. »Ich will Publikum sehen, dann Totale und, wenn Kerstin erscheint, rasch zufahren.«

Im Studio wurden die Zuschauer zum Klatschen animiert, und man hörte eine Stimme vom Band, die reißerisch verkündete: »Meine Damen und Herren: das ›Stadtgespräch‹ – die etwas andere Talkshow aus Stuttgart. – Und dies ist Ihre heutige Gastgeberin – Kerstin Schneider!«

Auf dem Monitor mit der Bezeichnung »Sendebild« sah man nun die Moderatorin aus einer Dekoration hervortreten. Sie strahlte, sie strahlte auch noch, als die Musik zu Ende war. Das Publikum spendete großen Applaus.

»Guten Abend, meine Damen und Herren, ich begrüße Sie ganz herzlich zu unserem ›Stadtgespräch‹.«

Wer Kerstin sehr gut kannte, konnte hören, dass ihre Stimme ein klein wenig zitterte. Auch Trabold schien in diesem Moment etwas aufgeregt. Der Nervöseste von allen war zweifelsohne Durlach. Er rutschte auf seinem Stuhl herum und blätterte viel in den Seiten des Sendungsablaufs.

»Wie immer wollen wir – Sie und ich gemeinsam – Menschen aus unserer Stadt kennenlernen«, sagte Kerstin. »Menschen, die für Gesprächsstoff sorgen, Menschen, die Sie aus unserem ›Regionalmagazin‹ schon kennen, dürfen Sie von ihrer ganz persönlichen Seite erleben. Wir wollen von den Gästen interessante Geschichten erfahren, wir wollen sie mit Spielen unterhalten.« Kerstin lächelte schelmisch. »Und: Wir wollen keine langen Vorreden halten. Heute im ›Stadtgespräch‹ sind: der Museumsgründer und Unternehmer Gerhard Most und seine Frau Corrie Most, die Vorsitzende des Deutsch-Amerikanisch-Russischen Freundschaftskomitees.«

Unter neuerlichem Applaus erschien das Ehepaar, Corrie in einem atemberaubenden Kleid, kurz, eng, grün, passend zur Farbe ihrer Augen, Most im grauen Anzug, dazu Hemd und Krawatte Ton in Ton, farblich auf Corries rotblonde Haare abgestimmt. Ein ideales Paar zum Vorzeigen. Sie schüttelten Kerstin die Hand.

»Wie konnten Sie die so kurzfristig einladen?«, fragte Trabold.

»Die Mosts wollen möglichst viel PR für ihr Museum. Deswegen hat ihnen sogar ihr Anwalt Müller-Wölbert zugeraten. Leider sitzt der jetzt im Publikum und wartet nur darauf, dass er uns etwas ankreiden kann.«

Tatsächlich sah man nun auf einem der Monitore zwischen den anderen Zuschauern den Medienanwalt sitzen. Er hatte die Beine übereinandergeschlagen, eine dünne Mappe darauf abgelegt, in der er mit seinem Füller etwas notierte.

»Wann wird er einschreiten?«, fragte Trabold.

»Ich glaube, gar nicht. Ich habe bei Frau Most noch etwas gut«, erklärte Durlach kurz, verzichtete aber darauf, die Fick-und-Rauswurf-Geschichte im Hause Brühl zu erzählen. Die wollte er auch heute nicht veröffentlichen. Stattdessen sagte er: »Jetzt müssen die Mosts und Kerstin erst mal warm miteinander werden.«

»Beginnen wir mit einem kurzen Fragebogen und mit Ihnen, Frau Most. Bitte schnelle, spontane Antworten. Name?«

»Corrie Most, eigentlich: Cornelia Maria Most, geborene Stefanek.«

»Wie lange sind Sie schon in unserer Stadt?«

»Acht Jahre.«

»Welches ist der schönste Ort in Stuttgart?«

»Das Teehaus.«

Auch auf die Fragen nach dem wichtigsten Stuttgarter und nach einer typischen Eigenschaft des Schwaben beantwortete Corrie Most zügig, aber wenig inspiriert. Nur bei der Frage, was in der Stadt mehr Beachtung verdient hätte, sagte sie geistesgegenwärtig: »Das Hopper-Museum meines Mannes.«

»Also, eines habe ich immer noch nicht verstanden«, sagte der Polizeisprecher zu Durlach. »Senden Sie das hier jetzt?«

»Nein, mein Chef hatte für Pfingsten die Wiederholung eines alten ›Stadtgesprächs‹ angesetzt. Wir zeichnen die Show nur auf. Das wissen aber die Zuschauer nicht, und auch die

Gäste sollen ruhig glauben, dass ihnen gerade Tausende von Menschen zusehen.«

»Bitte mehr Konzentration«, knurrte Ruprecht.

»Theoretisch könnte es aber genauso gut live über den Sender gehen«, warf noch jemand schnell ein.

Gerhard Most absolvierte gerade seine letzte Warm-up-Frage und nannte als »wichtigsten Stuttgarter« Robin Dutt, was im Publikum für große Heiterkeit sorgte. Kerstin Schneider geleitete das Ehepaar Most zu einer Sitzgruppe. Das Leder quietschte, der Applaus verebbte.

»Frau Most, Sie sind Vorsitzende des Deutsch-Amerikanisch-Russischen Freundschaftskomitees, kurz: DARF. Was ist das für eine Arbeit, die Sie da machen? Und wem nützt sie?«

»Das wollte ich auch schon immer wissen«, platzte es aus Trabold heraus. »Durlach, das ist doch Unsinn. Denken Sie, die Most antwortet jetzt: zum Geldwaschen für die Russenmafia? Und dann kann ich ins Studio runtergehen und sie hoppnehmen.«

»Nur Geduld, Herr Trabold«, beschwichtigte Durlach, der gerade selbst nicht die Geduld in Person war. »Sie müssen uns schon etwas mehr Zeit geben. Ich habe Ihnen versprochen, dass ich heute Abend eine runde Story präsentiere. Ich zeige Ihnen, wie es – meiner Meinung nach – gewesen ist, wie alles zusammenhängt, der tote Rotunda, der ermordete Barlow und so weiter. Aber Sie müssen sich auf die Konstruktion einlassen.«

Während Corrie Most im Studio Sprechblasen über soziale Ost-West-Beziehungen absonderte, so wie sie dies auch schon auf zahlreichen Benefiz-Galas getan hatte, stand Durlach auf, ging zu dem Polizisten und lehnte sich gegen die Wand.

»Und zu Ihrer Frage, Herr Trabold. Vielleicht spielen auch Mosts Kontakte zur Russenmafia mit rein. Vor allem aber diente das Komitee zur Tarnung für das Hopper-Projekt. Corrie Most hat mir zwar erzählt, sie hätte die karitative Idee spontan gemeinsam mit Barlow entwickelt. Das ist aber eine

Lüge. Tatsächlich wurde das Komitee schon vorher gegründet. Hier ist der Auszug aus dem Vereinsregister.«

Durlach zeigte dem Polizisten den Ausdruck, den ihm Angermeier besorgt hatte. »Zu diesem Zeitpunkt hatte Barlow Russland noch gar nicht verlassen. Es steckt also ein langfristiger Plan dahinter. Ich bin sicher, dass Barlow gezielt von Gerhard Most in Moskau angeheuert und später hierhergeholt wurde. Das soziale Engagement von DARF bot dann einen idealen Rahmen für Corrie und ihren angeblichen Sekretär, in den USA rumzureisen, Hopper-Bilder aufzustöbern und zu kopieren. – Barlow hat seine Arbeit übrigens auf Postkarten dokumentiert.«

Durlach wies auf eine Kiste, die auf der anderen Seite von Trabolds Stuhl auf dem Boden stand. Der Polizist öffnete sie.

»Das brauchen Sie jetzt nicht alles zu lesen. Es sind immer ein Foto des Hopper'schen Originals und ein Foto der vollendeten Kopie. Die Karten hat er seiner Mutter geschickt, vielleicht teilweise Geld beigelegt, das weiß ich nicht. Jedenfalls sind immer ein paar Sätze auf die Rückseite geschrieben, und mit der Zeit wurde das quasi ein Tagebuch.«

Im Studio war das Gespräch an einem ähnlichen Punkt angelangt, allerdings noch bei der alten Version der DARF-Entstehungsgeschichte.

»Die USA-Reisen nutzte mein Sekretär Barlow zu ausführlichen Kunststudien. Er liebte Hopper und begann, seine Bilder zu kopieren.« Corries Sätze kamen flüssig, fast schon zu routiniert. »Mein Mann hat ihm die Bilder dann abgekauft. Sie sind ja sehr, sehr gut.«

»Wurde Barlow auch als eigenständiger Künstler von Ihnen gefördert? Schließlich hat er ja die Kunstakademie in Moskau absolviert.«

»Selbstverständlich«, bestätigte Gerhard Most. »Ich habe auch echte Barlows gekauft.«

»Eines hängt sogar in unserem Schlafzimmer. Mein Mann hütet es wie seinen Augapfel.« Corrie kicherte ein wenig. »Aber

Barlow blieb bei seinem Hopper. Ach Gott, das gibt es doch, dass ein Künstler von einer Idee völlig besessen ist. Michail malte einen Hopper nach dem anderen.«

Unvermittelt fragte Kerstin Schneider: »Verspüren Sie Barlow gegenüber so etwas wie Schuld?«

»Was wollen Sie damit sagen?«, fuhr Most die Moderatorin an.

Er hatte sich so schnell aufgerichtet, dass er seine Brille zurechtrücken musste, die durch die plötzliche Bewegung auf die Nasenspitze gerutscht war. Während das restliche Publikum auf dem Monitor der Studiokamera eher gelangweilt dreinsah, schien Müller-Wölbert auf der Hut. Er hatte sich ganz schnell eine Notiz in seine Kladde gemacht und wartete offenbar gespannt auf den Fortgang des Interviews.

»Ich meinte moralische Verantwortung in Ihrer Funktion als Vorsitzende des Freundschaftskomitees«, fuhr Kerstin Schneider kryptisch fort und wandte sich dabei direkt an Corrie. »Er hat ja als Ihr Sekretär gearbeitet. Sie kannten ihn gut. Und eigentlich war er freier Künstler.«

Die Verunsicherungsstrategie der Moderatorin ging auf. Corrie wusste offensichtlich nicht, worauf die Frage hinauslaufen sollte, daher entschied sie sich für eine allgemeine Plattheit.

»Das gab es doch schon häufiger, dass ein Künstler sich in seiner schöpferischsten Phase völlig verausgabt. Und kaum hat er sein großes Projekt beendet –«

»Barlow ist doch nicht an Schwäche gestorben«, hakte Kerstin ein.

Corrie zögerte. Um ihre wahren Gefühle unter Kontrolle zu halten, besann sie sich auf ihre soziale Ader.

»Ich war tief erschüttert, als ich davon hörte. Wirklich. Ich habe gedacht, das kann doch nicht sein. Ein Mensch, der fast täglich mit einem zusammen ist, den man mag, den man schätzt. Und dann das.«

Sie vermied es, ein Wort wie »Mord« oder »Tod« in den Mund zu nehmen, lavierte weiter herum, bis sie von der Moderatorin erlöst wurde.

»Das war sicher ein schwerer Moment für Sie, ein Schicksalsschlag für Sie beide. Das wollen wir nicht weiter vertiefen, denn es gibt ja noch weitere, heitere Facetten der Corrie Most. Die wollen wir unseren Zuschauern nicht vorenthalten und haben dazu ein kleines filmisches Porträt vorbereitet.«

»MAZ ab«, rief Ruprecht, der Regisseur. »Länge eins dreißig.«

Auf einem Monitor der Senderegie sah man deutlich, wie Müller-Wölbert aufatmete. Auf einem anderen Bildschirm lief nun der Corrie-Most-Film an: Corrie geht eine Straße entlang, Corrie in einem Café, Corrie gießt Blumen, dazu Corrie-Most-O-Töne aus dem Off, über den Lebensgenuss, die »kleinen Annehmlichkeiten«, die ein luxuriöses Leben einem bietet, und die soziale Verantwortung auch der Wohlhabenden, alles mit einer beschwingten Musik unterlegt.

»Der Einspielfilm ist wieder bewusst harmlos. Eine Praktikantin hat ihn erst heute Morgen gedreht.« Durlach beugte sich wieder zu Trabold hinunter. »Aber mit zwei Sätzen hat Corrie Most sehr recht. Sie sprach von Barlow als jemandem, den man mochte. Ich glaube, sie konnte ihn wirklich gut leiden, vielleicht mochte sie ihn sogar ein bisschen mehr. Zumindest umgekehrt war es wesentlich mehr. So wie Barlow seiner Mutter über die Most schrieb, hat er sie nicht nur verehrt, sondern geliebt. Und da Corrie bekanntermaßen recht freizügig mit ihren Gunstbezeugungen ist, war sicher auch sexuell was zwischen den beiden. So was schreibt zwar ein Russe seinem Mütterchen nicht direkt, aber Geld und Reisen allein waren wohl nicht alles, was ihn an dem Hopper-Projekt hielt. Oder glauben Sie wirklich, ein junger begabter Künstler stellt sich selbst die Aufgabe, alle Hoppers dieser Welt zu kopieren? Wo hatte der Junge nur die Energie und den Durchhaltewillen her?«

»Gehören solche Studien nicht zum üblichen Ausbildungsprogramm bei Kunststudenten?«

»Auf unserer Kunstakademie sicher nicht, vielleicht in Moskau. Und wenn schon. Das kann einen doch auf Dauer nicht zufriedenstellen, auch einen genügsamen jungen Russen nicht.

Eine Heidenarbeit für verdammt wenig Ruhm. Worum geht es in der Kunst denn? Kreativität, Gestaltung, Freiheit, Selbstverwirklichung – da ist doch viel mehr gefordert als nur exakte Pinselstriche und die richtige Farbpalette.« Durlach redete sich warm. »Und da hatte Corrie den zweiten, sehr wahren Satz gesagt: ›Er wollte mehr und mehr.‹ Ist doch klar. Barlow wollte Kunst machen, eigene Kunst. Der war völlig frustriert, hat sich beschwert, dass Most nur vier Bilder von ihm gekauft hat. Selbst wenn jetzt ›Kirow am Abend‹ über dem Most'schen Ehebett hängt. Was ist denn das für ein Verhältnis? Vier Barlow-Gemälde im Gegensatz zu über dreihundert Hopper-Kopien. Trotzdem hat Barlow weitergemacht, als wäre er an die Mosts gekettet. Dann hat er wohl immer mehr Geld verlangt und vielleicht einiges mehr gekriegt. Steht alles in den über dreihundert Postkarten.«

»Ruhe dahinten«, zischte ihnen Ruprecht zu, dann gab er in ein Mikro Anweisungen. »Wir kommen zu Ablaufposition sieben: ›Gespräch Most‹. Kamera eins bitte halbtotal mit allen dreien, Kamera zwei bleibt auf Kerstin groß, und die drei zeigt bitte Most und Kerstin in einer Zweiereinstellung für den Wechsel. Achtung fürs Studio, noch zehn Sekunden.«

»Und dann zeichnete sich langsam das Ende des Hopper-Auftrags ab«, flüsterte Durlach weiter. »Für Barlow hieß das: keine Kohle mehr, keine Corrie mehr. Was würden Sie selbst denn in so einem Fall tun, Herr Trabold?«

Der Polizist zwirbelte sich nachdenklich den Schnurrbart. »Ich würde die Erledigung des Auftrags hinauszögern und ganz viel Geld verlangen.«

»Genau das hat Barlow gemacht. Die letzten Postkarten sind kurz vor seinem Tod geschrieben worden, da fällt dann das Stichwort Erpressung.« Durlach überreichte dem Polizisten ein Blatt mit Sabrinas Übersetzungen. »Für das letzte Bild wollte er eine Million haben. ›Mutter, bald bin ich reich‹, hat er nach Russland geschrieben. ›Dann hol ich dich hierher.‹ Doch dazu ist es nie gekommen.«

Nr.	Titel	Quelle	Besonderheiten der Sendung	Hintergrund/ Mord-Aufklärung
9	Gespräch Most Thema Sehen Thema Erotik	Studio Sofa	Foto-Wechsel: Most im Museum	*Stimmung glätten* Voyeurismus Perversion und Impotenz Seitensprünge Corrie Video-Überwachung
10	Hopper-Museum	MAZ	ACHTUNG! Kamera auf Most separat mitschneiden	*Wieder seriös* Reaktion Most bei 1'07"!!!
11	Spiel 1 »Original und Fälschung« 1 Gerhard Most Most + Most	Studio Sofa + Bildschirm	Auf großem Bildschirm: Hoppers »Open Window« beide Hopper-Bilder »Open Window«	Bild-Kenntnis Barlows letzte Kopie Katalog-Angaben Urheber Postkarten Art Loss Register Diebstahl

12	Gespräch Most Thema Mäzenatentum	Studio Sofa	Währenddessen Deko-Umbau zu »Herzblatt«	Diebstahlsicherung
				Video-Anlage
				Bilder zeigen wollen
				Museum
				Geld
				Schweigen = Tod

»Welches ist denn von den fünf Sinnen des Menschen der wichtigste?«

Kerstin Schneider hatte sich im Studio inzwischen Gerhard Most zugewandt. Ein warmes Lächeln umspielte ihren Mund, als sie jetzt die Antwort erwartete.

»Das Sehen.«

»Sind Sie selbst ein Augenmensch?«

»Ja.«

»Worin zeigt sich das?«

Eine der Kameras war sehr groß auf Mosts Gesicht gerichtet. Sein Blick schweifte kurz zu seiner Frau, dann wieder zurück zu Kerstin.

»Zum Beispiel an meiner Kleidung. Ich lege sehr großen Wert auf meine äußere Erscheinung.«

»Beschreiben Sie mal.«

Most ließ sich nicht lange bitten. Er lockerte den Knoten seiner Krawatte und philosophierte über gute Anzüge, geschmackvolle Stoffe und stilvolles Leben, wobei seine braunen Augen selbstzufrieden glänzten.

»Most ist Voyeur«, kommentierte Durlach halblaut in der Regie. »Und er ist darüber hinaus ein ganz eitler Sack. Er will allen Leuten seinen Besitz vorführen, und dazu gehört seine Frau Corrie genauso wie seine Hopper-Bilder.«

393

Wie aufs Stichwort ergänzte Most im Studio: »Das zeigt sich natürlich auch daran, dass ich Kunst sammle und mein Geld nicht etwa für einen Fußballclub ausgebe.«

Lob heischend sah er Kerstin an. Doch die im Publikum reichlich vertretenen Sportfans murrten. Einer rief sogar: »Schade«, worauf allgemein gelacht wurde.

»Ich hatte immer Hopper im Blick«, sagte Most nun.

»Waren das erotische Momente?«

Der Kunstsammler reagierte nicht, doch die Moderatorin ließ ihn zappeln. Sie öffnete leicht die Lippen und sah ihm tief in die Augen. Erst nach einer für eine TV-Show schier endlos wirkenden Zeitspanne beendete Most das Schweigen.

»Was meinen Sie damit?«

»Bei der Eröffnung Ihres Museums wurden Sie als Mega-Voyeur bezeichnet. Ist Sehen etwas Erotisches?«

»Ach, das meinen Sie«, schob Most das Thema lachend beiseite. »Das ist eine recht verstiegene Theorie eines Kunsthistorikers.«

»Ist sie nicht genial?«, sagte Durlach beglückt.

Trabold pflichtete hingerissen bei.

»Genauso habe ich mir das Gespräch vorgestellt. Er hadert mit dem Zusammenhang von Sehen und Sexualität. Das war schon bei der Museumseröffnung so.«

Durlach schob seinen Drehstuhl vom Regiepult weg und setzte sich so vor Trabold hin, dass ihre Knie fast zusammenstießen. »Ich hoffe, meine Konstruktion war bisher einigermaßen schlüssig.«

Trabold nickte nur leicht.

»Wir kommen jetzt nämlich zu meiner ersten, etwas gewagten These. Die müssen Sie akzeptieren, denn nur so reimt sich alles zusammen. Haben Sie gesehen, wie Most unsere Kerstin mit Blicken fast ausgezogen hat? Meiner Meinung nach ist Most nämlich pervers.«

»Deswegen ist man doch nicht gleich pervers«, widersprach Trabold empört.

Er sah zu den Monitoren, auf denen Kerstin Schneider charmant mit Most plauderte und ihn zum Protzen verführte.

»Erotik des Geldes ist mir zu platt«, sagte er gerade. »Das will ich für mich nicht gelten lassen. Ich spreche lieber über Ästhetik, die durch den finanziellen Erfolg ermöglicht wird.«

»Steckt da ein Gefühl von Potenz dahinter, weil man für Geld alles kaufen kann?«

»Fast alle Dinge kann man kaufen, nicht aber alle Menschen. So potent bin ich nicht, ich meine, finanziell potent. Um Menschen für sich zu gewinnen, braucht man andere Fähigkeiten.«

»Der Beweis!«, jubelte Durlach. »Er ist impotent.«

Trabold winkte ab. »Blödsinn! Woraus schließen Sie das denn? Die Schneider hat ihm das Wort doch in den Mund gelegt.«

Durlach nahm den Einwand bereitwillig auf.

»Nein, die Charakterisierung ›pervers‹ stammt von Barlows Karten. Und der muss es ja wissen. Es ist doch hinlänglich bekannt, dass Most von Corries vielen Affären gewusst hat. Ich behaupte: Er hat die Seitensprünge nicht nur gebilligt, sondern sogar gefördert. Denn er wollte gern dabei zusehen. Ja, Most ist ein klassischer Voyeur. Vielleicht kann er nicht anders, das weiß ich natürlich nicht, ist auch egal. Corrie durfte jedenfalls andere Männer abschleppen, so viel sie wollte, wenn sie die Männer nur zu Hause anschleppte. Trieb sie es nämlich mit den Jungs im ehelichen Bett, hatte auch Gerhard Most seinen Spaß.«

Durlach drehte sich wieder kurz zu den Bildschirmen, dann redete er weiter. »Most hat sich dafür die entsprechende Technik einbauen lassen. Einer unserer Kameraleute kennt die Planung, war aber nicht versiert genug, die speziellen Wünsche von Most auszuführen. In der Wand gegenüber dem Bett sollte eine kleine, feine Kamera mit Zoom eingelassen werden. Sie ist Mosts Augapfel, wie es Corrie vorhin selbst genannt hat. Alles, was im Schlafzimmer geschieht, kann er damit live von einem separaten Raum aus verfolgen und abspeichern.«

Trabold hörte gespannt zu, zwirbelte heftig an seinem Bart.
»Und Most hat solche Szenen mitgeschnitten. Vielleicht nur,
um sich daran aufzugeilen, vielleicht war es aber auch Teil seiner
Geschäftspolitik. Es könnte doch sein – die Idee kommt mir
im Moment erst –, dass sein finanzieller Erfolg unter anderem
darauf beruht, dass Most Geschäftsmänner nach gemeinsamen
Geschäftsessen in eine verfängliche Situation manövriert und
dann erpresst hat. Hat der KGB nicht auch auf diese Weise
Westspione angeheuert? Vielleicht arbeitet die Russenmafia
immer noch so. Egal. Jedenfalls, und das ist das Wichtige, das
ist die zweite These: Most hat Männer mit solchen Filmen unter
Druck gesetzt.«

Trabold schnaufte hörbar. Er sah Durlach fragend an.

»Vorwarnung für die MAZ«, rief Ruprecht. »Es kommt
gleich Position zehn, Beitrag Hopper-Museum.«

Kerstin Schneider war bildfüllend im Monitor der vor ihr
stehenden Kamera zu sehen und sagte: »Ehe wir allzu lange nur
über Bilder theoretisieren, wollen wir den Zuschauern auch
zeigen, was bei Ihrem Ästhetik-Begriff ganz praktisch heraus-
gekommen ist, nämlich das ›Museum Most‹.«

»Jetzt wird es etwas zu kulturtheoretisch. Muss leider sein«,
sagte Durlach.

Der Film begann mit einem harmlosen Rundgang durch
die Museumsräume, der Text würdigte ausführlich das Œuvre des Amerikaners. Durlach hatte zunächst bereut, dass er
keine Filmaufnahmen der Eröffnung hatte – besonders von
dem Augenblick, als das Schild enthüllt und das Ehepaar in
den weißen Stoff gehüllt wurde –, dann aber war er froh, weil
er seine Studiogäste nicht unnötig und an den falschen Stellen
kompromittieren wollte.

»Könnte ich bitte Mosts Gesicht groß sehen?«, sagte Dur-
lach und drehte sich auf dem Stuhl wieder zur Monitorwand.
Der Regisseur gab eine entsprechende Anweisung an einen
Kameramann im Studio.

»Sehen Sie die Uhr ganz links?«, sagte Durlach zu Trabold,

ohne ihn dabei anzusehen. »Das ist die Laufzeit des Museumsfilms. Wenn das Bild bei einer Minute und sieben Sekunden erscheint, schauen Sie mal auf Mosts Mienenspiel. Und achten Sie auch auf den Ton.«

Tatsächlich war unter der Musik ein leicht anschwellendes Brummen zu hören. Der Filmtext gab sich dagegen kunstsinnig, sprach von Hoppers Entwicklung, die sich im Museum auf herausragende Weise nachvollziehen ließe. Mosts Gesicht erstrahlte in vollem Besitzerstolz. Als das Brummen stärker und unheimlicher wurde, runzelte er hinter seiner Nerdbrille fast unmerklich die Brauen, als ahnte er das heraufziehende Unheil. Dann kam die von Durlach angekündigte Stelle. Sie zeigte einen sehr schnellen Zoom auf ein Hopper-Bild. Dazu ertönte ein musikalischer Akzent, ein dissonanter Orchestertusch. Most zuckte regelrecht zusammen, als sei er ertappt worden. Dabei war der Ton nicht sonderlich laut, und auch das Bild selbst konnte die Reaktion nicht ausgelöst haben. Es war einfach ein Hopper, völlig unverdächtig, ein Gemälde von Hunderten. Most hatte sich rasch wieder unter Kontrolle, lediglich eine gehobene Augenbraue blieb und kündete von gewachsenem Misstrauen, das sein Anwalt wohl nicht teilte. Denn Müller-Wölbert war gerade über seine Aufzeichnungen gebeugt.

Der Text des Films lief einfach weiter, als sei Mosts Emotion unbeabsichtigt gewesen: »... dass alle Bilder komplett sind, eine Arbeit von Jahren. Zudem eine sehr schwierige Aufgabe – selbst für einen echten Sammler. Denn zunächst mussten die Originale aufgetrieben werden. Und manche Bilder sind gar nicht zugänglich – weil sie verschollen oder mittlerweile gestohlen sind.«

Der Film zeigte nun die TVS-Praktikantin Sabrina, die vor einem Computer saß. Sie klickte ein wenig mit der Maus herum. Dazu der Text: »Im Internet gibt es eine Adresse für solche Fälle, die Homepage des sogenannten ›Art Loss Register‹. Hier werden Reproduktionen von Bildern veröffentlicht, die spurlos verschwunden sind. Diebstahl, die einfachste Art, sich ein fremdes Werk anzueignen. Leider illegal. Eine andere Möglichkeit ist es, die Originale zu kopieren. Diesen Weg ging Gerhard Most.«

»Kamera eins, ich möchte Most so nah wie möglich sehen, mit dem Bildschirm im Hintergrund«, kommandierte Ruprecht ins Studio, und zur Seite sagte er: »Hopper-Grafik vorlegen.«

Most atmete sichtlich auf, als der Einspielfilm zu Ende war, doch das hielt nicht lange an.

»Wir wollen mit Ihnen nun ein kleines Spiel spielen«, sagte Kerstin. »Ein altes Rätselspiel, das Sie sicher aus Zeitschriften kennen: ›Original und Fälschung‹. Wir haben hinter Ihnen, Herr Most, ein Hopper-Bild projiziert. Erkennen Sie es?«

Most drehte sich um. Auf einem übergroßen Bildschirm war jenes Hopper-Gemälde zu sehen, das ihn während des Films schon beunruhigt hatte.

»Selbstverständlich kenne ich es«, sagte Most bestimmt.

»Aber Sie kennen es nicht so, wie es hier ist. Unser Grafiker hat nämlich zehn Fehler reinretuschiert. Die müssen Sie jetzt finden.«

Most strich sich die Haare aus dem Gesicht und rückte die Brille wieder einmal gerade. Er überlegte kurz.

»Also die Frau hat in Wirklichkeit ein rotes Buch in der Hand und kein blaues.«

»Richtig. Sehr gut.«

»Ich hätte nie gedacht, dass das klappt«, freute sich Durlach, als Most nach kürzester Zeit schon den sechsten Fehler gefunden hatte. »Oder glauben Sie, Trabold, dass er von all seinen über dreihundert Hopper-Bildern so viele Details kennt.«

»Er hat sich ausführlich damit beschäftigt«, wandte der Polizist ein, ohne von dem Argument recht überzeugt zu sein.

»Soll ich Ihnen jetzt sagen, was an dem Bild besonders ist?«

Durlach wartete nicht auf eine Antwort, sondern gab sie gleich selbst: »Es ist das letzte, das Barlow malen sollte. Dasjenige, für dessen Kopie er eine Million Euro verlangt hat. Nur:

Barlow hat es gar nicht gemalt. Er hat seiner Mutter weder ein Foto des Originals noch eine Postkarte der angefertigten Kopie geschickt.«

»Warum nicht?«

»Weil er vorher umgebracht wurde.«

»Wir machen es Ihnen jetzt ein bisschen leichter«, sagte Kerstin im Studio.

Auf dem Großbildschirm schien das Hopper-Bild nach hinten zu schweben, gleichzeitig tauchte das Motiv daneben noch einmal auf.

»Zwei Versionen, Original und Fälschung. Herr Most, es fehlen noch zwei Unterschiede.«

Aufgeregt zappelnd wie ein Kandidat von »Wer wird Millionär?« wippte Most in seinem Sessel auf und nieder, eifrig suchte er weiter, offenbar nun gänzlich von der Harmlosigkeit des Spiels überzeugt.

»Sie dürfen auch helfen, Frau Most«, sagte Kerstin.

Trabold war nachdenklich geworden. Automatisch griff er nach seiner Schnurrbartspitze, ließ die Hand aber wieder sinken, denn Durlach drückte ihm ein dickes Buch in die Hand.

»Was soll ich mit dem Museumskatalog?«

»Schlagen Sie auf Seite dreihundertsiebenundzwanzig nach!«

Trabold blätterte. Auf der entsprechenden Seite war eine Abbildung jenes Bildes, das im Studio gerade auf Fehler untersucht wurde.

»Ja, und?«

»Wie kommt das Bild in Mosts Museum?«, fragte Durlach didaktisch. »Wo stammt es her, wenn nicht Barlow es gemalt hat?«

»Vielleicht hat es jemand anders kopiert, weil Barlow den Auftrag nicht mehr ausführen konnte«, mutmaßte der Polizist.

»Lesen Sie den entsprechenden Eintrag zu dem Bild. Hinten im Anhang, Seite fünfhundertdreiundfünfzig.«

Gehorsam schlug Trabold nach.

»Approaching an Open Window‹, Öl auf Leinwand, zwei-undsiebzig mal hundertelf Zentimeter, Hopper 1952, Barlow 2015«, las er laut. »Na also, da steht es. Barlow hat es doch gemalt.«

»Und ausgerechnet bei diesem Bild hat er das Foto ver-gessen und keine zwei Postkarten an die Mutter geschickt? Ziemlich unwahrscheinlich. Sehen Sie nach, wo das Original hängt.«

»Louisiana Museum of Modern Art, New Orleans.«

»Und genau von dort ist es gestohlen worden – ein auf-sehenerregender Diebstahl. Ich habe ihn auf der im Film ge-nannten Internetseite vom Art Loss Register nachgelesen. Das Bild sollte damals nach Europa auf Tournee geschickt werden, mehrere Ausstellungen waren geplant: Frankfurt, Kopenha-gen, Essen. Es war gerade verpackt, da verschwand es aus einem Lagerraum der Speditionsfirma. Täter wurden keine ermittelt. Nur: Das Ganze war nicht erst kürzlich, sondern schon 1999.«

»Herrschaften, wir machen hier eine Sendung!«, rief Rup-recht, denn fast alle in der Regie hatten Durlachs Ausführun-gen gebannt zugehört und so beinahe das Ende der Spielrunde verpasst. »Wenn du schon so viel quatschen musst, Durlach, dann wenigstens leise.«

Most hatte alle Fehler gefunden und ein wenig über die Verän-derungen am Hopper-Bild geschmunzelt. Jetzt plauderte er mit Kerstin Schneider über seine weiteren Pläne als Kunstmäzen.

»Ich beabsichtige, ein Stipendium auszuschreiben. Bewerben sollen sich junge, begabte Künstler, die mit dem Hopper'schen Realismus malen und nicht nur Abstraktes oder Rauminstalla-tionen anfertigen.«

»Warum?«

»Ich meine, Kunst muss sich wie alles andere auch verkau-fen lassen. Malerei sollte daher gegenständlich sein, und Kunst muss Gegenstände produzieren. Als Sammler will man ja auch ein Objekt für sich haben. Ein Original zu besitzen, das ist schon ein ganz besonderes Gefühl.«

»Und damit einem das Original zu Hause nicht geklaut wird, muss man Vorsichtsmaßnahmen treffen«, folgerte Durlach flüsternd. »Sie erinnern sich an die Kamera in Mosts Schlafzimmer? Die diente noch einem anderen Zweck als dem, geile Pornos zu drehen. Sie ist eigentlich auf das Gemälde über dem Bett gerichtet. Und das Bild war auch die Begründung, die Most für den Einbau der Anlage gab. Es sei ein sehr wertvolles Bild, hat er unserem Kameramann gesagt. Das glaube ich Most. Aber glauben Sie ihm, Trabold, dass für Barlows ›Kirow am Abend‹, für das Gemälde eines unbekannten Kunststudenten aus Moskau, so ein hoher technischer Aufwand nötig ist?«

»Jetzt verstehe ich, was Sie meinen.« Trabold lächelte amüsiert. »Sie glauben, Most hat den Hopper klauen lassen …«

»… oder sich den geklauten Hopper beschafft«, ergänzte Durlach.

»Er wollte aber das Bild nicht im Keller verschimmeln lassen, sondern hat es sich ausgerechnet über sein eigenes Bett gehängt …«

»… was ihm auf Dauer nicht ausreichte. Er will ja zeigen, was er besitzt.«

»Daher hat Most dann die ganzen Bilder kopieren lassen. Nur um sein Original in die Mitte zu hängen.«

»… und außenrum hat er noch ein Museum gebaut. Finanzieren konnte er sich das mit links.« Durlach war beseelt, dass seine Konstruktion aufging. »Und der Einzige, der davon gewusst hat, der Einzige, der ihn hätte verraten können …«

»… war Barlow«, ergänzte diesmal Trabold. »Aber Most hätte ihn auch mit viel Geld zum Schweigen bringen können.«

»Vielleicht anfangs. Aber auf Dauer? Barlow war ein junger, ungestümer Künstler. Kann man dessen Verhalten wirklich auf Jahre hinaus berechnen und steuern? Wer kann garantieren, dass er nicht eines Tages erklärt, nicht selbst Initiator des Hopper-Projekts zu sein, sondern nur einen Malauftrag erfüllt zu haben. Was ist, wenn das Genie mit ihm durchgeht? Oder wenn ihn die Liebe packt, gar zur Frau des eigenen Mäzens? Ist ihm Geld allein so wichtig? Außerdem würde ich liebend gern wissen, ob Most dem Barlow überhaupt ordentlich was bezahlt hat. Bei der Mutter ist jedenfalls nach seinem Tod nichts angekommen. Also: Nur ein toter Barlow ist ein schweigender Barlow.«

Nr.	Titel	Quelle	Besonderheiten der Sendung	Hintergrund/ Mord-Aufklärung
13	Spiel 2 »Herzblatt«	Studio Wand	König in Position Wechsel der Lichtstimmung	Nicht begegnet Nino-Äußeres »Augenstern«
14	Gespräch Corrie Thema Nino Rotunda	Studio Wand	König zusätzlich in Sitzgruppe	Rollen-Beschreibung Ninos Psyche Sex im Bett Kompromittierende Bilder
15	Rotunda in Soap	MAZ	In Gespräch integriert	
16	Gespräch Corrie Fortsetzung Thema Nino Rotunda	Studio Wand		Satanismus = Lebenshunger Auftragsmord

Die Maskenbildnerin erschien in der Senderegie und nickte Durlach und Ruprecht zu. Der Regisseur reagierte sofort.

»Kerstin«, sagte er der Moderatorin auf ihren Kopfhörer. »Wir sind im Studio demnächst spielbereit. Noch etwa eine Minute, dann kannst du überleiten.«

Die Moderatorin zeigte mit keinem Wimpernschlag, dass sie die Anweisung verstanden hatte. Ruprecht drückte einen anderen Knopf seines Regiepults und wies den Aufnahmeleiter an, ihm ein Zeichen zu geben, wenn alles in Position stand.

»Kamera eins bitte Position bei der Trennwand einnehmen.«

»War es schwer, ihn zu stylen?«, fragte Durlach die Masken-bildnerin.

»Überhaupt nicht. Die von der Soap hatten ja schon die Schläfen etwas getönt. Ich habe nur Make-up aufgetragen. – Kann ich von hier aus zugucken?«

»Klar«, sagte Durlach und bot ihr seinen Platz an. Er selbst lehnte sich wieder neben Trabold an die Wand. »Ich habe je-manden dafür gewonnen, um die beiden aufs Glatteis zu füh-ren. Ich will die Mosts mit ihren eigenen Waffen schlagen. Mit Original und Fälschung. Schauen Sie mal nur auf die Vorberei-tungen von Kamera eins.«

Das Bild des entsprechenden Monitors wirkte wie längs ge-teilt, denn die Kamera stand dicht bei einer Trennwand. Auf beiden Seiten stand jeweils ein Stuhl. Zwischen der Dekoration hinten tauchte der Aufnahmeleiter auf und hatte Otto König im Schlepptau. Man sah, dass sich beide vorsichtig bewegten. König setzte sich.

»Das ist ja wie bei ›Herzblatt‹«, sagte Trabold. »Also, das hab ich früher auch öfter gesehen.«

»Ja, stimmt. Nur der Zuschauer sieht im Voraus, wer sich da begegnen wird«, erklärte Durlach dennoch den nächsten Schritt. »Der Witz an dem Spiel bei uns ist nämlich, dass sich Corrie Most und Otto König noch nie begegnet sind. König tritt ihr jetzt quasi als Nino gegenüber. Er trägt sogar echte Kleidung von Rotunda. Haben wir aus dem Fundus von Lela-Lila besorgt. Passt ihm wie angegossen.«

Während Durlachs Ausführungen zeigte eine der Studio-kameras, wie Müller-Wölbert auf seinem Platz im Publikum hyperventilierte. Hektisch schrieb er etwas nieder und wischte sich mehrfach den Seitenscheitel zurecht. Dann schwenkte die Kamera wieder weg.

Kerstin Schneider hatte in der Zwischenzeit Corrie Most auf dem zweiten Stuhl bei der Trennwand platziert und ihr eine überraschende Begegnung versprochen.

»Und hier ist Ihr Blind Date!«, rief Kerstin theatralisch.

Corrie schien einfach neugierig, als sich die Trennwand langsam zur Seite schob. Ihr Oberkörper straffte sich, und sie neigte den Kopf zur Seite, um den anderen möglichst früh sehen zu können. König schlug hingegen die Beine übereinander und setzte ein betont cooles Gesicht auf, so wie er es von Nino aus LelaLila kannte. Das behielt er auch bei, als sich die beiden endlich sehen konnten. Corrie war verwirrt, ihre Miene gefror, die Lippen zusammengepresst. Erbarmungslos zeigte die Kamera, wie auf ihrer Stirn eine große, senkrechte Falte entstand.

Das Bild einer anderen Kamera zeigte Most in der Sitzgruppe. Er war unruhig, wippte hin und her und wollte schon aufstehen, beschloss dann aber offenbar, nicht einzuschreiten und das Spiel als Spiel zu nehmen.

»Achtung, jetzt kommt's!«, zischte Durlach Trabold zu.

Und tatsächlich glitt nun ein Lächeln über Königs Gesicht, und er flüsterte Corrie zu: »Hallo, Augenstern.«

Corries Atem stockte. Dann formten ihre Lippen lautlos ein Wort: Nino. Zu hören war nichts. Most auf der entfernt stehenden Ledercouch hatte nichts mitbekommen.

»Rotunda hat alle seine Freundinnen ›Augenstern‹ genannt«, flüsterte Durlach so leise, dass Trabold ihn nicht verstand.

Der Polizist fragte nicht nach, jetzt wollte auch er keine Regung im Studio verpassen.

»Was sagen Sie jetzt?«, fragte Kerstin Schneider, doch Corrie schwieg, die Augen weit aufgerissen. »Möchten Sie mit Ihrem Date einen Tag verbringen?«

»Mit Nino?«, antwortete Corrie leise und schluckte.

Die Moderatorin tat unschuldig, zeigte einfach auf Otto König und sagte: »Ja, mit ihm.«

»Der ist doch nicht echt!«

»Aus Fleisch und Blut.«

Corrie Most schüttelte den Kopf. Dann klarte ihr Blick auf, als sei sie aus einem schlechten Traum erwacht.

»Nino Rotunda ist tot. An ihn wurde ich erinnert.«

»Kein Wunder«, flötete Kerstin. »Otto König hat ja auch die Rolle von Rotunda in ›Leben lassen – Lieben lassen‹ übernommen. Sie kannten Nino Rotunda sehr gut, nicht wahr?«

»Ja. Ich habe ihn auf einer Party kennengelernt.«

»Was mochten Sie an ihm, Frau Most?«

»Er war engagiert, er war jung, er hatte eine große Karriere als Schauspieler vor sich. Er wollte etwas vom Leben. Das war schon interessant.«

»Sind Sie ihm öfter begegnet?«

»Ein paarmal.«

»Endlich wird der Kontakt zwischen den beiden öffentlich eingestanden«, kommentierte Durlach. »Das wird Müller-Wölbert gar nicht in den Kram passen.«

»Wieso?«

»Er hat bisher mit immensen Schadensersatzdrohungen verhindert, dass die Zeitungen über den Kontakt zwischen der Most und Rotunda berichten. Außer einem Party-Schnappschuss wurde noch nichts gedruckt. Und jetzt sagt sie es selbst, dass da mehr war. Wir haben sie weichgekocht.«

»Und wie fanden Sie ihn als Schauspieler?«

»Ich hatte die Soap nie zuvor gesehen. Erst als ich Nino Rotunda kennengelernt hatte, habe ich mir ein paar Folgen angeschaut. Ich fand das ganz nett, aber auf Dauer würde mich so eine Serie langweilen.«

»Er war ein Star«, beharrte Kerstin auf dem Thema.

»Das habe ich gemerkt. Das war für mich auch kein Wunder. Die Rolle hat wunderbar zu ihm gepasst. Die war ihm wie auf den Leib geschrieben.«

Die Tür der Regie flog auf, und Cornelius Müller-Wölbert stand da.

»Wo ist der verantwortliche Redakteur? Wo ist dieser Herr Durlach?«, rief er mit volltönender Stimme in den Raum. »Ach, da sind Sie ja, Herr Durlach. Das hätte ich mir ja denken können, dass wir uns nicht auf Sie verlassen können.«

»Inwiefern?«, stellte sich Durlach erst einmal dumm, weil der überraschende Besuch ihn aus dem Tritt gebracht hatte.

»Das ist bodenlos und allerschlechtester Stil. Es war eindeutig abgemacht, dass beide Mordfälle nicht Thema dieser Sendung sein werden.«

»Das stimmt nicht, Herr Müller-Wölbert«, sagte Durlach, der seine momentane Verwirrung überwunden hatte. »Besprochen war, dass wir vor allem auf das ›Museum Most‹ eingehen, und das haben wir getan, mit einem Film, mit einem Gespräch und sogar mit einer Spielrunde.«

»Sie wollen meine Mandanten vorführen und bloßstellen.«

»Wir wollen auf leichte, unterhaltende Art zeigen, wie unsere Gäste wirklich sind. So ist das ›Stadtgespräch‹ immer. Wenn Sie das Format häufiger sehen würden, wüssten Sie das, Herr Müller-Wölbert.«

»Ich werde das nicht weiter mit ansehen. Sie werden die Sendung sofort abbrechen.«

»Das werde ich ganz sicher nicht. Dann müsste schon das Ehepaar Most von sich aus das Studio verlassen, vor allen Zuschauern. Wenn Sie diesen Eklat wollen, dann bitte. Aber das wird niemand außer uns verstehen. In der Öffentlichkeit werden die Mosts ausschließlich als Spielverderber dastehen.«

»Ich werde Ihre Sendung mit einer einstweiligen Verfügung stoppen und TVS mit Gegendarstellungen überziehen«, drohte der Anwalt.

»Ja, tun Sie das. Das wird aber die Aufmerksamkeit auf diese harmlose kleine Sendung nur vergrößern und verlängern. Wenn Sie den Mosts diese PR gönnen mögen, nur zu.«

Müller-Wölbert war von Durlachs Widerstand offensichtlich überrascht. Er sah ein paar Augenblicke auf seine Unterlagen. Dann schlug er einen konzilianteren Ton an. »Über die rechtliche Bewertung werden wir sicher noch konferieren. Aber Sie werden verstehen, Herr Durlach, dass das im Moment nicht so weiterlaufen kann. Wir müssen schnell eine einvernehmliche Entscheidung treffen. Wie also bekommen wir die Sache vom Eis?«

Durlach sah auf den Ablaufplan seiner Show und überlegte. »Wir könnten von meinem Drehbuch für die Sendung abweichen«, sagte er. »Ich schlage Ihnen vor, dass das Ehepaar Most während der nächsten Filmzuspielung das Studio verlässt und wir den Zuschauern etwas von einem kurzfristigen Termin erzählen. Wir werden die Show dann umbauen und ohne sie zu Ende bringen.«

»Einverstanden«, sagte der Medienanwalt schnell. »Ich werde das mit meiner Mandantschaft so besprechen.«

»Aber bitte nur in den Filmpausen«, sagte Regisseur Ruprecht.

Müller-Wölbert rauschte davon, aber bevor er die Tür erreicht hatte, rief Durlach noch: »Es heißt: Kuh vom Eis.«

Kerstin Schneider hatte zwischenzeitlich alle drei Gäste in der Sitzgruppe versammelt und wieder ihren arglosen Plauderton angeschlagen.

»Wie würden Sie die Rolle beschreiben?«, wandte sie sich an Otto König.

»Ich spiele einen dynamischen Aufsteiger, einen jungen Geschäftsmann in der Werbebranche. Er ist in seinen Methoden nicht zimperlich, kommt aber bei den Frauen gut an. Ein Draufgänger mit Erlebnishunger. Doch sein Erfolg ist ihm wohl etwas zu Kopf gestiegen. Er ist ein bisschen durchgeknallt.«

»Würden Sie den Menschen Nino Rotunda auch so beschreiben, Frau Most?«

Wie nebenbei legte Kerstin vertrauensvoll ihre Hand auf die von Corrie.

»Erfolgreich – ja. Kommt bei Frauen an – auch. Er hatte unglaublich viele Fans. Ach Gott, und privat war er schon etwas verrückt, hat viele extreme Sachen gemacht. Das stimmt schon.«

»So komprimiert wie in dreißig Minuten Soap? ›Verrückt, extreme Sachen‹ – da ist es ja anscheinend heiß hergegangen.«

»Ach, wissen Sie, Nino war ein Künstler. Und wie ich vorhin schon sagte, manche Künstler verausgaben sich völlig, so intensiv leben sie, und das ist dann ihre schöpferischste Lebensphase.«

Durlach hatte zwischenzeitlich auf seinem Ablauf Passagen durchgestrichen und umgeschrieben und die Änderungen leise mit dem Regisseur besprochen. Dann widmete er sich wieder seinen kriminalistischen Erläuterungen.

»Die Rollenbeschreibung habe ich mit König gemeinsam getextet. Die hat er jetzt wörtlich vorgetragen«, amüsierte sich Durlach. »Mir kam es auf diese Schlüsselwörter an: Aufsteiger, erlebnishungrig, durchgeknallt, bei Frauen erfolgreich. Rotunda hat seine Rolle und sein Ich miteinander verwechselt. Sein Leben hat er am Ende ›wie ein Seriendrehbuch gestaltet‹, jedenfalls hat es die Psychologin der Soap mir gegenüber so ausgedrückt. Da musste ähnlich viel passieren. Und was, glauben Sie, Trabold, passiert zwischen einem Rotunda und einer Corrie Most?«

»Sex?«

»Und wo?«

»Sie meinen, Gerhard Most hat es aufgezeichnet.«

»Nino war heiß auf alles, auf Frauen, auf Drogen, auf Abenteuer. Anfangs war das kein Problem, da konnte er sich verhalten, wie er wollte. Dann aber wurde er prominent, ein Teenie-Star. Da hatte er einen Ruf zu verlieren. Der kleine geile Nino Rotunda wurde erpressbar.«

»Mit Schmuddelfilmchen aus dem Hause Most.«

»Ja.«

»Ach, Herr Durlach«, winkte Trabold halbherzig ab. »Also, so ein Sex-Tape kann doch eine Karriere heutzutage eher befördern. Denken Sie an Paris Hilton. Oder Pamela Anderson.«

»Sie haben recht. Darüber habe ich mir auch Gedanken gemacht. Aber es gibt immer noch Grenzen für Promis. Wenn man die überschreitet, ist das Image beschädigt, zum Beispiel bei brutalen Fesselspielen oder bei Gummi-Fetisch ...«

»Und dabei kann die Gespielin auch eine Maske tragen«, fügte Trabold hinzu, »und wird selbst auf den Bildern nicht erkannt.«

Durlach strahlte.

»Wir verstehen uns.«

Im Studio stand mittlerweile Müller-Wölbert in der »Herz-blatt«-Kulisse und machte irgendwelche Zeichen. Eine andere Kamera zeigte Gerhard Most, der sich vergeblich mühte, die stummen Hinweise zu verstehen, während das Sendebild nur zwischen Kerstin und Corrie hin- und herwanderte. Endlich kündigte die Moderatorin einen Film an, der Nino Rotundas Wirken bei »Leben lassen – Lieben lassen« würdigen sollte, sofort stand der Medienanwalt bei seinen Klienten und redete auf sie ein. Gerhard Most nickte zustimmend, und das Ehepaar verließ die Sitzecke und ohne Zwischenhalt auch das Studio, während Kerstin Schneider sich von Ruprecht den weiteren Fortgang der Show erläutern ließ.

Durlach schien dies nicht groß zu beachten und war wieder auf seine Mordaufklärung konzentriert.

»Wenn Sie bei meiner Konstruktion schon so weit mitge-gangen sind, Herr Trabold, dann werden Sie auch den letzten Schritt mitgehen, selbst wenn er etwas spekulativ ist.«

»Machen Sie schon«, munterte Trabold den Journalisten auf. »Heute schluck ich fast alles.«

»Die dritte These lautet: Nino wurde von Most unter Druck gesetzt. Ich kam darauf, weil auch satanistische Sekten so vor-gehen. Potenzielle Mitglieder werden erpressbar gemacht, in-dem sie als Loyalitätsbeweis Kirchen- oder Tierschändungen begehen müssen. Auch Nino Rotunda wollte in gewisse Kreise der Stuttgarter Gesellschaft einsteigen. Das hat ihn anfällig wer-den lassen. Er war auch deshalb erpressbar, weil sein Standing bei PosiTV nicht mehr sonderlich gut war. Zwar tauscht man einen Serienstar nicht so leicht aus, aber Kasperczak hat sich schon nach einem möglichen Nachfolger umgesehen. Stellen Sie sich vor, da wären plötzlich harte Bondageszenen unseres Soap-Helden aufgetaucht? Mit der schönen Schauspielerkarriere wäre es wahrscheinlich aus gewesen. Was also, denken Sie, wäre passiert, wenn der erlebnishungrige Nino vor die Wahl gestellt worden wäre: öffentlicher Sexskandal oder einen Auftrag erledigen und damit ein weiteres Abenteuer erleben?«

»Machen Sie es nicht so spannend.«

»Nino sollte einen Mord begehen. Er wurde gezwungen, Barlow zu töten.«

Trabold lachte. Durlach war enttäuscht.

»Sie haben mir selbst erzählt, Trabold, dass Sie bei den Ermittlungen zu dem Mord auch Nino Rotunda überprüft haben.«

»Doch nur, weil er mal an Barlows Auto die Zündung kontrolliert hat. Nach unseren Ermittlungen war die Tat aber eindeutig das Werk eines professionellen Killers.«

»Es kann doch auch ein Laienmörder gewesen sein, unter professioneller Anleitung.«

»Außerdem hat Rotunda ein Alibi. Sein eigener Hausmeister hat ihn doch gesehen. Wollen Sie an dessen Aussage zweifeln?«

Jetzt lächelte Durlach wieder: »Dazu kommen wir gleich noch.«

Nr.	Titel	Quelle	Besonderheiten der Sendung	Hintergrund/ Mord-Aufklärung
17	Fragebogen König	Studio Sofa	Neu: mit Publikum	*Wieder harmlos*
18	O-Töne zu König	MAZ	Währenddessen Deko-Umbau	Psyche König
19	Gespräch König 1 Thema Biografie	Studio Sofa		Turning Point Nino Verwechslung Autogramm Lisa-Maria Original + Fälschung Alibi Überwachung

»Die Zuschauer im Studio haben es ja bereits mitbekommen. Das Ehepaar Most hatte plötzlich einen Termin, der unaufschiebbar war. Wir hoffen alle, dass es nichts Ernstes ist«, sagte Kerstin Schneider in die Kamera. »Jedenfalls bietet mir dies die Gelegenheit, mich ganz meinem dritten Gast zu widmen. Auch er ist Stadtgespräch, weil er den eben gezeigten Nino Rotunda in der Serie ›Leben lassen – Lieben lassen‹ ersetzt, wobei der neue Sven Krämer wegen seiner langjährigen Schauspielerfahrung auf etlichen Theaterbühnen sicher mehr ist als bloß ›Ersatz‹. Begrüßen Sie mit mir noch einmal: Otto König.«

Das Publikum applaudierte brav und lachte sogar bei der nächsten Bemerkung.

»Wir beginnen mit dem Fragebogen. Ich hoffe, Herr König, Sie haben hinter der Bühne nicht gelauscht und sich die besten Antworten gemerkt.«

Der Fragebogen wurde abgearbeitet, wobei König etwas trocken antwortete. Kerstin ging ins Publikum und ließ die Antworten kommentieren. Intuitiv suchte sie sich dabei die passenden Zuschauer aus. Es wurde sogar richtig heiter, als einer der Fußballfans fragte, wer Königs Lieblingsspieler beim VfB sei, und der Schauspieler erzählte, als Kind leider mehr Zeit an der Ballettstange verbracht zu haben als auf dem Fußballplatz.

»Wie gut, dass wir keine Torwand dahaben«, sagte Schneider. »Aber den Platz für ein Paar Ballettsprünge haben wir.«

Nach nur kurzem Zieren entledigte sich König der Schuhe und Strümpfe, rollte die Hosenbeine hoch und legte los. Das Publikum applaudierte heftig.

»Wir mussten das Show-Programm etwas strecken. Damit König mehr Zeit zum Akklimatisieren bekam«, erläuterte Durlach, dann gab er über die Kommando-Anlage Anweisungen ins Studio: »Kerstin, er ist jetzt locker genug. Leite über zur MAZ.«

»Wir wissen jetzt, wie anmutig sich unser Gast künftig in Stuttgart bewegen wird. Jetzt wollen wir erfahren: Wie sieht eigentlich der Mensch hinter der Rolle aus?«

Ruprecht rief einen Film ab. Durlach hatte sich von einem Kollegen Interviews mit Königs alten Theaterkollegen aus Bremerhaven überspielen lassen und die wichtigsten Aussagen zusammengeschnitten:

»Ich habe selten jemanden getroffen, der so viel Bühnenpräsenz hatte. Ein brillanter Schauspieler. Als er allerdings von ›theater heute‹ ausgezeichnet wurde, wurde er ziemlich überheblich.« – »In Proben ist er manchmal sehr ungeduldig geworden. Ich hab mal eine schreckliche Szene mitbekommen. Da war so ein junger Dramaturg, der hat Otto bis zur Weißglut gereizt. Da hat Otto ihm während einer Probe plötzlich eine runtergehauen. So eine Wut hätte ich von ihm nicht erwartet. Auch wenn Otto sich nachträglich entschuldigt hat.« – »Als ich die Soap im Fernsehen gesehen habe, dachte ich, die Ähnlichkeit ist einfach verblüffend. Im Ensemble wurde Otto immer damit aufgezogen: ›Da verdienst du dir aber noch ein gutes Zubrot beim Fernsehen.‹ Oder: ›Nino Rotunda ist aber ein doofes Pseudonym, Otto.‹ Er fand das gar nicht lustig.« – »Otto war stinksauer, weil ich den ›Hamlet‹ nicht mit ihm besetzt hatte. Aber ich konnte doch keinen Dänenprinzen auf die Bühne stellen, der ›Sein oder Nichtsein‹ sagt, und das ganze Publikum denkt: ›Leben lassen, lieben lassen‹.« – »Ich war amüsiert, als ich es beim Friseur gelesen habe. Es ist doch lustig, dass ausgerechnet Otto diese Rolle bekommen hat. Was hat er eigentlich in der Zwischenzeit gemacht?«

König war sichtlich irritiert, weil er eine allgemeine Lobhudelei der Kollegen erwartet hatte. Aber er war Profi genug, um nach außen hin die Fassung zu bewahren.

»Die Frage möchte ich gleich aufnehmen, Herr König«, sagte Kerstin. »Was haben Sie denn zwischen Bühnenengagement und ihre Soap-Verpflichtung gemacht?«

»So dies und das«, wiegelte König ab, merkte aber gleich, dass die Antwort zu unbestimmt war. »Man zieht sich etwas zurück, besinnt sich aufs Wesentliche.«

»Konnten Sie sich das leisten?«

»Ich habe es mir geleistet.«

»Anders gefragt: Wenn man ins Loch fällt und aus eigener Kraft wieder herauskommt, ist man gestärkt. Wie sehr leben Schauspieler vor allem von ihrer Psyche?«

»Die ist schon wichtig, reicht aber nicht. Auf jeden Fall kommt es auch auf das Aussehen an.« König dachte kurz nach. »Und auf das Talent natürlich, aber man muss auch dazulernen wollen und können.«

»Apropos Aussehen, tatsächlich kam für Sie der Umschwung ja durch Ihre Ähnlichkeit mit Nino Rotunda.«

»Ja, das war mein großes Glück.«

»Geniale Antwort«, kommentierte Durlach in der Regie, wandte sich an Trabold und holte aus. »Es war das Gegenteil: Sein großes Unglück. Wie sehr König darunter gelitten haben muss, dass er nicht mehr auftreten konnte, wurde mir klar, als ich mit ihm auf dem Fernsehturm stand. Er hat so von seinen Erfolgen geschwärmt. Das Theater war sein Leben. Doch plötzlich hatte er keine Rollen mehr, er hatte keine Kohle mehr und litt schon bald unter Depressionen. König hat deshalb sein Selbstbewusstsein trainiert, wollte sich seiner Stärken versichern. Alles wegen Rotunda.«

»Ich bin mit Nino ein-, zweimal sogar verwechselt worden«, plauderte Otto König im Studio weiter. Auch er konnte sich der entwaffnenden Art von Kerstin offensichtlich nicht entziehen. »Ich bin von blutjungen Mädchen angesprochen und auf offener Straße geküsst worden.«

»Das ging jetzt aber schnell«, entfuhr es Durlach, weil er mit seinen Erklärungen kaum hinterherkam. Er sprach schneller. »Ja, König hat an Ninos Stelle Autogramme gegeben und ausgerechnet einer gewissen Lisa-Maria vom Rotunda-Fanclub. Schauen Sie, so sieht die echte Unterschrift von Nino aus.«

Mit großer Geste zog der Journalist eine Autogrammkarte von »Leben lassen – Lieben lassen« hervor. Als Zweites überreichte Durlach Trabold triumphierend ein Handyprospekt. »Meinem treuesten Fan, Nino Rotunda«, war an den Rand geschrieben, darunter Datum und Unterschrift.

»Lisa-Maria hatte damals kein anderes Stück Papier zur Hand. Das Autogramm wollte das Mädchen fast nicht rausrücken, immerhin ist sie Mitglied eines Fanclubs und hat sich wegen diesem blöden Zettel mit ihrer besten Freundin überworfen. Wir haben ihr versprochen, dass sie das Autogramm auf alle Fälle wiederbekommt. Dass es Königs Handschrift ist, werden Sie wahrscheinlich grafologisch feststellen können. Wollen Sie wissen, wo und wann sie das Autogramm bekommen hat?«

Trabold antwortete nicht. Vielleicht weil er nicht zu sehr in die Schülerrolle gedrängt werden wollte. Also redete Durlach einfach weiter.

»Es war der Todestag von Rotunda. Das Mädchen war der festen Überzeugung, dass es das letzte Autogramm ihres Idols war. Deshalb wollte sie die Geschichte auch nicht Ihren Kollegen von der Polizei erzählen. Sie hat befürchtet, man würde ihr das wertvolle Papier für immer wegnehmen. Und wo hat sie die Unterschrift bekommen?« Kurze rhetorische Pause. »Direkt vor dem Haus von Nino Rotunda. Das Mädchen wohnt auch im Stuttgarter Norden. Sie hat erzählt, Nino hätte auf der gegenüberliegenden Straßenseite gestanden und auf irgendetwas gewartet. Es war aber erst früher Nachmittag. Wissen Sie noch, wann Rotunda an diesem Tag das Studio verlassen hat?«

»Relativ spät«, antwortete Trabold. »So gegen neunzehn Uhr.«

»Sehen Sie. Otto König hat also Nino Rotunda ausgekundschaftet. Zeit hatte er genug, er war ja arbeitslos. Außerdem lebte König sehr zurückgezogen, in Berlin hat ihn sicher niemand vermisst. Als ich den Film über ihn gemacht habe, habe ich eine Nachbarin bei den Briefkästen getroffen und sie gefragt, ob sie stolz wäre, wenn Otto König nun ein bekannter Serienstar würde. Da hat die Frau geantwortet: ›Ach, der ist Schauspieler? Dabei sieht man den doch nie. Hockt wohl nur in der Bude.‹ Genaueres weiß sie nicht, hat sie gesagt, weil König das Haus nicht zu normalen Zeiten verlässt.«

Im Studio war man mit dem Karriereweg von Otto König mittlerweile durch, Kerstin wollte ein Resümee.

»Hat Ihnen Nino Rotunda mehr genützt oder mehr geschadet?«

»Genützt. Ich musste mich verstärkt mit mir und mit der Rolle auseinandersetzen, die Nino Rotunda in der Öffentlichkeit spielte. Im Endeffekt habe ich so wieder zu mir selbst gefunden.«

»Und dann haben Sie seine Rolle übernommen?«

»Das war nicht geplant.«

»Ja, was war denn dann geplant?«, fragte Durlach rhetorisch.
»König spioniert doch nicht den anderen aus, um zu sich selbst
zu finden. Rotunda hat ihm indirekt seine Rollen weggenom-
men, seine Karriere verpfuscht, sein Leben ruiniert. Da gab es
für König nur eins: er oder ich. Ich behaupte, und das werde ich
sogar beweisen: Otto König hat Rotunda umgebracht.«

»Damit er sein Engagement in der Soap übernehmen kann?«

»Nein, das hatte König, glaube ich, wirklich nicht geplant.
Genauso wenig wie die Tatsache, dass er an Barlows Todestag
Nino Rotunda ein Alibi verschafft hat. König wurde von dem
Hausmeister gesehen, wie er Ninos Lebenswandel beobachtete. Einmal mehr wurde er für Nino gehalten. Das musste ja
passieren. Wenn ich den Lebenswandel meines Doppelgängers
ausspioniere und mich in dessen Lebensraum bewege, dann
laufe ich sicher auch dessen Bekannten über den Weg, und zwar
ohne es selbst zu merken, weil ich die ja nicht kenne. Da kommt
es doch zwangsläufig zu Verwechslungen.«

»Da ist was dran«, murmelte Trabold.

»Philipp, mein Kollege, hat dem Hausmeister zwei Fotos
vorgehalten, eins von Nino Rotunda und eins von Otto König.
Selbstverständlich konnte er nicht sagen, wen er in der Nacht
gesehen hatte. Das hätte er sogar vor der Kamera wiederholt. –
Ich würde sagen: Rotundas Alibi ist futsch.«

Nr.	Titel	Quelle	Besonderheiten der Sendung	Hintergrund/ Mord-Aufklärung
20	Vor Spiel »Ritual«	Studio + Grafik	Bildschirm-wechsel auf Buch Buch-Animation	Buch-Entdeckung Buch-Inhalt
21	Spiel 3 »Ritual«	Studio Wand + Tisch Süd-see-Musik	Foto-Wechsel auf Strand ~~Corrie~~ Zuschauer liest Wechsel Licht-stimmung	Fehler im Buch Ritualquelle Zeremonie passt Äpfel
22	Zuschauer-Quiz Tupfenbilder	Studio + Grafik	Monitor vor König	Protanomalie
23	Ade	Studio		

»Wir kommen zu unserem dritten Spiel, dem Spiel für Sie, Herr König.« Kerstin Schneider stand auf, und mit einer leichten Handbewegung wies sie den Schauspieler an, ihr zu folgen. »Wir haben von Ihren Kollegen am Theater erfahren, dass Sie sich auch mit esoterischen Themen auseinandergesetzt haben, mit Astrologie, aber auch mit der Mythologie fremder Völker.«

König wiegte etwas den Kopf.

»Ja, schon. Ich habe mich aber auch mit sehr vielen anderen Themen beschäftigt. Ich lese viel.«

»Dann schauen Sie mal auf den Bildschirm hinter uns.«

»Erstes Bild langsam reinblenden«, ordnete Ruprecht an.

Der Grafiker drückte einen Knopf. Auf dem großen Schirm

im Studio sah man ein Standbild des Films auftauchen, den Durlach bei König in Berlin gedreht hatte. Es zeigte den Schauspieler, wie er gerade Bücher aus der Regalwand in Umzugskartons packte.

»Sie haben in Ihrer Berliner Wohnung dankenswerterweise die Bücher nach Verlagen und Themen geordnet.« Kerstin lächelte Otto König so charmant an, dass er keine weitere Heimtücke zu vermuten schien. »Sehen Sie, das sind Bücher aus der Reihe ›Grenzwissenschaft‹.«

»Grafikwechsel«, rief Ruprecht.

Auf dem Standbild erschien um zahlreiche der Bücher herum zusätzlich ein roter Kreis. Man sah deutlich, dass alle so hervorgehobenen Bücher drei rote Striche am Buchrücken hatten.

»Diese Bücher sind aus dem ›Verlag Weltwissen‹.«

Die Grafik wechselte, diesmal war der Kreis um eine Regalreihe mit schwarzen Buchrücken und weißer Schrift. Kerstin fuhr den roten Rand mit dem Finger nach. Ihr Nagellack hatte fast die gleiche Farbe.

»Und diese hier sind alle vom ›deutschen esoterik verlag‹.«

Beim dritten Bild waren so viele Bücher eingefasst, dass der Kreis zu einem länglichen Oval mutierte.

König schmunzelte. »Das sind aber nur die Sachbücher, die Belletristik ist selbstverständlich nicht nach Verlagen geordnet.«

»Sondern?«

»Alphabetisch.«

Beide lachten. Im Publikum spendeten einige Beifall.

»Schön. Wir wollen uns aber mit einem der anderen Bücher beschäftigen. Ein Sachbuch, das wir auf diesem Bild gesehen haben. Nämlich dieses.«

Wieder veränderte der rote Kreis seinen Standort, er wanderte zu Königs Händen, die ein blaues Buch hielten.

»Das ist jetzt der allergrößte Zufall«, flüsterte Durlach schnell. »Ich habe es nur entdeckt, weil ich beim Sichten des Rohmaterials gestört wurde. Genau in diesem Moment kamen nämlich mein Chef und Birkle mit seinen Bildern vom Kasperczak-Unfall in den Sichtraum. – Sehen Sie auch, Herr Trabold, wie fest Königs Finger das Buch umklammern.«

»Und Grafik wechselt auf Animation«, kommandierte Ruprecht.

Auf dem großen Bildschirm im Studio schien sich das Buch von Königs Händen zu lösen, drehte sich und schwebte zugleich nach vorne, dass alle den Titel sehen konnten. Über einem blauen Kreis mit dem Bild eines Turms stand: »Vom Ende der Zivilisation«.

»Wir haben uns aus diesem Buch eine Stelle herausgegriffen. Ach so!« Kerstin rief sich selbst zur Ordnung, als hätte sie etwas vergessen. »Erst müssen wir unseren Zuschauern noch sagen, worum es in diesem Buch eigentlich geht. Herr König?«

Otto König war auf einmal alles andere als entspannt. Er rieb sich die Hände und musste schlucken, bevor er sprach. »Soweit ich mich erinnere, vertritt der Autor die Theorie, dass die Zeit des Materialismus bald vorbei ist, dass die Globalisierung den Menschen an den Rand seines Vorstellungsvermögens geführt hat und dass er so nicht weiterleben will. Spätestens mit der Jahrtausendwende habe daher das Zeitalter der Mythen wieder begonnen und alte, fast versunkene Zeremonien wiederbelebt.«

»Genau. Sie erinnern sich gut, Herr König.«

»Das Gedächtnis ist das Grundhandwerkszeug eines jeden Schauspielers.«

»Bei der Soap werden Sie sich ja noch mehr Text merken müssen.«

»Vor allem in kürzerer Zeit«, antwortete König ernst.

»Genau darum dreht sich unser Spiel. Wir wollen wissen, wie schnell Sie, Herr König, Textinhalt aufnehmen und wiedergeben können. Dazu lassen wir eine dieser versunkenen Zeremonien wieder aufleben. Sie stammt aus der Kultur eines Südsee-Volkes. Ein Zuschauer wird einen kurzen Text vorlesen, und Sie werden anschließend die Zeremonie als Figurenspiel umsetzen. Sie haben dazu eine Minute Zeit.«

»Ursprünglich war vorgesehen, dass Corrie Most die Passage vorliest«, sagte Durlach zu Trabold.

»Das Spiel scheint mir ohnehin etwas konstruiert«, antwortete dieser.

»Stimmt. So wie die ganze Show. Hauptsache, es funktioniert.«

Inzwischen hatte Kerstin Schneider eine Zuschauerin ausgewählt und auf dem Stuhl der »Herzblatt«-Wand platziert. Sie bekam jenes Buch in die Hand gedrückt, dessen Titel groß auf der Videowand prangte.

»Sie lesen uns nun bitte die markierte Passage vor, Satz für Satz«, sagte Kerstin, während die Trennwand langsam wieder nach vorne geschoben wurde. »Und Sie, Herr König, können anschließend die Zeremonie für uns nachbilden. Und zwar hier drüben. Mal sehen, wie viele Details Sie sich gemerkt haben. Spiel verstanden?«

»Ja, einigermaßen.«

Kerstin nahm Otto König fast zärtlich an der Hand und ein paar Schritte zur Seite. Zwei der Kameras folgten ihnen. Auf dem Großbildschirm war jetzt ein herrlicher weißer Sandstrand zu sehen. Davor stand ein Tisch, der mit zahllosen Dingen übersät war: kleinen Figuren, Miniatur-Werkzeugen und Krimskrams. Zwei Meter von dem Tisch entfernt war eine kleine Insel aufgebaut, ein bisschen Sandstrand mit zwei aufgeklebten Palmen.

»Das hier ist unsere Südseeinsel, und da sind all die Dinge, die Sie zum Nachbilden der Zeremonie brauchen, aber auch viele andere Gegenstände, die Sie in die Irre führen könnten. – Doch bevor Sie loslegen, möchte ich an dieser Stelle sehr herzlich ›Spielwaren Lang‹ danken, das uns freundlicherweise diese Barbiepuppen und Spielsachen zur Verfügung gestellt hat. So, jetzt kann es losgehen. Mit etwas musikalischer Unterstützung.«

Das Licht im Studio wechselte. Bunte Scheinwerfer gaben der Szenerie nun ein Flair von Schwüle und Bacardi-Werbung, dazu dudelten exotische Easy-Listening-Klänge, zu der sich sogar die Palmen auf dem Bildschirm im Takt zu wiegen schienen.

»Die Idee zu dem Spiel hatte ich durch eine Religionswissenschaftlerin, die von Barbiepuppen-Okkultismus spricht, wenn sie Satanismus als Teenagermode meint«, sagte Durlach zu Trabold. »Die Bilder stammen übrigens aus einem Reisefilm über die Jungferninseln, geografisch leicht daneben, aber das kann sowieso keiner unterscheiden. Der Strand sollte eigentlich entspannend wirken.«

Das Gegenteil war im Studio der Fall. Otto König schwitzte, als die Zuschauerin die Beschreibung des Konai-Kults vorlas.

Trabold tippte Durlach an.
»Warum spielt der König eigentlich mit?«
»Wenn er es nicht täte, würde er sich doch verraten. Oder zumindest in Verdacht geraten, genau zu wissen, dass der Ritus eine Bedeutung für den Mord hat. Nein, König muss weiter den Arglosen spielen, so wie er es die ganze Zeit als Nachfolger bei der Soap ja auch tut. Augen zu und durch.«
Durlach musste durchatmen, so schnell hatte er gesprochen. »Das Besondere an dieser Beschreibung: Sie ist ethnologisch falsch. Sie vermischt einen Totenkult der Konai mit einem Initiationsritus. Schon die amerikanische Ausgabe des Buchs hat diesen Fehler begangen, und die deutsche Übersetzung hat das natürlich brav übernommen.«
»Und Sie meinen …«, setzte Trabold an und zwirbelte sich wieder den Schnurrbart.
»… dass König den Ritus aus exakt diesem Buch kennt, weil kein anderes für diese vermischte Gestaltung des Kult-Mordes als Vorlage dienen kann.«
Trabold nickte. »Dann glauben Sie, dass er selbst die Satanistennummer abgezogen hat, um die Polizei – und den gehei-

men TV-Hobbyermittler natürlich – auf die falsche Fährte zu locken.«

Durlach war jetzt ganz in seinem neuen Element als Mordaufklärer. »Wir sollten bei irgendwelchen Sekten suchen, die es wahrscheinlich gar nicht gibt. Egal. Auf der anderen Seite entsprechen die Handlungen der Zeremonie seinen Gefühlen Rotunda gegenüber. Das wird ihn sicher motiviert haben, den Mord genauso in die Tat umzusetzen. Haare abschneiden, Rasur am ganzen Körper – König hatte plötzlich die Macht über sein eigenes Aussehen zurückerlangt, weil er über die Erscheinung des anderen bestimmen konnte. Er erlaubte sich sogar den Gag, die rituelle Salbung mit Softenia-Produkten vorzunehmen. Dann die Entmannung – endlich konnte er dem Doppelgänger zeigen, wer das Original ist und wer die Fälschung. Und welches Organ ist schuld an der ganzen Misere, auch an der finanziellen?«

Wieder wartete Durlach nicht auf Trabold, sondern antwortete selbst: »Das sehende Auge. Deshalb musste er die Augen ausstechen und dafür Fünf-Euro-Münzen reinlegen. Ich glaube, der Ritus war einfach zu stimmig. Ich kann mir vorstellen, dass Otto König das Buch gelesen hat und alle seine Hassgefühle in dem Text gespiegelt sah. Es hat einfach zu gut zusammengepasst, um sich dem Konai-Kult zu entziehen.«

Im Studio hatte inzwischen die Zuschauerin ihren etwas holprigen Vortrag beendet, Kerstin hatte eine Countdown-Uhr gestartet, und Otto König war losgelaufen und hatte begonnen, Spielsachen auf die Insel zu legen und die Zeremonie nachzustellen. Eine Kamera dokumentierte jeden Handgriff.

König breitete ein kleines weißes Tuch über die Insel aus, bestreute es in der Mitte mit kleinen roten Blättchen und bettete den Ken darauf. Dann schnitt er der Puppe die Haare ab und legte sie in eine kleine Schale, die er zwischen den Beinen der Puppe platzierte. Die vielen kleinen Kerzen um das Arrangement herum aufzustellen und anzuzünden war eine ziemliche Fummelei.

»Das sieht ja schon sehr gut aus«, kommentierte Kerstin Schneider. »Denken Sie auch an das beschriebene Sorgeverhältnis.«

»Die Merkfähigkeit ist schon erstaunlich, sagte Trabold. »Kaum zu glauben, dass er die ganzen Details sofort abgespeichert hat.«

»Das würde noch nicht mal ein Gedächtnisweltmeister in der kurzen Zeit schaffen«, antwortete Durlach. »Und er ist so bei der Sache, dass er gar nicht auf die Idee kommt, irgendwelche Sachen falsch zu machen. – Und denken Sie jetzt einmal dran, dass wir Farbfernsehen haben.«

Trabold sah ihn fragend an, aber er schwieg.

»Noch zehn Sekunden«, sagte die Moderatorin im Studio.

König hatte sich vom Tisch mit den Spielsachen ein geflochtenes Bastkörbchen mit zwei winzigen Äpfeln gegriffen. Er ging zu der Insel zurück und wollte sie seinem Kult-Ken in die Hände legen.

»Die passen nicht rein«, sagte er. »Man kann die Finger der Puppe nicht bewegen.«

»Das macht nichts. Wir stellen uns einfach vor, dass die roten Äpfel in den Händen sind. – Und die Zeit ist abgelaufen. Vielen Dank. Hervorragend.«

Otto König atmete erleichtert auf.

»Also, das waren aber gar nicht zwei rote Äpfel«, sagte Trabold. »Da war doch ein grüner dabei.«

»Genau wie bei dem ermordeten Rotunda«, antwortete Durlach.

»In dem vorgelesenen Text hieß es aber: rote Äpfel. Und Ihre Frau Schneider sprach auch von zwei roten.«

»König hätte ja protestieren können. Sie werden es gleich verstehen. – Und jetzt kommt das Allerbeste, damit hab ich wirklich nicht gerechnet«, freute sich Durlach. »Können wir bitte den Ken noch mal ganz nah sehen, Ruprecht?«

Der Regisseur gab entsprechende Kommandos. Auf einem der Monitore war die Puppe zu sehen, der Kameramann schwenkte langsam vom Kopf abwärts.

»Sehen Sie die Stecknadel, die König dem armen Ken in den Unterleib gerammt hat?«

»Ja.«

»Dabei haben wir die Entmannungspassage aus dem vorzulesenden Text gestrichen.«

»Erstaunlich.«

Kerstin hatte inzwischen die Auswertung des Spiels gemacht und Otto König die volle Punktezahl zuerkannt. Das Publikum klatschte heftig Beifall.

»Wir kommen nun zu unserem Gewinnspiel für unsere Zuschauer an den Fernsehgeräten. Sie sollen Zahlen raten.«

Kerstin geleitete während der Moderation König wieder zur Sitzgruppe. Dann winkte sie den Aufnahmeleiter herbei, der vor sie und den Schauspieler einen fahrbaren Monitor schob.

»Wir haben hier ein paar Tupfenbilder, in denen Zahlen versteckt sind. Die sollen Sie erkennen und zusammenzählen. Die Summe ist dann unsere Lösungszahl. Doch erst einmal zeigen wir Ihnen, wie es funktioniert. Bitte diese Zahlen noch nicht notieren, liebe Zuschauer. Für die Lösungszahlen gilt das Spiel erst, wenn ich es sage.«

»Grafik nur auf Monitor drei«, befahl Ruprecht.

»Wir geben das Tupfenbild nicht auf den großen Bildschirm, damit die Zuschauer ihn nicht korrigieren können«, erläuterte Durlach.

»Das wirkt ja nur wie ein Regiefehler«, beschwerte sich Ruprecht künstlich.

Auf einem der Bildschirme sah man viele bunte Tupfen, aus denen deutlich die Zahl »948« hervortrat.

»Was soll das Ganze?«, fragte Trabold.

»Abwarten«, sagte Durlach.

425

»Wie lautet die Zahl?«

»Das ist die Achtundvierzig«, sagte König im Studio.

»Sehr gut«, lobte Kerstin und verzog keine Miene. »Und noch ein Bild, die Zahl ist etwas größer.«

Eine Grafik mit grünen Punkten erschien. Die »23456« war in verschiedenen Farben, wobei die rote »2« links an den Rand gequetscht, aber deutlich zu erkennen war.

»Drei, vier, fünf, sechs«, zählte Otto König.

»Wunderbar. – Und für Sie, liebe Zuschauer, nun die drei Zahlen, die Sie erkennen und addieren müssen. Mailen Sie uns die Lösung oder schicken Sie eine SMS. Adresse und Telefonnummer werden jetzt eingeblendet.«

Während Kerstin nun das angebliche Gewinnspiel durchführte, baute sich Durlach vor Trabold auf.

»Das ist eigentlich ein Test für Rotgrünblinde«, grinste er. »Wir haben die Vorlagen von einem Augenarzt etwas variiert. Normalerweise sind alle Zahlen so gestaltet wie eben die Zwei, also: Ziffern aus roten Tupfen zwischen grünen Punkten. Nur gesunde Augen können die Farben unterscheiden und die Zahl zwei lesen. Die andersfarbigen Ziffern sind ein Fake, also kein medizinischer Test. Sie heben sich für jedes Auge vom Hintergrund ab. Dadurch wollten wir König sein Erfolgserlebnis lassen.«

»Ein kleiner Punktsieg – trotz seiner Rotgrünschwäche.«

»Genau. Im dunklen Studio hat er mal eine blassrote und eine blassgrüne Vase verwechselt. Erst habe ich mir nichts dabei gedacht, aber dann fielen mir die Äpfel ein. Die Schwäche macht sich vor allem bei schwierigen Lichtverhältnissen bemerkbar. Und seinen Doppelgänger hat er ganz sicher nicht bei voller Beleuchtung hergerichtet. Weswegen er aus Versehen zwei unterschiedlich farbige Äpfel in die Hand des Toten gedrückt hat. Damals wie heute.«

»Aber er muss doch die Äpfel mitgebracht haben, so wie die anderen Gegenstände auch«, wandte Trabold ein.

Durlach zuckte mit den Schultern. »Wer weiß? Jedenfalls

kannte König das Konai-Ritual in dieser vermischten Form, er hatte die Zeit, und er hatte ein Motiv für den Mord. Er wollte den Menschen beseitigen, der ihm das Leben zu zerstören drohte: seinen Doppelgänger. Dass er bei seinem Ausspionieren gerade seinem Opfer Nino ein Alibi für dessen eigene Tat verschafft hat – ein Zufall. Und dass er anschließend ausgerechnet zum Nachfolger seines Opfers bei LelaLila wurde – ein noch viel größerer Zufall. Aber finanziell hatte König keine andere Wahl. Seine Agentin konnte ihn schon lange nicht mehr vermitteln.«

Durlach ging zum Regiepult und holte von dort einen Stapel Papier, den er Trabold feierlich überreichte.

»So, da haben Sie es, Herr Trabold: Zwei Morde, zwei Täter.«

»Was ist das?«

»Das Manuskript des heutigen Abends, das Drehbuch für einen Mord. Da steht alles Wesentliche drin.«

Die Regiemannschaft war aufgestanden und hatte zugehört.

»Das Gedanken- und Indiziengebäude, das Sie da aufgebaut haben, ist ja schön und gut. Aber da fehlen doch die wirklichen Beweise.«

»Mehr können wir nicht für Sie tun. Wir machen hier eine Talkshow und kein Verhör. Für Letzteres ist die Polizei zuständig. Aber ich bin mir fast sicher, dass Sie das alles herausbekommen, wenn Sie die drei nur tüchtig in die Mangel nehmen. Ein wenig Erfolg will ich Ihnen und Ihren Kollegen schon noch gönnen. Einen kleinen Punktsieg.«

Durlach strahlte beglückt, und Trabold verdrehte amüsiert die Augen.

»Das war unser ›Stadtgespräch‹. Vielen Dank an unsere Gäste, vielen Dank fürs Zuschauen. Ich hoffe, es hat Ihnen Spaß gemacht. Bis zum nächsten Mal. Auf Wiedersehen.«

57

Trabold und Durlach kamen gleichzeitig in dem Lokal an. Durlach hielt dem Polizisten die Glastür auf. Trabold revanchierte sich bei der inneren Flügeltür. Durlach half Trabold aus dem Mantel. Trabold brachte dafür Durlachs Jacke mit zur Garderobe.

»Ich habe schon mal zwei Bier gegen den Durst bestellt«, sagte der Polizist, als er sich setzte und eine Zigarettenschachtel auf den Tisch legte. »War das in Ordnung?«

Durlach hatte eigentlich zur Feier des Tages auf eine Flasche Sekt auf Staatskosten gehofft. Aber von Einladung war nicht die Rede gewesen, und wenn am Ende Trabold selbst zahlen musste, war es schon recht so.

»Klar, Herr Trabold. Obwohl mich mehr nach der Beantwortung einiger Fragen dürstet.«

Der Polizist lachte verbindlich. Dann sah er auf die Uhr.

»Verstehe. Aber wollen wir nicht erst mal die Karte studieren?«

Ein Kellner im schwarzen Anzug mit gestärktem Hemd und schwarzer Fliege erschien, brachte das Bier und reichte ihnen eine längliche Speisekarte. Die Preise waren für Stuttgarter Verhältnisse durchaus bezahlbar. Das Restaurant war nicht so exquisit, wie Durlach von außen vermutet hatte, auch wenn überall lange weiße Damastdecken lagen und in kleinen Vasen jeweils eine Tulpe steckte. Für einen Pfingstmontag waren überraschend wenige Tische besetzt. Durch das Fenster sah man auf die Parfümerie vis-à-vis.

Durlach blätterte ungeduldig die schweren braunen Seiten durch und entschied sich schneller als gewöhnlich. Trabold studierte lange das Angebot an Rotweinen und zwirbelte sich genüsslich den Bart. Endlich legte er die Karte zur Seite. Er sah in ein erwartungsvolles Gesicht des Journalisten.

»Sagen Sie schon, wie war es?«

»Wir sind durchgekommen«, antwortete Trabold vieldeutig.
Der Polizeipressesprecher schmunzelte zufrieden, wenn
auch erschöpft. Er hatte einen aufregenden und anstrengen-
den Tag hinter sich. Die Soko Soap hatte in den letzten vierundzwanzig Stunden den Fall Rotunda weitgehend aufgeklärt,
auch wenn noch viele Details eingehender analysiert werden
mussten, bis der letzte Bericht geschrieben werden konnte. Trabold selbst hatte bei seinen Vorgesetzten viel Lob eingeheimst,
aber er hatte noch einen großen Berg Arbeit vor sich, denn
die Öffentlichkeitsarbeit lief zum Abschluss von Ermittlungen
wieder auf Hochtouren.

»Bitte, die Herren«, sagte der Ober und zückte Block und
Bleistift.

Der Kerl hatte ein ausrasiertes Kinnbärtchen und musterte
die Gäste überheblich. Durlach entschied sich für ein komplet-
tes Menü, Trabold bestellte drei Gänge einzeln und übernahm
die Weinauswahl. Gott sei Dank orderte er keinen Trollinger.

»Unser Raucherbereich ist übrigens da draußen«, sagte der
Kellner und ging.

»Ich habe Ihnen etwas mitgebracht«, verkündete Durlach.

»Sie meinen einen großen Sack mit Fragen.«

»Das auch.«

Doch Trabold ließ Durlach nicht zu Wort kommen. »Aber
zuerst einmal muss ich Sie sehr herzlich von unserem Polizeipräsidenten grüßen.« Während des Sprechens steckte er
verschämt die Zigarettenschachtel weg. »Und auch Kriminalhauptkommissar Bergmann bedankt sich bei Ihnen. Er würde
Sie gern morgen früh im Präsidium sprechen. Gegen neun,
wenn es Ihnen passt.«

»Wann ist die offizielle Pressekonferenz?«

»Wir haben uns gedacht, sie auf übermorgen zu verschieben,
um Ihnen im morgigen ›Regionalmagazin‹ die Chance zu geben, zuerst mit der Sache an die Öffentlichkeit zu gehen. Ist das
recht so? Ich könnte Ihnen auch einen Studiogast vermitteln.«

»Darf ich raten? Er heißt Wolf-Dieter Trabold.«

»Nein, falsch. Für Erfolgsmeldungen ist der Herr Präsident

persönlich zuständig.« Trabold nahm einen Schluck Bier, um sein Mienenspiel zu verbergen. Danach wischte er sich den Schaum von der Lippe. »Aber sonst – das muss ich sagen, Herr Durlach – lagen Sie mit Ihren Vermutungen ziemlich richtig. Respekt.«

»Erzählen Sie doch der Reihe nach.«

»Also gut. Ich gebe ja zu, Herr Durlach, dass ich äußerst skeptisch war, als Sie mich zu dieser Show eingeladen haben. Ich dachte, jetzt ist er durchgeknallt. Nur weil er uns als Journalist mit dem Ethnologen mal einen Tipp gegeben hat, denkt er gleich, er wäre der Top-Kriminalist.«

»Ich hätte doch nie die ganzen Mitarbeiter von TV Schwaben überreden können, wenn es so abwegig gewesen wäre.«

»Das konnte ich aber erst hinterher wissen. Es war übrigens sehr schade, dass ich nicht zu Ihrer anschließenden Feier kommen konnte. Die Pflicht ging natürlich vor. Ist es auch ohne mich nett gewesen?«

»Die Stimmung war durchwachsen: teils euphorisch, weil alles geklappt hat, teils ängstlich. Wir wissen ja nicht, wie unser Redaktionsleiter reagieren wird, wenn wir ihm unsere Sendung vorführen. Entweder ich werde zum großen Star des TV-Journalismus hochgelobt, dann wird mich der Sender durch die verschiedenen Talkshows reichen, um mich prominent zu machen. Vielleicht darf ich sogar selbst als Gast im ›Stadtgespräch‹ auftreten ...«

»Sie können doch Müller-Wölbert als Anwalt einschalten«, sagte Trabold süffisant.

Durlach reagierte nicht darauf.

»Die andere Möglichkeit ist, dass mich Heder wie eine heiße Kartoffel fallen lässt. Arbeitsrechtliche Gründe, um mich rauszuschmeißen, habe ich ihm einige gegeben. – Vielleicht ist jetzt einfach der richtige Zeitpunkt, TVS zu verlassen.«

»Wohin?«

»Keine Ahnung.«

Für Sekunden malte sich Durlach aus, als Korrespondent ins Ausland zu gehen. Doch für welchen Sender? In welches

Land? Und was würde dann aus Jeanette? Zwangsläufig kehrte er gedanklich nach Stuttgart zurück, auch weil der Ober den Wein servierte. Trabold kostete und befand ihn für gut. Der Ober schenkte ein, verschwand mit den leeren Biergläsern und brachte kurz darauf die Vorspeisen. Trabold bekam eine dampfende Flädlesuppe, Durlach einen Feldsalat mit Waldpilzen und Croûtons.

»Bitte schön, die Herren.«

»Was haben Sie nach der Show noch unternommen, Herr Trabold?«

»Also, ich bin mit dem Mitschnitt der Sendung ins Präsidium gegangen und habe Bergmann angerufen. Wir sind alles durchgegangen, das Band und das Drehbuch, und damit war mein Part erledigt. Bergmann hat die Leute von der Soko Soap zusammengetrommelt, dann ging alles recht flott. Sie haben sich bei dem diensthabenden Staatsanwalt einen Durchsuchungsbeschluss geholt und alle drei vorläufig festgenommen, die Mosts in ihrer Villa, König im Hotel.«

»Gab es irgendwelche Anzeichen, dass sie fliehen wollten?«

»Nein.«

»Das hab ich mir gedacht. Gerhard Most ist dazu zu eitel, und König ist viel zu sehr verstrickt in sein eigenes Gedankengebäude.«

»Aber der König und die Mosts hätten ja durch die Show auf die Idee kommen können, Beweise zu vernichten, dem mussten die Beamten zuvorkommen.«

»Wann wurden sie verhört?«

»Gleich in der Nacht. Gerhard Most hat zuerst alles abgestritten, auch den Kunstraub. Das können wir ihm noch nicht nachweisen, da müssen wohl erst noch entsprechende Gutachten erstellt werden. Auf die Vorhaltung, dass Nino Rotunda kein Alibi mehr für den Barlow-Mord hätte, hat er etwas von Eifersucht der beiden aufeinander gefaselt.«

»Damit hat er ja seine eigene Frau zum Flittchen abgestempelt«, sagte Durlach und ließ ein Salatblatt von der Gabel fallen.

»Einen Namen der betreffenden Dame hat er nicht genannt.

Er hätte sein Ehrenwort gegeben. Es war ziemlich wirr. Der Most ist ins Schwimmen geraten, das hat er wohl selbst gemerkt und deswegen fortan geschwiegen. Aber man spürte, dass er seinen Kopf aus der Schlinge ziehen wollte, koste es, was es wolle.«

»Und Corrie Most?«

»Die Ehefrau ist beim Verhör schnell eingebrochen. Sie hatte ihren Anwalt hinzugezogen: Cornelius Müller-Wölbert.« Trabold lächelte verschmitzt. »Also, Cornelius Müller-Wölbert mag vielleicht der beste Anwalt in Mediendingen sein, aber ein ausgebuffter Strafverteidiger ist er bestimmt nicht. Er hat der Most nur geraten, alles einzugestehen, damit man wenigstens die Frage regeln könne, wie die Angelegenheit in die Öffentlichkeit dringt.«

»Ach, daher auch die Verschiebung der Pressekonferenz auf Mittwoch.«

»Ja. – Corrie Most hat eingeräumt, dass ihr Mann Barlow schon wesentlich länger kannte. Der Kontakt kam über dieselben Menschen zustande, die auch das Hopper-Original gestohlen haben. Ursprünglich gab es wohl die Idee, das Bild während seiner Europatournee durch eine Kopie zu ersetzen. Das wäre aber spätestens bei der Rückkehr in die USA aufgeflogen. Also haben sie den Hopper schlicht und einfach geklaut.«

»Das hat Corrie alles erzählt?«

»Sie musste wohl beichten, weil sie wegen Barlow große Gewissensbisse hatte. Also, seine Ermordung ging ihr wohl sehr nahe. Bei der Geschichte, dass angeblich sie selbst Barlow als Schnellzeichner aufgegabelt hatte, hat sie noch mitgemacht. Doch dummerweise hat sich Corrie Most wohl in den Maler verliebt. Und er sich in sie.«

»Warum hat Gerhard Most das geduldet? Ist er wirklich impotent und sucht sein Heil als Voyeur?«

»Sollen wir für Sie zuerst ein psychologisches oder ein medizinisches Gutachten machen lassen, Herr Durlach?« Trabold trank von seinem Wein.

Durlach brauchte die Pause, bis er die Ironie verstanden hatte.

»Also im Ernst: Dem Hopper-Projekt hat diese gegenseitige Zuneigung genutzt, der Junge ist bei der Stange geblieben. Doch wie Sie richtig vermutet haben, war es für Barlow dauerhaft eher demotivierend. Zudem hat sich Corrie Most dann mit dem Rotunda eingelassen. Sie sollte dem Maler demonstrieren, dass es zwischen ihnen vorbei war. Most hatte gefordert, dass Barlow sich voll und ganz auf seine Kopierarbeit konzentriert. Barlow muss schwer enttäuscht gewesen sein. Er hat deshalb unverschämte Geldforderungen gestellt. Das hatten Sie ja aus den Postkarten herausgelesen. Schließlich hatte Most Angst, dass der Maler die Geschichte mit dem Hopper-Original auffliegen lässt. – Kennen Sie die Legende von der Basilius-Kathedrale im Kreml?«

»Nein.«

Durlach war über den abrupten Themenwechsel überrascht, verbarg dies aber, indem er auch die letzten Croûtonkrümel mit der Gabel aufspießte und in das vorzügliche Balsamico-Dressing stippte.

»Zar Iwan IV. hatte die Kathedrale im 16. Jahrhundert bauen lassen. Sie galt damals als einzigartig schön. Als sie fertig war, soll er den Architekten Jakowlew gefragt haben, ob er so eine prächtige Kirche noch einmal bauen kann. Ja, er könnte eine noch viel schönere Kathedrale bauen, soll der Architekt geantwortet haben. Da soll Iwan der Schreckliche seinem Namen alle Ehre gemacht haben und ließ dem Architekten die Augen ausstechen.«

»Verstehe«, sagte Durlach. »Nur hätte eine solche Blendung bei Barlow nicht ausgereicht. Und so kam der abenteuerliche Nino mit ins Spiel. War wirklich – wie ich vermutet habe – Erpressung der Grund, dass er bei der Sache mitgemacht hat?«

»Teils, teils. Zuerst sollte er wohl durch Versprechungen geködert werden. Most kündigte Nino gegenüber an, dass er demnächst in die Medien investieren will, auch in Filmprojekte, bei denen sehr lukrative Rollen zu vergeben sind. Doch das Angebot allein zog nicht. Deswegen kam dann die Erpressung dazu. Warum der Rotunda so blöd war, darauf hereinzufallen, weiß ich nicht. Aber es war so. Genau wie Sie es sich ausgedacht hatten, Herr Durlach. Bei der Hausdurchsuchung des Most'schen Anwesens wurden einige DVDs gefunden. Scharfes Zeug, sag ich Ihnen, das fand ich selbst nicht, äh, also ziemlich ...«

»Okay. Nehmen wir also an, Nino ist aus Abenteuerlust und Dummheit hineingeschlittert, dann hatte er Angst um seinen Ruf. Wahrscheinlich wäre seine Karriere durch solche Porno-Videos ruiniert gewesen, und er hätte nur noch bei Magmafilm anheuern können. Aber bringt man deswegen einen Menschen um? Das ist doch ein gewaltiger Schritt. Selbst wenn es der Nebenbuhler bei Corrie war.«

»Offensichtlich. Es gab übrigens neben Fetisch-Spielen mit Masken noch eine weitere Art, verfängliche Filme herzustellen, ohne dass die eigene Frau mit in den Dreck gezogen wird.«

»Klar, man kann so filmen und schneiden, dass nur ein Darsteller zu erkennen ist.«

»Auch gut. Nein, es war viel einfacher: Olga.«

»Die Hausangestellte? Klar, da hätte ich auch drauf kommen können. Für die kompromittierenden Szenen brauchte es ja gar nicht die Ehefrau. Da reicht auch das Hausmädchen, das den ›obergeilen Schauspieler‹, wie ihn Kasperczak genannt hat, einfach im ehelichen Bett verführt.«

»Richtig«, sagte Trabold knapp und sah wieder auf die Uhr. »Kommen wir zu Otto König. Er hat sich beim Verhör erst besonders cool gegeben. Das hielt aber nur so lange, bis die Berliner Kollegen uns ihre ersten Ergebnisse gemailt hatten. Bei der Durchsuchung seiner Wohnung wurden nämlich Aufzeichnungen über Rotundas Lebenswandel gefunden. König hatte seine Beobachtungen minutiös in einem Tagebuch niedergeschrieben und parallel dazu Gedichte verfasst. Als wir die lasen, haben wir gleich einen Psychologen hinzugezogen, wegen Suizidgefahr. Der König hat geweint wie ein Schlosshund, als er die Seiten vor sich liegen sah. Angeblich war es zunächst ein autobiografisches Projekt, so hat er es uns jedenfalls erzählt. Er wollte sich literarisch dieser einmaligen Lebenssituation stellen, dem Schicksal, dass er durch einen Doppelgänger aus dem Leben gedrängt worden ist. Durch dieses Werk wollte er seine Identität zurückholen, hat er gesagt. Er hat auch ein paar Fotos gemacht.«

»Kann ich die verwenden?«, fragte Durlach wie aus der Pistole geschossen.

»Kaum. Die liegen bei den Ermittlungsakten.«

»Ich dachte, als Belohnung für die Überführung.«

»Nur Geduld, dafür bekommen Sie doch ganz andere Bilder. – Jedenfalls hat König an dem entscheidenden Tag den Rotunda auf der Straße abgepasst, ihn mit seiner Ähnlichkeit konfrontiert und auf ein sofortiges Gespräch in Rotundas Wohnung gedrängt. Der König ist mit dem Rotunda hoch, hat ihn einige Zeit in Sicherheit gewiegt und ihn dann mit bloßen Händen erwürgt. Anschließend hat er die Wohnung so arrangiert, wie wir sie vorgefunden haben.«

»Hat er wieder Fotos geschossen?«

»Das hatte unser Profiler zunächst angenommen. Aber König schätzt, wie er sagt, ›die Unmittelbarkeit der künstlerischen Arbeit‹, die ›Einmaligkeit‹ wie beim Theater, die ›in anderen Medien nicht aufgehoben‹ wäre. Deswegen musste er, als er mit seinem Arrangement fertig war, selbst schnell meine Kollegen verständigen, damit wenigstens die Polizei die postmortale Komposition zu Gesicht kriegt.«

»Das Aufbahren war demnach wirklich demonstrativ, genau wie Sie es von Anfang an gespürt hatten«, stellte Durlach beeindruckt fest. »Nur dass wir Fernsehleute es filmen würden, damit konnte Otto König nicht rechnen.«

»Ich glaube ja inzwischen, der König hasst das Fernsehen. Im Nachhinein habe ich mich gefragt, warum er überhaupt bei Ihrer Show mitgemacht hat.«

»Die Pressesprecherin von ›Leben lassen – Lieben lassen‹ musste ihn gar nicht lang überreden. Ich denke, Otto König war stolz, überhaupt wieder Schauspieler sein zu dürfen. Zum anderen war unser Verwechslungsspiel mit Corrie Most eine weitere kleine Rache an seinem Doppelgänger.«

435

»Stimmt, hat er uns auch erzählt. König hielt sich für sehr clever. Er dachte, wenn er bei der Überführung der Mosts mithilft, würde er seine Rechtschaffenheit unter Beweis stellen und von seinem eigenen Mord ablenken.«

Zum Auftragen der Hauptspeisen näherte sich der Ober zusammen mit einer Kollegin, auch wenn er die beiden Teller allein hätte tragen können. Doch das anschließende Öffnen der Servierglocken zelebrierte sie zweifelsohne eleganter als er. Trabold bekam einen Rostbraten mit handgeschabten Spätzle serviert, Durlach einen Bodenseefelchen und Salzkartoffeln.

»Was meinen Sie, Herr Trabold, werden alle drei ins Gefängnis wandern?«

»Also, Otto König den Mord nachzuweisen dürfte kaum ein Problem sein. Bei den Mosts wäre es ja zunächst einmal nur Anstiftung zu einer Tötung …«

»Und die Erpressung und der Bilder-Diebstahl?«

»Wie belastend die Aussage der Ehefrau ist, müssen wir abwarten. Auch ob sich weitere Beweise für die Rotunda-Erpressung und den Barlow-Mord finden lassen. Vieles wird auch von der anwaltlichen Vertretung der beiden abhängen. Es muss ja nicht gerade Müller-Wölbert sein.«

»Das heißt: die Kleinen sind tot, und die Großen lässt man laufen.«

»Seien Sie nicht so pessimistisch, Herr Durlach. Aber vielleicht bleibt von dem Hopper-Diebstahl tatsächlich nur der unwissende Kauf eines Kunstgegenstands übrig, und Most kann noch nicht einmal Hehlerei nachgewiesen werden.«

»Was wird eigentlich aus dem ›Museum Most‹?«

»Keine Ahnung. Die Polizei wird es jedenfalls nicht schließen lassen. Dazu haben wir keinen Grund.«

»Vielleicht sind ja noch mehr echte Hopper-Bilder unter den Kopien.«

»Das ist unwahrscheinlich. Aber die Kunstexperten vom Bundeskriminalamt sind schon eingeschaltet. Sie werden das sicher prüfen.«

»Ich frage mich, ob die Stuttgarter noch hingehen werden. Immerhin hat das Museum seine Unschuld verloren.«

»Ja, das wird dem MediaCity-Projekt wohl einen weiteren Schlag versetzen.«

»Einen weiteren?«, fragte Durlach unsicher und tat so, als müsse er sich auf eine Gräte in seinem Mund konzentrieren.

»Haben Sie die Samstagsausgabe der Stuttgarter Zeitung nicht gelesen?«

Durlach schämte sich immer, wenn er als Journalist Wissenslücken bei einem Thema hatte, das ihn eigentlich interessieren sollte.

»Nein, ich hatte mit der Show alle Hände voll zu tun. Warum?«

»Da wurde von einem neuen Gutachten berichtet. Das hat die Wachstumspotenziale der Medienbranche in der Region untersucht und eher skeptisch beurteilt.«

»Wer hat das Gutachten bezahlt?«, fragte Durlach und fügte, um wieder Boden gutzumachen, hinzu: »Jede Studie ermittelt nur das, was der Auftraggeber bestellt hat.«

Statt darauf einzugehen, säbelte Trabold sich ein ordentliches Stück von seinem Rostbraten herunter und schob es in den Mund. Dann nahm er die Stoffserviette und wischte sich über den Schnurrbart, an dem etwas Bratensaft klebte.

Kauend fragte er: »Also wie sind Sie eigentlich auf die ganzen Zusammenhänge gekommen?«

Durlach fühlte sich geschmeichelt und legte erfreut Messer und Gabel beiseite.

»Es war eine plötzliche Eingebung. In der Nacht auf Freitag –«

»Vorgestern?«

»Ja, stimmt. Es ist erst zwei Tage her, dabei kommt es mir schon viel länger vor. – Jedenfalls: Als ich das Buch erkannte –«

»Sie meinen ›Vom Ende der Zivilisation‹?«

»Ja, genau, diese esoterische Schwarte, die Otto König als Drehbuch-Vorlage für den Mord genutzt hat. Ich hielt sie in Händen und habe mir – weil ich schlecht geträumt hatte – darüber Gedanken gemacht, wie plötzlich sich für einen Menschen die Welt ändern kann.«

Durlach dachte wieder an Jeanette, die seinem Leben auch eine sehr plötzliche Wendung gegeben hatte. Dann fuhr er fort: »Nennen Sie es Schicksal oder göttliche Fügung, ganz egal, wenn plötzlich etwas eintritt, ohne unser Zutun, ohne dass wir nur den Hauch einer Chance hätten, daran zu drehen, dann kann das sehr grausam sein. Das habe ich in dieser Nacht verstanden. Als nämlich ein gewisser Christian Brühl für ›Leben lassen – Lieben lassen‹ engagiert wurde und von Kasperczak die Rolle des Sven Krämer bekam, in diesem Moment hat sich das Leben von Otto König grundlegend geändert, obwohl er Hunderte von Kilometern entfernt in Bremerhaven saß und nichts davon wusste. Er hat es nicht sofort gespürt, aber langsam und unausweichlich. König erlebte allmählich eine künstlerische Entwertung und schließlich sogar sozialen Abstieg. Mit dem Moment der Vertragsunterzeichnung änderte sich auch das Leben von Christian Brühl. Er wurde Nino Rotunda, er wurde ein Soap-Star, und er wurde erfolgreich. Ist das gerecht? Zwei diametrale Entwicklungen, bloß weil sich die beiden Jungs ziemlich ähnlich sahen. Es ist doch nur zu verständlich, dass König die alte Proportion wiederherstellen wollte. Und das geschah ebenso plötzlich. Das klingt jetzt etwas banal, aber aus dem gleichen Grund, aus dem Königs Karriere ein jähes Ende fand, fand auch Ninos, also Christians Leben ein jähes Ende.«

»Und jetzt sagen Sie noch, dass auch Barlows Leben ein jähes Ende fand, als er von Rotunda erschossen wurde.«

»Im Grunde schon.«

Die beiden grinsten und prosteten sich nochmals mit dem Wein zu.

»Aber in einem Punkt lagen Sie mit Ihren Annahmen nicht ganz richtig. Das ist mir schon während der Show aufgefallen. Königs Augenfehler.«

»Aber er ist doch rotgrünblind. Das haben doch die Tupfenbilder bewiesen.«

»Schon, aber nicht ganz so heftig, als dass er nicht zwei Apfelsorten beim Kauf auseinanderhalten könnte.«

»Waren die Äpfel von verschiedenen Sorten? Ich erinnere mich nicht mehr.«

»Granny Smith und Red Delicious. Außerdem weiß König von seiner Rotgrünschwäche, er konnte es während Ihrer Spielrunde nur nicht mehr zugeben. Da war alles zu weit fortgeschritten. Und als er doch die Zahlen erkannte, hat er das Gewinnspiel für eine typische ›Betrugsmasche des Privatfernsehens‹ gehalten.«

»Aber wieso ist er dann beim Aufbahren des toten Rotunda von der Kult-Vorlage abgewichen?«

»Das hat er angeblich bewusst getan. Es war für ihn so etwas Ähnliches wie die Signatur unter seinem Kunstwerk.«

»Klar. Die Unterschrift des Kult-Killers.«

Ein Student in einer weißen Windjacke betrat das Lokal. Er schlurfte von Tisch zu Tisch und bot die morgige Ausgabe der Stuttgarter Zeitung an. Durlach wollte ihn schon abwimmeln, da las er in der äußeren Spalte: »Stuttgarter Unternehmer unter Verdacht«.

»Scheiße!«, fluchte er in Heder'scher Manier. »Das darf doch nicht wahr sein!«

Durlach überflog die Nachricht. Sie war zum Glück sehr knapp und berichtete nur, dass Most nach einem Fernsehauftritt bei TV Schwaben verhaftet worden sei und die Polizei sich über die Gründe ausschweige. Most sei der Gründer des gleichnamigen Museums, hieß es weiter, auf dem MediaCity-Gelände. Dann wurde auf einen weiteren Artikel im Inneren der Zeitung verwiesen.

Voller Empörung reichte Durlach dem Polizisten das Titelblatt und suchte nach der Lokalseite.

»Da hat einer Ihrer Kollegen nicht dichtgehalten.«

»Offensichtlich«, murmelte Trabold zerknirscht und begann zu lesen. »Wenigstens ist Ihr ›Stadtgespräch‹ erwähnt. Jetzt haben Sie doch Ihrem Chef gegenüber gute Karten. Das ist ja Werbung pur.«

»So kann man es auch sehen. – Scheiße, ich kann den Artikel nicht finden.«

»Seite sieben«, sagte Trabold hilfsbereit.

Der Artikel war überraschenderweise auf der Landesseite, und er handelte nicht von der Mordaufklärung, wie Durlach erwartet hatte, sondern ausschließlich von MediaCity. Es waren die Reaktionen auf das Gutachten, vor allem von Parteienvertretern. Der Bericht war für den gewöhnlichen Leser langweilig, weil uninformativ. Nur die Zitate der Politiker waren in Maßen interessant – zumindest für das Dutzend Leser, das den Stand der Projektplanung noch durchschaute. Alle Parteien – selbst jene, die zuvor nur überschwängliches Lob für Media-City abgesondert hatten – hielten sich nun eher bedeckt und gaben wachsweiche Stellungnahmen.

»Wenn ich meine Kollegin Tina wäre, würde ich jetzt sagen: Es hängt doch alles mit allem zusammen.«

»Warum?«

»Na, das Gutachten ist offensichtlich von der Industrie- und Handelskammer in Auftrag gegeben worden. Und die stand MediaCity bisher eher unkritisch gegenüber. Aber jetzt gehen alle auf Distanz, keine echte Absage zwar, aber so, dass spätestens in einem halben Jahr alle Parteien das Projekt fallen lassen können. Wir – meine Kollegin und ich – haben ja immer geglaubt, dass MediaCity ein Windei ist. Trotzdem frage ich mich jetzt, ob die Zeitgleichheit vom Niedergang des Gerhard Most und vom Gutachten wirklich Zufall ist.«

Trabold schwieg zu den politischen Spekulationen. Er linste verstohlen auf seine Armbanduhr. Dann stand er auf und holte einen Gegenstand aus seiner Manteltasche. Der Ober hatte inzwischen den Nachtisch serviert, Pflaumenparfait für Durlach, Marillenknödel für Trabold. Der Polizist schob Durlachs Desertteller zur Seite und legte an seine Stelle einen Umschlag.

»Sie kennen die Disc?«, fragte er rhetorisch. »Die haben Sie sich gestern redlich verdient.«

Es war ein neuer Umschlag, aber die alte Blu-ray. Dieses Mal vergewisserte sich Durlach gleich. Die Kanten der Hülle waren immer noch mit Siegeln der Polizei umklebt. Unversehrt. Doch waren das die Bilder seines Lebens? Nein, bestimmt nicht. Trotzdem. Durlach rieb sich verlegen die Lider unter den Brillengläsern. Er spürte, dass ihm die Freude ins Gesicht geschrieben war, wollte sich aber auch diese Regung nicht anmerken lassen.

»Ich habe ebenfalls etwas für Sie, allerdings verbunden mit einem kleinen Wunsch. Einen Moment, bitte.« Durlach lief rasch zur Garderobe und holte zwei Dinge aus seiner Jacke. »Es ist bei uns beiden fast schon Tradition, Herr Trabold, dass wir Discs austauschen. Das hier ist das Interview, das ich mit dem Satanisten Aleister II. gemacht habe. Und hier sind die Reste meines Anrufbeantworters. Vielleicht lässt sich dessen Chip noch auslesen. Und dann hätte ich die Bitte, dass Sie von beiden eine Stimmanalyse machen lassen. Ich habe nämlich den Verdacht, dass die Stimmen identisch sind. Im Gegenzug könnte ich Ihnen ein Date mit Kerstin Schneider anbieten.«

»Sie sind identisch«, sagte Trabold und löffelte seine Vanillesoße.

»Wie meinen Sie das?«

Trabold kratzte noch auf dem Dessertteller nach einem Knödelstückchen, dann erst legte er den Löffel weg.

»Also, ich glaube, ich muss Ihnen reinen Wein einschenken. Mein Kollege Brandt vom Jugenddezernat kennt diesen Aleister II. Wir haben Ihnen den Kontakt bewusst vermittelt.«

»Warum?«

»Sie haben doch selbst erfahren, wie schwierig es ist, über Satanismus zu recherchieren. Der Polizei geht das ja nicht anders. Diese Teufelssekten werkeln im Verborgenen. Da kommt keiner von außen so leicht rein. Solange das vereinzelte pubertäre Spinner waren, konnte uns das ziemlich egal sein. Aber es gibt in der letzten Zeit Anzeichen für eine Vermischung von satanistischen und rechtsradikalen Kreisen. Das dürfen wir nicht auf die leichte Schulter nehmen.«

»Politisch verstehe ich das«, sagte Durlach nur.

»Dann hoffe ich, dass Sie auch verstehen, dass wir mit Ihrer

Hilfe und der von TV Schwaben einen V-Mann in die Szene eingeschleust haben. Brandt dachte, Aleister – bleiben wir bei dem Decknamen – könnte sich durch spektakuläre Auftritte möglichst schnell in höhere Zirkel der Satanisten bringen.«

»Ist das so ähnlich wie die Gründung des deutschen Ku-Klux-Klans in Heilbronn?«

»Kein Kommentar.«

»Hat es wenigstens dieses Mal geklappt?«

»Leider nicht. Der Junge war ja nicht unbeleckt, der stand schon vorher mit Satanismus in Verbindung. Aber den Kontakt mit uns hat Aleister regelrecht als Auftrag angesehen, hat sich noch mehr in die Theorie hineingesteigert, und wir haben die Kontrolle über ihn verloren. Aleister hat einfach überzogen. Das haben Sie ja auch gemerkt und ihn entsprechend in Ihrer Sendung bloßgestellt.«

»Sie meinen das Studiogespräch mit der Religionswissenschaftlerin Spornberger-Klemm.«

»Aleister hat Ihnen das übel genommen. Deswegen hat er Ihnen gedroht.«

»Das hätten Sie mir auch schon früher sagen können.«

Durlach war ehrlich enttäuscht von Trabold. Andererseits wollte er sich seine euphorische Stimmung nicht verderben lassen.

»Ich wusste nichts davon, Herr Durlach. Das wusste nur Brandt, und der war die letzte Woche im Urlaub in Italien. – Das bringt mich auf die Frage: Wollen Sie auch einen Espresso?«

»Ich glaube, ich könnte jetzt auch einen Schnaps vertragen.«

Trabold griff gewohnheitsmäßig nach seiner Zigarettenschachtel, steckte sie aber wieder ein und winkte stattdessen dem Ober. Während der befrackte Kerl wieder seinen Block zückte und beflissen die Bestellung notierte, sah Trabold nochmals heimlich auf die Uhr.

»Ich muss Ihnen noch etwas erzählen, Herr Durlach. Es geht um den plötzlichen Tod des Soap-Produzenten Kasperczak.«

»Darüber habe ich mir auch reichlich Gedanken gemacht. Warum hat Heder über den Unfall nicht berichten lassen? Was hatte der mit Kasperczak zu schaffen? Irgendein Fernsehprojekt? Oder hatte Kasperczak doch etwas mit Satanismus zu tun? Sie erinnern sich: das Kfz-Kennzeichen –«

»Nein, nein, Herr Durlach. Hier sind Sie auf dem falschen Dampfer.« Trabold nahm einen Schluck Rotwein, bevor er weitersprach. »Also, letzte Woche kam eine junge Frau zu mir in die Dienststelle und erzählte Folgendes: Sie wollte vor ein paar Tagen mit dem Auto nach Frankfurt fahren. Da wurde sie von einem goldenen Mercedes überholt. Der Fahrer des Sportwagens hat auffällig zu ihr hinübergesehen und sich dann mit dem Wagen wieder zurückfallen lassen. Immer wieder hat er überholt, so die Frau, ist möglichst lang auf einer Höhe mit ihr geblieben und hat dabei dauernd zu ihr rübergeglotzt. Sie ist bei der Jagd immer schneller gefahren, auch aus Angst, aber er hatte ja ein größeres Auto. Schließlich hätte er bei einem Überholvorgang vor lauter Glotzen die Beherrschung über seinen Wagen verloren.«

»Und starb mit offenem Hosenladen«, erinnerte sich Durlach.

»Das weiß die Frau bis heute nicht. Sie hat nämlich nicht angehalten. Trotzdem hat sie sich schuldig gefühlt, weil sie zu schnell gefahren ist und weil sie nach dem Unfall nicht ausgestiegen ist, um zu helfen. Schließlich hat sie nach einiger Zeit doch Gewissensbisse bekommen und sich der Polizei gestellt. – So. Damit wäre auch der dritte Todesfall gelöst, wenn es auch kein Mord war.«

Trabold sah schon wieder auf die Uhr. »Und wenn diese Frau pünktlich ist, dann kommt sie gleich hier zur Tür herein.«

Durlach blickte den Polizisten ungläubig an. Ein schnelles Nachfragen verhinderte der Ober, der den Digestif brachte. Trabold grinste süffisant und sah nicht so aus, als wolle er noch weitere Erklärungen abgeben. Schweigend nippte er an seinem Espresso. Durlach kippte den Grappa hinunter. Beide warteten.

Als sich die Flügeltür am Eingang öffnete, wunderte sich Durlach, dass die Frau zu einem solchen Termin einen so kurzen Rock trug, auch wenn sie zugegebenermaßen wunderschöne Beine hatte. Dann dachte er, dass Kasperczak die schönen Beine noch nicht einmal hatte sehen können, als er wichsend in den Tod fuhr. Da erst sah Durlach nach oben. Vor ihm stand Nathalie. Sie lächelte verlegen.

»Hallo, Durlach.«

»Wollen Sie sich nicht setzen?« Trabold stand sofort auf und rückte Nathalie einen Stuhl zurecht. »Wollen Sie etwas trinken?«

»Vielleicht ein Wasser.«

Nathalie trug ein geblümtes Blutsgeschwister-Kleid, das Durlach an die fünfziger Jahre und an ein Dirndl zugleich erinnerte, doch es passte farblich hervorragend zu ihren Augen. Diese hatte sie heute kräftig geschminkt, mit Wimperntusche und Kajalstift. Sie sah damit etwas billig aus. Während Trabold den Ober herbeirief, glotzte Durlach Jeanettes Mitbewohnerin an, nicht so gierig, wie es Kasperczak getan haben musste, eher begriffsstutzig.

»Du? Du warst bei dem Unfall in dem anderen Auto?«

»Ich kann doch nichts dafür«, sagte Nathalie vorsichtig, aber nichts in Durlachs Miene zeigte, dass er es verstanden hatte. »Er fuhr plötzlich neben mir und sah so seltsam aus. Erst habe ich mich gefragt, warum er mir nicht zuwinkt. Dann habe ich gemerkt, dass er mich nicht erkannt hat, weil ich mir doch die Haare abgeschnitten habe. Dann wollte ich mir einen Spaß daraus machen und habe ihm zugezwinkert. Das hat ihn völlig wahnsinnig gemacht. Ich hab Gas gegeben. Er auch. Es wurde immer schneller. Und plötzlich rast er zur Seite und knallt gegen die Leitplanke. Dann schießt sein Wagen direkt vor mir quer über die Fahrbahn. Er hätte genauso gut mein Auto erwischen können. Um ein Haar wäre ich tot gewesen.«

»Schrecklich.«

»Ja, schrecklich. Ich habe gar nicht gebremst. Ich habe auch nicht in den Rückspiegel gesehen. Meine Hände haben total gezittert.« Nathalie ließ demonstrativ ihre Hände über dem Tisch flattern. »Ich habe nur das Lenkrad festgehalten, so gut es ging, und bin stur weitergefahren. Bis zum nächsten Parkplatz, da erst hab ich es geschafft, an den Rand zu fahren.«

Nathalies Wangen röteten sich. Sie zitterte. Offenbar wirbelten Schuldgefühle, die Erinnerung an die Todesangst und die Erleichterung, noch am Leben zu sein, in ihrem Kopf durcheinander. Vor allem aber schien sie nicht die geringste Ahnung zu haben, warum sie die Geschichte ausgerechnet dem Freund ihrer Mitbewohnerin berichten sollte. Das hatte ihr Trabold wohl verheimlicht.

»Ich hatte es erst gar niemandem erzählt. Aber ich konnte es nicht für mich behalten. Er war zwei Jahre mein Chef. Ich hatte zwei Jahre fast täglich mit ihm zu tun, und dann ist das innerhalb von zwei Sekunden ausgelöscht. Knall auf Fall.«

»Schrecklich.«

Nathalie trank einen Schluck von dem Mineralwasser, das ihr der Ober eingeschenkt hatte.

»Und als Jeanette von deinem Bekannten bei der Polizei erzählt hat, dass der ganz nett und ganz umgänglich sein soll, da hab ich sie nebenbei nach dem Namen gefragt, ihn mir gemerkt und mich dann direkt an ihn gewandt.«

»Ja, das stimmt«, sagte Trabold sinnlos.

»Schrecklich«, murmelte Durlach erneut.

Er hätte jetzt noch drei weitere Schnäpse vertragen. Doch sagen konnte er immer noch nichts Vernünftiges. Nathalie sah betreten auf das Wasserglas, in dem kleine Bläschen aufstiegen.

»Also, wenn ich das jetzt alles zusammenfasse«, sagte Trabold mit unbewegter Miene, »dann haben wir Überschreiten der Höchstgeschwindigkeit, Fahrerflucht, unterlassene Hilfeleistung und Körperverletzung mit Todesfolge.«

Die Vorwürfe trafen Nathalie. Instinktiv duckte sie sich. Durlach sah Trabold entsetzt an.

»Juristisch gesehen«, sagte der.

Erst in diesem Moment fand Durlach zu seiner normalen Sprachfähigkeit zurück. »Kann man da etwas machen?«

»Wie meinen Sie das?«

»Ich meine, diese Geschichte ist doch ein Unfall.«

»Also, das werden die Richter anders sehen.«

»Kann man das nicht unter der Decke halten? Es gibt doch keine Anzeige. Oder?«

Nathalie schüttelte den Kopf.

»Unser Verkehrsdezernat ermittelt noch.«

»Aber die haben doch keine Ahnung. Oder? Die wissen doch nichts von Nathalie.«

»Noch nicht.«

»Dann kann man das also unter der Decke halten.«

»Sie meinen, wir drei?«

»Ja«, sagte Nathalie.

»Ja«, sagte auch Durlach.

»Sie wissen, Herr Durlach, die Nicht-Öffentlichkeit hat ihren Preis.«

Jetzt verstand der Journalist schneller als zuvor. Er musste gar nicht Trabolds Blickrichtung verfolgen, dessen Augen fest auf dem Kuvert mit der Disc ruhten.

»Bitte!«, flüsterte Nathalie.

Durlach brauchte kurz Bedenkzeit, dann schob er kommentarlos den braunen Umschlag auf Trabolds Seite hinüber und gab die »Bilder seines Lebens« für immer verloren.

Schweigend saßen die drei eine Zeit lang um den Tisch. Sie waren mittlerweile fast allein in dem Restaurant. Trabold hatte sich achtlos eine Zigarette angezündet und hielt sie betont lässig zwischen dem gestreckten Zeige- und Mittelfinger. Nathalie hatte ihre Augen weit aufgerissen und beobachtete wieder die Perlen in ihrem Wasserglas. Und Durlach stierte mit leerem Blick auf die weiße Damasttischdecke.

Es sah aus, als entstammten sie einem Bild von Edward Hopper.

Abspann

Jeder Fernsehkrimi endet mit einer Liste von Namen und Funktionen, auch wenn sie längst nicht die Ausmaße von Spielfilmen erreicht und bei Privatsendern gerne auf eine Bildschirmhälfte gedrängt wird, um der Werbung Platz zu machen. Doch auch die reduzierte Abspannversion macht dem Zuschauer deutlich, dass Fernsehen Teamarbeit ist und sich das Wissen und die Fähigkeiten verschiedener Menschen ergänzen müssen.

Auch der Autor eines gedruckten Fernsehkrimis kommt nicht ohne hilfreiche Menschen aus.

Meinen größten Dank verdienen die Mitarbeiter der Serie »Marienhof«. Bei meinem Recherchebesuch standen mir nahezu alle Türen offen: Christof Arnold, Gerd Udo Feller, Florian Karlheim und Melanie Rohde erzählten vom Arbeitsalltag bei der Soap und von den verschiedenen Schauspielerkarrieren. Chefdramaturg Peter Gust verschaffte mir tiefe Einblicke in die Soap-Konzeption und die Entwicklung der Figuren. Die Chefin des Besetzungsbüros Silke Klug-Bader ließ mich sogar an einem Vorstellungsgespräch teilnehmen. Und die Mitarbeiter der »Marienhof«-Pressestelle um Kai Meinschien überhäuften mich geradezu mit Material und guten Hinweisen.

Auch bei meinem Besuch bei »Verbotene Liebe« habe ich viel über die Produktionsweise, die Vermarktungsstrategien und das soziale Umfeld einer Soap erfahren.

Viele Einblicke in die Theaterwelt verdanke ich meinem Freund Karl Jürgen Sihler, der schon neben mir als Romulus der Große glänzte.

Die medizinische Beratung übernahmen Andreas Karcher und Christine Stiepak.

Wichtige kunsthistorische Hinweise verdanke ich Annette Hermann.

Tipps zur aktuellen Jugendsprache habe ich von Nick Karcher, Ricarda Schultze, Leandra Rudolf und der Rhönrad-gruppe des TSV Marburg bekommen.

Abbitte leisten muss ich dagegen beim Linden-Museum, deren Raubkunst-Problematik von mir erfunden wurde.

Meine »Probeleser« waren in den verschiedenen Stadien der Arbeit an diesem Buch wichtig. Danken will ich vor allem Kathrin Barleben, Joachim Waedlich und Carmen Lustig für Zuspruch, Kritik und Verbesserungsvorschläge. Mein Lektor Lothar Strüh hat sich noch einmal für den allgemeinen Lese-fluss starkgemacht, und der Emons Verlag hat dem Ganzen schließlich ein mörderisch gutes Fernsehturm-Cover verpasst.